빌리지 이펙트

페이스 투 페이스–접속하지 말고 접촉하라

빌리지
이펙트

THE VILLAGE EFFECT

수전 핀커 지음 · 우진하 옮김

21세기북스

사람들은 이메일이며 문자메시지, 그리고 SNS 서비스에 대해 잘 알고 있으며 그건 나도 마찬가지다. 그렇지만 이 놀라운 책에서 수전 핀커는 가상세계에서 이루어지는 의사소통은 실제로 얼굴을 맞대는 상호관계에 대한 인간의 절실하고 깊은 필요성을 절대로 대신해줄 수 없다고 이야기한다. 사회신경과학에 대한 최신 연구를 바탕으로 다양한 사례 연구와 날카로운 통찰력을 더한 핀커는 우리의 마음을 채워주는 진정한 가치에 대한 실질적인 연구 결과를 보여주고 있다. 그리고 바로 친구로서, 그리고 사람 대 사람으로서 그 결과에 대해 이야기하고 있는 것이다!

– 다니엘 핑크
《뉴욕 타임스》 베스트셀러 『드라이브』, 『파는 것이 인간이다』의 저자

부모와 가족, 그리고 친구와 함께하는 친밀한 접촉은 인간의 깊고도 근원적인 욕구다. 인간과 같은 영장류의 집단생활이 어떻게 그렇게 순식간에 온라인 세상으로 뒤바뀌게 되었을까? 아니, 정말로 그렇게 되기는 했을까? 수전 핀커는 이 상황의 전말을 소상하게 보여주고 있으며 과학적 연구를 기반으로 명쾌한 설명과 함께 앞으로의 전망까지 알려주고 있다. 핀커의 글은 적절

한 권위와 힘이 있으며 온라인과 오프라인의 상호작용에 대한 통합된 대처 방법을 이야기한다. 그녀가 정말로 알려주고 싶은 것은 우리의 마음속에 새겨진 오래된 그리움 위에 새롭게 등장한 현대의 디지털 세상의 모습이다.

– 니컬러스 크리스태키스

예일 대학교 사회자연과학 교수 · 『행복은 전염된다』의 공동 저자

우리 인간은 사회적 상호작용에 대한 생물학적 욕구를 가지고 있다. 우리는 서로 관계를 맺고 싶어 한다. 수전 핀커의 이 새로운 책은 우리에게 힘을 주는 사회적 접촉의 유형을 소개한다. 활력과 따뜻함, 그리고 유려함으로 채워진 이 책은 지금까지 알려지지 않은 새로운 과학에 대해 보여준다. 건강한 아이로 키우는 법, 행복하고 장수하는 삶을 사는 법, 직장과 일상생활에서 승리하는 비결은 어디에 있는가. 이것이야말로 이 책이 알려주는 주옥같은 내용들이다!

– 앤드류 멜초프

워싱턴 대학교 학습과 두뇌과학 연구소 공동 소장 · 『요람 속의 과학자』의 공동 저자

이 책은 대담하면서도 지적인 접근 방식으로 우리가 살아가는 기술의 시대에 각자가 겪고 있는 사회적 고립감을 조명한다. 수전 핀커는 사회적 관계가 어떻게 우리의 사랑과 가정교육, 직장생활과 우정에 도움을 주는지 날카로운 통찰력을 보여준다. 가장 놀라운 건 수전 핀커가 우리의 일상생활 속에서 성별과 사회적 역량이 어떠한 역할을 하는지 연구했다는 사실이다.

– 수전 샤피로 바라시

『결혼의 아홉 가지 모습The Nine Phases of Marriage』, 『독이 되는 친구들Toxic Friends』의 저자

새로 출간된 이 도발적이면서도 매력적인 책에서 수전 핀커는 친밀한 사회적 접촉이 어떻게 인간의 기본적인 필요를 충족시켜주는지 보여주는 한편 페이스북과 트위터 등 이른바 SNS는 이런 필요를 채워주지 못한다고 주장

한다. 인터넷 속의 관계는 아이와 청소년을 비롯한 모든 사람의 삶을 좀먹고 있다. 핀커는 뛰어난 이야기꾼이자 사려 깊은 학자이다. 또한 개인적인 이야기와 과학적 연구 결과를 능숙하게 조합하는데 그 주제는 결혼과 질병, 비만과 행복, 장수, 종교, 월경 주기, 고독감 등 아주 다양하다. 이 책은 의미가 아주 깊은 책으로, 우리가 지금 마주하고 있는 가상현실의 인터넷 세상에 대해 어떤 마음가짐을 가져야 하는지 방향을 제시하고 있기도 하다.

– 폴 블룸
예일 대학교 심리학 교수 · 『아이들Just Babies』의 저자

1주일에 한 번씩 친구와 만나 식사를 함께하는 일이 금연만큼이나 건강과 장수에 좋은 영향을 미치는 이유는 무엇일까? 왜 얼굴을 마주하는 진짜 만남이 수많은 사람을 연결해주는 페이스북보다 훨씬 좋은 것일까? 수전 핀커는 이런 질문에 대한 해답을 가지고 있다. 날카로운 혜안과 전문성으로 무장한 핀커는 최신 신경과학과 사회심리학을 이탈리아의 전통 마을 사람들과 미국의 수녀들, 그리고 대도시 연인들의 모습과 절묘하게 융합해낸다. 컴퓨터 화면이 아닌 실제 사람을 정기적으로 만나는 일이 우리에게 왜 필요한가? 그리고 왜 이웃과 함께 보내는 시간이 우리의 삶을 더 풍요롭고 행복하게 만들어주는가? 핀커는 우리가 한 번도 상상해보지 못한 방식으로 이 질문에 대한 놀라운 설명을 보여주고 있다.

– 존 티어니
《뉴욕 타임스》 베스트셀러 『의지력의 재발견』의 공동 저자

오늘날 우리는 의사소통과 인간관계를 인터넷이나 가상현실의 세계에 점점 더 많이 의존한다. 이런 시대에 이 책은 인간과 인간이 접촉하는 실제 관계에서 우리가 이끌어낼 수 있는 가치를 다시 한 번 일깨워준다. 우리가 온라인 시대에 맞게 사회적 관계 방식을 바꿔나가면 무엇을 잃게 될까? 수전 핀커는 가장 근본적인 인간의 욕구에 대해 매혹적인 필체로 풀어낸다. 인간이 가

장 필요로 하는 것은 바로 같은 인간들과의 관계다. 기술이 아무리 발전해도 결코 바뀔 수 없는 것들이 있다는 사실을 핑커는 분명하게 강조하고 있다.

- 마리아 코니코바
《뉴욕 타임스》베스트셀러 『생각의 재구성』의 저자

프랑스의 철학자 장 폴 사르트르는 "타인이 곧 지옥이다"라는 명언을 남겼다. 하지만 수전 핑커는 그렇지 않다고 말한다. 깜짝 놀랄 만한 자료를 바탕으로 완성된 이 책은 한 번 잡으면 읽기를 멈출 수가 없다. 이 책은 외로움과 고독은 우리를 고통스럽게 하는 질병이며, 타인은 우리에게 행복의 근원이라고 이야기한다. 이 책은 생생하고 세심한 연구로 가득 차 있으며 직접적이고 빈번한 인간의 접촉은 마치 맑은 공기와 영양가 있는 음식처럼 우리의 생존에 아주 필수적인 요소라는 사실을 보여준다.

- 크리스티나 호프 소머스
『자유로운 페미니즘Freedom Feminism』의 저자

나의 첫 관계를 만들어주신 부모님,
로슬린 핀커와 해리 핀커에게

인간은 혼자서는 살 수 없다.
수많은 인연의 끈이 우리와 다른 사람을 이어주고 있으며
그 끈을 통해 우리가 했던 모든 일이
우리 자신에게 그대로 돌아온다.
– 헨리 멜빌 목사, 1856년

차 례

사람은 사람을 필요로 한다

2009년 6월의 어느 날, 록 음악을 하는 존 맥콜건^{John McColgan}은 신장 이식수술이, 그것도 아주 급하게 필요하다는 진단을 받았다. 미국에 서는 매일 열두 명 이상의 환자가 신장이식수술을 기다리다 죽어간 다. 존 맥콜건의 이름이 신장이식수술 희망자 명단에 올랐을 당시 대 기자 수는 무려 8만 6,218명이었다. 캐나다로 이사하자 그 숫자가 2,941명으로 줄어들었지만, 여전히 엄청나게 많은 숫자였다.[1]

록밴드의 드럼주자인 빡빡머리의 맥콜건은 기운이 넘치는 늠름한 남자였다. 20대 중반에 진행성 신장질환 판정을 받았지만 심각한 증 상은 거의 느낄 수 없었고 이식수술이 시급하다는 진단이 나올 때까 지 자신의 건강에 대해 그리 신경을 쓰지 않았으며 그럴 시간도 없었 다. 마흔여덟 살이었던 맥콜건은 자신보다 열 살 이상 어린 친구들과 함께 종종 농구를 했고, 특히 열일곱 살인 아들과 함께 경기를 하는 것 만큼 즐거운 일은 없었다. 맥콜건은 여름이면 스케이트보드를, 겨울

이면 스노보드를 즐겨 탔다. 거실에서는 매일 팔굽혀펴기와 복근 운동을 게을리하지 않았다. 본업인 음악 작업과 드럼 연습 역시 빠뜨리지 않는 일과였다. 서른 살 무렵에는 그래미상에 빛나는 린다 론스태트Linda Ronstadt, 캐나다의 유명한 자매 가수인 케이트와 애나 맥개리글Kate and Anna McGarrigle과 함께 공연했고 얼마 뒤에는 블루스 음악의 대가 빅 마마 손턴Big Mama Thornton을 위한 반주를 맡았다. 또한 제임스 브라운James Brown이나 스티비 레이 본Stevie Ray Vaughan 같은 슈퍼스타들의 공연에서 서막을 장식하기도 했다. 맥콜건은 주머니 사정이 쪼들려도 음악 외에 다른 일에는 눈을 돌리지 않았다. 자동차에 기름도 제대로 채우지 못하고 집세까지 밀리는 날이 많았지만 무대 위에서 느끼는 열정과 공연 뒤의 낙천적인 생활은 그에게 여전히 어린 남학생과도 같은 영원한 기쁨을 주었다. 그리고 맥콜건은 항상 친구들로부터 소소한 도움을 받으며 살아가고 있었다.

그렇지만 한 가지 중요한 관점에서 존 맥콜건은 아주 부유한 사람이었다. 그는 친구들과 아주 헌신적인 관계를 유지했던 것이다. 대부분은 서로를 잘 알고 있었으며 정기적으로 만나는 친구들이었다. 그야말로 가장 강력하고 효과적인 사회적 연결망social network의 특징을 모두 갖추고 있는 셈이었다. 은행에 아무리 돈이 많다고 해도 맥콜건이 처한 상황에서는 도움이 되지 못할 것이다. 이란이나 싱가포르를 제외하면 세계 그 어느 곳에서도 이식을 위해 장기를 사고파는 것은 불법이다.[2] 이런 건강상의 문제에 대해서는 가족조차 그를 도울 수 없었다. 맥콜건의 아버지는 다낭성 신장질환으로 쉰 살을 넘기지 못하고 사망했다. 사실 그의 병도 아버지에게서 물려받은 것이나 마찬가지였다. 어머니는 몇 년 전에 암으로 세상을 떠났다. 몇 개월 동안 신장

투석 치료를 받은 맥콜건은 그저 이렇게 앉아서 누군가 신장을 기증해주기를 기다릴 수만은 없다는 사실을 깨달았다. 그는 직접 신장을 찾아나서야 했다.

그로부터 18개월쯤 지나 내가 맥콜건을 만났을 때 그는 여전히 신장이식 문제로 고통받고 있었다. 나는 최소한 20년 이상 그와 알고 지냈는데, 그는 완전히 달라진 모습이었다. 빡빡 밀었던 머리카락이 마치 이제 막 자라기 시작한 수염처럼 돋아났고 피부는 우리가 만난 몬트리올 카페의 흐릿하고 높다란 창문으로 들어오는 희미한 빛조차 뚫고 들어갈 수 있을 만큼 창백해 보였다. 한마디로 아주 쇠약해진 모습이었다. 맥콜건은 네 사람이 신장을 기증해주겠다는 의사를 전달했다고 말했다.

첫 번째는 바로 그와 이혼한 에이미였다. 그렇지만 두 사람의 결혼 생활 내내 그녀는 약물에 중독되어 건강을 망쳐왔다. 최근에야 비로소 그 습관을 떨쳐버렸지만 그녀의 장기는 이미 상할 대로 상해 있었다. 에이미의 동생, 그러니까 맥콜건의 처제인 제시 역시 신장 기증을 제의했지만 맥콜건은 그러기엔 상황이 너무 복잡해질 거라고 생각했다. 나중에 나는 전문 댄서이며 아직 어린 세 아이의 엄마인 제시에게 왜 그런 위험을 감수하려 했는지 물어보았다. 그러자 제시는 놀랍게도 이렇게 대답했다.

"음, 당신도 존을 잘 알잖아요. 사람들은 모두 존을 좋아하니까. 내 신장 하나쯤 형부에게 못 줄 이유가 없잖아요?"

그리고 오랜 세월 친구로 지내온 케이트가 있었다. 케이트는 미술관 개관일에 우연히 만난 맥콜건에게 다가가 자신도 도움을 주고 싶다고 말했다. 나중에 케이트는 그렇게 신장을 주겠다고 말한 직후 자신도 두려움을 느꼈다고 내게 털어놓았다. 그래서 신장이식 전문 간호사에게 연락해 신장을 기증했을 경우 벌어질 수 있는 최악의 상황에 대해 물어봤다고 한다. 간호사는 3,000명에 한 명꼴로 이식수술 도중 사망하며 의사가 집도하다가 실수할 수도 있다고 대답했다.

"그 말을 듣고 잠시 생각했어요. '나는 죽지 않을 거야. 그런 일이 나에게 일어날 리가 없지'."

신장이식이 적합한지 확인하는 검사는 힘겨웠다. 심지어 케이트의 혈액형이나 세포조직이 존과 일치한다는 결과가 나온 뒤에도 다른 검사가 계속되었다.

"1년 가까이 다섯 차례 이상 병원을 왔다 갔다 했고 피도 열여섯 병이나 뽑았습니다. 이식에 적합한지 확인하기 위해 다양한 세포조직 검사를 했고요. 그다음에는 내 건강 상태를 검사하더군요. 초음파 검사며 CAT 스캔 등……. 엑스레이로 가슴도 촬영했는데 낭종이 하나 발견되자 그 세포조직도 검사했습니다. 그리고 24시간에 걸친 소변 검사도요. 한 번이 아니라 두 번이나요."

케이트는 또한 수술진과 지난한 면담을 계속하며 신장을 주고자 하는 동기에 대해 확인받았다.

"병원 관계자들이 나를 조금 의심스럽게 생각했던 것 같습니다. 어쨌든 난 존의 가족이 아니었으니까요."

거부반응을 제어하는 강력한 약물이 개발되고 사용된 지도 꽤 오랜 시간이 흘렀기 때문에 기증자와 환자의 혈연관계는 이제 크게 중요하지 않았다. 그렇지만 여전히 병원 측은 알고 싶은 것이 한 가지 있었다.

"도대체 왜 이런 과정을 겪으면서까지 누군가에게 자기 신장을 기증하고 싶어 하는가?"

케이트의 경우 수술받을 준비가 끝났지만 당시 맥콜건의 상태가 좋지 않아서 신장이식은 불발되었다. 결국 맥콜건에게 신장을 나눠준 사람은 죽마고우인 프레드였다. 둘은 어린 시절부터 지미 헨드릭스Jimi Hendrix와 프랭크 자파Frank Zappa의 음악을 함께 들으며 자랐고 열다섯 살부터는 프레드의 집 지하실에서 기타를 연습하기 시작했다. 그로부터 30여 년이 지나 두 사람은 1년에 한두 번만 보는 사이가 되었다. 이제 맥콜건은 새로운 신장이 필요했고 프레드는 친구를 돕기 위해 나섰다.

생물학적으로 혈연관계가 아닌 사람이 신장을 제공하겠다고 나서는 경우는 거의 보기 드물다. 굳이 숫자로 나타내면 0.3퍼센트쯤 될까. 그렇다면 남남인 사람이 두 명씩이나 신장을 주겠다고 나서는 경우는 아예 찾아보기 힘들 것이다.[3] 존 맥콜건에게는 진심으로 자신의 신장을 나눠주겠다고 나선 사람이 네 명이나 있었다. 수십 년간 여러 사람과 끈끈한 관계를 맺어온 맥콜건에게 확률이나 통계는 아무런 의미가 없었다. 그리고 그 병은 이미 맥콜건의 아버지를 죽음으로 몰아넣은 전력이 있었다.

존 맥콜건의 이야기는 끈끈한 사회적 유대감이 우리의 삶을 어떻게 연장시켜주는지에 대한 드물고도 확실한 사례다. 앞으로 나는 수많은 실질적인 사회적 접촉을 통해 의미 있는 개인적 관계를 구축한 사람들의 사례를 더 살펴볼 것이다. 어떻게 그들은 외롭게 지내거나 주로 온라인으로만 세상과 접촉하는 사람들에 비해 활기차고 강력한 심리학적 방어막을 만들어내는 것일까? 이른바 디지털 네트워크와 스크린 미디어는 우리가 살고 있는 이 세상을 아주 좁은 곳으로 만들어버렸다. 그렇지만 실제로 사람의 인생을 변화시킬 수 있는 문제에 직면하게 되면 얼굴을 마주하는 관계만큼 중요한 역할을 하는 것은 없다.

서로 얼굴을 마주하는 상호작용은 앞서 살펴본 존 맥콜건의 친구들과 같은 이타적인 모습만 이끌어내는 것은 아니다. 감염을 이겨내는 데도 도움을 주고 궁극적으로는 우리의 생명을 연장시켜준다. 그렇다면 정확히 어떻게 이런 일이 일어나는 것일까?

현재 서구 사회에서 새로운 신장을 필요로 하는 사람의 비율은 0.01퍼센트 이하다.[4] 그렇지만 우리 중에 변치 않는 우정이나 가족 간의 사랑을 필요로 하지 않는 사람은 없다. 그건 우리에게 좋지 않은 일이 일어났을 때만 해당되는 것이 아니다. 만일 우리가 사람들과 정기적으로 얼굴을 맞대는 관계를 유지하지 않는다면 오래 살거나 행복해질 확률도 줄어든다. 그런데 여기서 정기적이라는 건 어떤 의미일까? 내 아들은 어린 시절 처음으로 바이올린 교습을 받게 되었다. 아들은 구유고슬라비아 출신의 유쾌한 바이올린 선생님에게 매일 바이올린 연습을 해야 한다는 말이 사실이냐고 물었다. 아들의 키에 맞게 눈높이를 낮춘 선생님은 가느다란 손가락으로 턱을 어루만지며 잠시 생각에 잠겼다가 이렇게 대답했다.

"매일이 아니야. 매일 뭐를 먹는 것처럼 연습하렴."

사회적인 접촉이란 바로 이런 것으로, 일종의 생물학적 원동력이다. 따라서 나는 완전히 새로운 분야인 사회신경과학을 3년간 공부해야 했다. 내가 심리학을 본격적으로 공부할 무렵에는 사회신경과학이라는 분야가 존재하지도 않았고, 두뇌를 스캔해서 확인하는 검사는 개인 전용기만큼이나 비용이 많이 들거나 아예 찾아보기 어려웠다.[5] 그렇지만 1990년대 초가 되자 뇌를 영상으로 확인하는 작업이 좀 더 간소해졌고 엄청나게 덩치가 컸던 기능자기공명[fMRI] 장치도 여러 대형 병원이나 대학교에서 자주 찾아볼 수 있게 되었다. 연구 심리학자들은 이 장치에 통계학적·생화학적 도구를 곁들여 과학이 인간관계에 미치는 영향과 그 반대의 경우를 함께 추적했다. 관계라는 것이 인간의 호르몬과 신경회로를 포함한 신체 전체를 어떻게 변화시키는지 확인하기 위해서였다. 나는 곧 이 연구에 빠져들었고 그사이 우리 두뇌의 사회적 부분을 관찰하는 일은 좀 더 수월해졌다. 하지만 사회적 연결망이라는 말은 조금 다른 의미를 갖게 되었다. 우리가 알고 있는 모든 사람과의 번잡스러운 상호관계를 의미하는 대신 우리가 사용하는 '기계장치'가 연결되는 방식을 의미하게 되었던 것이다. 그리고 나는 내 책에 대해 궁금해하는 사람들 사이에서 확실한 반응이 나타나는 것에 주목했다. 사람들은 내 책의 제목만 보고 곧바로 내가 페이스북이나 트위터 같은 SNS, 즉 온라인상의 사회 연결망 서비스에 대해 글을 쓴다고 생각했다.

컴퓨터를 통해 하나로 통합된 네트워크, 즉 연결망은 얼굴을 마주하는 실제 관계까지 모두 삼켜버리게 되었고, 곧 사회적인 유행을 반영하게 되었다. 사실 최근에 나오는 사회적 상호작용에 관한 책은 대부분 이 두 가지 접촉 방식을 뒤섞어 설명한다. 믿을 만한 기관인 미국 노동통계청[Bureau of Labor Statistics]이 실시한 '미국인의 시간 사용 조사[American Time Use Survey]'를 보면 미국인이 하루를 어떻게 사용하고 있는지가 나온다. 예컨대 스스로를 챙기고 돌보는 데 9.6시간, 먹고 마시는 데 1.2시간이라는 식으로 온라인 활동과 오프라인 활동을 함께 묶어 소개하고 있다. 예를 들어 장보기라는 항목에서 직접 농장을 찾아가 제철 과일을 구매하는 일과 온라인 장터에서 시간에 맞춰 배달을 받는 일을 같은 것으로 분류하는 식이다. 또한 방 안에 홀로 앉아 몇 시간이고 정신없이 온라인 롤플레잉 게임을 하는 것과 어린 시절 내가 할아버지와 즐겨 했던 카드놀이를 같은 활동으로 취급하기도 한다.[6]

그렇다면 우리는 디지털 세상에서 만들어진 관계의 방식을 지금 현재 우리 눈앞에 있는 사람에게 반응하는 방식과 같은 것으로 생각해야 할까? 그게 아니라면 우리가 놓치고 있는 둘 사이의 차이점에 대해 사회신경과학은 어떻게 설명하고 있는가? 현재 미국인들은 매일 총 5,200억 분을 온라인 활동에 사용한다고 한다. 다른 나라 사람들도 거의 비슷한 비율로 온라인 활동에 들어가는 시간을 늘리고 있다. 그러면 내가 강조하는 얼굴을 마주하는 관계는 우리에게 과연 어떤 의미가 있을까?[7]

이 책은 우리가 잊지 말고 계속 지켜나가야 하는 진짜 사회적 접촉이나 관계에 대해 이야기하고 있다. 첫 책인 『성의 패러독스Sexual Paradox』를 준비하는 과정에서 나는 여성이 남성보다 평균수명이 긴 것은 사회적 관계를 중요시하는 성향 때문이라는 사실을 깨닫게 되었다. 그 사실을 깨닫는 순간이 내게는 일종의 전환점이었다. 우리가 오랫동안 시간낭비라고 여겼던 것들, 그러니까 집 앞이나 식탁에서 친구들과 수다를 떠는 일 등이 아주 중요한 생물학적 기능을 한다는 사실을 알게 되었던 것이다. 그렇게 해서 지금은 나뿐만 아니라 다른 사람도 수다의 가치를 중요시하는 쪽으로 바뀌게 되었다. 연구자들은 1주일에 한 번 카드놀이를 하거나 커피 전문점에서 친구들을 만나는 것만으로도 수명이 늘어난다는 사실을 밝혀냈다. 특별한 치료제를 복용하거나 줄담배를 피우던 습관을 버리는 것과 비슷한 효과를 내는 것이다. 그렇다면 어떻게 그럴 수 있는지 궁금하지 않은가? 그 비밀에 대해 알게 되는 건 마치 고급 식당에서 뭔지는 모르지만 군침이 도는 요리를 기다리는 느낌과 비슷할 것이다. 요리를 실제로 맛보듯 나도 그 비밀의 실체를 알고 싶었다.

다시 한 번 생각해보자. 정확하게 뭐가 어떻게 진행되고 있는 것일까? 나는 우선 수명에 대해 생각해보기 시작했고, 그러다가 이탈리아의 사르데냐 섬에서는 세계에서 유일하게 남녀의 평균수명이 비슷하다는 사실을 알게 되었다. 다들 알고 있겠지만 대부분의 경우 여성이 남성보다 오래 살며 남녀의 평균수명은 보통 5~7년 이상 차이가 난다(사르데냐 섬 마을들을 제외하고). 의학이나 환경이 발전하고 달라지면서 남녀의 수명 차이가 줄어들고 있다고는 해도 여성이 남성보다 오래 사는 것은 여전히 변하지 않는 일반적인 사실이다. 또한 이 이탈리아 마을에는 남녀 통틀어 100세를 넘긴 노인이 깜짝 놀랄 정도로 많이 살고 있다. 현재 지구상의 어느 도시와 비교해도 100세 노인의 숫자가 평균 여섯 배 이상 많은 것이다. 심지어 어느 마을에 가면 열 명 중 한 명이 100세 이상이라고 한다. 도대체 어떤 이유로 사르데냐 사람들은 세기가 바뀐 오늘날까지 건강하게 살고 있는 것일까? 그 이야기는 2장에서 다시 살펴보기로 하겠다. 그때 알게 되겠지만, 여기에는 불로장생의 마법이나 영약은 존재하지 않았다. 다만 내가 알아낸 한 가지 결정적인 요소는 바로 접착제와 같이 아주 끈끈한 사회적 유대감이었다.

어쩌면 나는 이 책의 제목을 '페이스 투 페이스Face-to-Face'라고 지어야 했을지도 모른다. 아니, 거의 그럴 뻔했다. 그렇지만 대신 나는 책의 내용을 함축적으로 보여주는 다른 제목을 골랐다. 우리는 살면서 존 맥콜건처럼 심각한 건강문제를 경험할 필요는 없다. 끈끈한 애정을 지닌 사람들과 함께 사는 기분을 느껴보기 위해 이탈리아까지 날아갈 필요도 없다. 그 사람들과 함께 섞여 오랫동안 귀중한 시간과 애정을 쏟아부을 필요는 없다는 뜻이다. 물론 그렇게 하면 그런 애정과 관심을 고스란히 돌려받게 되겠지만. 우리는 지금 함께 살고 있는 사람들과 비슷한 관계를 만들어낼 수 있다. 이 책은 그렇게 실제로 얼굴을 마주하는 상호작용이 가져다주는 장기간의 영향에 대해 다루고 있다. 지금은 이런 관계가 전자 기기를 통한 커뮤니케이션으로 대체되고 있지만, 그럼에도 나는 주변 사람과 얼굴을 마주하는 친밀한 접촉이 심리적 면역력과 강화된 학습능력, 그리고 상호 신뢰에 기초한 건강 회복에 어떻게 영향을 주는지 보여주려고 한다. '관계를 통한 치유'는 단지 수명만 늘려주는 것이 아니다. 우리가 진정으로 그런 관계를 원하도록 만들기도 한다.

과학

관계와 인연에 대한 보편적인 욕구는 태어나서 죽을 때까지 대부분의 인간 행동을 설명해주며 우리의 생존 자체가 바로 여기에 달려 있다. 작가 빌 브라이슨Bill Bryson은 『거의 모든 것의 역사A Short History of Nearly Everything』에서 이렇게 이야기한다.

"당신의 조상 중 그 누구도 짓밟히지도, 잡아먹히지도, 굶어 죽지도, 붙잡히지도, 감금당하지도, 치명상을 입지도 않았다. 그리하여 작지만 아주 소중한 유전자를 아주 적절한 순간에 딱 맞는 짝에게 전해주어야 한다는 필생의 과업을 달성할 수 있었다. 바로 오늘날의 당신을 있게 만들어준 유일무이한 유전자 조합이 영원히 이어져 내려오도록 말이다."[8]

만일 그런 일이 실제로 일어나 당신이 지금 이 글을 읽고 있다면 우리의 사회적 유대관계라는 강력한 본성에 감사해야 하리라.

그렇지만 무엇이 우리의 건강과 행복을 지켜주는가에 대한 이해는 최근에 좀 더 확실해진 것 같다. 바로 음식물과 경제력, 그리고 운동과 의약품이다. 예를 들어 우리는 담배와 소금, 동물성 지방과 비만이 우리의 수명을 단축시킨다는 사실을 알게 되었다. 반면 항생제와 신체적인 활동, 그리고 올바른 식습관은 수명을 늘려준다. 이제 거기에 새로운 사실 한 가지가 덧붙여졌다. 사람들이 서로 돌봐주는 관계 역시 우리의 생존에 아주 중요한 역할을 한다는 사실이다. 다만 모든 사회적 접촉이 그런 것이 아니라 실시간으로 이뤄지는 대면관계가 그런 역할을 한다는 것을 기억해야 한다. 세상에 태어나는 그 순간부터 나이를 먹어가는 매 순간마다 다른 사람과 맺는 친밀한 관계와 접촉은 우리가 생각하는 방식과 우리가 신뢰하는 사람들, 그리고 우리가 돈을 쓰는 곳에 모두 영향을 미친다. 우리의 사회적 유대관계는 삶에 대한 만족감이나 인지 기술, 전염병이나 고질병에 대한 면역력에까지 영향을 미친다.[9] 지난 수십 년간 식습관과 운동에 대한 정보, 그리고 새로운 약물 등은 인간의 삶을 획기적으로 변화시켰다. 그리고 이제 사회적 유대감 역시 같은 영향력을 발휘한다는 새로운 증거가 속속 발견되고 있다.

다른 사람과 서로 교류하면 우리 안에서 근본적인 변화가 일어난다. 우리는 이렇게 얼굴을 마주하는 사회적 접촉을 원한다. 시카고 대학교의 심리학자 존 카치오포 John Cacioppo와 그의 동료들, 영국의 심리학자 캐서린 해슬럼 Catherine Haslam과 알렉스 해슬럼 Alex Haslam 등은 사회적인 활동이 활발한 사람은 그렇지 않은 사람보다 병에서 회복되는 속도가 현저하게 빠르다는 사실을 알게 되었다. 또한 10여 개가 넘는 최근의 연구 결과를 살펴보면 친밀한 사회적 접촉이 생리적 회복력에 어떻게 영향을 미치는지 알 수 있다. 다시 말해 어떤 충격이 있어도 우리의 신체가 빠르게 회복된다는 것이다. MRI를 통해 세포의 회복 역시 아주 빠르다는 사실도 확인되었다. 2006년 캘리포니아 대학교에서 3,000명의 유방암 환자를 조사한 결과 인간관계가 폭넓은 사람이 그렇지 않은 사람보다 병에서 회복될 확률이 네 배 이상 높았다. 그리고 2007년에는 인간의 회복력과 사회적 교류 사이의 숨겨진 작용을 밝혀낸 논문이 처음 출간되었다. UCLA의 스티브 콜Steve Cole과 그의 연구팀은 사회적인 접촉이 면역 반응을 관장하는 유전자 반응을 불러일으킬 수 있다는 사실을 밝혀냈다. 그러면 암이나 종양에 대한 면역력도 달라지는 것이다.[10]

이런 연구가 북아메리카 지역에만 국한되는 것은 아니다. 1990년대 프랑스에서는 1만 7,000여 명에 달하는 기술자의 습관을 관찰하는 연구가 진행되었고, 그 결과 기술자의 사회적 관계를 통해 누가 사고 없이 오래 살아남을지 예측할 수 있었다. 우연히 일어나는 상호작용, 멀리 떨어져 있는 친구나 동료와의 대수롭지 않아 보이는 관계, 그리고 그런 관계를 위해 우리가 사용하는 시간은 때로 덧없어 보이기도 하지만 분명히 우리의 두뇌와 정신에 영향을 미치고 있다. 예를 들어 우리가 정기적으로 함께 식사를 하고 이야기를 나누는 친구들에게 둘러싸여 있다면 거기에서 즐거움만 얻는 것이 아니라 혼자 고독하게 사는 사람보다 평균 15년 이상 더 사는 혜택까지 누릴 수 있다고 한다. 대략 3,000명 이상의 미국인에게 실시한 연구에서는 가까운 친구들이 있는 사람은 단명할 확률이 극히 낮다는 결과가 나왔고, 2004년 스웨덴의 질병 전문가는 아주 친밀한 사회적 유대관계를 유지하는 사람이 치매에 가장 적게 걸린다고 발표하기도 했다. 적극적으로 친구들과 관계를 이어가는 50세 남성이라면 그렇지 않은 사람보다 심장마비에 걸릴 확률이 줄어든다. 또한 심장마비를 한 번 겪었다고 해도 끈끈하고 강력한 사회적 관계를 통해 다른 합병증을 이겨낼 수 있다. 이는 약품에 의한 치료보다 효과적이다.[11]

이렇게 강력한 증거들이 있는데도 우리는 점점 고독한 삶을 지향하고 있다. 1980년대 후반 이후 이런 사회적인 고립감은 예기치 못한 이른 죽음의 중요 원인으로 지목되면서 《사이언스》 같은 과학 잡지의 집중 조명을 받기도 했다. 미국과 유럽, 그리고 오스트레일리아에서 일반 국민을 대상으로 조사한 결과 점점 더 많은 사람이 자신은 외롭고 고립되어 있다고 이야기한다. 정확하게 그런 고독이 얼마나 큰지, 그리고 왜 그런 상황이 되었는지에 대해 학술적인 논쟁은 물론 일반 대중의 토론도 계속 이어졌다. 어떤 사람은 우리가 그 어느 때보다도 서로 잘 연결되어 있다고 말하기도 한다. 바로 인터넷 때문이다. 하지만 인터넷 때문에 인간이 고독감을 더 느낀다는 주장도 일리가 있는 것이다.

고독감

이 책에서는 관계의 질과 양에 관한 문제를 지적할 것이다. 왜 이런 내용이 중요할까? 연구에 따르면 현재를 살고 있는 우리는 훨씬 다양한 사람들과 많은 관계를 이어가고 있다. 그렇지만 12~23퍼센트의 미국인은 실제로 대화할 상대가 아무도 없다고 말한다. 1985년에는 그 수치가 대략 8퍼센트였다. 그리고 우리는 지금 혼자 외롭게 공원 의자에 앉아 있거나 비둘기에게 빵부스러기를 던져주며 시간을 때우는 퇴직자에 대해 이야기하는 것이 아니다. 미국의 경우 외로움을 가장 많이 느끼는 사람은 바로 중년층이다. 45~49세의 중년층 중 3분의 1은 진심으로 믿고 비밀을 털어놓을 사람이 아무도 없다고 말한다. 영국의 경우 18~34세의 청년층이 외로움을 가장 많이 느낀다.[12] 만약 이 정도 증거로도 충분치 않다면 영국의 경우를 생각해보자. 2010년 영국 정신건강협회에서 조사한 결과 연령대에 상관없이 영국 국민의 4분의 1이 감정적으로 고립되어 있다고 느끼며, 3분의 1은 자신의 사회적 관계가 그렇게 넓지 않다고 느끼는 것으로 드러났다.[13]

하버드 대학교의 사회학자인 로버트 퍼트넘[Robert Putnam]은 이미 지난 2000년에 대도시의 무관심에 대해 경고했다. 퍼트넘은 『나 홀로 볼링[Bowling Alone]』을 통해 미국인이 공동체로부터 점점 고립되어가는 현상에 대한 수많은 논쟁에 불을 지폈다.[14] 그의 주장대로 볼링 모임을 비롯한 여러 종류의 모임이 줄어드는 현상이 사람들의 사회적 참여가 감소하는 것을 보여주는 진짜 신호인지는 모르겠다. 하지만 분명한 사실 하나는 미국인들만 외로움을 느끼는 것은 아니라는 점이다. 유럽 국가를 보면 우크라이나, 러시아, 헝가리, 폴란드, 슬로바키아, 루마니아, 불가리아, 라트비아 등 구소비에트연방 국가의 경우 성인 인구 중 약 34퍼센트가 극심한 혼란과 무질서를 느끼고 있다.[15] 그 외로움의 정도는 국가별로 다르겠지만.

그러니 내가 이곳 캐나다로 이주한 할아버지와 할머니에게 감사하는 데는 그만한 이유가 있는 것이다. 나의 고향인 캐나다에서는 65세 이상의 노년층 중 최소한 80퍼센트 이상이 가족과 친구 혹은 자원봉사자를 자주 만나고 있으며, 음악회나 운동경기도 자주 보러 간다고 한다.[16] 나로서는 외로움을 느낀다고 대답한 19퍼센트가 어떤 상황인지 확신할 수 없지만, 어쨌든 통계 자료에 따르면 캐나다 노년층의 상호 교류에서 중요한 것은 양이 아니라 질이었다. 치유를 위한 '관계'가 점점 줄어들고 있는 미국인에게 이런 원칙을 적용해도 별다른 위화감은 없을 것이다. 미국 종합사회조사General Social Survey의 연구원들은 모든 연령대의 미국 국민 수천 명에게 이런 질문을 던졌다.

"지난 6개월간 어떤 사람과 중요한 문제를 상의했는가?"

그 결과 지난 20여 년간 미국인이 누리는 관계의 질이 크게 떨어진 것으로 나타났다. 1985년 미국인은 믿고 의지할 사람이 평균 세 명 이상이었지만 2004년에는 두 명 이하로 줄어들었다. 그것도 가족까지 포함해서. 다시 말해 정말로 의지할 수 있는 사람이 점점 더 줄어들고 있다는 뜻이다.

이 연구에 참여했던 코넬 대학교의 사회학 교수 매튜 브래시어스Matthew Brashears는 이렇게 말한다.

"현재 우리에게는 서로 알고 지내는 사람이 아주 많습니다. 그렇지만 특별히 강한 유대관계를 가지고 있는 사람에 대해서 생각해볼까요? 그러니까 문제가 있을 때 의지할 수 있는 사람들 말입니다. 필요할 때 적지 않은 돈을 빌려주거나 도와주는 사람들, 이들이야말로 정말 중요한 핵심적인 사람들입니다. 그러므로 그 숫자가 실제로는 아주 적을 겁니다."

태풍 샌디와 카트리나, 그리고 하이옌을 한번 떠올려보자. 시카고와 파리를 덮쳤던 살인적인 무더위는 또 어떤가. 그때 살아남았던 사람들은 분명 누군가의 도움을 받았을 것이다. 누군가가 다가와 손을 내밀고 식료품을 나눠주거나 거처를 제공한다. 연구자들은 죽음에 내몰렸던 사람들은 대개 주변에 도와줄 사람이 없었다고 지적한다.[17] 따라서 나는 대부분의 미국인이 진심으로 의지할 수 있는 사람이 두 명 이하라고 대답한 사실에 충격을 받았다. 내가 그런 기분을 이야기하자 침착하고 부드러운 성품의 브래시어스 교수는 이렇게 반박했다.

"가까이 지내는 사람의 숫자는 줄어들었을 수도 있지요. 그렇지만 큰 틀에서 보면 우리와 엮인 연결관계는 줄어들지 않았습니다."

"인터넷을 통한 온라인 관계를 의미하는 건가요?"

그는 그렇다고 대답했다.

"우리는 아직 인터넷을 통한 관계의 역량이 어느 정도인지 확인해보지 않았습니다. 그렇지만 사람들이 온라인으로 소통할 수 있다면 실제로 얼굴을 맞대고 소통하는 것을 덜 중요하게 생각할 수도 있지요."

브래시어스 교수에 따르면 넓은 의미에서는 우리가 대화할 사람이 부족하지 않다는 것이었다. 그렇지만 몇십 년 전에 사람들 사이에서 보였던 사회적 상호작용의 중요한 일면들이 이제는 모두 인터넷으로 통합되고 있다. 러시아의 대문호 톨스토이가 『전쟁과 평화』에서 말했던 것처럼 지금 우리는 불특정 다수의 군중과 연결되어 있다. "수많은 사람들, 가깝지도 않고 그렇다고 멀지도 않은 사람들" 말이다.[18]

물론 알고 지내는 사람의 숫자와 자신이 느끼는 고독감은 서로 관계가 없을 수도 있다. 고독감이란 친밀함을 느끼지 못하는 버려진 기분이며 우정에 대한 갈망이다. 단순히 물리적으로 혼자 있는 상태와는 반대되는 개념인 것이다. 대부분의 사람들은 수전 케인Susan Cain이 『콰이어트Quiet』에서, 앤서니 스토Anthony Storr가 『고독의 위로Solitude』에서 정확히 지적한 것처럼 자신만의 세상에 홀로 남겨지기를 열망하는 경향이 있다.[19] 그렇지만 고독감이란 생각하고 일할 시간을 지켜주는 신성한 방어막이 아니라 그다지 좋지 않은 생리학적 상태다. 자료에 따르면 3분의 1의 현대인이 외로움을 느낀다는데, 때로 그 외로움은 고통스럽기까지 하다. 시카고 대학교의 존 카치오포와 그의 동료들은 이렇게 지적한다.

"주로 서구 사회에서 수행된 고독감에 대한 연구에 따르면 언제 어느 때라도 성인 중 20~40퍼센트는 외로움을 호소한다. 그리고 5~7퍼센트는 자신이 강렬하고 지속적인 고독감에 시달리고 있다고 말한다."[20]

내가 이 책을 쓰는 동안 30대, 50대, 그리고 60대인 세 명의 여성이 주중에는 혼자 지내는 것이 아무 문제가 없다고 내게 말했다. 어차피 주중에는 여러 가지 일로 바쁘기 때문이다. 그렇지만 주말이 돌아오면 너무나 비참하다는 것이었다.

체육관 사물함 앞에서 만난 서른일곱 살의 베로니카가 이렇게 말했다.

"나는 매주 토요일이면 울기만 했어요. 밀려드는 고독감을 참을 수가 없었어요."

외로움은 극심한 굶주림이나 갈증만큼 고통스럽다. 카치오포의 말처럼 만일 인간의 두뇌가 사회적 응집성은 생존을 의미하고, 사회적 고립은 굶주림과 동물의 공격, 그리고 궁극적으로는 죽음을 의미한다고 생각하는 쪽으로 진화해왔다면 이는 이해할 수 있는 상황이다. 만일 우리의 대뇌가 상호작용을 인지하는 쪽으로 진화했다면 고독감이란 일종의 초기 경보다. 어떤 식으로든 무리에서 이탈했을 경우 그 사람에게 생물학적 신호를 보내는 신체 내부의 경보 시스템인 것이다. 신체적인 고통이나 굶주림처럼 고독감도 우리에게 이렇게 말한다.

"이봐, 거기! 빨리 동료들을 찾아내지 못하거나 반대로 동료들이 널 찾지 않으면 너는 결국 죽을 거야."

만일 얼굴을 마주하는 친밀한 접촉이 우리를 보호해주는 역할을 한다면, 다시 말해 심혈관이나 면역 체계를 긴장시키고 우리의 수명이나 지능지수까지 높여준다면 고독감은 그 반대의 효과를 불러온다고 말할 수 있다. 외로움을 느끼면 스트레스가 시작되고 그에 대한 반응이 격해지면서 심장질환과도 연결된다. 영국의 의학 전문가 앤드류 스텝토Andrew Steptoe 박사의 연구에 따르면 외로움은 사실을 기억하고 문제를 해결하는 능력에도 문제를 가져올 수 있다고 한다.[21] 고독감은 특히 여성에게 치명적이다. 중년의 일본 시민을 대상으로 실시한 대규모 연구에서는 가까운• 친지들과 함께 시간을 보낼 기회가 거의 없는 여성의 사망 가능성이 가장 높다는 결과가 나왔다.[22] 또한 여성은 주변 친구들의 감정이나 고독감에 더 많이 영향을 받는다고 한다. 이런 감정은 여성들의 사회적 연결망을 통해 더 쉽게 퍼져나간다는 것이다.[23] 그렇지만 또 다른 연구에서는 친밀함의 부족이 집착으로 이어질 수도 있는 것으로 드러났다. 존 카치오포의 연구팀은 고독감이 스테로이드 수치와 혈압을 높인다는 사실을 밝혀냈다. 그렇게 되면 여성은 물론 모든 연령대의 남성도 내장기관이 손상된다는 것이다.[24]

자료에 따르면 젊은 대학생에게든 나이 든 은퇴자에게든 계속되는 고독감은 어떤 고상한 존재의 상태가 아니라 공중보건의 위험과 관련 있다. 물론 대중문화는 이런 고독감을 무심하게 여기는 경향이 있기는 하다. '고독에 대한 공포를 이겨내라'라든가 '트위터에 도전해보자' 같은 제목의 기사들은 이제 혼자라고 고독감을 느끼거나 혹은 다른 사람도 나와 비슷하다고 느끼는 일은 스스로 바보임을 증명하는 것과 마찬가지라고 이야기한다.[25] 퓨 인터넷 프로젝트^{Pew Internet Project}의 리 레이니^{Lee Rainie}와 컴퓨터를 통한 사회적 연결망 분야의 1인자인 사회학자 배리 웰먼^{Barry Wellman}은 저서 『연결하기^{Networked}』에서 비틀스의 노래 「엘리너 릭비^{Eleanor Rigby}」의 가사를 인용한다.

"이 모든 외로운 사람들, 그런데 이들은 모두 어디에서 왔는가?"

얄궂은 일이지만 화면을 들여다보는 시간은 외로움을 더 부추긴다. 두 사람은 그런 현상을 함정이라 부르며 이렇게 말한다.

"인터넷을 통한 만남에는 사회적 정보나 의사소통이 더 적다. 그리고 그로 인해 관계는 더욱더 위축된다."

우리는 온라인으로 만나는 사람들에게 격렬한 감정을 느끼지만 그 사이에 있는 매개체는 제 역할을 못한다. 두 사람은 다음과 같은 말을 덧붙인다.

"인터넷으로는 낯선 사람과 제대로 상호 교류하기가 힘들다."[26]

그렇지만 여기에는 부정할 수 없는 사실 하나가 숨어 있다. 대부분의 현대인은 인터넷이라는 강력하고 편리한 도구를 통해 편하게 물건을 구입하고 공부도 하며 일도 한다. 대규모로 진행되는 온라인상의 공개 강좌가 늘어나고 대학 강의도 인터넷으로 진행되는 요즘, 많은 대학생이 번거롭게 강의실을 찾아다니지 않아도 된다. 20세기 중반 자동차가 일상적인 이동수단이 되면서 미국의 도시계획에서 인도가 자연스럽게 사라진 것처럼 우체국과 신문가판대, 서점과 비디오 가게 등 지난 몇 년 동안 길거리에서 흔히 볼 수 있었던 곳들이 이제 거의 대부분 사라지고 있다. 사람들을 연결해주는 온라인상의 대화나 모바일 메신저 등이 넘쳐나고 있는 것은 분명한 사실이다. 거리에서는 슈퍼마켓보다 인터넷 카페를 더 많이 찾아볼 수 있다. 하지만 우리는 인터넷 때문에 사람들을 직접 만나는 것에 대해 좀 더 까다로워졌다. 가까운 이웃이나 멀리 있는 친구들과 자연스럽게 만나는 대신 만남에 대해 좀 더 신중해진 것이다. 어떤 연구자들은 상호 교류를 위한 장치들 덕분에 우리가 이전보다 덜 고립되고 바깥세상과 더 많이 어울리게 되었다고도 말한다.

"인터넷을 사용한다고 사람들이 공공장소로부터 멀어지는 것은 아니다. 오히려 인터넷을 통해 정보를 공유함으로써 공원이나 카페, 그리고 식당 등을 더 자주 찾게 되었다."

웰먼과 레이니의 말이다.[27] 그렇지만 《보스턴 글로브》의 칼럼니스트 엘런 굿맨Ellen Goodman은 이렇게 지적한다.

"커피 전문점을 찾아가보라. 손님 중 3분의 1 이상은 노트북컴퓨터와 데이트를 즐기고 있다."[28]

이런 현상이 잘못되었다는 것은 아니지만 거기에서 진짜 친밀한 관계를 찾아보기는 힘들다. 유선이나 무선전화, 혹은 인터넷 화상 통화로 친구나 연인과 대화하는 일은 미국의 통신회사 AT&T가 언급했던 것처럼 여전히 차선책에 불과하다. 하지만 그 편리함을 부정할 생각은 없다. 우리는 최근에 유월절을 맞아 스카이프 프로그램으로 가까운 이웃의 아들과 인터넷 화상 통화를 했다. 이웃의 아들은 멀리 다른 나라에서 군복무를 하고 있었지만 우리는 노트북컴퓨터가 놓인 탁자 주변에 둘러앉는 것만으로 대화를 할 수 있었다. 길 건너에 살았던 또 다른 친구는 중국의 설날이 되자 아버지의 아이패드로 우리에게 연락했다. 우리는 마치 인터뷰라도 하듯 서로 돌아가며 그녀에게 안부를 전했다.

우리 집안만 보더라도 전화기를 사용해 사회적 유대감을 유지해온 여성들이 있으며, 그 역사도 유구하다. 매일 하루 일과를 마칠 때면 할머니는 검은색 구식 전화기 앞에 앉아 여자 친구들의 안부를 확인했다. 분명 아주 친한 사이였음에도 전화 통화를 할 때면 더보우 부인, 실버 부인, 쿠퍼 부인, 타타 부인, 그리고 테이텔범 부인 등 꼬박꼬박 존칭을 썼던 것도 기억난다. 어머니는 집에 있는 동안 부엌에 설치된 전화로 사교계 활동을 이어갔다. 전화는 어머니의 사회생활을 지켜주는 여러 수단 중 하나였던 것이다. 자, 그럼 나는 어떤가. 친구나 사랑하는 사람을 직접 만날 수 없을 때는 일반 전화, 휴대전화, 이메일, 문자메시지, 그리고 인터넷 전화 등 모든 수단을 동원하여 나의 사회적 유대관계를 지켜나간다. 그림으로 표현해보면 다음과 같을 것이다.

퓨 인터넷 프로젝트에서는 휴대전화 사용자들이 더 광범위한 개인적 연결망을 가지고 있다는 사실을 확인했다. 정확히 말하면 휴대전

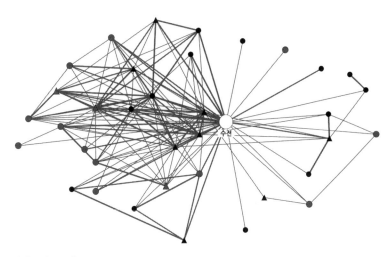

나의 소시오그램
여기서 소시오그램은 인간관계를 사회학적으로 나타낸 도식이나 도표를 의미하며 검은색 점은 이 책에 소개된 사람들을 나타낸다. 원은 여성, 삼각형은 남성이다.

화를 사용하지 않는 사람에 비해 12퍼센트가 더 많다는 것이다.[29] 그렇지만 또 다른 연구 결과에 따르면 온라인상의 사회적 연결망을 열심히 활용하는 사람이 좀 더 다양한 온라인 관계를 맺고 있는 것처럼 보이지만 사실은 그렇지 않은 사람에 비해 알고 지내는 이웃도 적고 지역 공동체 활동에 참여하는 일도 적다고 한다.[30]

"인간은 사회라는 옷을 입어야 한다. 그러지 않으면 우리는 아마도 추위와 가난을 느끼게 될 것이다."

1857년 에머슨Ralph Waldo Emerson이 한 말이다. 그로부터 150년이 넘는 세월이 흘렀지만 그때와 정말 달라졌다고 감히 말할 수 있을까?

통신기술을 통한 매체의 위력과 속도는 '사회라는 옷을 입는' 다양한 방식을 우리에게 소개해주었고, 또 사회적 접촉 방식이 바뀔 수 있다고 주장해왔다. 앞으로 이어질 내용에서 이런 생각을 뒤집을 가장 최근의 증거들을 소개하려고 한다. 이른바 전자 미디어는 유권자와 언론을 뒤흔들 수 있을지는 몰라도 인간의 인식과 건강문제에 대해서라면 그 어떤 것도 얼굴을 마주하는 진짜 관계에 버금가지 못한다.

일단 한번 접속해보라는 전자 미디어의 속성은 우리의 눈을 속이면서 달라진 접촉 방식이 결국에는 예전 방식과 같은 것이라고 우리를 설득하고 우리의 사회적 연결관계가 확장되고 있다는 믿음을 준다. 그렇지만 기술을 통한 관계가 실제로 더 넓어진다 하더라도 얼굴을 마주하는 사회적 연결망의 규모에는 큰 변화가 없다. 또한 우리가 실제로 가깝다고 느끼는 사람의 숫자는 오히려 줄어들었다. 대부분의 미국인이 자신이 유일하게 신뢰하는 사람은 배우자라고 말하는 것을 생각해보면, 우리 중 상당수는 서로 스쳐 지나가는 아무것도 아닌 사람이 아닐까.

물론 거기에는 역설이 있다. 보통은 좋은 일로 생각되는 평균수명의 연장으로 어쩌면 우리의 배우자나 가까운 친구가 우리보다 먼저 세상을 떠날 수도 있다. 그러면 우리는 결국 혼자 남게 되는 것이다. 평생에 걸쳐 모든 면에 부족한 것이 없고 모든 관계를 잘 관리할 것이 아니라면 고독한 생활이란 일상에서 얼굴을 마주하는 접촉을 포기하는 것을 의미한다. 버클리 대학교의 사회학 교수인 클라우드 피셔^{Claude Fischer}는 지난 30여 년 동안 사회적 연결망과 도시생활에 대해 연구하면서 "혼자 사는 생활이 대다수 미국인의 삶"이라는 사실을 지적했다. 그렇게 혼자 사는 사람이 늘어난 이유에는 병이나 사고, 그리고 이혼이 중요한 부분을 차지한다고도 했다.[31] 현재 75세 이상의 미국 남성 중 4분의 1은 혼자 지내고 있고 여성의 경우 그 수치는 남성의 두 배가 넘는다. 배우자의 사망이나 이혼이 주된 이유다. 영국에서는 1970년대 초반 이후 홀로 지내는 사람의 숫자가 두 배 이상 증가했으며 2010년 조사에 따르면 1인용 주방용품의 판매가 140퍼센트나 증가했다고 한다. 영국의 일간지《데일리 메일》은 이 현상에 대해 이렇게 보도하고 있다.

"프라이팬은 달걀 하나만 요리할 수 있을 정도로 작아졌고 접시도 토스트 한 쪽만 올려놓을 수 있을 뿐이다. 그리고 한 잔만 끓일 수 있는 찻주전자도 불티나게 팔리고 있다."

20세기 후반까지만 해도 큼지막한 요리용 냄비는 반드시 갖추어야 할 주방용품이었지만 기사에서는 "심지어 그런 냄비까지도 1인 가구의 유행에 맞춰 크기가 줄어들었다"고 이야기한다. 85세 이상 영국 국민 중 80퍼센트는 혼자 지내고 있다. 그 점을 염두에 둔다면 달걀 하나로 만드는 오믈렛이야말로 아주 적절한 요리일 것이다.[32]

이런 통계 자료는 아주 놀라운 것이며 다양한 방식으로 이해할 수 있다. 좋은 소식이 있다면 북아메리카와 일본, 그리고 유럽 사람, 특히 여성의 평균수명이 역사상 그 어느 때보다도 늘어났으며 그 대부분은 마음만 먹으면 홀로 살아갈 능력을 갖추고 있다는 사실일 것이다. 그렇지만 또 달리 생각해보면 사람들이 마음에 맞는 짝과 함께해야 그보다 더 오래 살 수 있다는 이야기도 된다. 핀란드에서 노년층 인구 7,000명을 대상으로 연구한 결과 고독감을 느끼는 가장 중요한 원인은 결국 짝 없이 홀로 지내는 것이라는 사실이 밝혀졌다. 그로부터 4년이 지난 후에 조사한 결과 당시 혼자 지내던 사람은 친밀한 인간관계를 유지하던 사람보다 사망률이 31퍼센트나 높았다. 이는 4년 전의 건강 상태와 상관이 없었다.[33] 일본에서는 이와사키 모토키라는 질병 전문가가 1만 1,500명의 중년층을 대상으로 대규모 연구를 진행했다. 그 결과 도심 지역에 살고 있는 여성 중에 친지 등과 얼굴을 마주할 기회가 거의 없는 사람의 사망률이 가장 높았다고 한다.[34] 이와사키는 이어 군마 현에 살고 있는 40~69세의 모든 여성을 조사했다(그들은 최고령층도, 극빈층도 아니었다). 그 결과 질병으로부터 빠르게 회복하는 진짜 비결은 다름 아닌 대면 접촉의 기회가 얼마나 있느냐는 것이었다.

이제 나는 우리가 살고 있는 디지털 시대의 인간관계에 대해 진지한 질문을 몇 가지 던져보려고 한다. 아이가 성장하며 학습할 때, 어른이 사랑에 빠질 때, 직업상 중요한 거래를 할 때, 그리고 나이를 먹어갈 때 얼굴을 마주하는 상호 교류는 얼마나 중요한 역할을 할까?[35] 인간은 신뢰와 배신을 측정하는 아주 정교한 감각을 길러왔는데, 이

기술이 얼굴과 얼굴을 맞대지 않는 상황에서도 제 기능을 발휘할까? 왜 남성보다 여성의 사회적 연결망이 공고한가, 그리고 이런 차이는 그들 자신의 건강과 다른 사람의 건강에 어떤 영향을 미치는가? 예를 들어 서던캘리포니아 대학교의 톰 발렌테^{Tom Valente}는 청소년 사이의 흡연과 음주, 그리고 약물 복용은 아이들 사이에서 중심 역할을 하는 몇몇 인기 있는 아이를 통해 퍼져나간다는 사실을 알게 되었다. 청소년의 사회적 연결망을 해체시키지 않는 한, 막대한 예산이 투입되는 공공 보건 프로그램은 실패로 돌아갈 확률이 아주 높다. 심지어 트위터나 페이스북 같은 최신 매체를 통해 그런 메시지를 전달하더라도 말이다.[36]

이 연구는 우리에게 당장 처리해야 할 시급한 문제에 대해 이야기하고 있다. 60여 년 전 프랑스의 철학자 장 폴 사르트르^{Jean Paul Sartre}는 "타인^{他人}이 곧 지옥이다"라고 말했다. 앞으로 나는 그가 틀렸다는 것을 확인해보려고 한다.

1

지금 당신 곁에는
소중한 사람들이 있다
고통과 슬픔을 잊게 하는 사회적 유대감

1999년 4월, 실비 라 퐁텐^{Sylvie La Fontaine}은 자신이 이끄는 수영 모임 회원들과 함께 캐나다 마스터즈 챔피언십 대회에 참가한 직후 유방암 판정을 받게 된다. 키 178센티미터에 머리를 짧게 자르고 뿔테 안경을 쓴 그녀는 레깅스와 부츠 위에 손수 만든 낙낙한 스웨터를 즐겨 입었고, 손자 손녀를 셋이나 둔 할머니로 생각되지 않을 만큼 젊고 건강해 보였다. 인테리어 디자이너와 부동산 중개인을 겸하고 있던 실비는 실제로 얼굴을 맞대고 교류하는 몇 가지 모임의 실질적인 지도자 역할을 했으며 수영 모임도 그중 하나였다. 당시 7년째 회장을 맡아오던 실비는 150명이 넘는 회원을 관리하고 훈련시키는 일을 정력적으로 해냈다. 회원의 건강문제는 물론 부부 문제와 출산 문제, 그리고 육아 문제부터 수영장의 수질 관리와 최신 훈련법까지 실비의 손을 거치지 않는 일은 없었다. 심지어 사랑하는 애완동물을 잃은 회원이 찾아오면 기꺼이 함께 슬퍼해주기까지 했다. 실비는 아무런 불평 없이 자신의 역할을 계속해왔고 수영 경기에서 이따금 어이없는 실수가 나올 때를 제외하고는 늘 침착하면서도 여유가 있었다. 유방암 판정은 그런 그녀의 평정심을 깨뜨렸고 충격은 너무나 엄청났다. 실비는 이제 모임과 관련된 모든 일을 그만두고 혼자서만 조용히 쉬어야 하는지 고민하기 시작했다.

그렇지만 그건 생각보다 간단한 일이 아니었다. 단지 사람들이 실비를 계속 찾아서만이 아니라 실비 자신도 사람들과 함께하는 일을 그만둘 수 없었던 것이다. 실비는 수영 말고도 자신이 살고 있는 지역의 세대주협회 회장을 맡고 있었고 이 협회는 최근 6만 그루의 나무를 심어 공유지를 녹지로 바꾸기도 했다. 그중 1만 5,000그루는 실비가 직접 심은 것들이었다. 스스로는 전혀 의식하지 못했지만 서로 잘 모르는 사람들까지도 실비를 깊이 신뢰하고 있었다. 이렇게 사람들과 계속 교류하는 동안 실비 자신도 그런 신뢰가 어디서 나오는지 궁금해할 때가 많았다. 나 역시 수백 명의 수영 모임 회원과 동료, 그리고 이웃들처럼 실비를 친구처럼 믿고 따르는 사람이었고 이 사람들은 실비에게 말하자면 중간쯤 되는 관계였다. 당연한 이야기지만 실비는 그 이상으로 가까운 친구도 많았다.

실비의 남편이 해군으로 복무할 당시 실비 부부는 아직 어렸던 자녀들과 함께 몇몇 해군 부부와 아주 친밀한 관계를 맺었다. 그보다 더 가까운 관계라면 아마 실비의 수영 모임에서 만난 세 부부를 들 수 있을 것이다. 그들은 지금도 시간이 날 때마다 식사나 여행을 함께하는 돈독한 사이다. 수영으로 맺어진 친구들 중 개리라는 남자는 공교롭게도 실비가 유방암 판정을 받았던 바로 그 주에 대장암 판정을 받았다. 챔피언십 대회를 함께 마친 뒤 실비는 개리를 돌보는 데 많은 정성을 쏟았다. 우선 일정을 조정해 개리를 병원으로 데려가 치료와 양생을 도왔다. 6개월 시한부 판정을 받은 개리의 투병 생활을 돕는 일은 실비에게 가장 중요한 임무가 되었다.

"나는 아프지 않았어요. 아픈 것은 개리였지요."

그녀의 건강에 대해 물었는데 왜 개리 이야기를 꺼내느냐는 나의 질문에 실비는 아무렇지 않은 듯 그렇게 대답했다. 개리는 결국 시한부 판정을 이겨내고 3년을 더 살았다.

"당시 나는 정말 아무것도 필요 없었습니다. 잘 알고 있겠지만 유방암은 그렇게 고통스러운 병은 아니에요. 다만 정신적인 면이 크게 좌우하지요."

모든 사람이 실비의 말에 공감하지는 않을 것이다. 사회 활동을 중단하려던 실비의 결심과는 상관없이 한 가지 분명한 건 그녀가 실제로 자신과 관련된 몇 가지 사회적 관계나 만남에 깊이 관여했다는 사실이다. 거기에는 다른 사람을 돌보는 일도 포함되어 있었다. 유방암 판정을 받고 얼마 동안은 자신의 지도적인 위치를 내려놓을 수밖에 없었지만 실비는 동료들과 수영을 계속했고 가족이나 친구와 즐거운 시간을 보냈으며 도움이 필요한 친구를 돌봐주었다. 이렇게 남을 돌보는 일이 자신을 위한 치료가 된다거나, 지역사회를 위해 고민하는 일이 치료제를 대신할 거라고 생각하는 사람은 그리 많지 않을 것이다. 그렇지만 서로 얼굴을 마주하는 다양한 사회관계가 병을 이겨내게 하는 생물학적 에너지를 만들어낸다는 증거는 실비의 사례 말고도 아주 많다.

치유하는 사회적 접촉

대부분의 여성이 그렇듯 실비가 맺고 있는 사회적 관계는 일상생활과 잘 조화되어 있었지만 정작 그녀 자신은 그 중요성을 인식하지 못하고 있었다. 그러나 유방암 판정을 받게 되자 이런 사회적 관계는 실비에게 큰 도움이 되어주었다. 이것이야말로 사회적인 상호작용이 가져다주는 중요한 이점이 아닐까? 자신이 의학적인 치료를 받고 있다고 믿어야 그 효과가 나타나는 이른바 플라세보^{placebo} 효과와는 달리 얼굴과 얼굴을 직접 맞대는 사회적 접촉은 우리가 미처 깨닫지 못하는 사이에 신체의 면역력을 강화시켜준다고 한다. 약을 먹거나 주사를 맞을 필요도 없고, 별도의 처방을 받을 필요도 없다. 라틴계 문화가 아니라면 대부분의 사회적 접촉에는 특별한 신체적 접촉이 포함되지 않는데, 도대체 어떻게 치유 효과를 이끌어내는 것일까?

먼저 긍정적인 사회적 접촉이 일어나면 우리의 신체는 일종의 마약 성분을 만들어내게 된다. 이 마약 성분은 진통제 역할을 하며, 때로는 아드레날린이나 노르아드레날린, 그리고 코르티코스테로이드 같은 호르몬으로 바뀌어 역시 일종의 진정제로서 스트레스 요인을 약화시킨다. 이렇게 스트레스와 호르몬은 우리 세포조직과 신체의 회복을 사이에 두고 끊임없는 전쟁을 계속하는 것이다.

풍성한 사회적 관계가 암과 같은 질병을 완전히 치유해주지는 못해도 그 진행을 둔화시킨다는 증거는 어렵지 않게 찾을 수 있다.[1] 얽히고설킨 인간의 사회생활이 내가 지금 소개했고 앞으로 계속 이야기할 심각한 질병으로부터의 생존율을 높이는 모습은 그 얼마나 복잡하고 경이로운가. 나는 지금 그저 인터넷상의 '요청'과 '수락'만으로 만들어지는 페이스북 친구나 트위터의 팔로어를 이야기하는 것이 아니다. 그보다는 좀 더 실제적이고 공고한 무엇인가를 뜻하는 것이다.

이 사회적 접촉을 세 가지 방향에서 생각해보자. 먼저 그 첫 번째는 자신에게 특별히 가치가 있는 시의적절한 정보다. 유방암의 경우 유명한 전문의나 외과 의사를 소개해주는 친구나 가족, 혹은 지인이 있다. 이들은 또 우리가 난생처음 맞닥뜨린 이 무시무시한 질병과 싸우는 동안 치료 방법이나 새로운 치료제에 대한 정보를 알려준다. 유방암 판정을 받은 실비는 마침 명망 있는 외과 의사와 함께 관련된 의학 연구를 하고 있던 수영 모임 동료에게 자문을 구한다. 그로부터 7년 뒤 이번에는 내 가슴에서 의심스러운 종양이 발견되었고 나는 실비에게 그 의사의 이름을 아직 기억하고 있는지, 그래서 나를 도와줄 수 있는지 묻게 되었다. 나는 내 건강문제와 관련된 중요한 정보에 대해 세 가지 연결 고리를 가지고 있었고 실비와의 관계는 실비 자신의 경험담과 함께 내가 앞으로 할 일에 대한 근심과 두려움을 덜어주었다. 그리고 차차 나오겠지만, 내가 사회적 관계를 통해 전달받은 정보나 도움과 관련해 '3'이라는 숫자는 계속 다시 등장하게 된다.

치료를 위해 의사 찾아가기, 그곳에서 환자들과 함께 기다리기, 그러면서 아이를 돌보고 음식을 준비하기 등은 사회적 지원이라는 또 다른 도움이 필요하다는 사실을 알려준다. 바로 실제적인 도움이다. 나는《뉴욕 타임스》에서 네 살배기 쌍둥이를 키우는 어느 남편의 이야기를 읽었다. 이 남자는 41세의 심리학자이자 알렉산드라 블룸 Alexandra Bloom의 남편으로 아내를 위한 사회적 지원을 이끌어내는 '문제'에 대해 완벽하게 정리했다. 스스로를 뭐든 잘 정리하는 사람이라고 소개하는 톰 니시오카Tom Nishioka는 자신의 아내가 유방암 판정을 받자 즉시 행동에 돌입했다.

얼마 지나지 않아 니시오카와 세 명의 친구는 사람들이 자신들을 도울 수 있도록 인터넷 웹사이트를 개설했다. "화학 치료를 받는 동안 함께 있어줄 사람, 아니면 요리를 좋아하는 사람 어디 있나요?"라고 사람들에게 직접 물어보는 일은 그리 쉽지 않았다고 블룸 박사는 설명한다. 열 개의 모임이 구성되고 각 모임의 임시 회장들은 유방암과 건강보험 관련 문제 등을 확인하는 일에 동참하기로 약속했다. 또한 집에서 음식을 만들고, 생필품을 구매하고, 의사와의 상담에 동행하고, 아이들을 등·하교시키고, 매일 부부의 집을 정리하는 일 등도 함께해나가기로 했다. 얼마 지나지 않아 인터넷을 통해 이 일에 동참한 지원자는 150명을 넘어섰고 그중 세 사람은 쌍둥이 딸을 위한 양할머니 역할을 기꺼이 맡아주었다. 블룸 박사의 말이다.

"세 사람 모두 1주일에 한 번씩 우리 집을 찾아주었습니다. 아이들에게 책을 읽어주기도 하고 스트링 치즈며 딸기며 블루베리같이 아이들이 좋아하는 음식을 가져다주기도 했습니다. 그런 일이 스스로에게도 아주 좋은 영향을 미친다고 생각했고요."[2]

이 경이로운 부부는 얼굴을 마주하는 사회적 연결망이 아내가 회복하는 데 결정적인 요소가 된다는 사실을 깨달았다. 확실한 건 인터넷이 의사소통 수단의 일부였다는 사실이다. 친구와 지원자는 인터넷 웹사이트를 통해 도움을 약속했다. 그렇지만 본격적으로 일이 진행되면서 이 사람들은 '실제로' 모습을 드러내야만 했다. 도움이 필요한 그 자리에 반드시 나타나야 했던 것이다. 물론 가까운 친구나 가족이 음식과 차량 등의 물질적 도움만 제공해야 하는 것은 아니었다. 그에 못지않게 환자가 음식과 약을 챙겨 먹고 의사에게 치료를 받도록 격려하는 일도 중요했다. 어쩌면 의사에게 환자를 대신해 여러 가지 질문을 해야 할지도 몰랐다.

이런 구체적인 도움과 함께 가까이에 있는 사랑하는 사람들이 기분을 맞춰주고 기운을 북돋워주는 것도 도움이 되었다.[3] 어쩌면 사회적 버팀목이 없는 사람들이 활발한 사회생활을 하는 사람들에 비해 사망률이 두 배 이상 높은 것은 바로 이런 이유 때문인지도 모른다. 사실 자신에게 중요한 사람들과 긴밀한 접촉을 유지하는 일을 등한시한다면 고혈압이나 비만, 혹은 하루에 담배 한 갑을 피우는 것만큼 건강상의 위험이 있을지도 모른다.[4] 그리고 처음에 이야기했듯이 인터넷의 발달로 혼자서도 편리하게 정보를 찾아볼 수 있게 된 요즘, 구체적이고 감정적인 지원이야말로 사람들이 얼굴을 마주하는 관계에서 얻는 가장 강력한 도움일 것이다.

유대감과 건강한 삶

사회적 접촉과 암 투병의 상관관계를 살펴보는 일은 과학적인 관점에서 복잡할 뿐만 아니라 여러 가지 논쟁을 불러일으킬 수도 있다. 우선 복잡한 문제를 살펴보면 당사자의 유전적 요인, 임신과 출산 경력, 호르몬 수치, 폐경, 호르몬 대체요법과 그 시기, 식이요법, 운동, 음주와 흡연 습관, 방사선 치료, 거주 지역, 사회생활과 직장생활의 특성 등이 모두 합쳐져 암을 유발할 수도 있기 때문에 암의 발병과 치료 방법에 대해서는 단순하게 설명하기 힘들다. 발병 원인과 병의 양상을 정확하게 파악하는 것이 불가능해 보이기도 한다. 게다가 더 곤란한 것은 암이란 한 가지로 정의되는 단순한 질병이 아니라 수백여 가지의 양상을 보이는 질병이라는 점이다. 즉 암세포가 어떤 식으로 증식하는지 확인하기 힘든 것이다. 암을 연구하는 학자이자 저술가인 싯다르타 무케르지Siddhartha Mukherjee는 저서 『암 : 만병의 황제의 역사The Emperor of All Maladies』에서 이렇게 설명했다.

"암이란 엄청나게 다양한 모습으로 시시각각 변하는 질병이다."[5]

지금도 연구자들은 앞서 이야기한 각각의 요소를 분리해서 확인하려는 시도를 계속하고 있다. 그리고 지속적인 사회적 접촉과 유방암 치료 후 생존 가능성의 관계에 대해서도 연구하고 있다.

그렇지만 이 모두는 정확하게 어떤 의미를 지니고 있는가? 사회적 접촉은 인간관계로 이루어진 일종의 깜짝 상자다. 그 안에는 평생을 함께해온 배우자, 매일 얼굴을 맞대는 동료와 이웃, 모임의 동료들이 제공하는 따뜻한 격려와 지원이 함께 들어 있다. 직장이나 교회에서 만난 사람과 어울리는 데도 엄격한 절차는 필요 없다. 이런 유형의 사회적인 접촉을 페이스북이나 암 환자 모임에서 만난 낯선 사람과의 접촉에 비교해보자. 여러 가지 증거에 따르면 사회적인 연줄은 마치 규칙적인 운동처럼 도움이 되며, 실제로도 대면관계를 이어간 사람은 홀로 고립된 사람보다 평균 2년 반 이상을 더 산다고 한다. 그렇지만 모든 종류의 사회적 접촉이 똑같은 효과를 만들어내지는 않는다.

어떤 종류의 암은 인간의 신체를 괴롭히는 테러리스트나 다름없다. 쉽게 나타나지는 않지만 빠르고 무차별적으로 신체를 공격한다. 반면에 유방암은 대개 그 진행 속도가 완만하다.[6] 생존율이 높고 발병한 사람이 많으며 그에 관련된 정치적·학술적 지원이 적지 않다는 점을 감안해보면 유방암의 치료 과정과 그 결과는 사회적 유대감이 병의 진행을 늦추거나 중단시키는가를 확인하는 좋은 도구가 될 수 있다. 1990년대에 진행된 다양한 연구에 따르면 유방암을 앓는 여성이 적극적으로 사회적인 접촉에 참여하며 가까운 친구나 가족에게 보살핌을 받는다는 기분을 느낄 경우 긍정적인 결과를 기대할 수 있다고 한다.

우리는 적극적인 사회적 접촉을 통한 여성들의 연결관계와 그에 따른 사회적 지원을 통해 감염 세포를 공격하는 대형 림프구의 수치를 예측할 수 있다. 림프구는 암세포를 공격해 박멸하는 세포다.[7] 여기서는 실비의 사례를 통해 이런 사실을 분명히 확인할 수 있었다. 실비는 스스로를 내향적인 사람이라고 생각했지만 자신을 염려해주는 사람들과 함께함으로써 단지 도움을 받는다는 기분만이 아니라 살아남을 수 있다는 희망을 가졌다.

문제는 어떻게 그럴 수 있느냐는 것이다. 사회적 유대감과 건강을 연결짓는 문제에 대해서는 두 가지 유형의 연구가 좋은 성과를 나타냈다. 첫 번째는 인구통계학적 조사다. 한 번에 수천 명의 사회생활을 확인한 다음 그들이 나이를 먹고 병에 걸릴 때까지 계속 추적한다. 이 연구를 책임지고 있는 과학자들은 수십 년 동안 모은 자료를 통해 인간관계의 숫자와 유형을 확인했다. 그 인간관계에는 친구와 동료, 자식과 사촌, 그리고 별로 친하지 않은 사람까지 포함되어 있다. 과학자들은 이를 토대로 연구에 참여한 사람들에게 언제 어떤 건강상의 문제가 발생했는지 추적했다.

1970년대 하버드 대학교의 질병 전문가 리사 버크먼Lisa Berkman 박사는 처음으로 인구통계학적 조사를 통해 사회생활과 "최고로 건강한" 날들의 상관관계를 밝혀냈다. 버크먼 박사는 당시 캘리포니아 북부, 그중에서도 앨러미다 카운티에 살고 있는 모든 주민(6,928명)을 대상으로 실시한 연구에서 여러 가지 놀라운 사실을 알아냈다. 그중에는 사회적으로 고립되어 있는 여성의 경우 암으로 사망할 확률이 크게 올라가고, 이미 암을 앓고 있는 남성의 경우 사회적으로 고립되어 있다면 예상보다 빨리 사망한다는 연구 결과도 있었다.[8]

버크먼 박사의 연구에 참여한 사람의 숫자가 정확했기 때문에 이 연구는 정확성을 인정받을 수 있었다. 우리는 이제 사회적 참여와 신체적·정신적 건강의 관계가 우연한 것이 아니라는 사실을 안다. 그리고 정기적인 사회적 접촉은 최소한 정기적인 운동이나 건강을 위한 식이요법만큼 효과적이라는 사실도 알고 있다. 그렇지만 이런 대규모 연구의 이면을 살펴보면 두 가지 요소가 서로 연결되어 있다는 사실이 증명된다 하더라도 어느 것이 더 우선시되는지는 정확히 알 수 없다. 친구와 가족이 많은 사람은 남들보다 더 오래 사는가? 그들의 적극적인 사회생활이 혈관질환이나 암 같은 질병으로부터 그들을 보호해주기 때문에? 아니면 친구와 자녀, 부모와 사촌, 이웃이나 동료와의 적극적인 상호 교류를 원하는 사람은 원래 생물학적으로 건강하고 장수하도록 정해져 있는 것이 아니었을까? 만일 일반적으로 덜 건강한 사람이 다른 사람과의 관계를 만들고 이어나가는 데 어려움을 겪는다면 그들이 병에 걸리거나 사망하는 이유는 사회적인 고립이 아니라 그저 좋지 않은 건강 탓이 아닐까.

이런 식의 닭이 먼저냐, 달걀이 먼저냐 하는 문제를 해결하기 위해 일단 사람들을 두 집단으로 나눈다. 첫 번째 집단은 다정한 친구나 애정이 넘치는 친지와 함께하도록 하며, 두 번째 집단은 고립시킨다. 그렇지만 그 외 다른 조건은 모두 똑같다. 두 집단 모두 건강해서 암을 앓지 않았고 유전적 형질이나 생활 방식, 그리고 건강도 서로 비슷하다. 성별과 나이는 같았고 비슷한 음식이나 음료를 좋아하거나 싫어했으며 주거 환경도 같았다. 그렇게 해서 시간이 지남에 따라 무슨 일이 벌어지는지 관찰하는 것이다. 사회적 접촉은 과연 암과 비슷한 종양이 만들어지고 성장하는 데 영향을 미치는가?

물론 인간을 대상으로 이런 실험을 할 수는 없다. 그런 일이 가능하다 할지라도 상황이 어떻게 악화되는지를 살펴보기 위해 사람들을 인위적으로 고립시키는 일은 도덕적으로 용납되지 않는다.[9] 그렇지만 실험용 쥐라면 이런 연구가 가능하다. 쥐는 그 부정적인 이미지에도 불구하고 질병과 관련된 거의 모든 유전자를 인간과 공유하고 있으며, 우리 인간과 마찬가지로 아주 사회적인 동물이다.[10] 심리학자인 마사 매클린톡Martha McClintock과 암 전문가인 수잰 콘젠Suzanne Conzen이 동료들과 함께 붉은 눈의 알비노 쥐를 대상으로 이런 연구를 진행하면서 정말 놀라운 발견을 하게 된다. 사회적으로 고립된 실험용 암컷 쥐는 함께 모여 살고 있는 쥐보다 유방암이 84배나 더 많이 진행되었다. 84배라니! 이 연구는 2009년 말에 논문으로 정리되어 발표되었다. 그 논문에는 이 놀라운 발견에 대해 이렇게 적혀 있다.

"고립은 개별적 종양 덩어리의 숫자를 135퍼센트나 증가시켰다. 또한 종양 자체가 더 넓게 확산되어 유방의 4분의 3을 덮었다."

연구자들은 고립된 암컷 쥐들 중 50퍼센트는 유방암이 악성으로 진행되었고 함께 모여 있는 쥐의 경우 그 비율이 15퍼센트 정도였다고 보고한다. 고립된 쥐의 종양은 개수가 많을 뿐만 아니라 크기도 더 컸다. 우리가 여성 포유류로서 가족이나 친구와 가까운 관계를 유지하지 않는다면 단순히 정신적인 외로움만 가중되는 것이 아니라 유방암이 발전할 위험도 함께 커지는 것이다.[11]

사회적인 고립은 유방암의 크기나 위험만 증가시키는 것이 아니라 과도한 생물학적 스트레스성 반응까지 불러온다. 매클린톡과 콘젠

 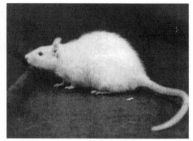

고립된 쥐　　　　　　　　　무리와 함께 지내는 쥐

사회적으로 고립된 암컷 쥐는 함께 모여 살고 있는 쥐보다 유방암이 84배나 더 많이 진행되었다.

박사는 또 다른 실험에서 갓 태어난 암컷 쥐를 3개월간 격리해 기르다가 여우의 오줌을 뿌린 우리 안에 집어넣고 마음대로 돌아다니게 했다. 물론 여우의 오줌은 천적이 근처에 숨어 있다는 신호다. 이에 대해 사회적으로 고립된 쥐는 함께 모여 살아온 쥐보다 포유류 동물이 스트레스를 받을 때 분비하는 호르몬을 열 배나 더 많이 뿜어냈다. 이런 과도한 생물학적 반응은 쥐의 행동까지 바꿔놓았다. 즉 쥐들은 크게 위축되어 주변을 잘 돌아다니지 않았던 것이다. 여기에는 또한 후생유전적 영향까지 뒤따른다. 유전자가 유선乳腺을 따라 퍼지는 방식까지 바꾸는 것이다.

만일 우리가 쥐라면 여우의 오줌 냄새는 우리를 겁에 질리게 할 것이다. 그렇지만 우리는 인간이고, 따라서 사람들 앞에 나서야 한다거나 직장 상사의 호출을 받는다거나 출근 버스를 놓치는 등 다른 요인으로 인해 스트레스를 받게 된다. 우리를 긴장하게 만드는 일이 무엇이든 마사 매클린톡의 연구는 포유류인 인간은 태어나면서부터 안정된 사회적 접촉을 필요로 하며, 그건 나중에 있을지도 모를 스트레스

54

에 대처하기 위한 것이라는 사실을 알려준다. 안전하고 확실한 관계를 가지지 못하면 스트레스에 대해 과도한 생물학적 반응을 보이면서 종양의 성장을 억제하는 유전자의 활동을 가로막게 되고, 결국 유방암에 대한 기존의 위험 요소에 또 다른 요소가 더해진다.[12]

이런 일련의 실험은 초기의 사회적 접촉이 이후의 스트레스를 통제하는 능력에 얼마나 중요한 영향을 미치는지도 보여준다. 예컨대 어린 시절을 고아원과 같은 시설에서 보낸 아이들, 다시 말해 정상적으로 부모와 접촉하지 못한 아이들은 종종 성장 단계에서 큰 어려움을 겪게 되고, 그런 모습은 나중에 일반적인 가정에 입양되고 나서도 계속된다.

고독감이 주는 피해

지금까지는 사회적인 접촉이 부족한 쥐가 어떻게 암에 걸리는가를 살펴보았다. 그렇다면 이제 이렇게 확인한 사실들이 인간에게 어떤 의미가 있는지 살펴보기 위해 앞서 언급한 인간을 대상으로 한 연구로 되돌아가보자. 캘리포니아의 공중보건 연구자인 캔디스 크로엔크[Candyce Kroenke]와 그녀의 동료들은 최근에 침습성 유방암 진단을 받은 3,000여 명의 간호사를 대상으로 그들의 사회생활에 대해 자세하게 질문을 던졌다. 그리고 일단의 질병 전문가가 12년간 유방암의 진행 추이를 추적했다. 연구자들은 이 간호사들이 유방암 판정을 받기 전에 얼마나 많은 친구나 가족과 긴밀한 관계를 유지하고 있는지 알고 있었다. 또한 조금 다른 이야기지만 유방암 판정 이후에는 사회복지사와 의료진, 그리고 병원의 자원봉사자 등 전에는 생각지도 못했던 사람들과 갑자기 많이 접촉하게 되었다. 어쨌든 연구자들은 매우 중요한 의문을 제기한다. 적극적으로 사회생활을 하는 사람과 그렇지 않은 사람 사이에 어떤 건강상의 차이점이 있는가? 그리고 많은 친구를 가진 사람은 그렇지 않은 사람보다 더 오래 살 수 있는가?

거기에 대한 대답은 모두 '그렇다'다. 연구 결과 적극적인 사회생활을 하지 못한 간호사들의 유방암 사망률이 네 배나 더 높았다. 투병 이후 살아남은 사람들은 앞서 소개한 실비와 닮은 점이 아주 많았다. 그들은 아주 사교적이지는 않았지만 매주 정기적으로 만나는 사람들이 있었다. 실제로는 내향적인 사람이 암으로 사망할 확률이 아주 높고 감기 같은 전염성 질병에도 취약하다는 증거들이 있기는 하다.[13]

사람들이 마주하는 사회적 접촉의 종류는 아주 다양하다. 가까운 친구나 가족처럼 아주 끈끈한 관계가 있는가 하면, 직장 동료나 이웃처럼 좀 더 느슨한 관계도 있다. 그렇다면 핵심은 무엇일까? 가장 오래 살아남은 여성들은 외로움을 느끼지 않았다. 그리고 얼굴을 마주하는 접촉이 많을수록 암의 치료 가능성이 더 높아졌다. 사람들이 필요로 하는 것은 예정된 죽음으로부터 나를 보호해줄 소수의 진짜 친구들이었다.

흥미로운 일이지만 대가족과 함께 사는 여성은 그렇지 않은 여성보다 오래 살았다. 특히 암을 극복한 사람들의 경우 친구들이 가장 중요한 사회적 유대감의 근원이 되어주었다.[14] 사회적으로 고립된 여성은 가까운 친구가 최소한 열 명 이상 있다고 대답한 사람보다 유방암으로 인한 사망률이 66퍼센트나 높았다. 이 친구들은 정보나 구체적인 도움을 제공하며 환자를 도왔을 뿐만 아니라 신경내분비계 활동에도 영향을 미쳤다. 자신이 좋아하는 사람이나 자신을 염려해주는 사람과 함께 있을 때 환자들은 암을 이겨낼 수 있는 저항력이 더 강해졌던 것이다. 다시 말해 친구들과 함께 시간을 보내면서 그들의 목소리를 듣고 서로 토닥이는 과정이 중요하다. 서로 안아주거나 팔을 주물러주거나 등을 쓰다듬어주면 스트레스에 대한 생리학적 반응이 줄어든다. 그러면 역시 질병과 싸우는 저항력이 강해지는 것이다. 사람과 사람이 개인적으로 접촉하는 것이 바로 문제의 핵심이었다.

물론 인터넷이나 온라인을 통한 공동체도 지역적으로 멀리 떨어져 있는 사람이나 전염성이 강한 질병을 앓고 있는 사람이 서로 연락할 수 있도록 돕는다. 놀라운 능력을 가진 인터넷은 비슷한 성향의 사람들을 한자리에 끌어모으며, 넘쳐나는 정보는 환자들에게 병에 좀 더 적극적으로 대응해야겠다는 각오를 심어준다. 확실히 인터넷 기술의 발전은 많은 암 환자의 일상을 근본적으로 바꿔놓았다.[15] 그렇지만 단지 온라인상의 모임에 가입하는 것만으로는 충분하지 않다. 실제로 사람들과 만나서 의미 있는 관계를 쌓아가는 일이 필요한 것이다. 온라인상의 활동이 얼굴을 마주하는 사회적 연결망만큼이나 우리의 건강문제에 영향을 미친다는 확실한 과학적 증거는 아직 어디에서도 발견되지 않았다.[16]

사회적인 고립이 치명적인 이유가 여기 있다. 실제로 자세히 살펴보면 고독감이 주는 또 다른 영향 중에 하나가 바로 질병에 대한 우리의 유전적 반응을 바꿀 수 있다는 것이다. 다시 말해 오랫동안 병을 앓으며 환자의 주관적인 관점에서 외로움을 경험하게 되면 모든 세포 속 유전자의 표현 방식이 바뀌게 된다. 정말 놀라운 이야기지만, 외로움을 느끼게 되면 몸속의 모든 세포에 '고독'이라는 표시가 남는다고 한다. 이 일종의 '게놈 지문genomic fingerprint'은 병이나 스트레스에 대한 신체의 일반적인 대응에 혼란을 가져오면서 어떤 세포는 염증이 더 악화되게 하고, 또 어떤 세포는 정상적인 면역 체계를 무너뜨리기도 한다. 일반적인 상황이나 조건이라면 신체는 세포가 병으로 손상되어 제 역할을 못하는 일이 없도록 보호한다. 하지만 장기간 고독감을 느끼게 되면 사회적 동물로서 우리가 발전시켜온 복잡한 게놈 코드에 대혼란이 일어난다. 그렇게 되면 우리의 항체는 제 역할을 못하고 우리는 더 약해진다. 항체가 건강해야 바이러스나 감염을 이겨낼 수 있다. 그런데 이렇게 항체가 약해지고 백혈구가 혼란에 빠지면 질병을 일으키는 세포를 찾아내 제대로 공격할 수 없게 된다.[17]

흥미로운 일이지만, 고독감을 느끼지 않기 위해 필요한 사회적인 접촉의 질과 양에는 개인적인 차이가 있다. 존 카치오포는 우리의 자연적인 회복력을 약화시키는 외로움의 영향이 식욕이나 성욕, 혹은 수면욕과 같은 생물학적 욕구와 아주 흡사하다는 사실을 밝혀냈다. 우리는 건강하고 행복하게 살기 위해 얼마나 자주 친구나 가족과 친밀하게 접촉하기를 원하는가. 이런 관계의 문제는 사람과 사람에 따라 아주 다른 모습을 보이며 강력한 유전적 요소와 관련되어 있다.[18] 우리는 부모로부터 외로움을 이겨내는 강력한 능력을 이어받을 수 있다. 유전적인 요소를 생각한다면 인간관계에 대한 욕구도 사람들이 반드시 알아야 하는 이른바 가족력家族歷이 아닐까. 마치 가족력으로 고혈압이나 신장질환이 있는지 알아야 하는 것처럼. 각기 다른 식물이 건강하게 자라기 위해서는 각각 다른 양의 영양소나 물이 필요한 것처럼 내향적인 사람은 약간의 사회적 접촉만으로도 문제가 없는 반면 외향적인 사람은 그런 성향에 맞춰 많은 접촉이 필요하다. 그렇지만 모든 사람은 얼굴을 마주하는 접촉을 어느 정도는 필요로 한다. 바로 자신만의 독특한 사회적 신진대사를 유지하기 위해서다.

얼굴을 마주하는 접촉이 일반적인 감기에서부터 암에 이르기까지 이런저런 질병으로부터 우리를 보호해준다고는 하지만 사람들이 정말 스스로 암을 불러들이는지, 또 그런 질병을 예방할 적절한 유형의 생각이나 분위기가 있는지에 대해서는 여전히 어디에서도 정확한 증거를 찾을 수 없다. 올바른 태도를 지니면 자신의 건강을 스스로 지켜낼 수 있다는 생각은 이른바 뉴에이지 관련 책이나 대중 잡지, 그리고 토크쇼에 자주 등장하고, 실제로 굉장히 많은 사람이 그런 이야기를 믿는다.[19] 그렇지만 그건 정말 터무니없는 이야기일 뿐이다. 일단 정확한 과학적 증거가 없을 뿐더러 병에 대한 책임을 환자에게만 떠맡기는 형국이 되는 것이다. 생화학적 메커니즘은 여전히 질병 문제에서 가장 중요한 부분으로, 사람들이 절대로 어떻게 할 수 없는 부분이다.

형이상학적으로 생각하기

나는 환자의 생각과 감정으로 유방암의 진행을 통제할 수 있다고 주장하면서도 그 연결관계를 보여주지 못한 연구들에 흥미를 느꼈다. 바로 「몸으로 느껴봐Let's Get Physical」 같은 노래를 히트시킨 팝스타이자 유방암을 이겨낸 올리비아 뉴턴 존Olivia Newton-John이 그런 연구를 지원했기 때문이다. 연구는 이런 식으로 진행되었다. 비전이성 유방암 진단을 받은 700명 이상의 젊은 오스트레일리아 여성이 얼마나 암을 걱정하고 있는지, 유방암 진단을 받고 얼마나 적응했는지, 그리고 그에 따른 자신의 감정을 표현하는지 아니면 표현하지 않는지 등에 대해 자세하게 기록했고 연구팀은 이후 8년 동안 그들의 건강 상태를 확인했다.

어떤 결과가 나왔을까? 환자의 기분과 유방암 사이에는 아무런 연결 고리가 없었다. 유방암 진단을 받은 여성들에게 병을 긍정적이고 적극적으로 생각하라고 가르쳤지만, 그것으로 병이 치유되지는 않았던 것이다. 물론 그렇게 해서 그들은 걱정을 조금 덜고 중압감에서도 벗어났다. 그건 분명 나름대로 가치 있고 중요한 일이다. 그렇지만 병을 이겨내고 수명이 늘어나는 데는 아무런 도움이 되지 못했다.[20] 20세기 말에는 마음을 치유하는 것이 곧 신체를 치유하는 것이라는 사상이 널리 퍼졌고 여러 시범적인 연구를 통해 이런 심리요법이 암 환자의 생존율에 영향을 미친다는 의견이 제시되었다. 그렇지만 이후 시행된 더 정확한 연구에서 실제로 밝혀진 것은 아무것도 없었다.[21] 심리요법은 감정적인 부분을 달래줄 것이다. 그렇다고 수명이 늘어나지는 않는다.[22] 화학요법과 방사선 치료는 확실히 도움이 되지만 마음속 불안까지 잠재우지는 못한다. 오직 친구들만 그 두 가지를 다 해낼 수 있다.

스트레스, 암, 그리고 엘리자베스 에드워즈

나는 이런 문제에 대해 '엘리자베스 에드워즈Elizabeth Edwards 문제'라는 이름을 붙여보았다. 바로 사회적 지원과 영향으로 암을 이겨낼 수 있다는 개념에 대해 좀 더 민감한 측면에서 생각해보자는 것이다. 이를 위해 조사를 하던 중 미국 대선 후보였던 존 에드워즈John Edwards의 아내인 엘리자베스 에드워즈가 남편의 불륜으로 별거하다가 결국 61세에 유방암으로 세상을 떠났다. 엘리자베스의 죽음은 오랜 세월 그녀를 바라보고 존경해온 다른 암 환자들에게 큰 충격을 안겨주었다.《뉴욕타임스》는 이런 기사를 싣기도 했다.

"엘리자베스 에드워즈는 암 환자였지만 자신의 병에 굴복하지 않았다."[23]

엘리자베스는 두 권의 회고록을 통해 자신이 겪은 비극과 그 극복 과정에 대한 솔직한 기록을 남기기도 했다. 거기에는 16세에 사고로 사망한 아들의 비극을 어떻게 이겨냈는지, 그리고 유방암과 싸우는 동시에 유명 정치인의 아내로 살아간다는 것이 어떤 의미인지도 적혀 있었다. 엘리자베스가 2006년 자신의 암이 계속 진행 중이라는 사실을 알고도 남편의 선거 유세를 따라다닌 것은 지금도 논쟁의 여지가 있는 행동이다.

2010년 12월 초 그녀가 세상을 떠나기 하루 전에 그녀의 가족은 더 이상 손쓸 수 없는 상태라고 발표한다. 그리고 엘리자베스는 자신의 페이스북 담벼락에 다음과 같은 글을 올린다.

"나는 평생 세 가지 축복 덕분에 살아올 수 있었습니다. 바로 가족과 친구, 그리고 희망과 극복의 힘에 대한 믿음입니다. 우리 모두는 우리가 살아갈 날이 정해져 있다는 사실을 잘 알고 있으니까요."

그녀의 페이스북은 순식간에 수많은 방문자가 남긴 응원의 글이 넘쳐나게 되었다. 그렇지만 남편의 불륜이 남긴 스트레스 등이 그녀의 증세를 악화시키는 결정적인 요인이었다는 주장도 있다.[24] 2008년 민주당 대선 후보로 지명되기 위해 한창 선거운동을 하고 있을 때 남편 존 에드워즈의 불륜 사실이 공개되었다. 이미 2006년부터 암이 뼈로 전이되어 치료가 어렵지 않겠느냐는 전망이 있었지만 남편의 불륜은 엘리자베스의 상태를 더욱 악화시키는 계기가 되었다. 그런 일이 없었다면 과연 엘리자베스 에드워즈는 유방암을 극복했을까?

물론 우리는 결코 알 수 없을 것이다. 그렇지만 엘리자베스 에드워즈가 겪었던 세 가지 비극, 즉 아들의 죽음과 자신의 유방암, 그리고 남편의 불륜은 스트레스가 암의 원인이 된다는 일반적인 믿음을 뒷받

침하는 것처럼 보이기도 한다. 어떤 연구 결과 유방암을 앓았던 여성들 중 거의 절반 이상이 이 시기를 인생에서 참 어려운 시기로 생각했던 것으로 드러났다. 이별이나 이혼, 가족의 죽음, 직장 스트레스나 경제적인 어려움보다 더 힘들었다는 것이다. 그리고 그중 87퍼센트는 자신의 증상이 호전된 것은 긍정적으로 생각하고 스트레스를 줄이려는 노력 덕분이었다고 여기고 있다.[25] 앞서 소개한 실비는 유방암 판정을 받자 "내가 어쩔 수 없었던 스트레스 때문"이라고 말하기도 했다. 그리고 어머니와 할머니가 각각 유방암에 걸렸던 경험 역시 유전 때문이 아니라 여러 가지 힘든 상황으로 인한 스트레스 탓이었다고 했다.[26]

그렇지만 살면서 어려운 일을 겪거나 부정적인 생각을 한다고 정말로 암에 걸릴까? 스트레스가 없는 삶을 지향하며 긍정적인 생각을 유지하면 암을 예방할 수 있을까? 이 두 가지 질문에 대한 대답은 '그렇지 않다'다. 스트레스가 암을 유발한다는 확실한 과학적 증거는 어디에도 없다. 심지어 여러 연구를 통해 그런 사실을 입증하려 했지만 제대로 밝혀진 것은 없다.

이런 연구는 대개 사람들에게 지난 일을 회상하며, 암과 관련될 만한 나쁜 일이 있었는지 확인하는 방식으로 진행되었다. 그렇지만 인간의 기억이란 매우 유동적이고 선택적인 것이다. 우리는 알지 못하는 사이에 일어난 세포 돌연변이로 암에 걸리고, 그로 인해 스트레스를 받는다고 생각하는 대신 우리 인생에 있었던 부정적인 일로 암에 걸렸다고 생각한다. 그리고 그런 극적인 사건을 기억해내기가 더 쉽기도 하다. 학계에서는 암을 "어쩔 수 없이 생긴 일"이라고 부르기도 한다. 스탠퍼드 대학교의 생물학 교수이자 스트레스 연구의 권위자인 로버트 새폴스키^{Robert Sapolsky} 박사는 스트레스와 암의 상관관계에 대해 의구심을 표시한다.

"발을 삔 사람보다는 암 진단을 받은 사람이 스트레스가 심했던 사건을 더 잘 기억하는 법이다."[27]

이런 연구의 또 다른 문제점은 수집된 사례가 극히 적으며, 여성의 암 발병에 영향을 미칠 만한 다른 중요한 요소들은 무시하고 있다는 점이다. 예컨대 지나친 흡연이나 음주 습관, 혹은 과체중과 병의 진행 단계, 암 진단을 받았을 당시의 나이 등도 깊이 관련되어 있다. 사람은 더 오래 살수록 암에 걸릴 확률이 높아진다. 왜냐하면 그건 아직 다른 질병으로 사망하지 않았다는 뜻이기 때문이다. 사람들이 암에 걸리기 전에 불행한 일을 겪었든, 아니면 그 이후에 암과 싸울 투지를 갖게 되었든 간에 그런 것은 문제의 본질을 흐릴 뿐이다. 대부분의 성인은 자신의 건강 상태와 상관없이 살면서 어려운 일을 한두 번쯤 겪게 마련이다.[28] 그리고 암에 걸리면 대부분 자신의 삶을 되돌아보고 자기만 암에 걸린 이유를 찾으려고 한다. 우리의 마음은 다양한 요소와 통계학적 확률을 이해하는 데는 적합하지 않다. 그래서 아주 단순한 원인과 결과를 원할 뿐이다.[29]

1986년 덴마크의 암 연구자인 마리안네 에뷔치^{Marianne Ewertz}는 유방암을 앓았던 여성 1,800명을 대상으로 부부관계를 조사하고 그 결과를 같은 나이의 건강한 여성 1,800명과 비교해보았다. 에뷔치는 결혼 기간, 남편의 생존 기간, 이혼이나 이별 등은 여성이 암에 걸릴 위험성과 아무런 상관이 없다는 사실을 밝혀냈다.[30] 심지어 우리가 일반적으로 생각하는 것과는 반대되는 증거도 있었다. 에스트로겐을 합성하는 능력이 손상되면서 스트레스가 오히려 유방암 예방에 도움이 된다는 것이었다. 에스트로겐 수치가 줄어들면 특정한 종류의 종양이 성장하는 것을 억제할 수 있다.[31] 사람들을 어리둥절하게 만든 연구는 또 있었다. 덴마크의 코펜하겐에 살고 있는 7,000명 가까운 여성에게 자신이 생각하는 스트레스의 기준에 대해 물었고 그 후 10~12년 동안 그들을 관찰한 연구였다. 그런데 극심하게 스트레스를 받은 여성이 유방암에 걸린 확률이 40퍼센트나 더 낮았다.[32]

또한 여러 자연실험에서 극단적인 스트레스는 우리의 의지를 꺾을 수는 있지만, 그렇다고 암이 발병하는 것은 아니라는 결과도 나왔다. 예컨대 구소비에트연방 시절 강제수용소에서 고문을 당한 사람이나 암으로 자녀를 잃은 부모는 모두 분명하게 정신적인 고통을 겪고 있다. 그렇지만 그들은 그런 끔찍한 경험을 해보지 않은 사람보다 암에 걸리는 비율이 현저히 낮았다.[33] 또한 자녀가 조현병 진단을 받은 2만여 명의 덴마크 부모가 암에 걸린 비율은 그리 높지 않았다. 이런 일은 스트레스가 가장 심한 사건에 속하는데도 말이다. 정리하면, 사회적 접촉은 유방암의 진행을 늦출 수 있다. 그렇지만 스트레스가 암을 불러들이지는 않는다.

여성 효과

이 책을 준비하면서 실비와 이야기를 나누었다. 그녀는 사회적 접촉과 자신의 회복 사이에 연관관계가 있다는 사실에 회의적인 반응을 보였다. 그렇다면 실비가 암을 극복해낸 비결은 무엇일까?

"병원에서 머리를 자르고 약에 흠뻑 취하게 만든 다음 방사선으로 몸을 뜨겁게 지질 겁니다. 하지만 모든 것은 끝날 거고, 그러면 잘리고

64

빠진 머리카락도 다시 자랄 거예요."

자신의 경험을 이야기하면서 실비는 그때 느꼈던 공포감은 대수롭지 않게 무시하고, 자신의 병과 관련된 구체적인 문제들을 어떻게 해결해나갔는지만 강조했다. 치료법 선택, 적절한 의사 찾기, 그리고 회복에 필요한 환경 만들기 등 위기의 순간마다 실비는 자신의 사회적 연결망을 적극 가동시키긴 했지만 대부분의 사람과 마찬가지로 얼굴을 마주하는 사회적 관계가 자신을 도왔다는 사실은 잘 인지하지 못하고 있었다.

"나도 그런 내용은 읽었어요. 나는 담당 의사를 친구라고 생각했고, 친구들과 함께 시간을 보냈으며 아는 사람들에게서 필요한 정보를 모두 얻었습니다."

실비가 말했다. 그러면 누가 가장 도움이 되었느냐고 물었더니 한 치의 망설임도 없이 "친구들"이라는 대답이 돌아왔다.

"나는 절친한 모나에게 전화를 했습니다. 다른 도시에서 암 전문가인 남편과 살고 있는 친구였어요. 그런 다음 모나의 남편과는 세 시간가량 통화를 했고요. 사실 그 남편과는 그리 친한 사이가 아니었는데도 말이지요. 모나가 내 친구였으니까 그녀의 남편도 나를 도와준 겁니다. 그다음에는 셀레스트라는 친구가 있었어요. 셀레스트는 일을 사무적으로 잘 정리하는 친구라 큰 도움이 되었습니다. 게다가 직업은 간호사로 평생 의료계에서 일해왔으니까요. '좋아, 이 의사를 찾아가. 이 사람이 근처에서는 최고야. 그다음에는 이렇게 하고 또 저렇게 하면……' 이런 식으로 모든 걸 척척 정리해주었습니다. 그러니 나는 필요한 모든 정보를 내가 아는 사람들을 통해서 얻은 거지요. 그렇게 해서 나는 이렇게 팡, 팡, 팡……."

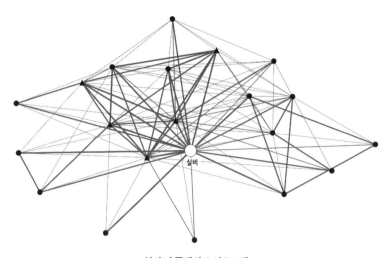

실비 라 퐁텐의 소시오그램
원은 여성, 삼각형은 남성이다. 좀 더 친밀한 관계는 굵은 선으로 표시했다.

실비는 여기까지 말하고 마치 권총을 쏘듯 검지를 움직여 보였다. 암 진단 이후 마주한 모든 문제를 그렇게 하나씩 해결했다는 뜻이었다.

나는 실비에게 남편에 대해 물었다. 누가 봐도 가정적인 그녀의 남편은 아내와 자녀들에게 다정했다. 그때까지 그녀의 남편은 암과 싸우는 아내의 작전 계획에 적극 참여한 상태는 아니었다. 실비는 잠시 말을 멈추고 안경 너머로 걱정스러운 표정을 지으며 이렇게 말했다.

"데이비드는 뭘 어떻게 해야 할지 몰랐어요. 우리 두 아들도 마찬가지로 정확히 어떻게 대응해야 하는지 몰랐고요. 가족은 나와 한배를 탄 거나 마찬가지였으니까요. 그렇지만 친구들은 정말로 도움이 되었습니다. 왜냐하면 친구들은 모두 여자고 자신들의 방식으로 나를 도왔으니까요. 어떻게 했냐고요? 셀레스트는 정보를 모아주었고 도니미크는 병원에 함께 가서 곁에 있어주는 걸로 나를 도왔습니다. 그런 다음에 나의 시골집으로 데려가 쉬게 해주었고요. 도미니크도 시골을 좋아해서 우리 둘은 신나게 달려가 시간을 함께 보냈습니다. 음식을 함께 만들어 먹으며 하루를 보내고 다음 날 돌아오곤 했어요."

실비는 결혼 생활이 유방암의 발병이나 회복에 중요한 요소가 아니라는 마리안네 에뷔치의 연구 결과에 대해서는 잘 알지 못했다. 확실히 결혼 생활은 병든 아내보다 병든 남편의 회복에 좀 더 중요한 역할을 한다.[34] 성별에 따라 암에 대한 반응이 크게 다르다. 먼저 여성에게 가장 흔한 유방암과 자궁암은 호르몬과 관련되어 있고 비슷한 형태로 진행된다. 그렇지만 남성의 경우 가장 많이 걸리는 암이라도 각기 다른 형태로 진행되며 발병 원인과 신체 대응도 다르다.[35] 또한 대부분의 남성과 달리 여성은 동성 친구나 친지들에게 도움을 요청하며 실비가 그랬던 것처럼 병에 대한 감정적인 부담을 공유한다. 이런 상호 교류의 친밀함은 외로움과 공포를 이겨내는 데 가장 효과적이다.[36]

물론 모든 일에는 그 이면이 있다. 여성이 사회적 상호작용에 부정적인 경우 건강에 미치는 영향은 남성보다도 크다. 연구에 따르면 여성은 관계에 대해 부정적인 경험이 있는 경우 남성에 비해 생리학적으로 문제가 더 커지며, 관계가 깨질 경우 질병을 일으키는 신경내분비계 물질인 비뇨기 코르티솔urinary cortisol이 더 많이 분비된다고 한다.[37] 다시 말하면, 여성의 경우 좋든 나쁘든 가까운 관계가 항상 중심적인 역할을 한다는 뜻이다. 남성의 경우 배우자와의 관계 외에 나머지 관계는 일부분에만 영향을 미친다.

실비의 경우 여성 친구들과 그에 따른 인적 관계에서 정보와 사회적 도움을 가장 많이 받았다. 이런 현상을 '여성 효과'라고 부르겠다. 다른 여성들과 접촉하게 되면 옥시토신oxytocin이 분비된다. 옥시토신은 신경 펩타이드의 일종으로 진통과 마취 효과를 동시에 낸다. 이 호르몬은 성행위, 출산, 모유 수유, 포옹, 그리고 아이를 교육할 때도 분비된다. 순간적으로 고통을 줄여주거나 편안함만 주는 것이 아니라 가까이 지내는 사람들 사이에서 신뢰감까지 강화시켜준다. 옥시토신은 위기의 순간에 다른 여성과 접촉하는 여성, 그리고 그 도움을 받아들이는 여성 모두에게 긍정적인 영향을 계속 미치는 일종의 선순환 효과를 보인다.[38] UCLA 심리학과 교수 셸리 테일러Shelley Taylor는 이 분야의 선구자격인 연구자로, 이 효과를 '배려와 친교tend and befriend' 현상이라고 이름 붙였다. 우리는 이런 배려와 친교 과정을 강화시키기 위해 생물학의 역할을 깊이 알 필요는 없다. 옥시토신이 어떻게 고통과 통증을 줄여주고 지금 당장 우리의 기분을 좋게 만들어주는지, 그리고 궁극적으로 우리의 생존 가능성을 높여주는지 알 필요는 없다는 뜻이다. 그렇지만 실비의 경우처럼 대부분의 여성은 직관적으로 가까이 지내는 다른 여성들이 정말 중요한 도움을 줄 수 있다는 사실을 알고 있다. 실질적인 정보를 교환하는 기능적인 측면뿐만 아니라 서로 신뢰를 나누며 감정적인 도움을 주는 정신적인 측면에서도 말이다.

약한 유대관계의 힘

그렇다면 암과 같은 큰 병을 앓을 때 가족보다 친구가 더 중요한 역할을 한다는 것일까? 실비의 사례를 살펴본 결과 사회적 연결망을 통해 중요한 정보가 전달되는 경우 두 가지 중요한 규칙이 적용되었다. 먼저 우리가 새로운 직업이나 의사나 아파트 등에 대한 구체적인 정보를 필요로 하는 경우 그리 관계가 끈끈하지 않던 사람이 종종 가장 큰 도움을 준다. 이런 중요한 정보는 평소 느슨한 관계로 지내던 사람들을 통해 들어오는 경우가 많다. 이런 원칙은 스탠퍼드 대학교의 사회학자 마크 그라노베터^Mark Granovetter가 1970년대 초에 "약한 유대관계의 힘"이라는 개념을 처음 소개한 뒤 여러 차례 입증되었다.[39] 우리가 친구나 동료의 배우자, 혹은 배우자의 동료를 통해 뛰어난 명의와 나에게 어울리는 직업, 혹은 나에게 잘 맞는 짝을 찾는 경우가 많은 것은 우리가 이미 알고 있는 것들을 상당 부분 가족이나 가까운 친구와 공유하고 있기 때문이다. 배경이나 인간관계, 그리고 관심거리는 가까운 사람일수록 비슷한 경우가 많다. 따라서 서로 새로운 것을 보여주는 경우가 그리 많지 않다. 그렇지만 느슨한 사이라면 새로운 정보를 얻을 가능성이 더 높다. 우리는 평소에 잘 알지 못해서 자신의 인간관계나 정보를 우리에게 미처 전달할 기회가 없었던 사람들에게서 새로운 정보를 얻는다. 가족이나 친한 친구는 모르는 정보를.

스탠퍼드 대학교의 전염병 전문가이자 작가인 에이브러햄 버기즈^Abraham Verghese는 AIDS가 크게 유행하던 시기에 미국 테네시 주에서 의학 공부를 했다. 그는 그 당시를 감동적으로 술회한 『나의 조국^My Own Country』에서 이런 이야기를 한다. 인도에서 함께 교육을 받은 자신과 동료 의사들이 미국 의학계에 들어올 수 있었던 것은 바로 느슨한 유대관계 덕분이었다고.

내가 인도에서 의대를 마치고 미국으로 왔을 당시 인도 의대의 선배 몇 명이 미국 이곳저곳의 주 병원에서 인턴 생활을 하고 있었다. 그 선배들과 그 친구, 그리고 그 친구의 친구를 통한 구인 연결망이 미국 전역으로 뻗어 있었다. 전화 몇 통만으로 나는 어느 도시의 어느 병원에 내가 지원할 수 있는지, 또 어느 병원이 외국 의대 출신을 받아들이지 않는지 알 수 있었다. 어느 병원은 허드렛일을 시키기 위해 1년만 외국 출신을 받아주었고 그 기간은 결코 연장되지 않았다. 악명 높은 '피라미드식' 전문의 교육 체계 안에 들어갈 틈이 없었던 것이다. 선배들의 연결망은 나에게 항상 의지할 만한 사람의 이름을 알려주곤 했다.

책의 또 다른 부분에서는 약한 유대관계가 어떻게 보이지 않는 손역할을 해서 비슷한 배경을 지닌 멀리 떨어져 있는 사람들을 생각지도 못한 곳(테네시 주 동부의 스모키마운틴에 있는 어느 마을)에 모이게 하는지도 설명하고 있다.

수많은 외국 출신 의사를 한자리에 모이게 하면 때로는 그 모습이 아주 익살스럽기까지 했다. 나는 응급실에 실려온 만만치 않은 늙은 여인의 심장 문제 때문에 심장 전문의인 파텔 박사와 연락을 취하려 한적이 있었다. 내가 처방하는 이뇨제와 강심제가 도무지 말을 듣지 않았던 것이다. 나는 그의 집으로 전화를 걸었고 그의 아내는 남편이 '비뇨기 전문의 파텔'의 집에 있다고 말해주었다. 그래서 그쪽으로 전화를 걸었더니 그와 '폐 전문의 파텔'이 '위 전문의 파텔'의 집으로 갔다는 것이었다. 인도계 미국인 1세대인 위 전문의 파텔의 10대 딸은 나에게 아주 완벽한 미국 남동부식 억양으로 "두 분은 메타 씨네 집에 카드놀이를 하러 갔다"고 전해주었다.[40]

만일 버기즈 박사가 에티오피아에서 태어난 인도 선교사의 아들이 아니라 보스턴 출신의 백인이었다면 그가 이룬 놀라운 성취는 그저 백인 선배들의 뒤를 밟아나간 것뿐이라는 설명으로 빛이 바랬을 것이다. 그렇지만 그와 외국인 친구들은 성공적인 이민자들이 해야 하는 일을 직관적으로 따랐다. 자신들의 느슨한 유대관계를 최대한 활용했던 것이다.

그 일이 좋은 의사가 되는 것이든 아니면 좋은 의사를 찾는 것이든 간에 우리는 사람들을 통해 문제를 해결할 방법을 찾으려고 노력한다. 그 사람들이란 다름 아닌 이따금 만나는 사람들이나 친구의 친구의 친구들이다. 개인적인 사회적 연결망이 사업과 문화의 지평을 크게 넓히는 데 어떤 역할을 했는지 중점적으로 연구해온 그라노베터 교수에 따르면 이렇게 느슨하게 연결된 관계는 실리콘밸리 초창기의 발전을 이끈 원동력이었다고 한다. 나는 좀 더 주변으로 시선을 돌려보면서 실비의 인생이나 나의 인생이 바로 이런 느슨한 관계를 통해 바뀌었다는 사실을 깨달았다.

예를 들어, 나는 오랫동안 대부분의 시간을 글쓰기에 쏟고 싶었다. 그러다가 건강 관련 저술가와 우연히 알게 되었고 그는 내가 이따금 신문에 기고하던 임상심리학자에서 이따금 심리학 관련 일을 하는 저술가로 바뀌도록 아주 작은 도움을 주었다.[41] 이렇게 해서 나는 약한 사회적 유대관계를 통해 원하는 일을 찾았다. 그런데 수천 명이 넘는 캐나다 퀘벡 주정부 공무원들 중 84퍼센트가 바로 이런 식으로 자신에게 맞는 일을 찾았다고 한다. 1970년대 주정부는 연줄을 통한 고용을 배제하고 적재적소에 적임자를 배치하기 위해 노력했지만 사회학자 시몽 랑글루아Simon Langlois는 전체 공무원 중 절반 수준인 42.7퍼센트가 다른 사람의 소개로 정부 일을 하게 되었다는 사실을 알아냈다. 흥미로운 사실은 교육 수준이 높을수록 느슨한 유대관계를 통해 직장을 찾을 가능성이 높았다는 점이다.

퀘벡 주 생산직 근로자의 경우는 그 반대다. 전문직, 관리직, 그리고 행정직은 연줄을 통해 일자리를 찾는 경우가 약 84퍼센트였지만 생산직은 19퍼센트에 불과했다. 이들은 가족이나 친구 사이의 유대관계가 아주 끈끈했고 그것이 이런 차이를 만들었다. 멕시코시티의 초라한 마을부터 가난한 미국 가정에 이르기까지 그냥 같은 직업을 물려받는 일이 계속 되풀이되는 것이다.

"가난한 사람은 그렇지 않은 사람보다 강한 유대관계에 더 많이 의존한다."

그라노베터 교수의 말이다.[42] 자신이 아무리 다급해도 가까운 친구나 가족에게만 의존할 수밖에 없다면 새로운 기회에 대한 정보를 받을 기회가 줄어든다. 그라노베터 교수는 가난한 사람이 강한 유대관계에 크게 의존하기 때문에 가난이 계속 대물림된다고 생각했다.

강한 유대감과 느슨한 유대감의 법칙에 대한 또 다른 도발적인 주장에 대해 생각해보자. 대부분의 여성은 친근한 가족이나 친구의 모임 안에서 만들어지는 일대일 관계를 선호하는 반면 남성은 큰 조직이나 다국적기업, 혹은 군대 같은 더 넓은 사회적 연결망 안에서 약한 관계를 많이 만들며 유지하는 쪽을 택한다. 남성이 선호하는 조직에서는 각 개인에게 그리 많은 관심을 보이지 않는다.[43] 미국의 사회심리학자인 로이 바우마이스터Roy Baumeister는 냉정하게 지적하고 있다.

"여성은 좁지만 강하고 끈끈한 사회적 유대감을 형성한다. 남성은 넓고 다양하지만 느슨하고 약한 관계를 만들어간다. 끈끈한 가족관계 안에서 서로 뜨겁게 사랑하는 결혼 생활을 하고 싶은가? 그렇다면 여성의 방식을 따르면 된다. 배의 선원이나 사냥 모임, 혹은 축구 모임 같은 분위기의 직장을 원한다면 남성의 방식을 따르는 것이 좋다."[44]

바우마이스터는 어떤 방식을 따르든 간에 포기할 것들이 있다고 말한다. 그리고 우리는 대개 두 가지를 다 가지고 싶어 한다. 하지만 정직하게 말해서 우리는 보통 둘 중 한 가지 방식에 더 나은 모습을 보인다.

약한 관계라는 논리를 적용하면 페이스북의 친구 사이 같은 아주 느슨한 관계가 가장 영향력 있는 관계가 될지도 모른다. 그리고 이 느슨한 사이버 공간 속의 접촉이 새로운 직업이나 괜찮은 식당, 혹은 토요일 밤의 오락거리 같은 뭔가 구체적인 것을 찾을 때 도움이 되는 것도 사실이다. 그렇지만 만일 그런 필요가 어떤 실존적인 문제라면 어떨까. 예컨대 두려움이나 투병 생활로부터 벗어나고 싶을 때라면 앞서 이야기한 사이버 공간의 관계가 얼굴을 마주하는 관계를 결코 대신할 수 없을 것이다. 실제로 일어나는 상호 교류가 사회적 인식이나 보상과 관련된 두뇌 영역인 전측대상회나 복측선조체, 그리고 편도체의 활동을 활발하게 하는 이유는 무엇일까. 최초의 fMRI 연구에 따르면 아마도 얼굴을 마주하는 상호 교류에 대한 두뇌의 반응을 이미 오래전에 기록하고 보관해온 반응과 비교하기 때문이라는 것이다. 관련 연구를 이끌어온 MIT의 신경과학자 레베카 색스Rebecca Saxe는 같은 방 안에 누군가와 함께 있으면서 정확히 같은 시간에 정확히 같은 것에 주의를 기울이며 기분이 좋아지는 이유가 바로 이 때문이라고 설명했다.[45]

그렇다면 개인적인 만남과 사회적 역동성이 부족한 관계는 우리의 기분을 불편하게 만들까? 글쎄, 그럴 수도 있을 것이다. 사회적 관계를 위한 인터넷 사용이 우리의 외로움을 더 가중시킨다는 연구 결과가 있다. 2000년대 초에 실시된 연구에서는 비침습성 유방암을 앓고 있는 뉴욕의 여성들이 컴퓨터를 통해 자신의 병에 대해 알아보는 경

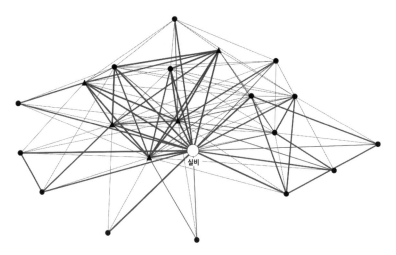

실비의 소시오그램은 친밀한 여성들과의 관계를 위주로 한 좁은 범위의 연결망을 보여준다.

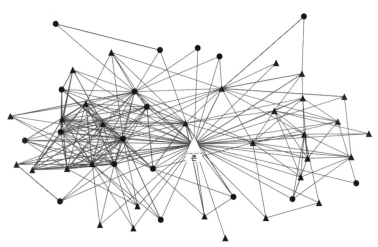

존의 소시오그램은 다수의 약한 유대관계를 위주로 한 더 큰 범위의 사회적 교제를 보여준다.

우 그렇지 않은 사람들보다 사회적으로 더 도움을 받는 느낌을 갖는다는 결과를 제시하기도 했다. 하지만 컴퓨터를 통해 의학 정보를 찾는 일은 한 가지 방법에 불과했고 이 여성들은 컴퓨터와 인터넷을 더 많이 사용할수록 더 많은 외로움을 느꼈다.[46] 다른 연구에서도 비슷한 결과를 내놓았고, 이는 '인터넷의 역설'이라 불리게 되었다. 분명히 인터넷이 우리를 연결해주는 것은 사실이다.[47] 그렇지만 그건 우리의 필요에 따라 달라진다. 우리가 필요한 것이 정보라면 인터넷은 유용하다. 그렇지만 실시간으로 개인적인 농담을 나누고 서로 포옹을 하고 싶다면 그것은 또 다른 문제다.

미국의 암 전문가 폴라 클램Paula Klemm과 토머스 하디Thomas Hardie는 얼굴을 마주하는 만남을 온라인상의 암 지원 모임과 비교해본 결과 한 가지만 제외하고는 둘 사이에 통계적으로 차이가 없다는 사실을 알게 되었다. 그 한 가지는 바로 참가자들의 기분이었다. 온라인상의 지원 모임에 참가한 사람들은 92퍼센트가 우울한 기분을 느낀 반면 실제로 만난 사람들은 그런 기분을 느낀 경우가 없었다.[48] 아마도 이미 우울한 기분을 느끼고 있는 사람들이 온라인 모임에 참가한 탓일지도 모른다. 하지만 인터넷에 많은 시간을 쓰는 사람은 비록 그 활동이 암 환자를 돕는 일이라 할지라도 자신의 가족이나 친구와 보낼 시간을 많이 빼앗기는 탓에 우울한 것일지도 모른다.

이는 2002년에 발표된 스탠퍼드 대학교의 대규모 시간 일지 연구에서도 증명되었다. 1주일에 다섯 시간 이상을 온라인상에서 보내는 사람은 친밀한 사람들과 얼굴을 마주하는 시간이 적었다. 이 연구를 진행한 사회과학자 노먼 나이Norman Nie의 연구팀은 논문에서 이렇게 단언한다.

"개인적인 이메일을 한 통 주고받으면 가족과 보내는 시간이 1분가량 줄어든다. 다시 말해 이메일 열세 통을 보내면 가족과 함께 지내는 시간이 13분 줄어드는 것이다. 이는 1주일에 대략 1.5시간이다……. 인터넷에 더 많은 시간을 쓸수록 친구나 가족, 그리고 동료와 보내는 시간은 줄어들게 된다."[49] 이 결과는 지극히 상식적이지만 동시에 뜨거운 논쟁의 대상이 되어왔다. 대부분의 사람은 하루에 수십 통의 이메일과 메시지를 주고받는다. 그로 인한 이득이 무엇이든 간에 그 시간은 주로 혼자 보내는 시간이 된다.

이 책의 후반부에서는 페이스북 현상을 통해 이 내용을 다시 한 번 살펴볼 것이다. 질투와 무질서가 뒤섞인 씁쓸한 공간인 페이스북은 그곳을 클릭하는 사람들을 정신없이 휩쓸리게 한다. 사람들은 관음증이 사회적인 유대관계의 또 다른 형태라고 착각하면서 온라인을 통해 친구들의 성공을 관찰한다. 첨단 기술로 이루어진 연결망은 놀라운 일들을 수없이 해내지만 병을 앓고 있는 사람들에게 보살핌을 받고 있다는 느낌을 주지 못하고 실존적으로 혼자 있다는 느낌을 덜어주지도 못한다. 오직 자신과 가까이 있으면서 나에게 신경 써주는 사람만 그런 기분을 들게 해준다. 앞으로 살펴보겠지만, 이것은 우리가 느끼는 거리의 문제다.

2

그 마을에서는
주말마다 함께 빵을 굽는다

행복과 건강의 상징, 100세 노인

이탈리아의 마을을 찾아온 방문객이라면 곧 마을의 광장을 찾아갈 것이고, 그 광장이 이탈리아에서 흔히 볼 수 있는 건물들로 둘러싸여 있다는 사실도 알게 될 것이다. 한편에는 인상적인 성당이 있고 다른 한편에는 관청 건물이 있다. 그 중앙에는 분수대가 있다. 광장을 중심으로 도로가 사방으로 뻗어 있고 도로를 따라 건물이 늘어서 있다. 건물 안쪽의 카페들은 잠시 쉬면서 사방을 바라보고 감탄할 수 있는 최적의 장소다. 오직 인간을 위해 만들어진 이탈리아의 광장은 어쩌면 단조로운 곳이 아닐까. 광장의 가장 중요한 기능은 갈림길 역할로 항상 사람들을 한곳으로 끌어모은다.

페이스북이 탄생하기 수천 년 전부터 광장은 사람들이 모여서 수다를 떨고 물건을 사며 영적인 구원을 얻기도 하는 곳이었다. 개인이나 집단에 상관없이 사회적인 교류가 이루어지는 중심지였던 것이다. 광장에 몰려 있는 관청이나 작은 예배당 등은 지역의 유지들이 은밀한 이야기를 나누는 장소이기도 했다. 대부분의 거래가 광장에서 이루어졌고 광장에서 뻗어나가는 길거리나 골목길도 비슷한 역할을 했다. 약혼식과 결혼식은 물론 장례식도 심심찮게 볼 수 있었다.

젠나르젠투 산맥 중앙, 가파른 산비탈 위에 있는 빌라그란데 스트리사일리라는 마을에는 18세기에 지어진 성당 건물이 있고 그 주변을 술집과 빵집, 식료품점 등이 둘러싸고 있다. 나는 지금도 그 광경이 눈에 선하다. 가게 문을 열면 길지 않은 계단이 나타난다. 나는 광장 근처 길거리를 돌아다니다가 아무 가게나 기웃거리며 저녁 식사에 초대해준 집에 가져갈 작은 선물을 골랐지만 사람들이 창문 안쪽이나 문가에서 나를 호기심 어린 눈초리로 바라보고 있다는 사실을 눈치채지는 못했다. 찾아오는 사람이 그리 많지 않은 이 마을에 사실 나는 오랜만에 보는 반가운 손님이었다.

광장을 가로지르는데 검은 옷을 뒤집어쓴 70대 후반의 키 큰 여자가 나를 바라보는 것이 느껴졌다. 형식적인 인사를 마치자 여인은 내가 누군지, 그리고 여기서 뭘 하고 있는지 물었다. 나는 오늘 밤 나를 초대해준 내 통역인 델리아와 그녀의 가족에 대해 이야기했을 뿐인데 여인은 눈을 크게 부릅떴다. 늙은 여인은 델리아와 그녀의 어머니 안젤라를 잘 알고 있었다. 그리고 안젤라의 어머니는 물론 이모와 이모할머니까지 알고 있었다. 비록 잠시 동안이지만 이제 나는 내가 있는 곳의 사회체제에 편입된 것이다. 여인이 마침내 이렇게 이야기한다.

"내가 뭣 좀 도와드릴까? 그런데 댁의 부모는 누구신지?"[1]

2008년 10월의 일이었다. 나는 사르데냐 섬에서도 외진 이 지역을 당시 스물네 살이던 딸과 함께 찾아왔다. 주된 목적은 저술을 위한 연구였지만 딸과 엄마의 모험 여행이기도 했다. 딸 에바는 대학교를 막 졸업하고 직장을 찾고 있었다. 나는 예상치 못한 성별에 따른 차이점을 과학적으로 설명한 『성의 패러독스』라는 책을 끝마친 직후였다. 내가 찾아낸 '역설' 중 가장 흥미로운 것은 남성의 생물학적 유약함으로, 거의 대부분의 남성이 그런 면을 가지고 있었다. 세계 대부분의 지역에서 남성은 여성보다 평균 5~7년 먼저 사망한다. 마을 광장은 물론 슈퍼마켓과 양로원에도 홀로 된 여성의 숫자가 더 많다.[2] 사르데냐 중앙의 거친 언덕배기 마을들은 이런 법칙을 정면으로 거부하는 유일한 지역이었다. 이탈리아 본토를 포함한 그 어느 곳에 가더라도 100세 이상의 남성이 한 명이라면 여성은 여섯 명이 넘는다.[3] 그리고 대부분의 남성은 80세를 넘기기가 어렵다. 그런데 사르데냐의 남성은 파란만장했던 청소년기와 청년기를 다 이겨내고 위험을 극복한 다음 아내나 누이처럼 90세를 넘기고 100세를 바라보며 살아가고 있었다.

그 지역만의 수수께끼가 또 있었다. 사르데냐 사람들은 양치기와 농사 등 주로 육체노동을 하며 의료 혜택조차 열악한 지역에서 거칠고 힘들게 살아왔지만 비슷한 시기에 유럽의 다른 나라나 북아메리카에서 태어난 사람보다 무려 20~30년이나 오래 살고 있는 것이다. 이 지역에 100세 이상의 장수 노인이 많은 것은 아주 흥미롭다. 단지 그들이 다른 사람보다 수십 년 이상 오래 살고 있어서가 아니라 대부분이 80세나 90세가 넘도록 정정하게 일하고 있기 때문이다. 또한 그들은 자기 집에 살면서 평생 알고 지내온 사람들과 어울린다. 공교롭게도 그렇게 알고 지내는 사람들 중 상당수가 여성이기는 하다. 현재 이 지역에는 100세 이상 남성의 숫자가 다른 지역보다 열 배 이상 많다. 다른 지역의 노인들이 자외선차단제를 잔뜩 바르고 매일 비타민을 한 움큼씩 삼키며 운동이라고는 기껏 요가나 하고 마음을 가다듬기 위해 명상에 몰두하는 동안 이 지역 사람들은 여전히 활기차게 살아가고 있다.[4] 말하자면 사르데냐 언덕배기 마을들은 세계에서도 아주 예외적인 지역인 것이다. 몇 곳 되지 않는 산간 마을에 100세 이상의 사람들이 다른 어느 곳보다도 많이 모여 있으니 말이다.[5] 나는 그 이유가 무엇인지 알고 싶었다.

사르데냐는 이탈리아에서 시칠리아 다음으로 큰 섬으로, 지중해를 정면으로 바라보고 있다. 북쪽에는 프랑스령 코르시카 섬이 있고 남쪽에는 북아프리카가 있다. 전체 면적은 유럽 대륙의 스위스와 비슷하지만 인구수는 4분의 1 수준이다. 약 150만 명이 바닷가에 흩어져 있는 마을과 오리아스트라라는 산간 지역에 거주하고 있다. 이곳이 바로 문제의 지역이다. 수백 년 이상 여러 침략자와 북아프리카의 해적이 쉬지 않고 이 섬을 습격해왔고 주민들은 바닷가와 평원 너머 산쪽으로 밀려났다. 산은 주민들에게 그 지역 특유의 풍토병은 물론 외부인의 침략을 막아주는 자연의 요새가 되어주었다. 이런 지정학적인 고립이 아주 끈끈한 가족애와 공동체 정신을 만들어냈고 긍정적인 영향을 미친 것이다. 단점이라면 경계선을 확실히 정하고 다른 지역 사람들을 불신하는 배타적인 성향이 생긴 것이다. 이 지역에는 "프라트 치에 베니트 다에 수 마레Furat chie benit dae su mare"라는 속담이 있다. '바다에서 오는 자는 다 도둑'이라는 뜻으로, 이 지역의 배타성을 잘 드러내는 말이다.

그렇지만 20세기에 들어서자 위협은 내부로부터 생겨나기 시작했다. 이웃 마을들 간에 마치 미국 서부 개척 시대와 같은 분열과 다툼이 일어났다. 심지어 사르데냐 출신의 소설가 살바토레 사타Salvatore Satta

는 이 산간 마을들을 "서로 별보다도 더 멀리 떨어져 있는 곳들"이라고 묘사했다. 내가 가지고 있는 여행안내 책자에는 이 지역이 사르데냐 섬에서도 특히 이탈리아 전통의 복수와 유혈극, 그리고 폭력행위로 악명이 자자한 곳이라고 나와 있었다.[6] 그렇지만 최근 몇십 년 동안은 그런 소동도 조금 잦아든 모양이었다. 이제 이 지역은 수백 년간 이어져 내려온 원한보다 눈부실 정도로 아름다운 풍광과 정치적인 벽화들, 그리고 검은색 천을 머리에 뒤집어쓴 나이 든 여인들의 모습으로 더 잘 알려져 있다. 그래도 에바와 나는 섬의 중심부로 향하기 전에 먼저 상황을 잘 살펴보는 것이 좋겠다고 생각했다. 우리는 섬의 서부 지역, 그러니까 공항과 대학교가 있는 북아프리카풍의 해안 마을인 알게로로 가기로 했다. 그곳에서 사르데냐의 장수 현상을 연구하는 지역 의사이자 생물의학 연구자인 조반니 페스^{Giovanni Pes} 박사를 만나기로 했던 것이다.

콧수염을 보기 좋게 다듬고 회색 턱수염을 짧게 기른 페스 박사는 학교 이름이 새겨진 폴로 셔츠와 카키색 바지, 그리고 무테안경을 걸친 전형적인 사르데냐 남성이었다. 체구는 민첩하고 단단해 보였다. 사람들에게 '지아니'라는 애칭으로 통하는 페스 박사는 박식한 만큼 정중하고 예의가 발랐다. 저녁에 도착한 우리는 알게로의 작은 호텔 로비에서 그를 만났다. 옆에는 젊은 대학원생인 프란체스코 톨루^{Francesco Tolu}와 유전학을 연구하는 파올로 프란칼라치^{Paolo Francalacci} 박사가 함께 있었다. 페스 박사는 우리를 위해 통역과 숙소를 미리 준비해주었고, 그날 건네준 파란색 파일 안에는 지역의 정보와 지도가 함께 들어 있었다. 그렇지만 가장 중요했던 것은 박사가 우리 모녀를 자신의 끈끈한 인간관계 안으로 초대해주었다는 사실이다. 바로 가까운 친구와 가족,

81

그리고 동료로 이루어진 관계였다. 이렇게 하나가 되는 느낌은 장수의 수수께끼를 밝혀내는 데도 중요한 역할을 했다. 좋거나 나쁘거나 이곳에서는 그 누구도 혼자 오래 남아 있지 못한다.

사르데냐 섬의 수수께끼

비록 서로 어울리는 일이 핵심이라고는 해도 이곳의 놀라운 장수 비결은 가족 문제와도 관련 있다는 것이 페스 박사의 설명이었다. 박사는 가족들을 주로 살피는 주치의로, 최소 200명 이상의 100세 노인을 검진했다. 그리고 그 가족들과 진료 기록을 확인하고 유전과 관련된 정보를 최대한 수집했다. 거기에는 식습관, 신체 활동, 의식 상태 등 모든 내용이 포함되어 있었다. 페스 박사가 이 지역의 장수와 관련된 임상적 현상에 관심을 기울이는 동안 벨기에 출신의 인구통계학자인 미셸 플랭Michel Poulain은 자료 정리를 도왔다. 그 지역의 행정 관련 자료를 손에 넣은 두 사람은 해당 마을을 돌며 100세 이상 노인들을 검진했다. 또한 그들의 가족을 만나 자료나 기록처럼 노인의 나이가 정말 100세 이상인지 일일이 확인했다.

"2001년 말까지 나는 혼자, 아니면 플랭 박사와 함께 사르데냐에 살고 있는 377명의 100세 이상 노인 가운데 261명을 만났습니다."

페스 박사의 설명이었다. 그는 장수 문제에 대해 개인적인 관심이 컸다.

"나 역시 사르데냐 출신인데 우리 큰할아버지는 무려 110세까지 사셨습니다. 아주 드문 일이지요. 지금까지 사르데냐에서 그 나이까지 살았던 사람은 네 명밖에 없습니다. 그리고 그 네 명의 행운아 중 한 사람이 바로 우리 큰할아버지였고요. 그러니 그렇게 놀라울 정도로 장수하는 비결에 대해 개인적으로 큰 흥미가 생길 수밖에 없었던 거지요."

여담이지만, 이 책이 출간될 즈음 사르데냐에서 110세까지 장수한 사람은 모두 여덟 명으로 늘어났다.

페스 박사는 호기심 못지않게 친절함도 보통이 아니었다. 쉬는 날이 되자 박사와 그의 아내 산드라, 동생인 페푸치오, 그리고 앞서 소개한 대학원생 프란체스코가 나를 문제의 그 사르데냐 지역까지 데려다주었다. 에바와 나는 현지에서 빌린 소형차를 타고 박사 가족의 차를 쫓아갔다. 경이로울 정도로 놀라운 사회적 지원망은 지역 노인들을 평균수명 이상 살게 해주었지만 그 노인들이 살고 있는 마을을 찾아가기는 언제나 아주 어려웠다. 일단 바다를 건너야 했고, 그다음에는 목초지와 관목지를 따라 달리고 또 달려야 했다. 그러다가 마침내 금단의 산맥을 넘어서니 목적지인 마을들이 눈에 들어왔다.

현재까지 남아 있는 대략 3,500명의 주민은 청동기시대 이후 이 지역으로 이주한 사람들의 후손으로 알려져 있다. 차를 몰고 가면서 우리는 수백 개가 넘는 '누라기nuraghi'를 볼 수 있었다. 누라기는 아직 그 유래가 밝혀지지 않은, 수수께끼 같은 원뿔형 돌탑이다. 그 돌탑들이 주택이었는지, 사원이었는지, 아니면 일종의 감시탑이었는지 아직까지는 밝혀지지 않았다. 그렇지만 사르데냐 시골 전역의 농지며 언덕에서 언제든 이런 돌탑을 만날 수 있다. 이 건축물들은 최소한 7,000년 전에 이곳에 사람이 살았음을 증명하고 있다. 고고학자들은 돌탑 안의 돌무더기 속에서 '브론제티bronzetti'라 불리는 조각상을 많이 발굴해냈다. 사람의 모습을 본뜬 이 작은 조각상들은 그 지역 공동체의 결속력에 대한 실마리를 제공해준다. 마치 청동기시대의 인형이나 장

고대 사르데냐의 조각상

난감처럼 보이는 10센티미터 남짓한 크기의 조각상을 살펴보면 아이를 안고 어르는 여인도 있고, 단단히 무장하고 얼굴에 미묘한 웃음을 머금은 전사도 있다. 자연환경은 예나 지금이나 혹독하지만 분명 사회적 환경은 아주 따뜻하고 행복했던 것이 분명하다. 언덕 위의 마을들을 벗어나면 여전히 아무도 살지 않는 황량한 풍경이 펼쳐진다. 거의 텅 비어 있는 그 광경은 달 표면을 연상시킨다.

현재 이곳에 살고 있는 사르데냐 사람은 5,000~1만 년 전의 어느 시점부터 유전적으로 고립되어 있다. 그리고 소수의 인구가 그렇게 서로 결혼하다 보니 지중해성 빈혈이나 경화증 같은 유전적 질병이 다른 곳보다 훨씬 많이 발견된다. 다시 말하면 마을 전체를 통해 서로를 돌보는 끈끈한 이타주의가 아주 강력하게 형성될 수밖에 없다는 뜻이다. 사람들은 이웃과 친구를 마치 한 가족처럼 돌본다. 왜냐하면…… 그들은 모두 한 가족이나 마찬가지이기 때문이다. 진화심리학자들이 이야기하는 이른바 혈연 선택이 이 지역 공동체에서는 훨씬 더 광범위하게 적용되며, 이곳 사람들은 서로를 지키기 위해 위험이

84

나 개인적인 희생도 마다하지 않는다. 하긴 이런 것들은 이 작은 마을들에서 그저 흔히 볼 수 있는 모습에 불과하다. 다른 사람을 돕는 것은 결국 내 유전자가 생존하도록 돕는 또 다른 방법이다. 물론 그런 것을 정확히 깨닫거나 의식하는 사람은 아무도 없다. 마을 사람들은 그저 자신도 제때 도움받기를 기대하며 상부상조하는 것이다. 미국의 전설적인 야구 선수로, 특히 팀워크와 정신력을 강조했던 요기 베라^{Yogi} ^{Berra}는 이런 모습을 한마디로 정리했다.

"다른 사람들의 장례식에 빠지지 마라. 비록 그 사람들은 당신 장례식에 찾아올 수 없겠지만."

이런 작고 고립된 집단에서 혈연관계를 통해 상호 이타적인 풍습이 만들어진 이유가 바로 그것이다. 이 지역 사람들이 얼마나 끈끈한 관계를 맺고 있는지, 그리고 다른 사람들을 돌보는 데 얼마나 헌신적인지 생각해본다면 장수를 가능케 하는 사회적 결속력은 어쩌면 수세기에 걸친 유전적이며 지정학적인 고립의 결과인지도 모른다.[7] 다른 사람들을 돕는 행위는 기분을 좋게 만드는 신경 펩타이드와 엔도르핀을 분비시킨다. 이건 분명 긍정적인 효과다. 반면 나이 많은 가족이나 이웃, 혹은 친구를 계속해서 정성껏 돌보지 않는 사람은 마을에서 배척당한다. 심지어 그저 스쳐 지나가는 방문객에 불과한 나도 냉정한 반응을 마주해야 했다. 나는 102세의 매력적인 노부인인 지오 주세페를 만나러 갔다가 72세인 그녀의 아들 니노 주세페와 이야기를 나누게 되었다. 나는 그에게 우리 어머니가 대략 니노와 비슷한 나이이며 불과 열흘 전에 병원에서 퇴원해 집에 계시다고 말했다. 그러자 니노의 표정이 달라졌다. 어머니는 캐나다에 있는데, 딸은 지금 이탈리아에 와 있다고? 니노의 잘생긴 얼굴 위로 도무지 이해되지 않는다는 듯 어두운 그림자가 드리웠다. 도대체 어떻게 그럴 수 있지?

페스 박사는 나에게 일단의 이탈리아 유전학자들이 최근에 특정한 다형성polymorphism, 多形性, 즉 DNA 염기 순서의 독특한 집단을 발견했다고 말해주었다. 이 집단은 사르데냐 섬의 다른 지역에 살고 있는 좀 더 젊은 남자들에 비해 이 지역의 100세 이상 남자들 사이에서 열 배가 넘게 많이 나타났다는 것이다. 이런 발견은 이 지역에서 구전으로 전해오는 이야기를 확인시켜준다. 나이 많은 주민들은 자신이 마을의 시조가 되는 몇몇 가문의 후예라고 이야기하면서 그 혈통을 은밀하게 간직하고 있다. 엄밀히 말하면 주민들은 시조 격인 두 어머니의 후손이라는 것이다. 이런 유전 변이를 주도하는 미토콘드리아 DNA는 아버지가 아닌 오직 어머니로부터 이어져 내려온다.[8]

장수 유전자가 있어서 주로 모계를 통해 전해오다가 특별히 남자의 수명에만 영향을 미친다는 주장은 흥미롭다. 이는 앞서 소개한 '여성 효과'에 대한 흥미로운 설명이기도 하다. 만일 이런 설명이 사실이라면 사르데냐 섬의 여성이 비정상적일 정도로 오래 사는 것은 다른 이유들 때문일 것이다. 그들은 자신의 유전자를 후손에게 전달한다(이 경우 남성의 건강을 증진시키고 수명을 연장해주는 미토콘드리아 DNA를 가진 특별한 유전자 집단일 것이다). 또한 여성들은 다정한 보살핌과 관계를 제공함으로써 집안의 어른과 남편, 그리고 아이가 관계를 통한 보호와 치유라는 이점을 누리게 해준다.

수명과 관련된 혈통 문제를 살펴보면 한쪽으로만 치우쳐 있을 수도 있다. 100세 이상의 사르데냐 남성이 아버지에게서 물려받은 Y염색체 표지Y chromosome markers는 젊은 사르데냐 남성이나 다른 서유럽 남성의 그것과 크게 다르지 않기 때문에 유전자가 이 지역 남성의 장수 비결이라고 보기에는 어려운 점이 많다. 20세기 초에 태어난 약 3,000쌍의 덴마크 쌍둥이에 대한 연구에서는 장수 비결의 25퍼센트가량은 유전자로 설명할 수 있음이 밝혀지기도 했다.[9] 따라서 어머니와 할머니를 통해 이어져 내려왔을 가능성이 높은 이 지역의 특별한 사회적 관습이 이 지역 공동체가 유지해온 유전적 형질을 어떻게 변형시켰는가를 생각해보는 것은 아주 흥미로운 일이다.

그들은 나를 사랑하니까

테레사 카비두Teresa Cabiddu처럼 오래 사는 것은 축복일까, 아니면 저주일까. 백발의 우아한 100세 노부인인 테레사는 1912년에 태어나 같은 집에서 75년째 살고 있다.[10] 우리가 테레사를 찾아가던 날 아침 마을에는 부슬비가 내리고 있었고 사방을 둘러싼 산은 안개에 젖어 있었다. 최근에 지어진 커다란 두 집 사이에 끼어 있는 테레사의 거처는 마치 인형의 집 같았다. 집은 전형적인 사르데냐 양식이었다. 나무틀로 받친 유리창에는 덧문이 달려 있고 전체적으로 어두웠다. 그리고 불그스름한 벽에 지붕 기와 역시 붉은색이었다. 비에 젖은 현관 포석은 미끄러웠다. 우산을 접은 우리는 낮은 문 앞에서 머리를 숙이고 부엌으로 들어갔다. 안데르센의 동화 속으로 들어가는 기분이었다. 어린 아이가 삶에 꼭 필요한 것만 갖춰놓은 것처럼 집 안은 작지만 완벽해 보였다. 둥근 나무 탁자 주변에는 사다리 모양의 등받이가 있는 나무 의자가 네 개 있었다. 개수대 옆에는 자그마한 가스스토브와 냉장고가 있었다. 벽난로 옆에는 작은 소파와 장식장이 있고 그 앞에는 과자 접시가 놓여 있었다. 아마 우리를 대접하기 위해 방금 구운 것 같았다.

테레사는 방 한가운데 분홍색 소파에 앉아 있었다. 그 옆에는 이웃

주민인 마리에타 모니**Marietta Monni**가 있었다. 82세라고는 하지만 그녀는 테레사보다 스무 살 이상 어리다. 두 여인의 옷차림은 똑같았다. 검은색 스웨터에 검은색 치마를 입고 검은색 니트 숄과 파스텔톤의 꽃무늬 앞치마를 두르고 있었다. 테레사의 앞치마는 옅은 파란색, 마리에타의 앞치마는 회색과 녹색이 뒤섞여 있었다. 두 사람의 모습은 우리를 압도했다. 튀어나온 광대뼈, 목덜미 근처에서 단단히 묶어 올린 백발, 그리고 형형한 검은색 눈까지. 테레사의 이마에는 평생 들판에서 일한 세월의 훈장인 주근깨가 조금 보이긴 했지만 두 여인 모두 놀랍게도 그 나이대에 흔한 주름살이 거의 보이지 않았다. 집 안에는 나무 타는 냄새와 과자 냄새가 향기로웠다. 양로원 같은 곳에서 흔히 느껴지는 음습한 죽음의 기운은 없었다. 서구 선진국에서 가장 나이 많은 여인의 운명이 이보다 더 행복해 보일 수는 없었다.

솔직히 집은 그리 크지 않지만 이곳에서 부부는 여섯 아이를 키워냈다. 그중 안젤라는 이제 50대로 부엌 의자에 앉아 나를 바라보고 있었다. 그녀는 최근 늙은 어머니를 돌보기 위해 다시 이곳으로 돌아왔다. 테레사, 딸 안젤라, 이웃인 마리에타, 그리고 우리 모녀와 통역이 한자리에 모였다. 우리는 좁은 부엌에 둘러앉아 테레사의 기나긴 일생에 대해 이야기를 나누었다. 사르데냐 중심부에서 나이를 먹어간다는 것은 두말할 나위 없이 아주 끈끈한 공동체 생활의 일부다. 우리가 만난 100세 노인 중에는 이리저리 엮여 있는 이웃이나 친지의 도움을 받지 않는 사람이 없었다.

나는 100세를 넘긴 노인의 가족이나 이웃도 함께 만나보고 싶었다. 하지만 그보다는 100세 노인의 개인적인 이야기를 듣는 것이 우선이었다. 그들이 다른 사람의 방해 없이 그들만의 특별한 이야기를 내게 해주기를 바랐다. 하지만 지금 내 앞에 있는 사람들은 마치 하나의 공동체처럼 자신들의 '보물'인 100세 노인을 사력을 다해 보호하려는 것 같았다. 보물이라는 말은 어떤 여자가 102세인 삼촌을 지칭한 말이다. 이 지역의 100세 노인들이 고립된 기분을 느끼기란 사실상 불가능하다. 사르데냐의 인구통계학자인 루이자 살라리스[Luisa Salaris]는 장수와 관련된 국제회의에서 이런 말을 했다.

"모든 100세 노인은 자녀들과 함께 살면서 친지들과 지속적으로 접촉합니다. 그리고 그 친지들에는 손자의 손자의 손자까지 포함되며 그들은 까탈스러운 노인들을 진심으로 사랑하지요."

곁에 있는 사람에게 투정도 부리고 이야기도 나누는 것이 바로 사르데냐 노인들의 장수 비결 중 하나인지도 모른다.[11]

테레사는 초등학교 3학년 때 학교를 그만두면서 선물로 괭이를 받았다고 한다. 테레사는 빌라그란데 남쪽으로 18킬로미터가량 떨어져 있는 아르자나라는 마을에서 태어났다. 그리고 학교를 그만둔 뒤로는 스물다섯 살에 결혼할 때까지 "밀을 까부르고 텃밭에 감자를 심고 빵을 구우며" 하루하루를 보냈다고 한다. 결혼을 하고 나서도 농사일이며 집안일을 비롯해 가족을 책임질 일이 더 많아졌다. 젊은 엄마인 테레사의 하루는 새벽 2시에 어둠 속에서 일어나 누오로에 있는 밭까지 걸어가는 것으로 시작되었다.

"하루에 30킬로미터나 걸어야 했다니까요!"

옆에서 딸 안젤라가 더 자세한 설명을 덧붙였다. 엄마가 일하러 나가면 맏딸 지울라는 학교에서 돌아와 동생들을 돌봤다고 한다.

내가 이곳에서 농사일과 집안일을 하며 사는 것이 젊은 여인에게는 아주 외로운 생활이 아니었느냐고 물어보자 테레사는 그렇지 않다며 고개를 흔들었다.

"나는 이웃을 도왔고 이웃도 나를 도와주었지. 지금도 매주 토요일과 일요일이면 우리는 함께 모여 빵을 굽지. 사르데냐의 전통 빵 말이야."

사르데냐의 전통 빵이란 양피지를 닮은 듯한 이 지역 특유의 납작한 빵을 뜻한다. 옆에서 안젤라가 또 이렇게 덧붙였다.

"나랑 언니들이랑 엄마랑 시누이랑 올케들까지 매주 토요일과 일요일이면 한자리에 모여 빵을 굽는답니다."

어느덧 대화는 '쿨루지오네스culurgiones'를 만드는 이야기로 흘러갔다. 쿨루지오네스는 이 지역에서만 맛볼 수 있는 특별한 요리로, 아이 손에 잡힐 만한 작은 크기의 만두다. 만두피 안에 리코타 치즈와 감자, 그리고 박하 잎을 다져넣고 손으로 주물러 모양을 만든다. 나란히 앉은 테레사와 마리에타는 엄지와 검지를 박자에 맞춰 경쾌하게 움직이며 쿨루지오네스를 어떻게 만드는지 직접 보여주었다. 속이 터지지 않게 제대로 만들려면 이렇게 경쾌하고 가벼운 손놀림이 필요하다면서.

"한번에 300~400개씩 가족들이 모두 먹을 만큼 만들어요. 그런 다음 다 함께 모여 나눠먹는 거지요."

안젤라의 말이다. 쿨루지오네스는 끓는 물에 몇 분간 익힌 뒤 역시 집에서 만든 토마토소스에 묻혀서 먹는다.

잠시 동안 나는 질투심을 느꼈다. 우리는 마르셀라 하잔Marcella Hazan이나 마리오 바탈리Mario Batali 같은 전문 요리사의 책을 통해 배울 수밖에 없는 이탈리아 시골 요리의 비밀을 테레사의 딸들은 어머니로부터 직접 배웠다는 사실이 부러워서만은 아니다. 사회적인 유대관계 안에서 서로 주고받는 모습이 그렇게 부러울 수가 없었다. 그리고 바로 이런 모습이야말로 건강한 장수의 비결에 숨겨진 과학적 핵심이 아닐까. 물론 이곳에서는 아무것도 아닌 흔한 일이지만.

70년이 넘는 세월 동안 테레사는 하루에 열여섯 시간씩 허리가 부러질 정도로 고되게 일을 했다고 한다. 하지만 설사 그것이 사르데냐 노인의 장수 비결 중 하나라고 해도 나로서는 더 이상 별다른 흥미를 느낄 수 없었다. 험한 산길을 걸어 다니고 몇 시간씩 밭에서 힘들게 일하는 것은 이곳 주민의 일상이다. 심지어 음식이 변변치 않았던 것도 제1·2차 세계대전을 겪은 이곳 주민들에게는 대수로운 일이 아니었고, 어느 전문가의 말처럼 그저 세월 속에 묻힌 일일 뿐이었다. 물론 제한된 기간이라 할지라도 영양이 부족하면 당연히 장수에 영향을 주겠지만, 사실 굶주림은 수명과 관련된 세포의 죽음을 늦추거나 중단시킨다고 알려져 있다.[12] 인지신경과학자인 리사 반스Lisa Barnes가 최근 연구한 바에 따르면 아이들이 충분히 먹지 못하면 나이 들어 인지 수준이 떨어진다고 한다. 그런데 6,000명이 넘는 미국 노년층을 대상으로 나이를 먹어가면서 달라지는 모습을 관찰한 반스의 연구팀은 어린 시절에 충분한 영양을 공급받지 못한다고 해도 나중에 나이 들어 심각한 건망증이나 치매로 고통받지는 않는다는 사실을 알게 되었다.[13] 테레사는 제1·2차 세계대전 중에 굶주림을 경험했지만 생의 전반부에 일시적으로 영양 부족을 겪은 것이 어쩌면 유리하게 작용했을지도 모른다.

나는 테레사가 겪었던 어려움을 그저 지난 이야기로 흘려들을 수 없었다. 특히 겨우 여덟 살밖에 되지 않은 맏딸에게 집안일을 맡길 수밖에 없었다는 이야기가 그랬다. 스물네 살인 내 딸이 계획하고 있는 미래는 집에서 파스타나 만두를 만드는 것이 아니라 좀 더 공부를 하고 결국 집에서 멀리 떠나는 것이었다. 남편과 나는 우리 아이들이 독립적으로 결정하기를 바랐다. 그것이 비록 우리로부터 아주 멀리 떠나는 결정일지라도. 물론 그건 우리가 정말로 원하는 바는 아니었지만.[14] 북아메리카의 가정에서는 우리의 이런 모습이 유별난 것은 아니다. 대부분의 부모는 자녀를 독립적으로 키우는 것을 목표로 생각한다. 그렇지만 각 세대가 갈라서는 일이 꼭 보편적인 현상이라고는 할 수 없다. 사르데냐의 마을에서 아이들은 가족과 친지들 근처에서 삶을 완성하고 꾸려나간다. 테레사는 두 딸 가브리엘라와 브루나, 그리고 이웃인 마리에타와 함께 아침 시간을 보낸다. 빵집에서 일하는 안젤라가 아침에 출근하면 세 여자가 찾아와 테레사를 돌본다.

이런저런 이야기를 나누다 보니 테레사가 굉장히 고집 센 아이였다는 사실도 알게 되었다. 젊은 시절에는 노래 부르는 것을 아주 좋아했다는 것도. 우리는 수십 년 전 아코디언을 연주하던 한 남자의 이름을 알게 되었다. 그 남자가 연주를 시작하면 모두 춤을 췄고, 또 악기가 고장 나면 밀가루와 물로 고쳤다는 이야기도 들었다. 테레사는 이탈리아 전통 음식인 미네스트로네minestrone를 좋아했고 피자는 싫어했다. 마을의 다른 100세 노인들은 테레사를 '크라비투Crabittu'라는 별명으로 부른다. 크라비투는 사르데냐의 전통 치즈다. 우리는 테레사의 예전 기억과 요즘 기억이 이리저리 뒤섞여 있다는 사실도 알게 되었다. 테레사는 자신보다 먼저 세상을 떠난 부모님과 일곱 형제자매의 생일과 장례식 날짜를 다 기억한다. 그들은 모두 80세와 90세를 넘겼다고 한다. 테레사는 우리의 통역인 델리아에게 "뉘 집 딸이야?"라고 한 번 물어보고는 그녀의 복잡한 가족사를 한눈에 알아냈다. 100세가 넘은 테레사의 일생을 정리해보면 바로 이런 것이다. 친구와 친지, 그리고 이웃이 넘쳐나는 사람 좋은 여인. 모두 쉬지 않고 찾아와 수다를 떨고 모두 테레사가 자기 삶에서 얼마나 중요한지 이야기한다. 그리고 이곳 공동체에서 그녀의 위치가 얼마나 중요한지도 말한다.

테레사처럼 나이가 들고 싶다면 그런 마을이 아니라 친밀한 관계를 만들겠다는 마음을 가진 가까운 사람들이 필요하다. 하버드 대학교의 수부 수브라마니안^Subu Subramanian, 펠릭스 엘워트^Felix Elwert, 그리고 니컬러스 크리스태키스^Nicholas Christakis 교수의 연구에 따르면 배우자를 잃고 홀로 된 남녀는 비슷한 처지의 사람들과 이웃해서 살아갈 경우 더 오래 산다고 한다. 그렇게 모여 사는 공동체가 경제적으로 여유 있는지, 또는 처음 그 사람들의 건강 상태가 어떠했는지는 그리 중요하지 않다. 중요한 것은 함께 모인 사람들의 나이와 부부관계다. 배우자를 잃고 홀로 된 사람이 얼마 지나지 않아 사망에 이르는 것은 전 세계적인 현상이며, 이를 '사별 증후군^widowhood effect'이라 부르기도 한다. 이 현상은 비슷한 처지의 사람들과 어울리게 되면 크게 줄어들며, 특히 여자의 경우가 더 그렇다.

이는 '여성 효과'의 또 다른 사례로, 아마도 이렇게 설명할 수 있을 것이다. 여성이 배우자를 잃고 외로움에 시달린다면 비슷한 경험을 가진 여성 친구가 가까이 있을 경우 서로 감정을 이해하고 공유하며 사별로 인한 허전함을 채워줄 수 있다. 사르데냐의 마리에타와 테레사가 그랬던 것처럼. 나이를 먹어가는 고통을 이겨내기 위해서는 리사 버크먼과 테레사 시먼^Teresa Seeman의 연구 결과처럼 가까이 있는 친구들과 비밀을 털어놓을 수 있는 사람들이 중요한 역할을 한다.[15] 분명 자료를 보면 나이를 먹고 배우자와 사별한 사람들은 앞서 소개한 사르데냐 마을 같은 곳에 살면 더 장수할 수 있다. 그곳에는 나이도, 고민도 비슷한 사람이 아주 많이 몰려 살고 있는 것이다. 미국의 대도시처럼 유모차나 젊은 사람의 자전거가 넘쳐나는 곳에서는 그렇게 살수 없다.[16]

테레사를 만나고 나니 우리 할머니의 모습이 떠올랐다. 80세가 넘었던 할머니는 내 러시아어 과제를 도와주며 다른 사람들에게 자신이 늙은이로 보이는 것 같다고 이야기했다. 그렇지만 할머니는 여전히 젊은 시절의 눈으로 이 세상을 바라보았다. 테레사는 수십 년 동안 자신을 알고 지내온 가까운 친지나 친구들과 함께 살았기 때문에 젊은 시절의 자기 모습을 잊지 않고 간직할 수 있었다. 그리고 살고 있는 곳조차 자신이 여섯 자녀를 키워낸 추억이 고스란히 남아 있는 옛집이었다. 자녀들 역시 근처에 다 함께 살고 있었다. 내가 만난 사르데냐 사람들은 첨단 기술을 통한 의사소통 대신 직접 만나서 수다를 떨고 음식을 만들며 빵을 구웠다. 테레사의 사회적 연결망 안에 낯선 사람은 한 명도 없었다. 서로 같은 고통과 슬픔을 공유한 사람들이 만나면서 그에 따른 대가를 지불할 필요도 없었다.

정말 놀라운 일이지만 우리의 신체는 우리를 잘 알고 있는 사람들이 제공하는 진정한 사회적 지원과 그렇지 않은 어색한 지원의 차이점을 잘 알고 있다고 한다.

"도움의 근원이 어디에 있느냐가 문제입니다."

브리검영 대학교의 보건심리학자인 줄리앤 홀트 룬스태드[Julianne Holt-Lunstad] 교수가 내게 해준 말이다.

"모든 관계가 다 똑같은 효과를 보여주는 건 아닙니다. 사회적인 지원을 받을 경우 어쩌면 거기에는 진짜 관계가 없을 수도 있으니까요."

진정한 관계를 맺는 데 실패해본 사람은 잘 알겠지만, 맞지 않는 사람과의 교류는 상황을 더욱 악화시킬 뿐이다. 맥길 대학교의 간호학과 교수인 낸시 프래슈어 스미스^Nancy Frasure-Smith가 정밀하게 계획하고 진행한 연구에 따르면 최근에 심장마비를 경험한, 심리적으로 유약한 수많은 남자 환자는 병동의 간호사들을 반복해서 호출하고 만나지만 불행히도 이런 낯선 사람과의 관계는 그들의 생존에 아무런 영향을 미치지 못했다고 한다. 그리고 후속 연구에 따르면 간호사의 방문은 심장질환으로 위험한 상태에 있는 여자 환자가 1년 이내에 사망할 확률을 두 배나 높였다고 한다.[17] 어떻게 이런 일이 일어난 것일까? 스미스의 연구팀은 1980년대 심장질환과 관련된 이런 방문이나 보살핌이 남성의 생존율을 극적으로 끌어올렸기 때문에 간호사의 방문이 사망을 재촉했다고 단정 짓기는 어렵다고 생각했다. 그렇지만 도움을 주기 위한 간호사들의 전화나 방문 이후 여성 환자의 사망률이 올라간 것은 오직 한 가지 사실만 의미한다. 친구들이 가까이 있다면 누가 불편한 사람을 원하겠는가? 느슨하고 얕은 관계는 여러 면에서 좋을 수도 있지만 심장마비를 겪은 사람들의 생존율을 높이지는 못한 것 같다.

내가 테레사에게 이렇게 오래 사는 것은 어떤 기분이냐고 묻자 이웃인 마리에타가 이렇게 대답했다.

"모두 하느님의 뜻이라오!"

그렇지만 테레사는 마리에타의 무릎을 가볍게 두드리며 나무랐다. 그리고 부드럽게 말했다.

"아니, 그건 사람들이 모두 나를 사랑하기 때문이야."

"하지만 나라면 성당에 가서 하느님께 감사 기도를 올릴 텐데."

"그것도 좋지. 그러면 우리 모두를 위해 기도하자고."

테레사는 아무렇지도 않게 받아쳤다.

"그리고 거기 있는 동안 신부님이랑 노닥거리지는 말고 말이야."

젊음의 샘

몇 가지 강력한 과학적 발견을 제시하지 못한다면 기이할 정도로 긴 테레사의 삶은 흥미롭기는 해도 도움이 되지는 못할 것이다. 우리는 1장에서 사회적 접촉이 아픈 사람에게 살아갈 힘을 준다는 사실을 확인했다. 그렇지만 우리가 살고 있는 곳과 우리가 그곳에서 누리는 사회적인 삶 역시 우리가 건강을 유지하도록 도와준다면 장수의 근원, 혹은 다르게 표현해 우리의 건강문제는 특정한 장소와 관련되어 있는 것이 아닐까.[18]

조반니 페스 박사와 미셸 플랭은 자신들이 수집한 사르데냐 특정 지역의 자료를 처음 공개할 당시 다른 과학자들은 자신들의 발견에 대해 조롱까지는 아니라도 회의적인 태도를 보일 것이라고 예상했다. 결국 특정 지역에서 장수 마을을 발견한 것은 그리 새로운 일이 아니었다. 은밀한 장수 마을이나 특별한 장수 비결은 최소한 구약시대 이후 끊임없이 등장하는 흥미로운 주제다. 『구약』에 등장하는 므두셀라는 무려 969세까지 살았던 것으로 기록되어 있다. 그로부터 1,000년이 지난 뒤 사람들은 독사의 고기를 먹으면 수명이 몇십 년 늘어난다고 생각하기도 했다. 19세기에 들어서자 프랑스의 신경학자인 샤를 에두아르 브라운–세카르Charles-Édouard Brown-Séquard가 양의 고환에서 추출한 물질을 자신에게 주사하면서 자신은 더 오래 살 수 있을 것이라고 주장했다. 한편 러시아 의사인 세르게이 보로노프Sergei Voronoff는 양이 아니라 침팬지의 고환 추출액을 자신에게 주사하면서 양의 고환보다 훨썬 강력한 효과가 있을 것이라고 생각했다.[19] 두말할 나위도 없이 이런 시도들은 전혀 성공을 거두지 못했다.

좀 더 최근 들어서는 1970년대에 몇몇 장수 마을이 언론에 보도되었다. 구소비에트연방의 카프카스 지방에 살고 있는 아브하지아 사람들은 물 대신 유산균 음료를 마신 덕분에 장수한다고 했다. 그 밖에도 파키스탄의 훈자 계곡과 일본의 여러 섬들, 그리고 남아메리카 에콰도르의 빌카밤바 등도 장수 마을로 주목받았으며 160세의 나이에도 아이를 낳은 남자들의 이야기가 퍼지기도 했다. 그래, 유산균 요구르트는 물론 건강에 아주 좋겠지! 불행히도 학자들이 아침에 일어나자마자 유산균 음료를 들이켜고 차가운 얼음 바다를 헤엄치며 왕성한 정력을 자랑한다는 160세 남자들의 이야기를 깊이 파고들어보니 대부분은 근거가 없는 것으로 판명되었다. 아무리 좋게 봐주려고 해도 믿을 만한 증거가 없었던 것이다.[20] 자신이나 가족이 놀라울 정도로 장수하고 있다는 지역 주민들의 주장은 종종 확인조차 되지 않았다. 누군가의 나이를 과장하는 것이 어떤 광고와 관련이 없다면 그냥 소망을 이야기한 것에 불과할까. 결국 러시아 초원의 농부가 150세까지 살 수 있었다면 공산 정권하에서 그 얼마나 괴로운 삶이었을까.

또 다른 장수 마을, 그러니까 이른바 샹그릴라는 또 다른 모습으로 나타나기도 한다. 비율상 세계에서 장수 인구가 가장 많은 나라로 손꼽히는 일본에서는 노년층 인구 중 상당수가 말 그대로 그냥 사라져버리는 경우가 많다. 이들 대부분은 전후 일본의 경제 부흥기에 일자리를 찾아 무작정 도시로 온 남자들이다. 주로 공장에 취직한 그들은 수십 년 동안 엄청나게 많은 노동시간을 견뎌냈으며 도시 생활에서 아무런 사회적 연결망도 만들지 않았다. 그들은 아무도 모르게 고독한 상태로 비참한 죽음을 맞이했다. 그러나 그들의 고향 관청에서는 그들이 아직 살아 있는 것으로 여기는 바람에 서류상으로 100세 인구가 늘어났다는 것이다.

서류상 111세인 가토 소겐은 아마도 도쿄에서 가장 나이 많은 남자였을 것이다. 미라처럼 바싹 말라버린 가토의 시체는 2010년 그의 집을 방문한 공무원들에게 발견되었다. 가토의 생일을 축하하기 위해 그의 집을 찾아간 공무원들은 잠옷 차림으로 이불을 덮고 누운 해골을 발견했다. 가토는 이미 32년 전에 79세의 나이로 사망한 것으로 밝혀졌다. 가족들은 가토가 자기 방에서 30년 이상 나오지 않았다고 증언했다. 가족들은 가토를 그렇게 방치해두고 연금을 계속 수령했던 것이다. 이 엽기적인 사건으로 일본의 장수 기록은 신뢰를 잃었고 국가적인 반성과 차책이 뒤를 이었다. 일본의 사회복지 부서는 100세 이상의 노인으로 기록되어 있는 사람들을 다시 조사했고 그 결과 23만 4,354명을 찾을 수 없었다고 한다.[21] 만일 자신을 돌봐줄 친구나 가족과의 거리가 장수의 필수 조건이라고 한다면 그 분명한 증거가 바로 이것이 아닐까.

지역에 따른 문제

그렇지만 사르데냐는 이상향인 샹그릴라가 아니고 그곳 사람들이 특별히 경이로운 장수의 축복을 받은 것도 아니다. 그들은 그 지역 특산물인 적포도주를 들이켜며 텃밭에서 기른 이탈리아 토마토를 먹는다. 포도주나 과일에 항암 역할을 하는 레스베라트롤resveratrol이 함유되어 있는지도 모르지만 지속적으로 얼굴을 마주하는 사회적 접촉이 접시나 술잔 안에 숨겨져 있는 영양소보다 중요한 역할을 했을 것이다.[22]

사실 미국의 유명한 장수 마을 두 곳에서는 사람들이 아예 술을 마시지 않는다고 한다. 로마 린다Loma Linda는 로스앤젤레스 동쪽 샌버너디노 카운티에 있는 인구 2만 2,000명의 현대적인 도시다. 로스앤젤레스의 매연이 그대로 흘러갈 뿐더러 바로 옆에는 항공기 제작사인 록히드 마틴의 공장이 있어 과염소산염이 로마 린다의 지하수로 침출된다. 과염소산염은 로켓용 연료의 화학 부산물로, 따지고 보면 로마 린다 주민들은 캘리포니아 보건부의 권고치보다 83배나 많은 과염소산염이 함유된 물을 식수로 사용하고 있는 셈이다. 또한 미국 폐협회American Lung Association에 의하면 이곳은 미국에서 오존 오염이 가장 심한 곳이다. 그런데도 로마 린다의 주민은 미국인의 평균수명보다 6년 이상 오래 산다. 이는 이곳에 살고 있는 기독교의 한 종파인 제칠일안식일예수재림교의 교인들이 보여주는 사회적 유대관계 때문이다. 교인들의 관계와 종파 특유의 식이요법이 이곳에 위치한 최첨단 의료원과 합쳐져 로마 린다의 주민은 이웃한 다른 지역 주민보다 더 오래 사는 것이다. 또한 앞서 살펴본 사르데냐의 산들처럼 이 지역의 문화는 남녀의 평균수명 차이를 줄이고 있다. 로마 린다에 거주하는 평균적인 30세의 제칠일안식일예수재림교 남성 신도라면 미국 내 다른 지역의 남성보다 7.3년을 더 오래 산다고 한다. 또한 여성의 경우 4.4년을 더 산다. 보통 여자가 남자보다 평균 6년 이상 더 산다는 사실을 염두에 두도록 하자.[23] 캘리포니아 남부 출신의 질병 전문가인 데이비드 스노든David Snowdon은 로마 린다 교인들의 생활 방식과 낮은 질병 발생률 간의 관계에 대해 기본적인 연구 방향을 제시했다. 스노든은 먼저 장수 문제에는 거주 지역이 아니라 누가 살고 있는지, 그리고 어떻게 상호 교류를 하고 있는지가 더 중요하다는 사실을 깨닫게 된다.

로마 린다의 교인들을 연구한 스노든은 통계에 기초한 자신의 연구 방향을 이번에는 가톨릭 수녀 쪽으로 돌려보았다. 스노든의 연구팀은 노트르담 수녀회 소속 수녀 678명을 1986년에서 2001년까지 15년 동안 추적 연구했다. 75세에서 106세까지의 수녀들은 미국 중심부인 위스콘신과 미네소타 주에 있는 수녀원에서 살았다. 스노든의 연구팀은 우선 수녀들의 젊은 시절에 대해 자세히 파악하고 그들의 인지능력이 성장했다가 떨어지는 순간들을 추적했다. 수녀들의 거주 환경은 아주 안정적이었고 그들 사이에는 자매들도 섞여 있었기 때문에 스노든은 유전에 따른 상대적인 영향과 젊은 시절의 경험, 그리고 나이를 먹어가면서 겪는 정신적인 문제를 집요하게 파헤쳐보기로 했다. 대부분의 수녀는 사망 후에 뇌를 연구소에 기증했고, 덕분에 스노든은 젊은 시절의 경험과 알츠하이머병의 복잡한 신경 문제 사이의 놀라운 연결관계를 파악할 수 있었다. 그렇지만 이 책의 주제와 부합하는 가장 놀라운 발견은 수녀들이 65세가 되었을 때의 사망 위험이 같은 나이의 다른 미국 여성보다 25퍼센트나 낮았다는 사실이다. 동물성 지방 섭취는 아주 높으면서도 운동량은 극히 적은 수녀들이 어떻게 평균적인 미국 여성보다도 놀라울 정도로 더 오래 사는 것일까.

스노든은 자신의 책에서 수녀들이 그렇게 오래 사는 진짜 이유는 깊은 영성과 더불어 강렬한 소속감 때문이라고 결론지었다.

15년 이상 나는 노트르담 수녀회 소속 수녀들이 언제나 함께하는 지원과 사랑의 연결관계로부터 많은 이점을 얻고 있음을 목격했다. 그들의 공동체는 수녀들의 정신을 고무시켜줄 뿐만 아니라 기쁜 일은 함께 축하하고 소망을 함께 나누며 침묵의 수도 생활을 서로 응원하고 좌절감도 이해해준다. 그리고 동료가 상처를 입었을 때도 서로를 격려해준다. 과연 우리 중에 누가 이렇게 단단하고 끈끈한 관계를 경험해볼 수 있을까?[24]

관계와 치유의 효과

분명 개개인이 잘한다고 문제가 해결되지는 않는다. 나의 삶이 어려울 수도 있지만, 그건 다른 이웃이 나보다 잘살아서 그런 것은 아니다. 사회학자들은 친구와 이웃, 그리고 동료와의 관계를 '사회적 자본'이라고 부른다. 이 자본은 우리의 관계 안에 존재하는 지식이자 상호 신뢰다. 페이스북의 친구 숫자와는 달리 사회적 자본은 다른 사람들이 알아차리기는 힘들지만 확실한 이점이 있다.

2006년 어느 날 밤 나는 어머니와 함께 병원에 있는 아버지를 찾아갔다. 아버지는 병원에서 림프종 관련 치료를 받고 있었다. 병원을 나오던 우리 모녀는 우연히 내 아들 친구의 엄마를 만나게 되었다. 병동의 간호사였던 루스는 자기가 밤 근무 중에 우리 아버지를 돌봐주면 어떻겠냐고 말했다. 만일 밤에 무슨 일이 생기면 자기가 나에게 직접 연락해주겠다는 것이었다. 이런 약속과 함께 루스는 나의 전화번호를 적어 주머니에 넣었다. 의료 사고가 매년 10만 명 이상의 목숨을 앗아가는 병원이라는 환경에서 그녀의 제안이 아버지의 생명을 구해줄지도 모르는 일이었다. 다행히 아버지는 건강하게 퇴원했고 우리는 아무리 작은 사회적 자본이라도 인생에 도움이 될 수 있다는 사실을 배웠다.

놀라운 일이지만 이웃 간에 얼굴을 마주하는 사회적 자본은 그 지역의 빈부와 상관없이 사람들의 생사를 결정짓는다. 2003년 하버드 대학교의 질병 전문가들은 약 350명의 시카고 지역 이웃을 자세히 관찰하면서 상호관계와 신뢰, 그리고 공공의 참여로 확인되는 사회적 자본이 지역 공동체의 사망률과 관련되어 있음을 밝혀냈다. 사회적 자본의 수준이 높을수록 사망률은 낮아졌다. 단지 폭력적인 범죄로 인한 사망률뿐만 아니라 심장질환과 같은 질병으로 인한 사망률도 낮아졌던 것이다.[25] 분명 거주지는 우리의 건강에 영향을 미친다. 어느 지역에서는 신뢰할 만한 관계를 더 많이 만들어내기도 한다.

그렇지만 장소란 외부인에 대한 적대감을 만들어낼 수도 있다. 사르데냐처럼 공동체 의식이 아주 강한 곳이라면 강한 협동심이나 응집력이 외부인에 대한 강한 불신으로 이어져 기묘한 균형을 맞추게 된다. 거기에는 불과 계곡 두 개를 사이에 두고 있는 이웃 마을에 대한 적대감도 포함된다. 1990년대에 이 지역의 일상생활을 2년 이상 연구한 맥길 대학교의 인류학자 필립 살츠먼[Philip Carl Salzman]은 인접한 사르데냐 마을 사람들의 삶은 항상 상대방을 "경쟁자이자 잠재적인 적"으로 바라보고 있다고 결론지었다. 수백 년 동안 오직 자신들만 신뢰해온 사람들은 심지어 1990년대에 설치된 지역 경찰서조차 성가신 참견쟁이의 소굴로만 여겼다. 이런 반응에 대해 살츠먼은 이렇게 기록하고 있다.

"지역 경찰들은 사회적으로 고립되었다. 경찰서에 대한 지속적인 공격과 방화가 이어졌으며 경찰관들의 차나 집, 그리고 경찰관 자신에 대한 공격도 최소 하루에 한 차례씩 벌어졌다."[26]

우크라이나에 있는 비슷한 모습의 어느 탄광 마을에 대해 러시아 출신 미국 작가 키스 게센[Keith Gessen]은 이렇게 적었다.

"집을 나설 때는 항상 칼을 준비하라. 누군가 아는 사람에게 쫓길 수도 있으니까."[27]

누군가 아는 사람을 만난다고 해도 그가 같은 마을 출신이거나 믿을 만한 사람이라는 의미는 아니었다.

그곳에 머무르기

우리 중 대부분은 수녀원의 수녀나 사르데냐 사람 같은 삶의 방식을 선택하지 않는다. 그들의 생활 방식으로 인해 수명이 10~20년 늘어난다고 하더라도. 그렇지만 잠시 동안이라도 이런 지역이나 장소의 사회적 본성에 대해 생각해보는 것은 괜찮은 일이다. 사람들이 나이를 먹어감에 따라 주류 사회에서 무슨 일이 벌어지는지 비교해보는 것은 어떨까. 예를 들어 미국과 캐나다, 그리고 영국에서의 삶은 미국의 유명 코미디언 조지 번스[George Burns]가 예견했던 모습과 흡사하다. 번스는 "행복이란 사랑과 다정한 마음이 넘쳐나는 아주 끈끈한 대가족이…… 서로 다른 도시에 살고 있는 것이다"라는 우스갯소리를 남겼다. 물론 이런 농담에도 진실은 숨어 있다. 지리적으로 거리를 두는 것은 삶의 각 단계에서 아주 중요시되는 독립의 가치를 지켜주며 개인적인 자유를 강조해준다. 이런 것들은 이른바 아메리칸 드림의 상징이다. 미국의 유명 작가 조너선 사프란 포어[Jonathan Safran Foer]의 소설 『모든 것이 밝혀졌다[Everything Is Illuminated]』에 등장하는 우스꽝스러운 반영웅적 주인공 알렉스 페르초프[Alex Perchov]는 우크라이나를 떠나 미국으로 가고 싶어 한다. 그는 소비에트연방 시절의 궁핍과 비루함으로부터 탈출하려 하지만 그의 어머니는 아들에게 이렇게 말한다.

"언젠가 너는 나를 위해 네가 싫어하는 일도 하게 될 거다. 그게 바로 가족이니까."[28]

아무런 구속 없는 자유라는 서구의 이상은 인터넷의 기적에도 불구하고 친밀함 사이에 벽을 만들었고, 이는 기술로도 해결되지 않는 문제다. 미국에서는 영국 인구와 맞먹는 6,200만 명 이상이 자신은 사회적으로 고립되어 있고, 그로 인해 불행하다고 이야기한다. 그리고 그중 절반 이상인 3,200만 명은 혼자 살고 있으며, 이는 미국 역사상 가장 높은 비율이다. 분명 혼자 살고 있는 미국 국민의 숫자는 20세기 초부터 계속 증가하고 있다. 미국 인구조사 자료에 따르면 1920년에는 미국 국민 중 1퍼센트만 혼자 살았지만 2010년에는 10퍼센트 이상 혼자 살고 있다. 특히 지난 40년간은 혼자 사는 인구가 무려 300퍼센트나 증가했다. 그들 대부분은 이혼이나 사별로 홀로 된 노년층이다. 75세 이상 미국 남성 중 4분의 1이 혼자 살고 있는 반면 같은 나이의 여성은 절반이 혼자 살고 있다. 그들 중 대부분은 배우자를 먼저 떠나보낸 것이다.[29]

이것은 미국만의 현상이 아니다. 영국의 경우 성인 중 3분의 1이 혼자 지내고 있다. 캐나다 역시 혼자 사는 인구가 기록적인 수치를 보여주고 있으며, 특히 65세 이상의 노인이 혼자 사는 비율이 높다.[30] 캐나다와 미국, 그리고 모든 유럽연합 국가에서 혼자 사는 사람이 늘어난다는 것은 결국 진짜 인간과의 접촉 없이 홀로 먹고 자고 깨는 사람이 늘어난다는 뜻이다. 그리고 꼭 혼자 산다고 외로움을 느껴야 한다는 것은 아니다. 혼자 산다는 것의 의미는 좋든 싫든 당신이 걱정하는 누군가, 또 당신의 삶에 관심을 가진 누군가와의 물리적 거리가 가깝지 않다는 뜻이다. 그러면 대화가 줄어들고 농담이나 잡담이 줄어들며 당연히 신체적인 접촉도 줄어든다.[31] 꼭 그렇지만은 않겠지만 결혼한 사람이 그렇지 않은 사람보다 성관계 횟수가 더 많은 것처럼 외로운 사람은 일상생활에서 포옹과 토닥임, 그리고 눈맞춤과는 거리가 멀다. 이런 것들은 영장류가 적어도 6,000만 년 이상 의사소통의 수단으로 사용해온 행동이다.[32]

다른 사람의 감정과 의도를 얼굴만 보고 읽어내고 사람들과 신체적 접촉을 통해 신뢰감을 보여주는 것은 우리 인간만이 아니라 집단생활을 하는 포유류가 원하는 중요한 상호 교류 방식이다. 미국 일리노이 주의 100세 노인인 헬렌 보드먼Helen Boardman은 시카고의 공영 라디오 방송 제작진과 장수에 필수적인 것이 무엇인지 인터뷰한 적이 있다. 이때 보드먼은 사람들과의 교제와 신체적인 접촉을 가장 중요한 요소로 꼽았다. 나이 든 친구가 세상을 떠나면 계속 새로운 친구를 만들려고 한다. 그리고 심지어 90세의 나이에도 서슴지 않고 사랑에 빠진다. 보드먼은 몇 년 뒤에 한 남자와 결혼하면서 이렇게 말했다.

"남편이 나를 안아주는 것이 좋아요. 그건 스무 살 때나 지금이나 마찬가지예요. 그걸 절대로 소홀히 하면 안 됩니다. 그리고 누군가 곁에 없으면 그 손길이 분명 그리워질 거예요."[33]

그렇다면 헬렌 보드먼과 테레사 카비두는 남편이나 연인, 친구나 자녀와의 끈끈한 신체적 접촉으로 신체의 강한 저항력과 회복력을 키움으로써 100세 이상 살았던 것일까? 이건 그리 억지스러운 추측이 아니다. 의미 있는 관계를 형성하고 유지할 경우 신경 펩타이드인 옥시토신과 바소프레신이 혈류 안으로 분비되어 스트레스를 줄여주고 상처 치료를 도와준다. 여러 차례의 동물 실험 결과 옥시토신은 면역력과 회복력을 강화시켜주는 것으로 확인되었고, 지금까지 살펴본 것처럼 이런 사실이 인간에게도 적용된다는 증거는 도처에서 발견된다.

터먼의 아이들

1921년 논란의 중심에 선 캘리포니아 출신의 심리학자가 샌프란시스코와 로스앤젤레스 근처에서 태어난 1,528명의 일생을 추적하기 시작했다. 당시 11세였던 그들은 루이스 터먼Lewis Terman이라는 이 심리학자의 이름을 따서 '터먼의 아이들'로 불리게 되었다. 터먼과 그 뒤를 이은 연구자들은 이 아이들이 성장해 사망할 때까지 일생을 추적했다. 1910년 무렵에 태어난 터먼의 아이들이 나의 흥미를 끌었던 것은 그들의 출생연도가 내가 연구했던 사르데냐의 100세 노인들과 비슷했기 때문이다. 사르데냐 노인들에 비해 100세 이상 살았던 터먼의 아이들은 극소수에 불과했다. 인구 비율로 따져 사르데냐 노인이 4퍼센트라면 그들은 0.3퍼센트였다.[34] 그럼에도 그들의 인생 이야기 역시 사르데냐에서 내가 확인한 모습을 떠올리게 한다.

터먼이 처음에 관심을 가졌던 것은 영재 연구였다. 즉 터먼의 주요 연구 분야는 보통 사람이 아닌 뛰어난 영재였다. 연구 대상 중 3분의 2 이상은 중산층 백인이었고, 그의 연구가 논란을 일으킨 것도 바로 이런 이유 때문이었다.[35] 터먼은 아이들의 지능지수를 검사한 다음 학교에서의 활동도 면밀하게 살폈다. 터먼과 후속 연구팀은 아이들의 가족 배경과 정신적·신체적 건강은 물론이고 성장 중의 스트레스 수준까지 조사했다. 그리고 궁극적으로는 성인이 되어서의 성생활과 부부 생활, 정치와 종교에 대한 신념, 직업까지 최대한 모든 부분을 조사했다. 연구자들은 이후 80여 년 동안 과하다 싶을 정도로 자세하게 연구와 조사를 병행하면서 여러 문제에 대한 귀중한 자료를 얻어냈다. 이 연구는 지금도 진행 중이다. 연구자들은 세대를 이어가며 선임자의 연구를 이어받고 있다. 물론 모든 결과가 만족스럽지는 않았다.

랠프 월도 에머슨의 말처럼 "슬픔은 우리 모두를 다시 어린아이로 만든다. 지적 능력과는 상관없이 모든 것을 파괴"한다. 1910년에 태어난 다른 보통의 미국인에 비해 이 영재들이 100세까지 장수한 비율은 낮았다. 그리고 그렇게 장수한 사람들 중에는 여자가 더 많았다.[36]

이렇게 엄청나게 쌓인 자료 중에 터먼이 처음부터 관심을 가졌던 것은 바로 '재능'이었다. 그리고 터먼은 이 재능 있는 아이들이 그 시대의 일반적인 모습을 따르지 않았다는 사실도 보여준다. 보통 뛰어난 영재라고 하면 안경을 끼고 신경질적인 모습에 반사회적인 경향을 보인다는 것이 당시의 관점이었다. 사실 터먼이 연구한 아이들은 다른 또래 아이들처럼 건강하고 사회성도 뛰어났다. 터먼의 아이들이 깨뜨린 고정관념은 이뿐만이 아니었다. 2001년 장수 보고서에서 캘리포니아 대학교의 심리학자 하워드 프리드먼Howard Friedman과 레슬리 마틴Leslie Martin은 터먼의 아이들에 대한 연구를 이용해 우리가 흔히 믿고 있는 장수의 비결이 틀렸음을 증명해낸다. 그 내용을 정리하면 다음과 같다.

- 걱정은 건강을 해친다 ⇨ 잘못된 고정관념!
- 행복한 생각은 스트레스를 줄여주는 장수의 지름길이다 ⇨ 잘못된 고정관념!
- 마음을 편하게 가지고 일을 줄여라. 그러면 더 건강하게 살 수 있다 ⇨ 잘못된 고정관념!
- 건강하게 오래 살기 위해 최대한 빨리 은퇴하고 골프도 더 많이 쳐라 ⇨ 잘못된 고정관념!
- 착한 사람은 빨리 죽고 독한 사람은 오래 산다 ⇨ 잘못된 고정관념!

그렇다면 프리드먼과 마틴은 무엇이 건강과 장수를 보장한다고 주장했을까? 바로 양심과 정직한 노동이 가족과 친구, 그리고 공동체의 넓고 활발한 관계와 합쳐져야 한다고 주장했다. 이 관계는 내가 사람들을 돕고 사람들이 나를 돕는 관계다. 우리가 건강하게 오래 살기를 바라면서도 걱정을 많이 하고 열심히 일을 한다면? 그래도 죽음이 빨리 찾아오지는 않는다.[37] 그렇지만 그런 일들을 혼자 한다면? 그러면 빨리 사망할 수도 있다.

관념의 역사

1979년 캘리포니아 버클리 대학교의 질병 전문가 리사 버크먼과 레너드 사임Leonard Syme은 공동체의 사회적 유대관계가 그 공동체의 사망률을 정확히 예측해준다는 사실을 발견한다. 두 사람은 자신들의 연구 결과를 분석한 다음 진정한 행복은 얼굴을 마주하는 의미 있는 만남을 얼마나 갖느냐에 달려 있다는 결론을 내린다. 이 연구에 참여한 약 7,000명의 앨러미다 카운티 주민들 중 장수한 사람은 얼굴을 마주하는 친밀한 관계를 유지하고 있었다. 그들은 모두 결혼을 했고 친구나 친지들과 정기적으로 만났으며 종교적인 모임에도 참석했다. 합창단이나 등산 모임, 혹은 카드놀이 모임과 같은 정기적인 사회 활동도 하고 있었다.[38] 이런 각각의 요소는 사망률을 예측해주며, 개별적으로는 캘리포니아 주민들의 건강과 신체적 상태, 그리고 행복도도 알려준다. 흥미롭게도 어떤 사회적 유대관계를 지켜주는 요소는 또 다른 사회적 유대관계를 유지하는 데도 도움이 되었다. 만일 우리의 결혼 생활이 행복하지 않은데 가까운 친구가 아주 많다면 우리의 미래는 그다지 어둡지 않다. 반대로 결혼 생활은 행복한데 친구가 얼마 없다고 해도 배우자와의 친밀한 관계로 우리의 건강을 지킬 수 있다. 생명을 위협할 정도의 위험은 사회와 고립되어 있는 사람, 그러니까 고독한 사람에게 나타난다.

그러면 31년이 지난 2010년으로 시간을 당겨보자. 브리검영 대학교의 심리학자 줄리앤 홀트 룬스태드는 두 동료와 함께 관계와 수명에 대한 148건의 장기 연구를 검토했다. 바로 7년 반 동안 30만 9,000명을 대상으로 조사한 내용을 요약했던 것이다. 그렇게 모은 자료를 정리하자 정말 놀라운 사실이 드러났다. 자신이 속한 공동체에 적극적으

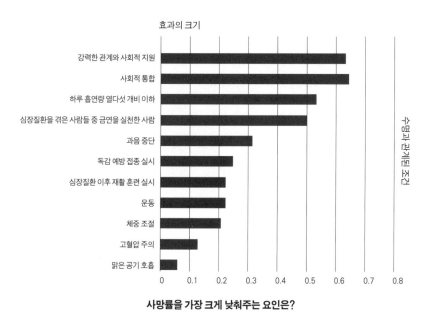

사망률을 가장 크게 낮춰주는 요인은?

＊사회적 통합이란 다양한 수준으로 사회적 참여를 실천하는 것을 뜻한다.
＊이 표는 홀트 룬스태드의 2010년 저서에 실린 〈표 6〉에서 인용했다.

사망 확률을 가장 크게 낮춰주는 요인은? 지금까지의 연구 자료를 분석한 결과 사회적 상호 교류로 드러났다고 한다.

로 참여한 사람은 그 7년 사이에 혼자 고독하게 지냈던 사람들보다 사망의 위험이 절반 가까이 줄어들었던 것이다. 버크먼과 사임의 연구처럼 다양한 사회적 접촉을 경험한 사람은 더 오래 살아남을 확률이 높았다. 그것도 무려 91퍼센트나! 오랫동안 총알을 피해 살아남을 확률보다 거의 두 배나 높은 수치다. 이는 단순히 혼자 살거나, 혹은 결혼 여부와 관련된 문제가 아니다. 중요한 것은 한 가지 이상의 다양한 방법으로 공동체의 일원이 되는 것이다. 단순히 행복한 결혼을 하거나 어떤 모임(또는 집단)에 소속되는 것이 아니라 동시에 여러 활동과 관계에 참여하는 것이 핵심이다. 어딘가에 소속되는 느낌은 우리가 정말 잘 알고 있는 사람들과의 관계에서 비롯되어야 한다. 학자들은 이런 관계를 '자연스럽게 발생하는 사회적 관계'라고 부른다. 장수와 연결되는 사회적 접촉은 단순히 돕기 위해 만나는 사람이나 고용인 혹은 인간 이외의 존재로부터는 나오지 않는다. 다시 말해 디지털 기기나 자신의 권위, 혹은 애완동물에게서는 장수를 기대할 수 없다는 말이다.[39] 30만 9,000명 중에 여러 종류의 관계를 유지한 사람은 체중 관리를 잘한 사람, 예방 접종을 맞은 사람, 담배를 끊은 사람, 맑은 공기를 마시는 사람보다 더 오래 살았다.

잠시 앞서 소개한 사르데냐의 마을과 페스 박사의 이야기로 돌아가보자. 페스 박사도 장수 집안 출신이다. 그의 큰할아버지는 디젤 엔진이 처음 발명된 1893년에 태어났고 페이스북이 시작된 해인 2004년에 사망했다. 정확히 110년 125일을 산 것이다. 페스 박사의 할머니 역시 93세까지 살았고 작은아버지는 2011년 97세로 사망했다. 페스 박사는 유전적인 고립, 산지라는 지형적 특성, 식습관 등 사르데냐 지방의 놀라운 장수 비결과 조건에 대해 자세히 설명하면서도 얼굴을

페스 박사가 110세인 큰할아버지 파스콸리 프라스코니와 함께 걷고 있다.

마주하는 접촉의 중요성을 빼놓지 않았다. 사르데냐 마을의 일상에서도 이는 아주 핵심적인 요소였다.

"모든 마을 사람이 아주 가깝게 지내고 있습니다. 내 큰할아버지도 예외는 아니었지요. 98세까지도 정정하게 친구들과 친지들을 찾아다녔고 주말이면 사냥도 나갔습니다. 내 기억이 정확하다면 아마 그 연세에도 멧돼지 한 마리쯤은 거뜬히 잡아왔던 것 같습니다."

페스 박사의 아버지는 105세의 나이에도 평생 걸어왔던 마을 길을 돌아다니며 계속 사회적인 접촉을 가졌다. 그 일이 불가능해지자 딸과 함께 살게 되었고, 이번에는 사람들이 그를 보러 왔다. 페스 박사는 이렇게 말했다.

"마을의 연장자들은 따뜻한 보살핌을 받습니다. 장수는 가족의 행복과 건강의 상징이라고 생각하니까요."

공동체의 성인들은 자신이 부모를 돌본 것처럼 자신도 나이가 들고 몸이 약해지면 똑같은 보살핌을 받으리라 기대한다. 또한 나이가 90세에서 100세에 이른 사람들은 공동체의 존경을 받으며 그의 말에는 모든 사람이 귀를 기울이는 권위가 실린다. 이런 사람들의 관심과 보살핌은 전적으로 아무런 대가 없이 제공된다. 아무리 학자로서 국제적인 명성이 높다고 해도 페스 박사는 고향에서 수백 킬로미터 떨어진 곳에 살고 있기 때문에 105세인 작은아버지를 찾아가 이런저런 이야기를 나누려면 따로 시간을 내야 한다. 페스 박사에게 지속적인 사회적 접촉의 의미는 분명하다. 사르데냐에서는 지위나 거리에 상관없이 나이 든 가족을 찾아가는 일을 도덕적인 의무로 여기는 것이다.

강력한 '여성 효과'가 있다고는 해도 결국 집에서 나이 든 친척을 돌보는 것은 남성보다는 여성이다. 나는 남녀에 상관없이 직업이 있는 사람이 이런 일을 어떻게 감당하는지 궁금했다. 나의 질문에 페스 박사는 이렇게 대답했다.

"물론 우리는 가족 문제와 직장 문제의 균형을 잘 맞춰야 합니다. 그렇지만 사르데냐 사람으로서 나는 어머니를 찾아뵙는 일을 한시도 잊은 적이 없습니다. 어머니는 내가 사는 곳에서 70킬로미터 떨어진 곳에 살고 있지만 매주 일요일이면 나는 어머니를 만나러 갑니다. 여든 일곱 살인데 건강에 아무런 문제도 없지요. 나는 어머니에게 대학에서 겪은 일들을 이야기하고 어머니는 항상 아주 흥미로운 충고를 해줍니다. 잘 알고 있겠지만 학계가 그렇게 만만한 곳은 아니지요. 나는 어머니에게만은 이런 문제들에 대해 솔직하게 이야기를 하고 어머니도 마찬가지입니다. 예컨대 이런 식이에요. '네 일을 비난하는 사람들과 직접 부딪히는 일을 줄이고 대신 대학과 직접 담판을 지어라.' 나는 이런 문제를 다루는 어머니의 능력과 재주를 잘 알고 있습니다."

페스 박사는 사르데냐 사람으로서 성장한 자식과 늙은 부모 사이의 끈끈한 관계를 확실하게 잘 파악하고 있었다. 그렇지만 내가 더 흥미롭게 생각한 것은 페스 박사가 설명해준 진정한 상호관계였다. 점점 나이가 들고 약해지는 어른들을 모시는 것은 단순한 의무가 아니었다.

모두가 하는 일

나는 사르데냐 빌라그란데에서 조반니 코리아스Giovanni Corrias를 만났다. 102세의 홀아비인 조반니는 '젊은' 여인들에게 둘러싸여 나무 흔들의자에 앉아 있었다. 그 여인들이란 23년째 함께 살고 있는 65세의 조카 마리아 코리아스Maria Corrias와 그녀의 딸인 25세의 사라, 그리고 방문객인 나, 내 딸 에바, 통역 델리아였다. 우리는 깔끔한 거실에 모여 앉아 골무를 닮은 작은 잔으로 에스프레소를 마시고 있었다. 그때 초인종이 울렸다. 조반니의 제수씨가 뭘 가져다주려고 들른 것이었다. 그렇게 해서 '여인들'은 모두 여섯 명이 되었다. 조반니는 이렇게 모인 모습을 낯설게 느꼈을지 몰라도 말은 하지 않았다.

조반니의 하얀색 셔츠와 회색 바지는 다림질이 잘되어 있었고 모직 모자 아래로는 눈이 반짝였다. 냉정하면서도 조금은 경계하는 듯한 태도는 긍정적인 태도가 장수의 비결이라고 생각하는 우리의 선입견을 깨뜨렸다. 내가 조반니에게 어떻게 그렇게 무병장수하느냐고 묻자 그가 이렇게 쏘아붙였다.

"그럼 내가 죽기라도 해야 된다는 건가?"

그러자 마리아가 "삼촌은 그런 질문을 안 좋아해요. 다른 걸 물어보세요"라며 분위기를 바꾸었다. 나는 표현을 바꿔 혹시 자신만의 비결이 있느냐고 물었다. 평생 동안 언덕길을 산책한 것이 도움이 되었나? 가족과 함께 보낸 시간은? 사르데냐 전통 악기를 연주하거나, 아니면 지역 특산품인 적포도주를 꾸준히 마신 것은 또 어떤가?

"아, 나야 포도주를 좋아하지. 조금 과하기는 하지만."

조반니는 그렇게 대답한 뒤 잠시 입을 다물었다. 그는 나를 무섭게 쏘아보더니 화가 난 듯 턱을 치켜들고 갑자기 말했다.

"내 비밀을 아는 사람은 아무도 없지!"

진짜 장수의 비결은 그의 건강한 유전자는 물론 살고 있는 마을의 문화와도 깊이 연관되어 있는 것 같았다. 조반니는 여자 친지들이 자신을 '보물'처럼 대하는 곳에서 태어나는 행운을 누렸다. 그리고 이 여자들은 그와 함께 살면서 아낌없는 사랑과 헌신을 나누고 큰 존경심을 보이는 데서 기쁨을 찾았다. 나는 조카인 마리아에게 성마르고 몸도 불편한 노인을 돌보는 일이 힘들지는 않냐고 물었다. 그녀는 삼촌을 아프지 않게 돌보고 좋아하는 음식을 준비하며 특별히 만든 의자에 앉혀서 매일 아침 몸을 씻겨주고 몸을 잘 말려주며 쉽게 상하는 102세 노인의 피부를 값비싼 화장품으로 관리해준다. 그것도 피부 부위에 따라 각기 다른 종류의 화장품으로. 혹시 이런 일을 의무감에서 하고 있는 것이 아닌가?

"아니, 아니요! 모두 내가 원해서 하는 거예요."

마리아는 단호하게 말했다.

"이해하기 힘들겠지만 삼촌은 내가 물려받은 일종의 유산이지요. 이 마을의 노인들은 내가 기꺼이 물려받은 유산이라니까요."

그래서 나는 다른 질문을 던졌다. 그렇다면 이렇게 사는 것이 정말로 행복하다는 말인가?

"그럼요! 물론 힘들고 많은 희생이 따르기는 하지만 나는 정말 기쁜 마음으로 하고 있어요. 내가 어릴 적에 삼촌이 나를 많이 도와주었거든요. 이제는 내가 갚을 차례지요. 무엇보다도 우리 마을의 보물이 아직도 이렇게 살아 계시니!"

나는 이번에는 조카 손녀인 사라 쪽으로 향했다. 검은 머리의 미녀인 사라는 손에 휴대전화를 들고 있었다.

"음, 당신은 어떤가요? 부모님이나 다른 친척들이 나이 들면 이렇게 돌볼 건가요?"

"그야 물론이지요. 그럴 거예요. 시간을 만들어서라도 해야 돼요. 모두들 말이에요."

사라의 세대가 친척들이 100세를 넘기도록 따뜻한 보살핌을 베풀 수 있을지는 모르겠다. 그렇지만 우리의 배우자와 친구, 그리고 때로 우리의 아이들까지 죽고 없는데 수십 살이나 어린 누군가가 찾아와 우리를 '보물'이라고 불러준다면 세상은 참 많이도 달라질 것이다.

그런데 우리가 살고 있는 곳이 이렇게 외진 산간 마을이 아니라면 어떻게 될까?

3

보이지 않는 끈이
사람을 끌어당긴다

페이스 투 페이스와 사회적 전염

지구상에는 70억 명이 살고 있으며 그중 60억 명은 종교 덕분에 장수하면서 의미 있는 삶을 살아간다고 생각한다. 그리고 과학은 그것이 잘못된 생각이라고 이야기한다. 또 한편으로는 종교를 믿는 사람이 무신론자보다 더 행복하고 더 건강하며 더 오래 산다는 실증적 증거가 산처럼 쌓여 있다.[1] 미국 전역에 걸쳐 7년여 동안 약 9만 명의 여성을 연구한 결과 최소한 1주일에 한 번 이상 종교 행사에 참석하는 경우 사망률이 20퍼센트나 줄어들었다고 한다. 또 다른 연구에서는 나이 든 여성 3,000명을 조사한 결과 종교 활동으로 치매가 줄어드는 것을 확인할 수 있었다.[2] 심지어 여성이 아닌 남성의 경우에도 종교가 좋은 영향을 미친다.

대부분의 심리학자는 종교가 가져다주는 긍정적인 효과가 주로 사회적인 측면에 있다는 데 동의한다. 즉 기도나 예배를 통한 구원이 아니라 사람들을 한자리에 모으는 것이 긍정적인 효과를 발휘한다는 것이다. 미국 케이블방송 프로그램인 〈하느님의 군대^{God Squad}〉에 출연한 유대교 랍비 마크 겔먼^{Marc Gellman}도 이에 동의하면서 사회자인 제프 카페츠^{Zev Chafetz}에게 다음과 같은 이야기를 들려주었다.

"작가인 해리 골든^{Harry Golden}이 무신론자인 그의 아버지에게 한번은 이렇게 물었다고 합니다. 무신론자이면서 왜 매주 예배는 보러 가냐고요. 그러자 늙은 아버지가 이렇게 대답했다지요. '내 친구 가펑클은 하느님을 보러 간다지만 나는 그냥 친구를 만나 이야기를 하러 가는 것뿐이야.'"[3]

만일 골든의 아버지와 친구 가펑클이 같은 동네에 살았다면 두 사람은 그렇게 종교를 핑계 삼아 매주 일부러 만날 필요는 없었을 것이다. 사실 종교 활동에 참여하는 것은 한마을에 사는 것과 비슷하다. 한편으로는 사람들이 자신의 모든 행동을 알고 있으며 감출 길이 없다. 그렇지만 또 한편으로는 내가 도움이 필요할 때를 잘 알고 모두들 도와주려고 한다.

이런 이타주의적 행동은 전염성이 있으며 공동체를 하나로 엮어준다. 학문적으로 나의 우상이자 견실한 미국 사회학자인 알리 러셀 호크실드^{Arlie Russell Hochschild}는 메인 주 터너에 있는 가족의 농장에서 보낸 어린 시절의 여름방학에 대해 처음에는 아무 쓸모없는 시간이라고 생각했다. 인구가 5,734명에 불과한 그곳에서 옥수수 밭의 김을 매고 지붕을 이는 일이 열 살인 여자아이의 마음에 들었을 리가 없다. 당시에 그녀는 시골 생활이 어떤 의미를 갖는지 제대로 알아차리지 못했던 것이다. 이 마을에서는 집에서 만든 음식을 나눠먹고 아이를 서로 돌봐주며 공구를 돌려쓰고 함께 일하며 아무 때나 서로의 집을 방문하는 등 사람들이 일상적으로 하는 일이 오랜 유대관계 속에 녹아 있었다. 호크실드 박사는 이렇게 적고 있다.

"사람들은 무엇인가를 해내기 위한 실질적인 도움은 거의 주지 않았다. 그냥 원래 해오던 일을 하는 것뿐이었고, 그건 자신들의 관계를 확인하는 과정 중 일부였다. 이런 유대관계의 일부는 서로에 대한 애정으로 나타나기도 했지만 동시에 그렇게 겉으로 드러내지 않는 약속 같은 것도 있었다. 예컨대 '지금 내가 너를 필요해서 부르지만 나도 네가 필요할 때 도와주러 가겠다'와 같은 약속이었다. 마을 사람들도 물론 다투기도 하고 소문도 냈으며 지루해하다가 마을을 떠나기도 했다. 그렇지만 일단 그곳에 사는 동안은 항상 누군가를 도울 준비를 하고 공동체에 일종의 '도덕 세금'을 내고 있었던 것이다."[4]

종교를 믿는 사람들은 이런 '도덕 세금'을 더 성실하게 납부한다. 그들은 공동체를 위한 일에 자원해서 더 많은 시간을 쏟아붓고 어려운 사람들을 돕는 일에도 더 많은 돈을 내놓으며 헌혈 횟수도 종교를 믿지 않는 사람보다 많다.[5] 무신론자들과 비교하면 그들의 이타주의는 누군가의 부탁을 받기 전에도 이미 충분한 상태다.

캐나다의 심리학자 아라 노렌자얀Ara Norenzayan과 아짐 샤리프Azim Shariff가 진행한 실험에 따르면 종교를 믿는 사람은 어떤 식으로든 신, 그러니까 어떤 초자연적인 '관찰자'의 존재를 의식하며 그로 인해 자신의 익명성을 잊는다고 한다.[6] 그전에 영국에서 실시된 연구에 따르면 따로 계산대 없이 손님이 알아서 지불하는 카페에 사람의 눈을 그려놓기만 해도 정직하게 찻값을 내는 사람이 세 배나 늘어난다고 한다. 그리고 누군가의 시선을 의식하면 구세군 냄비 같은 곳에 돈을 넣는 일도 더 많다고 한다.[7] 마치 뇌에 작은 감지장치가 들어 있는 것처럼 우리는 사람들과 함께 있는 상황에서 어떤 행동을 해야 하는지 재빨리 알아차린다.

듀크 대학교의 영장류 동물학자인 징지 탄$^{Jingzhi\ Tan}$과 브라이언 헤어$^{Brian\ Hare}$의 연구에 따르면 심지어 원시 인류와 가장 흡사한 영장류인 보노보는 아주 조금이라도 사회적 교류가 있기만 해도 낯선 보노보와 음식을 나눠먹으려 한다는 것이다. 음식을 나눠줄 만한 보노보와 상호 교류를 하지 않으려 하는 보노보는 불운했다.[8] 누군가의 시선을 느끼고 익명으로 숨을 수 없을 경우 이타주의가 더 발전하고 유행하게 되는 것일까? 실제 사례들을 살펴보면 이런 모습을 확인할 수 있다. 온라인상에서 익명으로 활동하는 사람들이 정체를 감추고 얼마든지 나쁜 행동을 할 수 있다는 사실을 우리는 너무나 잘 알고 있다. 그렇지만 누군가 자신의 정체를 알고 주목한다는 사실을 알아차리면 사람들은 더 얌전해지는 법이다.

누군가에게 관심을 갖는 일이 정말 상대방에게 공감해서인지, 양심의 가책을 느껴서인지, 하느님의 분노가 두려워서인지, 현세에서 보상받기 위해서인지, 아니면 그저 이웃들이 나를 바라보고 있어서인지는 상관없다. 이런 선행에는 사람이든 종교든 분명 자극을 주는 요인이 있는 것이다. 이렇게 사람들은 서로를 돕는 일에 금방 익숙해진다. 과거의 사례들을 봐도 종교를 믿는 사람은 그렇지 않은 사람보다 어른으로 성장하여 견실한 가정을 이루고 자식과 손자를 볼 때까지 오래 사는 경우가 많았다. 노렌자얀과 샤리프는 인간이 점점 더 많이 모여 살게 되면서 사회 질서를 위해 개인적인 분노를 자제하게 되고 종교 등으로 인해 나쁜 행동이나 습관이 점점 줄어든 것으로 추측하고 있다. 대신 상대방에 대한 신뢰와 충성, 그리고 따뜻한 마음 등이 그 자리를 채웠다. 그리고 종교적인 믿음을 나누게 되면서 궁극적으

로는 사회적 집단이 더 잘 뭉치고 외부의 위협도 더 잘 막아낼 수 있게 되었다.[9]

종교로 인해 사람들이 하나가 되는 또 다른 이유는 무엇일까. 같은 공간 안에서 다 함께 기도하고 노래하며 똑같이 몸을 움직이는 것은 기분을 좋게 해준다. 이렇게 서로 하나가 되는 사회적인 의식은 종종 종교 모임에서 중요한 행사가 된다. 유대교를 믿는 내 친구 주디에게 왜 예배에 참석하느냐고 물어보자 주디는 그런 종교적 의식으로 인해 "굳이 말하지 않아도 하나의 공동체가 되는" 느낌을 받게 된다고 말했다. 또한 과학적으로 보더라도 신경전달물질인 세로토닌이 분비되어 감정과 소화 작용을 조절하고 상처 치료에 중요한 역할을 하게 된다. 진화인류학자인 라이어널 타이거Lionel Tiger는 신경전달물질을 분비시켜주는 이런 종교 활동을 "두뇌를 위한 진정제"라고 표현하기도 했다.[10] 종교 활동의 효과는 전염성도 강하다. 만일 우리가 종교 행사에 참여해 다른 사람들과 함께 앉고, 일어서고, 인사하고, 무릎을 꿇고, 노래를 부르고, 박수를 친다면 강력하게 하나가 되는 느낌을 받을 것이다. 또한 그런 모습이나 분위기에 저항하기가 몹시 어렵다는 사실도 깨닫게 된다. 종교 행사뿐만 아니라 운동 경기장의 관람석이나 다른 단체 행사에서도 우리는 비슷하게 하나가 되는 느낌을 받는다.

만일 같은 장소에서 다 함께 같은 일을 하는 것이 한마을에서 서로를 주목하고 돌봐주는 것과 같은 기분을 느끼게 해서 상호 간의 신뢰감을 이끌어낸다면 그런 영향은 어디에서 시작된 것일까?

감정의 전염

진정한 사회적 접촉은 우리의 두뇌를 활발하게 움직이게 하고 인생에 대해 올바른 결정을 내리게 한다. 또한 기쁨이나 증오, 혹은 부끄러움과 같은 마음 깊숙이 숨겨져 있는 감정을 다른 생각이나 의도와 마찬가지로 전달할 수 있게 한다. 언어는 우리의 의도를 분명하게 밝히고 부가적인 설명을 더하지만 어떤 내용을 전달할 때 항상 언어가 필요한 것은 아니다. 아주 잠시 눈길을 주고받는 것만으로도 나는 내 딸이 걱정하는지, 아니면 기뻐하는지를 알아차린다. 그런 짧은 순간으로도 나는 다음에 어떤 일이 일어날지 대강은 짐작한다. 어쨌든 나는 내 딸의 어머니이며, 더군다나 심리학자가 아닌가. 그렇지만 인간이 아닌 원숭이도 그럴 수 있을지는 모르겠다.

오늘날과 같은 윤리적 기준이 확립되지 않은 1960년대에 실시된 고전적인 실험이 하나 있다. 피츠버그 대학교의 심리학자 로버트 E. 밀러Robert E. Miller는 실험용 레서스원숭이가 동료 원숭이의 얼굴에 드러난 감정에 어떻게 반응하는지 실험해보았다. 밀러와 동료들은 원숭이 두 마리를 다른 방에 집어넣고 창문을 통해 서로 볼 수 있게 했다. 그리고 한 원숭이는 딸깍 하는 소리를 들려주고 잠시 뒤에 전기 충격을 줘서 소리에 반응하게 했고, 다른 원숭이는 소리 없이 전기 충격만 받는 대신 동료 원숭이의 얼굴에 드러나는 표정 변화를 보게 했다. 딸깍 하는 소리와 전기 충격 사이의 짧은 시간 동안 관찰하는 입장의 원숭이는 눈앞의 손잡이를 눌러 자기와 동료에게 전기 충격이 가해지지 않게 할 수 있었다. 물론 이 원숭이는 소리를 들은 동료 원숭이의 얼굴에 떠오르는 두려운 표정밖에 볼 수 없었다. 연구팀은 관찰하는 원숭이가 손잡이 누르는 법을 매우 빠르게 배운다는 사실을 알아냈다.

"확실히 이 원숭이는 경고음을 듣고 동료 원숭이의 얼굴에 드러난 표정을 아무런 문제 없이 읽었다."

영장류 동물학자 프랜스 드 왈Frans de Waal은 자신의 저서『공감의 시
대The Age of Empathy』에서 이렇게 덧붙였다.

"상대방의 표정을 읽는 데는 원숭이가 과학자보다 낫다."[11]

자연스러운 반응

같은 종의 생물끼리 서로 표정과 몸짓을 보고 위험 신호를 알아차
린다는 사실은 그리 놀라운 것이 아니다. 다른 종이 아니라 같은 종끼
리 더 잘 통하는 것은 당연한 일이 아닌가. 만일 먹잇감의 몸짓을 미리
읽을 수만 있다면 저녁 식사를 해결하기가 한결 쉬워질 것이다. 집단
안에서 상대방의 신호를 감지하고 행동하는 능력을 발전시켜온 동물
들은 그런 사회적 신호에 둔감한 동물들보다 생존 가능성이 높고 자
신의 유전자를 퍼뜨릴 기회도 많다. 그리고 앞서 이야기했듯 포식자
가 다른 동물의 움직임을 읽고 그 의미를 해석할 수 있다면 자연에서
유리한 자리를 차지하게 된다.

우리 인간은 전두피질이 커서 상상력과 논리력을 발휘하고 의사소
통을 하는 데 아주 유리하지만 같은 종인 인간 사이에서 순간적으로 오
가는 의사 전달을 이해하는 데는 여전히 불리한 점이 많다. 2010년 여
름 아프리카 우간다를 여행하던 나는 키발레 국립공원의 어느 나무 그
늘 아래에서 놀고 있던 어린 야생 침팬지들을 보게 되었다. 그중 특별
히 나의 관심을 끈 녀석은 내가 바라보는데도 아랑곳하지 않고 20여
분 동안 길고 가는 손가락으로 겨드랑이며 가랑이를 긁고 있었다. 그
러다가 갑자기 나이 든 수컷 한 마리가 20미터쯤 밖에서 불쑥 튀어나
오더니 아주 흥분해서 나무 몸통을 두드리기 시작했다. 소리가 나자
10여 마리의 다른 침팬지가 모습을 드러내더니 모두 한꺼번에 행동에

들어갔다. 얼마 지나지 않아 엄청나게 많은 수컷 침팬지가 마치 음악이
라도 연주하듯 광적으로 나무를 두드리며 소리를 질러댔다. 그 광란에
가까운 불협화음으로 축축한 밀림의 공기가 울렸다. 그러다가 어디선
가 보이지 않는 신호가 들려온 듯 침팬지들은 모두 우두머리를 따라 정
신없이 숲 속으로 사라져버렸다.

　다른 동물을 마치 우리 인간처럼 의인화해서 바라보거나 반대로 아
주 하찮게 보는 것은 구형 8비트 컴퓨터를 스마트폰과 혼동하는 것처
럼 아주 잘못된 관점이다. 다른 동물이 인간에 비해 단순하다는 생각
은 지난 몇십 년 동안 동물의 복잡한 사회적 삶에 대한 연구가 진행되
면서 많이 사라졌다. 원숭이부터 코끼리까지, 점박이 하이에나부터
개미까지 동물도 인간 못지않은 복잡한 체계를 가지고 있다. 개미 사
회에서 여러 가지 다양한 사회적 신호가 작업을 분류하고 먹이를 나
누는 일에 사용되는 모습을 관찰한 하버드의 생물학자 E. O. 윌슨[Wilson]
은 이렇게 빈정거리기도 했다. 칼 마르크스의 공산주의 이론은 옳았
지만 단지 잘못된 종에 적용한 것이 실수였다고.

　베르트 횔도블러[Bert Hölldobler]는 2009년 윌슨과 함께 발표한 『초유기
체[Superorganism]』에서 개미의 두뇌에는 어떤 장기적인 계획도 없고 여왕
벌의 머릿속에도 꿀벌의 사회 질서에 대한 계획 같은 것은 없다고 이
야기한다. 곤충에게는 이성이 존재하지 않는다. 또한 미래를 계획하
거나 다른 계획을 따를 능력도 없다.

　"대신 그들의 집단생활은 자율적인 조직화의 결과다."

　이 조직과 집단생활 안에서 개체가 환경적 신호에 기초한 특정 행
동의 알고리즘을 자동적으로 따른다. 예를 들어 먹이를 찾는 정찰병
꿀벌은 얼마나 먹이를 발견했는지, 그리고 이미 비축되어 있는 먹이

에 얼마나 도움이 될지에 따라 벌집으로 돌아가 8자 비행을 함으로써 현재의 상황을 알린다. 이렇게 몸으로 알리는 소식은 태양의 위치에 따라 먹이가 있는 정확한 방향은 물론 벌집에서부터의 정확한 거리까지 알려준다는 것이다. 만일 먹이를 찾을 벌의 숫자가 벌집 밖에 충분하지 않으면 정찰병들은 벌집 안의 동료들을 위아래로 흔들고 붙잡는 과장된 행동을 통해 상황을 알린다. 그렇다면 동료들이 가져오는 먹이를 처리할 일벌들이 벌집 안에 충분하지 않다면 어떻게 될까? 곤충학자들에 따르면 벌집 안으로 이동하는 벌이 마치 춤이라도 추듯 앞다리를 치켜들고 흔들어서 그런 상황을 알린다고 한다. 신호를 보내는 벌들은 또한 박자를 맞춘 듯한 날갯짓과 그보다 더 활기찬 움직임, 그리고 특별한 냄새를 분출하여 작업 순서를 더 재미있게 전달하기도 한다.

만일 먹이가 있는 장소를 찾고 기억하는 정도의 능력이 바늘 끝 크기의 두뇌에 존재한다면 어떤 신호로 동료들에게 알릴지와 같은 문제는 전혀 생각하지 않을 것이다. 예컨대 모터사이클을 타고 출퇴근하는 사람을 생각해보자. 그는 자신이 어떻게 가고 있는지에 대해서는 생각하지 않는다. 그저 갈림길이 나오면 원하는 쪽으로 움직이며 교통 신호를 충실하게 지킨다. 이런 모든 일이 머릿속의 지침서 안에 새겨져 자연스럽게 움직이는 것이다. 윌슨과 횔도블러에 따르면 이 사람은 "자신이 가고 있는 길이나 모터사이클을 운전하는 방법에 대해 깊이 생각하지 않는다".[12] 꿀벌과 마찬가지로 우리 인간도 보이지 않는 생화학적·지리학적 신호에 즉시 반응할 뿐이다. 그리고 이런 반응이 다음에 할 일을 어떻게 '결정할지'에 영향을 미친다.

원숭이가 보고 행동하는 것

이런 종류의 자동적인 반응은 그곳이 벌집이든 아니면 뉴욕 증권거 래소든 상관없이 바로 초유기체의 중심이 된다. 딱히 앞장서는 존재 가 없는 개인이 모여서 똑같은 행동을 만들어내는 유기적 현상이 바 로 초유기체의 반응이다. 이와 비슷한 자아 표출의 부족은 인간의 공 감 능력을 구성하는 특징 중 하나다. 바로 거울신경 체계가 그것이다.

거울신경세포는 1980년대 후반 이탈리아의 신경생리학자인 자코 모 리촐라티Giacomo Rizzolati와 비토리오 갈레세Vittorio Gallese가 처음 발견했 다. 두 사람은 먹고 싶은 음식 쪽으로 손을 뻗는 것과 같은 단순한 행 동을 취하기 전에 전운동피질의 신경 회로에서 무슨 일이 일어나는지 를 연구하고 있었다. 예컨대 먹음직스러운 음식이나 초콜릿이 팔이 닿는 탁자 위에 놓여 있어서 그쪽으로 손을 뻗기로 결정할 경우 수천 억 개가 넘는 두뇌의 신경세포 중 어떤 것이 손을 뻗기 바로 전에 음식 을 인식하고 반응을 보인 것일까? 그 답을 찾기 위해 과학자들은 실험 용 원숭이의 전운동피질에 전극을 삽입해서 원숭이가 무엇인가를 손 으로 잡을 준비를 할 경우 어떤 신경세포가 활성화되는지 확인할 수 있었다.[13] 그리고 그들은 우연의 일치로 가장 놀라운 발견을 하게 되 었다.

최초의 발견이 있던 그날 전극이 삽입된 원숭이는 연구실의 의자에 앉아 갈레세 박사가 움직이는 모습을 지켜보고 있었다. 박사가 무엇 인가를 집으려고 손을 뻗는 순간 그는 갑자기 원숭이의 뇌와 연결된 컴퓨터에서 나는 소리를 들었다.

"F5 지역의 관련 세포에서 나는 신호였습니다. 원숭이는 그냥 조용 히 자리에 앉아 있었습니다. 뭘 집으려는 것 같지도 않았고요. 그렇지

만 어쨌든 이 신경세포는 무엇인가 행동을 시작하는 것과 관련되어
있었습니다."

동료인 마르코 야코보니^{Marco Iacoboni} 박사의 회상이다. 연구실의 다른
학자들도 무엇인가를 집어 올리거나 찢는 행동과 관련된 두뇌의 부위
에서 비슷한 반응을 이끌어낼 수 있었다. 단지 땅콩이나 아이스크림
을 들어올리는 것만으로도 원숭이의 전운동피질에서 똑같이 흥분된
반응을 이끌어낼 수 있었던 것이다. 게다가 당사자인 원숭이는 그냥
자리에 앉아 아무것도 하지 않고 연구자들만 바라보고 있었는데도.[14]

다른 사람의 움직임을 보고 반응하는 운동 세포인 거울신경세포의
발견으로 수동적 관찰이라는 개념이 새로운 전환점에 도달하게 되었
다. 그렇게 해서 모든 종류의 무의식적인 전염의 근원인 신경 하드웨
어의 실체가 드러났다. 무의식적인 전염에는 사람들이 누군가 막 넘
어지려는 모습을 보고 반사적으로 움찔하거나 코트의 테니스 선수가
상대 선수의 움직임을 보고 팔 근육을 긴장시키는 것 등이 포함된다.
거울신경세포는 어떤 느낌인지 상상하도록 도와주는 것이 아니라 말
그대로 사람들을 그냥 움직이게 하는 것이다.

이렇게 상대방의 행동을 보고 마치 내가 행동하는 것처럼 반응하는
일은 심지어 직접 보지 않고 화면을 보거나 눈앞에 영상을 비춰주는
것만으로도 일어난다. 야코보니 박사는 광고업체와 협력하여 사람들
의 신경세포가 광고에 반응하는 것을 관찰하면서 이런 사실을 발견하
게 되었다. 야코보니 박사의 연구팀이 피험자를 스캐너 안에 눕히고
광고 영상을 눈앞에 비춰주자 거울신경세포가 활성화되었다. 이런
반응을 이끌어낸 것은 광고 속 배우의 행동만이 아니라 영상 속의 특
정인을 피험자가 어느 정도나 인식하느냐에 많이 좌우된다는 것이 박

사의 의견이었다.[15]

자동으로 반응하는 거울신경세포가 다른 사람의 심리적인 고통을 느끼는 것과 같은 공감의 비밀을 설명해주지는 못한다. 하지만 거울신경세포의 발견은 일상적인 경험들을 설명하는 데 크게 도움이 되었다. 사람들은 말을 잘 못하는 사람과 대화할 경우 자신도 모르는 사이에 상대방처럼 말의 속도를 조금 늦추게 된다. 그리고 마치 거울이라도 보듯 상대방을 보며 자세를 고친다. 얼굴을 마주하는 대화에서 누군가 갑자기 혼자 팔짱을 낀다면 대개 주변 사람들도 따라서 팔짱을 낀다. 그리고 강의실이나 클래식 음악 공연장에서 누구나 경험하듯 하품을 하고 몸을 긁고 기침을 하는 것 역시 전염성이 아주 강한 행동이다.[16] 심지어 어떤 연구에 따르면 다른 누군가의 행동을 직접 눈으로 보는 경우 인간 신체의 일부분에서 더 큰 전기적 활동이 일어난다고 한다. 예컨대 더듬거리는 말을 직접 듣는 사람은 그렇지 않은 사람보다 입술에서 더 큰 반응이 일어난다. 심지어 입술 자체가 움직이지 않아도 그 안에서는 전기적 활동이 일어난다고 한다. 또 팔씨름을 보고 있으면 팔 근육에서 전기적 활동이 증가한다고 한다.[17]

그뿐만 아니라 사람들은 얼굴을 마주하는 상호 교류를 하면서 의식하지 못하는 모방을 통해 감정을 이끌어내고, 그렇게 해서 사회적 상호작용이라는 수레바퀴에 윤활유를 뿌리게 된다. MIT의 샌디 펜틀랜드Sandy Pentland 연구팀에 따르면 사람들이 대화를 하면서 상대방의 행동을 더 많이 따라할수록 서로 더 많이 이야기하고 더 많이 신뢰를 쌓게 된다고 한다. 사람들이 동시에 얼마나 비슷하게 행동하는지 확인하기 위해 연구팀은 스마트폰 크기의 센서인 '소시오미터sociometer'를 직접 만들어 이름표처럼 목에 걸게 했다. 이 장치는 미소나 끄덕임처럼 사람들 사이에서 말을 하지 않고 나타나는 상호작용을 측정했다. 펜틀랜드 박사와 동료인 재러드 커핸Jared Curhan은 소시오미터를 사용해 연봉 협상 자리에서 처음 5분 동안 직원과 사장 사이에 서로의 말을 흉내 내는 경우가 많을수록 협상 자체에 대한 만족도가 올라가고 협상 분위기도 부드러워진다는 사실을 확인했다. "만족하나?", "만족합니다!"처럼 빠르게 서로의 말을 흉내 내는 무의식적인 반응으로 연봉이 20~30퍼센트나 올라갈 수도 있고 새로운 직업을 구할 때도 서로 만족스러운 결과가 나온다는 것이다.[18] 식당 종업원들도 이런 사회적인 모방을 통해 좋은 결과를 얻는다. 종업원이 주문을 받으면서 그냥 주문하는 내용을 받아 적기만 하는 것이 아니라 손님의 말을 반복해서 따라할 경우 팁의 액수가 140퍼센트가량 늘어난다고 한다.[19] 이런 유형의 무의식적인 모방은 우리의 '생각'이 얼굴을 마주하는 접촉에 얼마나 좌우되는지 실마리를 제공해준다.

동물 동시성

내 아들 에릭은 새를 관찰하는 것을 아주 좋아한다. 한번은 케이프코드 해안에서 갑자기 도요새 한 마리와 마주친 일을 내게 설명해주었다. 한 마리가 모습을 드러내자 도요새 무리 전체가 순식간에 그 뒤를 따르면서 뉴욕의 관광객들이 한데 모여 고개를 들고 고층 건물을 올려다보듯 도요새들도 부리를 하늘 쪽으로 치켜들었다. 한 마리가 먼저 부리를 치켜들었기 때문이다. 도요새 무리는 무슨 이유인지 하늘로 솟구쳐 올라갔다가 다시 하나가 되어 밑으로 내려왔다. 그중 한 마리가 알아차린 보이지 않는 경고의 신호에 대한 반응이었다.[20]

이런 동시성同時性은 잠수부들에게는 아주 익숙한 모습이다. 잠수부들은 마치 지상에서 무리지어 움직이는 가축들을 이동시키듯 수천 마리의 작은 물고기를 놀라게 해서 이동시킨다. 예를 들어 샌프란시스코 남쪽의 하프문베이에서 들려오는 긴수염고래의 노래는 물리학자 로저 블랜드^{Roger Bland}에 따르면 16헤르츠라는 단일 주파수라고 한다. 4,300여 개의 녹음 파일을 분석한 블랜드는 고래들이 "마치 합창단처럼 함께 노래를 부르며 같은 주파수로 서로 소리를 맞춘다"고 기록했다.[21]

한편 다리를 건너는 사람들의 발소리는 심지어 다리를 무너뜨릴 수도 있다. 이런 일은 2000년 6월 10일 실제로 벌어질 뻔했다. 런던의 명물 밀레니엄 브리지가 개통하고 일반인들에게 공개되자 불안하게 흔들리기 시작했던 것이다. 테이트 모던 갤러리에서 세인트 폴 대성당까지 도보로 템스 강을 건널 수 있도록 만들어진 이 다리는 마치 거대한 거미가 다리를 펼치고 있는 모습으로 현대적 디자인 감각을 한껏 살린 건축물이었다. 다리를 지탱하고 있는 부분은 우아할 뿐만 아니라 다른 현수교처럼 늘어져 있지 않았다. 그날의 사건을 《뉴요커》의 기자 존 캐시디^{John Cassidy}는 이렇게 보도하고 있다.

다리가 공식적으로 개방되고 몇 분 지나지 않아 사람들이 걸어 다니는 부분이 불안할 정도로 좌우로 흔들리기 시작했다. 사람들은 다리 난간에 매달렸다. 또 어지럼증을 호소하는 사람들도 있었다. 관계 당국은 다리를 잠정 폐쇄하면서 당일에 너무 많은 사람이 몰린 탓이라고 발표했다. 다음 날 다리는 다시 개방되었고 보행자 수를 제한했지만 또다시 위험하게 흔들리기 시작했다. 이틀 뒤에도 여전히 원인 불명의 진동이 계속되자 결국 다리는 무기한 폐쇄되고 말았다.

엔지니어들은 너무 많은 사람이 옆 사람의 걸음에 '보조를 맞춰' 걷는 바람에 다리가 흔들렸다는 사실을 밝혀냈다. 모든 사람이 한꺼번에 똑같은 걸음걸이로 움직이자 다리도 동시에 같이 움직였다는 것이다.

"일단 아주 조금 다리가 움직이기 시작하자 더 많은 사람이 편하게 움직이기 위해 자신의 발걸음을 그 흔들림에 맞추었다. 다리의 흔들림과 사람들의 걸음 사이에 박자가 맞아 들어가면서 다리에 가해지는 힘이 갑자기 엄청나게 커지기 시작했고, 마침내 아주 위험할 정도로 흔들림이 심해졌다."

캐시디의 기록이다. 캐시디는 프린스턴 대학교의 한국인 경제학자 신현송 교수의 연구를 인용해 금융시장도 비슷한 움직임을 보인다고 덧붙인다.

"이전에는 다양한 시각이 존재했다면 지금은 천편일률적인 모습만 남았다. 모든 사람이 한 방향으로만 움직인다."[22]

하늘을 나는 새든 노래하는 고래든, 아니면 소리를 지르는 침팬지나 흔들리는 다리든 개인의 행동이 단지 부분이 합쳐진 전체 이상이 되는 전염성 강한 모습이 존재한다.

보이지 않는 신호

물리적으로 가까운 거리는 감정의 전염에서 중요한 역할을 한다. 뛰어난 소설가라면 이런 사실을 잘 알고 있어서 주인공이 걷는 모습은 물론이고 그의 셔츠에서 풍기는 강렬한 땀 냄새까지 잘 묘사함으로써 독자들이 작품에 몰입하게 한다. 서인도제도의 안티과 섬을 배경으로 한 자메이카 킨케이드^{Jamaica Kincaid}의 성장소설 『애니 존^{Annie John}』에서는 주인공인 소녀 애니가 새로 만난 친구와 아주 똑같이 행동하는 장면이 나온다. 우리는 여기에서 모방에 대한 사춘기 소녀의 자유 분방한 첫 번째 실험을 보게 된다. 다른 10대 소녀와 마찬가지로 이 두 소녀도 동시에 같은 방식으로 같은 행동을 하면서 그런 모습을 운명이라고 생각한다.

그웬과 나는 곧 서로 떨어지려야 떨어질 수 없는 사이가 되었다. 누군가 우리 중에 한 명을 보았다면 다른 사람을 함께 보게 되리라. 나는 매일 그웬을 기다리며 하루를 시작했다. 함께 학교에 가기 위해 기다리는 시간들⋯⋯ 마침내 그웬이 모습을 드러내고 나에게 다가와 나를 바라보면 우리 둘은 함께 미소를 지으며 부드럽게 말한다. "안녕." 우리는 나란히 발걸음을 맞춰 학교로 향한다. 서로 몸이 마주 닿지는 않지만 마치 어깨가, 엉덩이가, 그리고 발목이 하나인 듯 느껴진다. 그 마음은 말할 것도 없다.[23]

킨케이드는 두 소녀가 하나라고 느끼는 것 중에 자궁을 더해야 했을지도 모른다. 미국의 실험심리학자 마사 매클린톡은 1960년대 후반 아직 여대에 다니던 시절 같은 기숙사 방을 쓰는 친구끼리 더 많은 시간을 보낼수록 서로의 생리 주기도 비슷해진다는 사실을 알게 되었다. 얼마 뒤 메인 주의 잭슨 연구소에서 열린 여름 워크숍에서 몇몇 과학자가 실험실의 암컷 쥐들이 서로 생리 주기가 비슷한 이유에 대해 이야기를 나누고 있는데 매클린톡이 이렇게 끼어들었다.

"그걸 몰랐어요? 여자들도 그런데요."

그녀는 아직도 그때의 비웃음 가득했던 회의적 반응을 잊지 못하고 있다. 3년이 지난 1971년 23세의 매클린톡은 자신의 연구 결과를 세상에 내보인다. 과학 전문지《네이처》에 실린 그 선구적인 논문의 제목은 바로 '생리의 동시성과 억제Menstrual Synchrony and Suppression'였다. 매클린톡은 기숙사에 살고 있는 135명의 여학생 중에 사회적인 교류가 많고 가까운 친구 사이일수록 생리 주기가 서로 비슷해진다는 사실을 밝혀냈다. 젊은 여성이 보이는 생리 주기의 동시성은 함께 보낸 시간뿐만 아니라 관계의 친밀함과도 깊이 연관되어 있었다. 정말 가까운 친구들은 그저 방만 함께 쓰는 친구들보다 훨씬 더 동시성이 높았다. 매클린톡은 그 원인이 페로몬이라는 가설을 세웠다. 우리의 감정 상태에 대한 신호를 담고 공중을 부유하는, 눈에 보이지 않고 냄새도 없는 화학물질이 바로 우리와 가까운 사람들의 행동을 바꿀 수 있다는 것이었다.

오늘날에는 이런 생리의 동시성을 '매클린톡 효과McClintock Effect'라고 부르며 기숙사나 집단농장(키부츠 등)에서 함께 사는 여자들, 엄마와 딸, 레즈비언, 공동체나 협동조합에서 함께 지내는 여자들, 간호사나 사무직 여성들에게서도 관찰된다.[24] 생리의 동시성이 일반적인 현상은 아니라서 과학자들은 여전히 어떻게 그런 일이 벌어지는지 연구하고 있다. 대면 접촉의 근원이 되는 메커니즘은 여전히 베일에 싸여 있지만 매클린톡 효과는 우리에게 감정이나 생리 상태가 어떻게 다른 사람에게 전달되는지를 보여주고 있다. 우리의 허락이나 의식 없이도 그런 감정이나 생리 상태는 자연스럽게 전해지는 것이다.

왜 이런 현상에 신경을 쓰는 사람이 있는지 궁금하지 않은가? 그렇다면 이런 별난 연구가 찾아낸 사실들에 대해 한번 생각해보자. 뉴멕시코 대학교의 유명한 심리학자인 제프리 밀러Geoffrey Miller는 앨버커키의 성인 전용 클럽에서 일하는 열여덟 명의 여자 무용수를 설득해 생리 주기와 수입의 관계를 추적하는 연구에 참여시켰다. 대규모 연구로서 적절한 사례는 되지 못하지만 어쨌든 이들은 아주 오랫동안 일했기 때문에 밀러와 두 동료는 2개월여에 걸쳐 5,300회의 공연 자료를 모을 수 있었다. 익명성을 보장하기 위해 실험을 주도한 사람들은 무용수들을 한 번도 만나지 않았고 무용수 각자에게는 ID번호만 주어졌다. 그리고 개인용 우편함을 통해 필요한 질문과 답을 주고받았다. 다섯 시간 교대로 일하는 무용수의 생리 주기와 수입의 관계에 대해 대강 연구를 마쳤을 무렵 연구자들은 흥미로운 결과를 얻었다. 춤을 보는 손님들이 즉석에서 내는 팁이 바로 이 무용수들의 수입원이었는데, 남자 손님들은 자신도 모르는 사이에 생리 중인 여성보다 배란기인 여성을 더 많이 선택했다. 따라서 배란기 여성들이 더 많은 수입을 벌어들였던 것이다. 배란기 여성들은 다섯 시간을 일하면서 총 354달러, 즉 시간당 70달러를 벌어들인 반면 생리 중인 여성은 시간당 35달러로 총 185달러를 벌어들였다. 정확히 두 배가 차이 났다. 그 중간 주기인 여성은 264달러를 벌었다.[25]

영장류 암컷은 생식기를 붉은색으로 부풀려서 배란기를 알린다. 인간은 이보다 좀 더 조심스러운 모습을 보이도록 진화했다. 그렇지만 우리는 이런 정보를 주고받을 수 있다. 바로 우리의 친구들에게 영향을 미치는, 보이지 않는 신호와 함께. 국제통화기금 총재인 크리스틴 라가르드Christine Lagarde와 힐러리 클린턴Hillary Clinton, 그리고 미셸 오바마Michelle Obama 같은 강력한 여성들은 사람들을 직접 맞대면할 때 자신의 외모가 얼마나 중요한 역할을 하는지 잘 알고 있다. 그리고 외모의 덕을 보는 것은 비단 여성만은 아니다. 각종 연구에서 드러나듯 키 큰 남성은 키 작은 남성보다 평균적으로 더 많은 수입을 올리고, 짝을 찾는 여자는 비싼 옷을 차려입은 남성에게 더 매력을 느낀다.[26] 좋든 싫든 우리는 일정한 신호를 사람들에게 보내고 있다. 호르몬의 변화나 행동의 동시성, 그리고 다른 '직접적인' 지표 같은 신호는 우리에게 다른 사람과 함께 있으면서 상대방의 정곡을 찌를 메시지를 전달하라고 요구한다. 그리고 우리의 이점이나 미래의 계획을 바꿀 때 위험이 더 증가할 수 있다.

임신도 전염된다

내가 만난 캐나다의 젊은 부부를 다이앤과 밥이라고 부르기로 하자. 두 사람은 본격적인 가정을 꾸릴 계획을 세우고 있었다. 두 사람은 내게 이 일은 어느 누구도 아닌 바로 자신들의 문제라고 이야기했다. 다른 젊은이들처럼 이 두 사람도 다른 사람이 아닌 두 사람만의 문제가 중요했고 서로를 깊이 위했다. 아니, 적어도 그렇게 생각하고 있었다. 그런데 누나가 첫아이를 순산했다는 소식이 들려오자 밥은 모든 것을 내던지고 비행기 표를 구입했다. 그는 조카를 너무나 만나보고 싶었던 것이다.

서른한 살인 밥은 누나보다 다섯 살이 어렸고 아내인 다이앤은 이제 대학을 졸업한 어린 아가씨였다. 그리고 두 사람은 아이를 갖는 문제를 고민하면서 과연 언제가 가장 적절한지 궁금해했다.

"첫아이를 갖기 전에 인생에서 확실하게 해두고 싶은 것이 몇 가지 있었습니다. 나는 아내인 다이앤에게 이렇게 말했지요. '조금만 더 기다려보자. 좀 더 생각해보자.'"

밥은 몬트리올 근처의 마일엔드에 있는 자기 집의 작고 환한 부엌에서 차를 마시며 나에게 그렇게 말했다. 조카딸이 태어난 날 밥은 아기를 품에 끌어안았고 아기는 그대로 한 시간 이상 잠들었다.

"'정말 멋진 경험'이었습니다."

밥의 회상이다. 밥은 잠시 먼 곳을 바라보며 말을 이었다.

"아이가 잠에서 깨자마자 나는 다이앤에게 전화를 걸어 그렇게 말했던 기억이 나네요. 그리고 또 뭐라고 말하려 했는데……."

이때 남편보다 내성적인 다이앤이 갑자기 끼어들어 남편의 말을 마무리 지었다.

"나도 아이를 갖고 싶어!"

그로부터 6개월 후 다이앤은 첫아이를 임신했고, 지금 두 사람은 제시카라는 장난꾸러기 딸을 키우고 있다.

겉보기에는 그저 평범한 일화지만 여기에는 놀라운 사실이 하나 숨어 있다. 컬럼비아 대학교의 경제학자 일리야나 쿠지엠코[Ilyana Kuziemko]의 연구에 따르면 형제와 자매 사이에는 임신과 출산도 전염성이 있다고 한다. 그렇다고 그 전염성이 아무에게나 일어나지는 않고 우선 자매의 임신으로부터 시작된다는 것이다. 이건 마치 자신의 출산 능력을 전해주는 것과 비슷한데, 특히 첫아이가 태어난 다음에 그러는 경우가 많다. 이렇게 가족의 첫아이가 태어나고 나면 형제나 자매 중에 한 사람이 2년 안에 아이를 갖기로 결심하는 확률이 30퍼센트가량 늘어난다. 그리고 이 전염성은 오직 한 방향으로만 진행된다.

"가장 놀라웠던 건 여자 형제가 아이를 가진 후에 다른 형제자매의 출산 능력도 극적으로 올라간다는 사실이었다. 그렇지만 남자 형제가 첫아이를 가진 경우 다른 가족의 출산 능력에는 아무런 변화가 없었다."

쿠지엠코 박사의 기록이다.[27] 그런데 출산 능력이 어떻게 서로 전염되는 것일까? 쿠지엠코 박사는 여자 형제가 아이를 가진 뒤에 다른 가족들이 아이를 기대하는 마음이 더 커진다고 분석했다. 그 여자 형제는 갑자기 적절한 육아와 의학 정보를 가족들에게 전달하는 위치에 서게 된다. 유아원이나 유치원에 대한 자질구레한 정보는 말할 것도 없다. 그렇다면 이런 전염 효과가 가까이 살고 있을 경우 더 크게 작용하는 것이 상식적인 일이리라. 또한 그렇게 태어난 아이들이 자라면서 함께 어울릴 수 있다는 사실도 또 다른 동기부여가 된다. 사회과학자들은 이런 또 다른 영향을 '네트워크 외부성network externalities'이라고 부른다. 바로 어떤 일을 혼자 할 때보다 여럿이 할 때 재미와 이점이 커진다는 것이다.

여자 형제가 첫아이를 가진 뒤 다른 형제자매가 아이를 갖는 일의 이면에는 사회적 전염 말고 또 다른 이유가 있는 것이 아닐까? 예컨대 나이 차이가 두 살 정도인 형제자매라면 그 정도 시차를 두고 아이를 갖는 것이 자연스러운 일은 아닐까. 우리는 그것을 보고 전염 효과가 있다고 생각하는 것은 아닐까. 또는 형제자매끼리 의도적으로 시차를 많이 두지 않고 아이를 가지려고 처음부터 계획을 세웠는지도 모를 일이다. 그러면 사촌끼리 노는 데도 불편함이 없을 테니까. 내가 이런 가능성들을 제기하자 쿠지엠코 박사는 그렇지 않다고 단호하게 말했다. 임신과 출산은 분명히 전염성이 있는 행위라는 것이었다.

"이른바 '형제자매 효과'는 각 형제자매의 출산 유형에 대한 우연한 관계에 추가된 것입니다."

성인이 된 형제자매는 분명히 그 어느 때보다도 아이를 갖고 싶어 한다. 바로 여자 형제가 아이를 갖게 되면 그 반응으로 자신도 자신의 가족을 거느리고 싶어 하는 것이다. 이 효과는 즉시 발생하는 것은 아니다. 아직 아이가 없는 대부분의 형제자매는 시간을 들여 정보를 수

집하고 종종 조카들을 직접 마주 보며 품에 안는 관계를 가진 뒤에 몇 개월 동안 고민하고 비로소 자신도 아이를 가져야겠다는 결정을 내리 곤 한다. 그때가 되면 다들 자신의 아이를 원하게 된다.

원하든 원하지 않든

10대 청소년 사이에서 임신은 특히 전염성이 높다. 미국의 대통령 선거운동이 한창이던 2008년 9월, 공화당 부통령 후보 세라 페일린 Sarah Palin의 열일곱 살짜리 딸 브리스틀이 자신의 임신 사실을 알렸다. 여기에 비난이나 분노 대신 격려와 지원이 쇄도한 것은 10대 여고생 의 임신이 그리 특별한 일이 아니라는 인식이 널리 퍼져 있었기 때문 이다. 한때는 문신도 폭주족이나 전과자처럼 특별한 사람을 상징하 는 행위였지만 이제는 달라진 것처럼 10대의 임신 역시 공동체에서 흔한 일이 되었고, 따라서 존중받아야 하는 일이 되었다. 아이를 지키 는 일은 도덕적인 용기를 상징한다.

"비슷한 고민을 하고 있는 다른 미국 가정처럼 나도 페일린 후보가 딸에게 생명의 소중함을 가르친 것을 정말 잘했다고 생각합니다. 어 딘가로 가서 비밀리에 낙태를 하는 건 말도 안 되지요."

루이지애나 출신 대의원이 공화당 전당대회에서 기자에게 한 말이 다. 그해 늦가을에는 《뉴요커》에 마거릿 탤벗Margaret Talbot이 공화당 대 선 후보 존 매케인John McCain을 지원하는 기독교 단체 책임자 말리스 포 프마Marlys Popma의 이야기를 인용한 기사가 실렸다.

"이런 비슷한 상황을 겪어보지 못한 기독교 가정이 한 집이라도 있 을까요."

바로 포프마가 했던 말이다.[28] 심지어 브리스틀 페일린도 자신의 의견을 밝혔다.

"누구나 자신의 욕망을 절제해야 하지만 실제로 그럴 수는 없습니다······. 성관계는 내 또래 친구들 사이에서는 이제 그냥 일상적인 일이니까요."

엄격한 기독교 종파인 복음주의파를 열심히 믿는 10대 청소년 중 75퍼센트는 혼전 순결이 중요하다고 이야기한다. 이는 일반 개신교의 50퍼센트와 유대교의 25퍼센트와 비교되는 수치다. 그렇지만 그런 그들의 신념과 실제 행동은 일치하지 않는다. 미국 정부의 대규모 설문 조사에 따르면 기독교를 믿는 보수적인 가정의 청소년 중 4분의 3이 혼전 성관계를 반대하는 입장이지만, 오히려 그들이 미국의 일반 개신교를 포함한 다른 종교를 믿는 가정의 청소년보다 일찍 성관계를 갖고 성적으로도 왕성하며 피임조차 제대로 하지 않는다는 것이다.[29]

이런 모순에는 미묘하지만 사회적인 뿌리가 있다. 텍사스 대학교의 사회학자인 마크 리그너러스Mark Regnerus가 10대의 성과 종교에 대한 저서 『금단의 열매Forbidden Fruit』에서 지적한 것처럼 엄격한 개신교 종파의 10대 신도 사이에서 유행하는 순결 서약을 한 아이들이 처음 몇 차례의 성관계에서 피임을 잘 하지 않는다.

"보통 아이들은 계획 없이 얼떨결에 성관계를 경험하는 경우가 많다. 예정에 없던 첫 관계에서는 피임을 제대로 하지 못한다. 이런 10대 아이에게 피임의 중요성을 일깨워주려면 고정관념에 대한 근본적인 변화가 필요하다."

리그너러스 박사의 말이다. 이런 기독교 가정의 아이들에게 처녀성이란 아주 중요한 문제이며 그들은 자신이 결혼 전에 성관계를 하리라고는 잘 생각하지 않는다.

"이런 아이들에게 성관계는 자신의 생각이나 의도와 상관없이 그 야말로 '우연히' 발생하는 사건이다."

미국의 일반적인 10대에 비해 이런 아이들에게 임신이나 성병 전염의 확률이 더 높은 것은 바로 이런 이유 때문이다.[30] 결혼 전에 성관계를 하지 않겠다는 결심이 성관계와 피임, 그리고 낙태에 대한 이야기 자체를 아예 혐오스러운 것으로 생각하게 만듦으로써 아이들은 관련 지식을 전혀 모르게 된다. 그리고 점점 많은 10대가 임신을 하게 되면서 처음에는 금기시되던 것도 그들 사이에서는 점차 수용 가능한 것이 된다. 심지어 그런 것을 원하지 않는 아이들이 있어도.

그렇다면 어떤 아이가 일찌감치 안전하지 못한 성관계를 가지게 되는 이런 유행에 저항할 수 있을까? 리그너러스에 의하면 얼굴을 마주하는 사회적 연결망에 아주 깊숙이 연결되어 있는 아이가 그럴 수 있다고 한다. 이 10대 아이들은 가족이나 친구들과의 끈끈한 관계를 통해 든든한 사회적 지원을 받음으로써 스스로 준비될 때까지 성관계를 거부할 수 있게 된다. 마거릿 탤벗은 이렇게 적고 있다.

"끈끈한 가족애가 차이를 만든다. 친부모와 살고 있는 10대 아이들은 그렇지 않은 아이들보다 순결을 지킬 확률이 더 높다. 그리고 가족이 자신을 이해한다고 자신 있게 말하는 아이들은 자기보다는 가족을 생각하면서 종교와는 상관없이 가족과 즐거운 시간을 보내고 질 나쁜 또래들과 거리를 두게 된다."[31]

현장에 머무르기

지금까지 살펴본 것처럼 사회적 전염의 과정은 모방에서 시작된다. 다른 사람의 행동을 실시간으로 감지하고 무의식적으로 따라 한다.

다른 동료가 나무를 두드려서 신호를 보내면 이를 '흉내 내는' 침팬지처럼 인간도 그런 동시성을 경험하기 위해서는 가까운 거리 안에 있어야 한다. 온라인 연결망은 사람들의 정치적인 저항운동에 힘을 실어주었고 이런 운동은 트위터나 페이스북을 통해 빠르게 퍼져나갈 수 있었다. 최근 중동 지역에서 민주주의 운동이 일어난 것이나 미국 월스트리트에 사람들이 모여 잘못된 자본주의에 반대하는 시위를 벌였던 것도 모두 온라인 기술의 힘이었다. 그렇지만 이런 운동의 실상이나 참여 제의가 기술을 통해 전달된다고 하더라도 결국 진짜 저항은 실제로 사람들이 모여서 얼굴을 맞댐으로써 이루어진다. 시위대와 농성장, 그리고 진압 경찰을 바라보는 모든 사람은 '현장에 있어야만 한다'는 표현이 여전히 유효하다. 트위터와 디지털로 전송되는 사진과 메시지는 사람들을 흥분시키고 함께하도록 격려한다. 그렇지만 정치적인 활동이 오직 가상의 세계에서만 일어난다면 그런 저항의 움직임은 금방 사그라질 것이다.

이런 모습은 다른 유형의 행동에서도 똑같이 나타난다. 직접 현장에 있다는 것은 우리가 누군가 다른 사람의 감정 상태에 깊이 영향을 받기 쉽다는 뜻이다. 우리는 그런 영향을 받고 무엇인가를 하게 된다. 그리고 다른 사람에 대한 관계가 깊어질수록 그 사람이 느끼는 행복과 좌절, 그리고 절망감까지 더 많이 전염된다. 다시 말해 모든 사회적인 전염이 좋은 것만은 아니다. 신경학적 증상이 아주 끈끈한 사회적 집단 안에서 사람과 사람을 통해 퍼져나간다는 사실이 바로 그 증거다. 서로 얼굴을 마주하는 접촉을 해온 가까운 친구 몇 사람이 확실한 생리학적인 이유 없이 경련이나 어지럼증, 신경질적인 웃음과 두통, 그리고 구토 같은 증상을 함께 겪는다면 그때는 감정적인 전염을 의

심해봐야 한다.

때때로 이런 사건은 그냥 재미있는 일화로 넘어가기도 한다. 1962년 1월, 아프리카 탄자니아의 빅토리아 호수 근처에서 세 명의 10대 여자 아이들이 갑자기 이유 없이 웃기 시작했지만 사람들은 별로 심각하게 생각하지 않았다. 그렇지만 몇 개월 지나지 않아 아이들의 불쾌한 웃음은 빅토리아 호수 주변에서 전염병처럼 퍼져나갔고 서로 얼굴을 마주 보는 학생들은 모두 함께 웃게 되었다. 최종적으로 217명의 학생이 웃음에 '전염'되었고 대부분이 여학생이었다. 웃음 때문에 세 마을에 있는 네 학교가 문을 닫았다.

"전염병이란 전혀 웃을 문제가 아니다."

사회과학자인 제임스 파울러^{James Fowler}와 니컬러스 크리스태키스가 공저한 『행복은 전염된다^{Connected}』에 나오는 말이다. 다른 집단히스테리의 경우처럼 이번에도 환경 독소에 대한 공포감이 일었다. 그렇지만 실험실이나 병원의 실험 결과 빅토리아 호수 주변에서는 환경적인 문제가 전혀 발견되지 않았다. 지하수나 학교, 그리고 학생들의 몸에도 의심스러운 문제는 전혀 없었다.[32]

2011년 10월에는 뉴욕 서부의 작은 마을에서 17세 치어리더 케이티 크라우트부르스트^{Katie Krautwurst}가 끔찍한 안면 경련을 느끼며 잠에서 깨어났다. 케이티의 근육 경련은 도저히 억제되지 않았다. 그녀가 계속 경련으로 고통받는 동안 가장 친한 친구이자 치어리더 단장인 테라 산체스^{Thera Sanchez} 역시 낮잠을 자고 일어난 다음부터 말을 더듬고 팔도 움직이지 못했으며 머리는 경련하듯 흔들렸다. 이런 고통 속에서도 두 친구는 계속 가까운 사이로 남았다.

"두 아이는 필담과 중복되는 문장으로 이야기를 나눴다."

수전 도미너스$^{Susan\ Dominus}$가 《뉴욕 타임스》에 올린 기사 중 일부다. 기사는 테라의 말을 인용했다.

"케이티는 다른 사람들에게는 이 경련 증세가 옮지 않았으면 좋겠다고 했어요. 그렇지만 꼭 누군가가 희생해야 한다면 제일 친한 친구와 고통을 나눌 수 있으면 기쁠 거라고 했어요."

2주가 지나자 같은 고등학교의 또 다른 친구인 리디아 파커$^{Lydia\ Parker}$가 갑자기 노래를 부르며 제멋대로 팔을 흔들기 시작했다. 한번은 자기도 모르는 사이에 쥐고 있던 휴대전화로 자기 얼굴을 내려치기도 했다. 2012년 1월까지 뉴잉글랜드 작은 마을의 고등학교에서 여학생 17명을 포함한 18명의 학생이 사지를 흔들고 콧노래를 하며 몸을 움찔거리는 증상에 시달렸다.

주로 육체노동을 하는 사람들이 몰려 있는 이 작은 공동체의 주민들은 크게 당황했을 뿐만 아니라 전국적인 관심이 이들 10대 여학생의 기이한 행동에 쏟아지는 것을 보게 되었다. 〈닥터 드루$^{Dr.\ Drew}$〉와 〈투데이 쇼$^{Today\ Show}$〉 같은 방송 프로그램에서 소녀들의 멍든 얼굴을 생방송으로 보도하고 관련 기사가 모든 언론 매체를 장식하는 동안 증상은 점점 심해져갔다. 공포에 질린 부모들은 좀 더 구체적인 원인을 찾아 나섰고 지금은 문을 닫은 식품 공장이나 학교 근처 천연가스 매장지에서 흘러나온 오염 물질이 원인이 아닌가 의심했다. 그렇지만 진짜 원인은 점점 더 모호해져갔다. 전에는 평온했으나 이제는 온통 혼란에 빠진 이 공동체에는 친아버지가 가정을 지키고 있는 경우가 드물었다. 어머니 혼자 가정을 꾸려나가는 경우가 미국 평균 수치에 비해 훨씬 많았던 것이다. 그리고 어머니들은 10대 자녀에게 어린 동생을 맡기고 장시간 노동을 하는 경우가 많았다.

아이들이 받는 스트레스는 또 있었다. 케이티의 어머니는 고질병으로 고생하고 있었으며 딸의 경련 증상이 나타나기 1주일 전에 수술을 받았다. 테라에게는 간질이 있었고 리디아는 아버지가 가정에서 폭력을 휘둘렀다. 다른 심인성 질환과 마찬가지로 이번 경우에도 환경오염이나 바이러스성 질병의 가능성은 전혀 없었다. 그렇지만 아이들은 꾀병을 부리는 것이 절대 아니었다. 그 대신 공통적인 경험과 무의식적인 동시성을 통해 일종의 본능적인 공감을 나누던 아이들이 혼자서는 드러낼 수 없었던 증상을 집단으로서 표현하고 있었던 것이다.

심리학자들은 이런 행위를 '전환장애conversion disorder'라고 부른다. 심리학적 증상이 자기도 모르는 사이에 신체적인 장애로 전환되는 것이다. 혹은 예전 표현을 사용해 집단히스테리라고 부르기도 한다.[33] 17세기까지만 해도 집단히스테리에 대한 사회의 가장 일반적인 반응은 마녀사냥과 같은 잔혹한 행위였지만 최근의 사회과학자들은 단단하게 하나로 이어진 집단에서 공통의 두려움과 스트레스를 서로에게 전파하는 과정에서 이런 현상이 나타나는 것으로 보고 있다. 기러기 무리가 총소리를 듣자마자 한꺼번에 하늘로 솟구쳐 날아오르는 것처럼 공포는 특히 아주 가깝게 연결되어 행동을 함께하는 사람들에게 걱정스러운 방향으로 영향을 미칠 수 있다. 이것은 관계와 치유의 효과가 잘못된 방향으로 흐를 수 있다는 또 다른 증거다.

4

오늘 저녁 식사에
누구를 초대할까

먹을거리와 마실 거리, 그리고 사회적 유대관계

앞서 우리는 대면적인 사회적 접촉이 건강과 행복, 그리고 장수 등에 어떻게 좋은 영향을 미치는지 살펴보았다. 그리고 그 뒤에는 좀 더 복잡한 이야기가 이어졌다. 사람들의 걸음걸이와 10대의 임신, 그리고 경련이나 마비 증상에 전염성이 있다면 사회적 접촉에 항상 좋은 면만 있는 것은 아닐 것이다. 이와 관련된 가장 최근의 연구들을 살펴보면 흥미롭기도 하거니와 논쟁의 여지가 있을 수도 있다.

미 대륙 양쪽 끝에 살고 있던 두 명의 학자, 즉 보스턴의 의사이자 사회과학자인 니컬러스 크리스태키스와 샌디에이고의 정치학자 제임스 파울러는 《뉴잉글랜드 의학저널New England Journal of Medicine》에 연구 결과를 발표해 학계를 뒤흔들었다. 이미 그전에 각각 장수의 사회적 전이와 정치적 학습의 전이에 관심이 있었던 크리스태키스와 파울러는 우연히 아주 귀중한 자료를 발견하게 되었다. 그것은 바로 프레이밍햄 심장 연구Framingham Heart Study로, 1940년대 후반부터 보스턴 인근의

145

프레이밍햄에 살고 있는 모든 주민을 대상으로 건강 상태와 습관 등을 조사한 자료였다. 특히 심장 혈관과 관련된 건강문제를 조사하기 위해 기획된 이 연구는 첫 연구 대상자들의 손자 대까지 이어질 정도로 기간이 길었기 때문에 질병의 유전자 지도에 귀중한 자료를 제공하고 있다.

그렇지만 파울러와 크리스태키스에게 가장 중요했던 것은 각각의 연구 대상이 한 가지 이상의 사회적 접촉과 관련되어 있다는 사실이었다. 예컨대 미래에 연구를 진행하는 사람이 어떤 연구 대상을 찾아 추적해야 한다면 그 과정은 그리 어렵지 않을 터였다. 크리스태키스와 파울러는 관련된 사회적 접촉이 사회적 친밀함을 가늠해주는 지표가 되어야 한다고 생각했다. 연구 대상의 배우자와 가족에 대한 사전 정보로 무장한 두 사람은 지난 수십 년 동안 사회적 연결망이 어떻게 진화해왔는지 추측할 수 있고, 또 그들의 건강상의 변화와도 비교할수 있다는 사실을 깨달았다. 비만, 흡연, 음주, 우울증, 행복은 사회적으로 전이 가능하다고 여겨지는 행동이나 특징의 일부일 뿐이었다.

크리스태키스와 파울러는 어떻게 전염이나 전이라는 개념에 주목하게 되었을까? 두 사람은 모두 인간의 연결망을 통해 유행이 번져나가는 방식에 깊은 관심을 가지고 있었다. 그러다가 우연히 프레이밍햄 자료를 발견했던 것이다. 또한 두 사람은 서로는 물론이고 다른 연구자들과 화상 통화로 많은 이야기를 나누었다. 그리고…… 내가 두 사람을 소개시켜준 사람에 대해 이야기를 했던가? 영화배우 조지 클루니를 닮은 학자풍의 크리스태키스는 파울러의 박사 학위 지도교수를 통해 쾌활한 성격의 소년 같은 파울러를 만나게 된다. 지도교수는 사회적 연결망이 정치적인 신념에 미치는 영향에 대한 파울러의 논문을 어떻게 평가해야 할지 고민했다. 그러다가 크리스태키스가 아내와 사별한 남편은 오래 살지 못한다는, 이른바 사별 증후군과 사회적 연결망의 관계에 대해 연구하고 있다는 소식을 듣고 두 사람을 소개해주었다. 이후 한 권의 저서와 최소 10여 편이 넘는 논문을 함께 작업해온 두 사람은 지금도 함께 연구를 진행하면서 흔히 사회과학계의 명콤비, 배트맨과 로빈으로 불리고 있다.

프레이밍햄 연구는 인터넷 시대 이전에 시작된 만큼 첨단 기술을 사용하는 사회적 연결망은 전혀 다루지 않는다. 페이스북이나 문자메시지, 혹은 트위터 등과 관련된 자료는 없다는 뜻이다. 그렇지만 프레이밍햄 연구의 첫 대상이었던 사람들의 자녀 5,124명에 대해 1971년부터 2003년까지 4년마다 평가한 자료가 남아 있었다. 사르데냐 섬 빌라그란데의 주민처럼 그들 대부분도 친지와 친구, 이웃과 동료 등 아주 다양한 방식으로 서로 연결되어 있었다. 이런 관계의 영향을 조사하기 위해 크리스태키스와 파울러는 서로 교차하는 사회적 접촉의 본질에 대해 확인해보았다. 총 1만 2,067명의 연구 대상에게는 서로를 연결해주는 3만 8,600개의 연결 고리가 있었으며, 그 규모로만 보면 가히 작은 도시 수준이었다. 그들 대부분은 수십 년 동안 의사들을 통해 건강은 물론이고 체중 등의 신체 치수도 확인받았다. 또한 무엇을 먹고 마시는지, 결혼 상태와 기분은 어떤지까지 모두 보고되고 기록되었다. 그동안 프레이밍햄을 기반으로 하는 한 가지 중요한 사회적 접촉, 즉 그들이 모두 프레이밍햄에 살아야 한다는 조건은 충족되어야 했다. 관계가 변함에 따라 연구 대상이 다른 사람으로 바뀌어도 이 조건은 지켜졌다.

이것은 오래된 개념에 대한 새로운 접근 방식이었다. 영국의 시인

존 맥콜건의 2단계 소시오그램에는 친구와, 그 친구의 친구까지 포함되어 있다.

존 던John Donne은 사회신경과학이라는 분야가 존재하지도 않던 1600년 대 초에 "그 누구도 스스로 완전한 섬이 되지 못한다"고 썼다. 그로부터 230년이 흐른 뒤에도 그 어떤 과학자도 유대관계의 영향을 감히 확인하지 못했다. 이 책의 앞부분에 인용한 헨리 멜빌Henry Melvill 목사의 글을 다시 살펴보자.

"인간은 혼자서는 살 수 없다. 수많은 인연의 끈이 우리와 다른 사람을 이어주고 있으며 그 끈을 통해 우리가 했던 모든 일이 우리 자신에게 그대로 돌아온다."

다시 150여 년이 흘러 과학자들은 그 인연의 끈을 실제로 확인할 수 있기를 바라고 있다.

이제 새로운 컴퓨터 기술과 더불어 자료 입력과 분석을 돕는 수많은 보조 연구자의 도움으로 먼지에 덮여 있던 자료들이 빛을 보게 되었다. 건강이나 행복과 관련된 행동은 전염병이 그랬던 것처럼 사람들에게 큰 영향을 미칠 수 있다. 시간이 지나면서 비만이나 음주 같은 건강과 관련된 문제는 동일한 집단 내의 사람들에게 전염된다. 다시 말해 위험할 정도의 과체중이 사회적 연결망 안에서 퍼져나갈 수도 있으며, 그 모습은 다 같이 식사를 하는 자리에서 음식을 통해 독감이 퍼져나가는 것과 흡사하다.

그렇지만 여기에서 모순이 발생한다. 먼저 친구들과 함께하는 사회화의 과정은 우리가 질병이나 고독과 싸울 수 있도록 도와준다. 반면 끈끈한 관계, 특히 특정한 사람들 사이의 관계는 우리의 자기 조절 기능을 망치고, 혼자 해결했다면 이겨냈을 문제들을 다시 불거지게 한다.

나를 망치는 친구?

크리스태키스와 파울러의 발견은 억제하지 못하는 식욕과 너무 많은 음식, '비만 유전자'와 운동 부족 등이 체중 증가의 주요 원인이라고 생각해온 전문가들을 놀라게 했다. 2012년 조사에 따르면 미국인 중 3분의 2가 비만이고 그중 3분의 1은 심한 과체중이다. 즉 성인 7,300만 명과 미성년자 1,300만 명이 비만이라는 뜻이다. 그리고 영국과 캐나다 인구의 4분의 1 역시 비만 진단을 받았다. 당연한 일이지만 이런 상황은 단지 어디서나 볼 수 있는 패스트푸드 음식점 탓은 아니다. 그렇다고 운동을 하고 몸에 좋은 음식을 준비하기에 부족한 시간과 돈의 문제도 아니다. 이 새로운 연구에 따르면 비만은 전염이 된다는 이유를 추가해야 한다. 만일 가장 친한 친구나 여자 형제, 혹은 가장 친한 친구의 여자 형제가 살이 찐다면 우리도 살찔 확률이 높다.[1]

비만을 질병으로 여기는 미국에서 크리스태키스와 파울러의 발견은 공중보건 관료들의 관심을 끌었고 언론 역시 흥미를 가지고 주목 했다.《뉴욕 타임스》1면 기사에는 다음과 같은 제목이 붙기도 했다.

"비만의 주범은 친구?"

텔레비전의 토크쇼나 뉴스쇼에서도 연락을 해왔으니 이런 관심은 어쩌면 피할 수 없는 것이었는지도 몰랐다. 파울러는 사람들이 관심을 가질 만한 과학적인 주제를 들고 나온 셈이었고 텔레비전 쇼에 소개된 이후 관심은 더욱더 커져갔다. 특정 방송에 소개된 이후 인기와 관심이 더 올라간다는, 이른바 방송 효과를 톡톡히 누린 것이다.[2]

가장 친한 친구로 인해 내가 살찔 수 있다는 개념보다 더 놀라운 발상은 바로 사회적 연결망을 통해 비만이 이 사람에게서 저 사람에게로 전염될 수 있다는 것이었다. 심지어 단계를 건너뛸 때 첫 번째 사람과 두 번째 사람이 서로 전혀 모르는 사이인 경우도 있었다. 연구자들은 프레이밍햄 자료를 임의의 관계에 대한 컴퓨터 시뮬레이션 결과와 비교한 다음 이런 결론을 내렸다. 프레이밍햄 사례에서 비만은 하나의 집단 안에서만 발생하는 것이 아니었다. 심각한 체중 증가는 접촉과 접촉을 통해 이동하는 것처럼 보이다가 세 번의 사회적 단계를 거친 후에야 줄어들었다. 크리스태키스와 파울러는 『행복은 전염된다』에서 이렇게 지적하고 있다.

"살찐 사람은 보통 혼자서 그렇게 된 것이 아니라 친구의 친구, 친구의 친구의 친구, 친구의 친구의 친구의 친구 때문에 그렇게 되는 경우가 많다."

다시 말해 "친구의 친구도 우리가 살찌는 원인"이 된다는 것이다.

비만의 전염에 대해 알고 나서 나는 다음과 같은 점이 궁금했다. 이런 친구들이라면 나에게는 적이 필요한 것이 아닐까? 그리고 또 궁금한 점이 있었다. 앞서 살펴본 것처럼 관계에 친밀함이 더해질수록 서로 주고받는 영향도 더 커진다. 그렇다면 어떻게 한 번도 만나보지 못한 사람의 영향을 받아 체중이 늘어날 수 있는가?

먼저 연구자들이 직접 지적한 것처럼 친구 사이라면 보통 같은 음식을 즐기고 같은 습관을 가졌을 확률이 높다. 그러니까 친구인 것이다! 그러므로 우리의 친구가 누군가를 좋아해 친구가 된다면 친구의 친구를 내가 만나본 적이 없어도 관심사와 취향을 공유할 가능성이 높은 것이다. 단지 전염의 효과를 넘어 '유유상종'이라는 말의 효과라고도 볼 수 있다. 게다가 프레이밍햄 연구의 참여자는 첫 번째 사회적 접촉으로 자신과 유사한 사람을 친구로 삼았던 것이 분명하다. 각 참여자는 자신이 친구로 생각하는 사람과 닮은 점이 있다. 그리고 이렇게 비슷한 사람이 모여서 아이를 낳고 나이를 먹어가며 운동을 중단한다. 또 어쩌면 이런 일들이 한꺼번에 일어나면서 허리둘레가 점점 늘어날 것이다. 그것도 동시에 모두들 그렇게 되어가지만 여전히 그런 식으로 관계가 유지된다.

분명 2011년 파울러와 크리스태키스는 제이미 세틀러[Jaime Settler]와 함께 어떻게 친구들이 유전적 수준으로 스스로를 격리하는지 보여주었다. 우리는 핵산의 구성 성분인 뉴클레오티드를 공유하는 사람에게 마음이 끌린다.[3] 따라서 우리의 친구가 무슨 일을 하든, 다시 말해 그가 맥주를 들이켜고 기름진 치즈 안주를 먹어도 우리는 그와 비슷한 행동을 하게 된다. 그것은 단지 우리가 그를 흉내 내는 것이 아니라 우리와 같은 열망을 공유하는 사람에게 끌리기 때문이다. 친구의 친구를 따라 살이 찌는 것은 사회적 전염을 넘어선 서로의 특성을 공유하는 문제일 수 있다. 비록 가까이 있는 친구끼리 서로를 흉내 내고 영향을 미치며 그런 영향을 증폭시킨다 해도.

물론 연구자들은 사회적 연결망이 비만의 주된 원인이 아니라는 사실을 잘 알고 있다. 크리스태키스와 파울러가 비만 문제를 다룬 컴퓨터 애니메이션을 만들었을 때도 예측 가능한 방식으로 그 문제가 외부로 확장되는 것으로 이해되기를 바랐다. 그 방식이란 최초 감염자로부터 질병이 퍼져나가는 것과 같았다. 아니면 두 사람의 말대로 "돌 하나가 고요한 물 위에 떨어져 그 중심으로부터 파문이 계속 퍼져나가는" 방식이었다. 그렇지만 실제로 그들이 목격한 것은 더 복잡한 상황이었다.

비만 문제가 사방에서 아주 혼란스러운 방향으로 번지는 것 같았다. 그리고 우리는 그에 대한 적절한 설명은 물 위에 돌 하나가 떨어지는 것과는 다르다는 사실을 깨달았다. 오히려 물 전체로 한 움큼의 돌을 집어던져 표면에 많은 물결을 일으킴으로써 돌 하나가 만든 물결을 감추는 것이 아닐까. 분명 비만은 사람들 사이로 퍼져나가지만 한 지점에서 시작되는 것은 아니며, 사회적 접촉이 이 문제를 만들어낸 유일한 원인도 아니다. 사람들은 먹고 마시며 운동을 중단하고 이혼도 하며 사랑하는 사람을 잃기도 한다. 그리고 이런 변화들이 또 다른 작은 비만 문제의 근원을 형성한다. 마치 매년 지구의 지각판을 뒤흔드는 수천 개의 여진처럼.[4]

분명 한 가지 문제에는 여러 가지 이유가 있다. 친구들 사이의 비만 문제에는 사회적 전염 말고도 근처에 새로 생긴 패스트푸드점이나 아이스크림 가게와 같은 또 다른 원인이 있는 것이다. 식욕을 자극하는 요소는 사실 사회적 영향과 거의 상관이 없다. 연구자들은 좀 더 영향력 있는 사람이 가는 방향을 통해 또 다른 사람이 가는 방향을 예측할 수 있는지 확인하는 것으로 이 문제를 연구해보았다. 만일 두 사람이 서로 가장 가까운 관계라고 생각한다면 한 사람이 살찔 경우 다른 사람에게도 영향을 미친다. 나는 친구 로지를 아주 중요하게 생각하는 반면 로지는 내가 아닌 다른 사람을 아주 중요하게 생각한다면 내가 로지에게 영향을 미치기보다 로지에게 영향을 받을 확률이 높다. 파울러와 크리스태키스가 발견한 내용이 바로 이것이다. 즉 전염은 동일하게 발생하는 것이 아니라 한쪽으로 흘러간다는 것이다. 수전이 로지를 가장 친한 친구로 생각할 경우 로지가 먼저 살이 찌면 수전도 로지의 증가한 체중의 57퍼센트만큼 살이 찐다. 그렇지만 로지가 수전을 그만큼 중요하게 생각하지 않을 경우 수전이 살이 찐다면 로지는 그 늘어난 체중의 13퍼센트 정도만 살찔 뿐이다. 크리스태키스와 파울러는 이런 차이가 사회적 전염 문제에서 기인한다고 생각했다.

이런 결론은 논란의 여지가 있어서 통계학자와 건강경제학자도 이런 수치의 차이가 어떤 의미인지 계속해서 논쟁을 벌여왔다.[5] 그렇더라도 한마을 안에서 사회적 유대관계를 통해 비만이 어떻게 전염되는지 예측해낸 크리스태키스와 파울러의 능력은 분명 독창적인 것이었다. 그리고 모방에 대해 우리가 알고 있는 것을 생각해보면 나는 두 사람의 의견이 옳다고 생각한다. 체중 증가는 전염될 수 있다. 적어도 사람들이 얼굴을 마주하는 접촉을 하고 특별히 감정적 유대관계로 아주 끈끈하게 연결되어 있다면.

그렇지만 나는 진정한 상호작용 없이 사람들에게 먹는 것과 마시는 것, 혹은 분위기를 서로 흉내 내게 하는 일종의 수수께끼와 같은 집단적 효과가 과연 있는지 의심스럽다. 그리고 이 연구는 단 하나의 조건에 의지하고 있다. 바로 연구자들이 추적해도 우리의 상황을 알아내지 못할 경우 우리를 아는 기준이 되는 사람이 있다는 사실이다. 그렇지만 그 사람이 항상 모든 것을 아는 가까운 친구일까? 나는 이 사회적 연결망에 대한 연구서들을 거실에서 처음 읽으면서 맞은편에 앉아 서류를 살펴보는 남편에게 물어보았다. 의사와의 진료 약속에 대해 물어보고 싶을 때 당신과 휴대전화 연결이 되지 않으면 누구를 통해서 당신과 연락하느냐고.

"캐럴."

남편이 대답했다. 캐럴은 남편이 가장 믿고 의지하는 부하 직원이었다. 남편은 잠시 서류 뭉치에서 고개를 들어 나를 쳐다보더니 다시 이렇게 덧붙였다.

"어쨌든 캐럴은 나에 대해 다 알고 있으니까."

정확히 왜 그런지는 모르겠지만 친구들은 서로의 식습관에 강하게 영향을 받는다. 버펄로 대학교의 심리학자 세라 진 샐비^{Sarah-Jeanne Salvy}에 따르면 우리는 함께 있는 친구들의 취향에 우리를 맞추게 되며, 같은 모임 안에서 사람들과 더 많이 접촉할 경우 혼자, 혹은 낯선 사람들과 함께 있는 경우보다 더 많이 먹게 된다고 한다.[6] 나는 이 주장이 사실이라고 생각한다. 예컨대 내가 출장을 떠나 혼자 식사할 때는 먹는 양이 적을 뿐더러 먹는 시간도 15분이 넘지 않는다. 그렇지만 몇 년 전 독일 하이델베르크에서 열린 학회에서는 다행히 친구들과 함께 식사를 하게 되었다. 그때 나는 촛불이 켜진 고급 식당에서 무려 세 시간에 걸쳐 세 가지 코스의 요리를 아주 즐겁게 먹었다. 경단이 들어간 사슴

고기 수프, 향초로 간을 하고 버터를 바른 푸성귀와 감자를 곁들인 구운 닭, 그리고 포도주에 후식으로는 아주 다디단 과자와 머랭까지 곁들여 나오는 푸짐한 식사였다. 최소한 3,500칼로리는 넘었을 그 식사는 함께 나누었던 농담과 수다, 그리고 이런저런 이야기와 곁들여져 아무런 문제 없이 모두 내 배 속으로 들어갔다. 같이 있던 날씬한 몸매의 세 친구 역시 그 요리들을 다 먹어치웠다. 우리는 왜 혼자 있을 때보다 친구나 가족과 함께 있을 때 더 많이 먹게 될까?

공동 식사의 기원

2008년 이스라엘 갈릴리 언덕에 있는 어느 동굴 매장지에서 1만 2,000년 된 중년 여인의 매장 흔적이 발굴되었다. 거기서는 화석이 되어버린 거북 70마리, 야생 황소 세 마리, 산양 몇 마리, 담비 두 마리, 독수리 한 마리, 멧돼지 한 마리, 그리고 표범 한 마리의 뼈도 함께 발견되었다. 중석기시대의 우리 조상들이 아마도 이곳에서 큰 잔치를 열었던 것이 분명했다. 이곳을 발굴한 고고학자들은 동굴에서 300킬로그램에 달하는 고기를 구웠고, 대략 35명 이상이 이 중년 여인의 죽음을 기리는 추도의 잔치를 벌였을 것이라고 추정했다. 나는 만일 그들이 귀하게 모시는 무당을 기리는 잔치였다면 음식의 양이나 추모객의 숫자가 과장된 것이 아니라고 생각한다. 그 중년 여인은 분명 그 정도의 지위를 가지고 있었을 것이다. 그녀의 머리맡에는 거북의 등딱지가 하나 있었고 몸 밑에도 10여 개가 넘는 등딱지가 깔려 있었다.[7]

그렇지만 이 여인을 위해 거창한 잔치를 벌인 또 다른 이유는 이렇게 다 함께 모여 음식을 먹는 행위가 일종의 사회적 연대 의식을 강화했기 때문이라는 것이 발굴에 참여했던 고고학자 나탈리 먼로**Natalie Munro**

와 레오레 그로스먼Leore Grosman의 의견이다. 떠돌이 생활을 하던 사냥꾼들이 한곳에 정착하면서 다 함께 모이는 추도 행사는 인류 역사상 처음으로 많은 사람이 아주 가까이에서 다정한 시간을 보내는 기회가 되어주었을 것이다. 다시 말해 그들은 이제 이웃이 된 것이다. 이웃 사람들에게 한 번쯤 음악 소리를 줄여달라거나 조용히 해달라고 부탁해본 적이 있다면 이웃이 어떤 의미인지 잘 알고 있을 것이다. 많은 인구가 모여 살면서 생겨나는 불가피한 마찰은 이런 공동체의 잔치를 통해 정기적으로 해소되었다. 음식을 나누는 행위가 서먹해진 관계를 다시 이어가는 데 도움이 되는 것이다. 분명 사람들은 함께 음식을 나누면서 자신이 집단의 일원임을 좀 더 강력하게 느끼게 되며, 갈등을 해결하기 위해 양보할 마음도 생긴다.[8] 오늘날의 업무를 겸한 식사 자리가 메마른 중동의 오아시스에서 평소에 어울리지 않던 서로 다른 부족민들이 함께 모여 양갈비를 뜯는 행사에서 유래되었는지 누가 알겠는가. 어쩌면 역사상 처음 추수한 곡물로 만든 요리가 선보인 자리, 역사상 처음 애완동물이 된 개들이 화톳불 주위에서 부스러기를 기대하며 컹컹 짖어대던 자리도 그런 곳이었을지 모른다.

사냥꾼들이 정착하기로 결심한 자리에서 곡물을 재배한다. 이제는 더 이상 야생동물을 쫓아다니며 방랑할 필요가 없다. 약 1만 년 전에 탄생한 최초의 정착 생활을 통해 우리 조상은 처음으로 함께 모여 즐기는 시간을 갖게 된다. 대영박물관 관장인 닐 맥그레거Neil MacGregor는 그 모습을 "새롭게 길들인 가축의 시대, 강력한 신들이 탄생한 시대, 날씨에 좌우되는 불안한 시대, 만족스러운 성생활과 더 나은 음식이 있는 시대"라고 표현했다.[9]

그렇지만 누가 이 마을의 주민이 될지는 어떻게 결정되었을까?

마을 사람들과 외부인들

집단에 속해 있는 모습과 그렇지 않은 모습은 모든 인간 사회에서 볼 수 있는 일반적인 특징이며, 대부분의 사람들은 살면서 한 번쯤은 집단에서 내쳐지는 쓰라린 경험을 하게 된다. 심지어 아주 대단치 않은 수준으로 그런 일을 경험한다 해도 그런 사회적 고립은 독특한 두려움을 만들어냄으로써 생각을 명료하게 하고 긍정적으로 상황을 바라보는 능력을 방해한다고 존 카치오포와 윌리엄 패트릭^{William Patrick}이 저서『인간은 왜 외로움을 느끼는가^{Loneliness}』에서 지적했다. 이런 사회적 고통의 근원은 생물학적인 것이다. 우리의 조상은 집단에 속해 있지 않을 경우 맹수나 굶주림을 피해 오랫동안 살아남을 수가 없었다. 공동체는 생존을 위해 아주 중요했기 때문에 우리가 따돌림을 당할 경우 생화학적인 신호를 울리는 긴급 경고 체계가 발달했다. 우리는 이런 경고를 아주 정확한 위험 신호로 인식한다. 극단적인 굶주림과 목마름, 혹은 고통 같은 변형된 경고처럼 이 신호가 뜻하는 것은 기본적으로 다음과 같다.

"이 상황에서 벗어나라. 그러지 않으면 너는 끝장이다."[10]

집단에 속하는가 속하지 않는가의 경계선을 결정하는 일은 사회적 유대감의 어두운 이면이다. 나치 독일의 지도자들은 제3제국 기간 중에 제2차 세계대전을 수행하는 데 필요한 노동력을 착취하기 위해 2,000만 명에 달하던 독일 점령 지역 유대인들의 시민권을 박탈하려 했다. 이를 위해 그들은 우선 독일을 비롯한 유럽 주류 사회와 유대계 시민의 관계를 완전히 끊으려 했다. 그렇지만 나치의 인종차별적 선전 활동에도 불구하고 이 일은 제대로 진행되지 않았다. 강제로 동원된 유대인들은 농장이나 지역 산업 시설, 그리고 일반 시민이 감독

1943년 4월 18일 나치 독일의 제3제국 공식 포스터 '1주일의 생활'. 독일 국민들에게 제공된 이 포스터는 유대인 노동자와는 함께 식사하지 말라고 경고하고 있다. 당시 나치 법률에 따르면 유대인 노동자는 혼자 식사를 해야 했다.

하는 공장에서 일하게 되었는데, 그 일반 시민들 사이에서 한때는 이웃이자 동료였던 사람들에 대한 동정심이 일어났기 때문이다. 그렇다면 이런 동정심이나 감정이입을 막을 방법은 무엇이었을까? 그중 하나는 바로 '순수 아리안 인종인 독일 시민'이 노동력으로 제공된 유대인들과 함께 식사하지 못하게 하는 것이었다. 제2차 세계대전 당시 독일에서는 누군가 일상생활 중에 유대인들과 어울릴지 모른다는 생각에 새로운 사회규범을 만들어 포스터와 라디오 방송, 그리고 신문 등을 통해 매일 사람들에게 알렸다. 위의 포스터는 1943년 4월 18일에 '1주일의 생활'이라는 제목으로 독일 가정에 제공된 것이다. 이 포스터는 유대인 노동자를 이른바 '식탁 위의 공동체'로부터 몰아내는 법을 그림과 함께 설명하고 있다.[11]

"마치 야생동물처럼 우리는 우리 사이에 있는 낯선 자를 경계하며 냄새를 맡는다."

미국의 인류학자 로렌 아이슬리[Loren Eiseley]는 자연의 동물들에게서 영감을 얻어 이런 글을 남겼다. 동물도 가족이나 친구와 단단한 무리를 형성하고 낯선 동물을 경계하는데, 특히 먹이나 물이 부족하고 생존 조건이 척박할 경우 그런 모습이 더 많이 나타난다.[12] 따로 먹거나 마시게 하는 것은 모욕이나 벌을 주기 위해 오랫동안 인간 사회에서 사용해온 전통적인 방식이다. 예를 들어 브라질의 피라하 원주민은 부족의 규율을 깨뜨린 사람에게 이렇게 벌을 내린다.

"우선 그날 하루 같이 음식을 먹지 않는다. 그리고 다시 며칠 동안 그렇게 한다. 그다음 멀리 숲 속으로 들여보내 일반적인 거래나 물물교환을 못하게 한다. 피라하 부족에게 가장 잔혹한 형벌은 완전한 추방이다."

재레드 다이아몬드[Jared Diamond]는 『어제까지의 세계[The World Until Yesterday]』에 이렇게 기록하고 있다.[13] 그렇지만 아프리카 르완다의 인종 대학살전까지 나치 독일처럼 국가 전체가 나서서 집단에 소속되고 싶어 하는 인간의 욕망을 희생양에 대한 혐오와 잔인한 살육으로 바꾼 사례는 없었다. 만일 우리의 조상이 동굴에 모여 큰 잔치를 열고 공동체의 결속을 강화하려 했다면 나치의 인종차별은 그 반대다. 그들은 음식을 사용해 사람들을 몰아낸 것이다.

심지어 오늘날의 민주국가에서도 음식을 나누는 일을 교묘하게 이용하는 사례를 찾기는 어렵지 않다. 예를 들어 미국 남부에는 식당이나 식수대에서 흑인을 차별하는 짐 크로Jim Crow법이 100년 가까이 존속되었다.

"1915년까지도 사우스캐롤라이나의 섬유 공장 노동자들은 흑인과 백인이 같은 양동이에서 물을 마시지 못했다. 또한 같은 물통이나 컵, 국자 혹은 유리잔도 사용하지 못했다."

퓰리처상을 수상한 미국의 언론인 이사벨 윌커슨Isabel Wilkerson은 『또 다른 태양의 따뜻함Warmth of Other Suns』에 그렇게 적고 있다.[14] 흥미롭게도 인종차별은 1960년대 흑인 학생들이 간이식당에 모여 항의 집회를 시작하면서 점차 사라졌다. 오늘날에도 고등학생들은 학교 식당에서 누구와 앉느냐 하는 문제에 대단히 민감하며 독방에 갇힌 죄수들은 배식구로 들어오는 식판을 들고 식사조차 혼자 해야 한다.

목적 없는 고독

여러 전통 사회에서 가장 무서운 형벌로 오랫동안 사용되어온 사회적 추방은 최근의 연구가 알려주듯 이성적으로 생각하는 능력 자체를 무너뜨린다. 사람은 고립되면 너무나 쉽게 인지능력이 떨어진다. 그리고 나이가 어릴수록 그런 영향을 더 크게 받는다.[15] 청소년이 학교에서 따돌림을 당할 경우 자살 충동을 많이 느끼는 이유가 바로 이 때문이다. 그들은 본능적으로 느낄 수 있는 노골적인 배척을 경험하는 것이다. 만일 누군가 이 아이들에게 손을 내밀어주지 않는다면 그들은 심리적·신체적 고통에 모든 이성적인 생각이 압도당한다. 내가 이 내용을 정리하기 사흘 전에 퀘벡 주 가스페 반도에 살고 있던 열다섯 살 소녀가 자살했다. 이유는 학교에서 따돌림을 당했기 때문이다. 반 친구들은 학교에서는 소녀를 괴롭히며 따돌렸고 학교 밖에서는 페이스북으로 조롱했다. 마저리 레이먼드Marjorie Raymond는 엄마에게 이런 유서를 남겼다.

"엄마, 이렇게밖에 할 수 없어서 미안해요. 엄마는 정말 제일 좋은 사람이었어요."

비극적인 일이었지만 가족과의 끈끈한 관계도 또래 친구들의 따돌림으로부터 딸을 지켜주지 못했다.

이런 사건이 채 1년도 지나기 전에 네 차례나 일어났다. 11~15세 캐나다 소녀가 사회적 따돌림과 조롱을 견디지 못하고 계속 목숨을 끊고 있는 것이다. 그리고 또 다른 비극이 이어졌다. 브리티시컬럼비아에서는 어맨다 토드Amanda Todd라는 고등학생이 인터넷 공간에서 전혀 알지 못하는 사람에게 공격을 받다가 스스로 목매 자살했다. 이 사람은 어맨다가 새 학교로 전학을 가서 다시 시작하려고 할 때마다 반 친구들에게 어맨다에 대한 선정적인 사진과 글을 보냈다. 이런 일련의 비극적인 죽음으로 캐나다 여론이 들끓으면서 학교에서 고립되어 조롱당하고 고통받는 청소년들을 위한 법적인 조치를 요구하는 목소리가 높아졌다. 그동안 미국 등의 국가에서는 조롱당해 자살하는 아이들의 문제를 형사사건으로 다루는 등 학교 및 공공 정책에서 변화가 일어나고 있다.[16]

여기에서 고통이라는 표현을 썼지만 그것만으로는 충분하지 않다. 미국 형무소의 독방 문제에 대해 글을 써온 의사 아툴 가완디Atul Gawande는 공화당 대선 후보였던 존 매케인의 이야기를 인용하기도 했다. 매케인은 베트남전 당시 5년간의 포로수용소 생활 가운데 2년을 작은 독방에 갇혀서 다른 사람들과의 접촉을 모두 차단당했다. 가완디는 이렇게 썼다.

"독방 생활은 정신을 무너뜨리고 저항 의지를 약화시킨다. 독방은 그 어떤 방식보다도 효과적이다. 그리고 정기적인 구타가 있었다. 두 팔다리는 부러지고 이질에 시달렸지만 적절한 치료는 없었다. 부러진 팔이 붙을 만하면 또 고문이 이어졌다."

가완디는 베트남에서 포로 생활을 했던 150여 명의 미국 해군 조종사에 대해 연구했다. 그들은 자신이 겪은 그 어떤 고통보다도 사회적인 고립이 가장 견디기 어려웠다고 말했다. 그렇지만 그들에게 일어났던 것은 모두 신체적인 문제였다.

"1960년대의 EEG(뇌전도) 연구는 독방에서 1주일 이상 머문 죄수의 뇌파가 느리게 퍼진다는 사실을 밝혀냈다."

가완디의 말이다. 어떤 죄수들의 경우 문틈으로 들어오는 식판이 유일한 사회적 접촉이었고, 그들은 몸을 흔들거나 스스로를 자극하는 등 긴장병이나 자폐증과 같은 증상을 앓기도 했다. 또 다른 죄수들은 음식을 집어 던지거나 배설물을 가지고 노는 등 퇴행 증상을 보였다. 공황 발작을 일으키거나 놀라울 정도로 공격적인 성향을 보이는 죄수들도 있었다. 이런 증상들은 신경에 손상을 입었음을 의미한다. 신경 촬영을 통해 이런 격리나 따돌림이 신체적 고통과 맞먹을 정도로 전대상회피질과 전전두엽피질을 활성화시키는 것으로 확인되었다. 사회적 고통에 대한 신경의 신호는 신체적 고통이 만들어내는 신호와 아주 흡사했던 것이다.[17] 유고슬라비아 내전의 전쟁 포로들도 자유의 몸이 되고 몇 개월이 흘러도 MRI를 촬영해보면 심각한 신경 손상이 남아 있었다. 그들 역시 독방에 감금되어 있었던 것이다.

"지속적인 사회적 교류가 없다면 인간의 두뇌는 머리에 외상을 입은 것과 마찬가지로 제구실을 못한다."

가완디는 그렇게 결론을 내린다.[18]

여성 효과

만일 사회적 고립이 신경 체계를 손상시킨다면 사람들과 함께하는 식사는 그 반대의 효과를 불러오지 않을까? 식사는 필요한 영양분이라는 생리적 문제와도 연결된다. 또한 음식의 맛과 향기, 그리고 어딘가에 속해 있다는 안도감도 중요하다.

"매일 한 시간 이상 계속되는 저녁 식사만큼 즐거운 일이 있다면 나에게 보여주기 바란다."

샤를 모리스 드 탈레랑Charles Maurice de Talleyrand의 말이다. 18세기 프랑스의 외교관이자 주교이자 나폴레옹 황제의 고문이었던 탈레랑은 희대의 바람둥이였다. 그는 첫 번째 애인을 신학생으로 속이고 옆에 데리고 있었으며 이후에도 여러 유력한 여인들과 관계를 맺었다. 아주 유명한 미식가였던 탈레랑은 음식을 준비하고 누구와 함께 식사할지를 결정하는 과정에서 여성이 아주 중요한 역할을 한다는 사실을 잘 알고 있었다. 여성의 의견에 따라 누구를 초대할지 말지가 결정되었던 것이다.

현대의 저녁 만찬을 한번 생각해보자. 대부분의 가정에서는 사회적 관계에 대한 여성의 평가가 초대할 사람, 그리고 차려낼 음식의 질과 양을 결정하게 된다.[19] 이런 계산 능력은 어쩌면 우리가 고대 조상들로부터 물려받은 유산인지도 모른다. 예컨대 암컷 일본원숭이는 다른 원숭이들과 먹이를 나누어먹을 때 그럴듯한 계산 방법을 이용한다. 즉 좀 더 가까운 원숭이에게 더 많은 먹이를 '나누어주는' 것이다.

인류학자인 버나드 차피스^{Bernard Chapais}에 따르면 영장류의 세계에서 이런 행동은 다른 원숭이가 먹이를 집어가도 눈을 감아주는 것으로 나타난다고 한다. 또 다른 실험에서 차피스는 암컷 원숭이가 먹이를 가져가는 다른 원숭이를 얼마나 참아줄지도 친밀도에 달려 있다는 사실을 밝혀낸다. 가장 너그럽게 참고 봐주는 것은 엄마와 딸의 관계다. 그다음은 할머니와 손녀딸, 그리고 자매 순이며 제일 마지막이 이모와 조카딸이었다. 사실상 원숭이 사회에서 조카는 남이나 마찬가지로 그다지 가까운 사이가 아니다.

모든 문화에는 음식을 나누는 풍습이 있다. 그렇지만 그 방식은 엄격하게 통제되며 누구와 음식을 나눌지 결정하는 데는 여성의 관계가 종종 중요한 역할을 한다. 앞서 살펴본 일본원숭이뿐만 아니라 엄마와 딸, 그리고 자매 사이인 레서스원숭이와 개코원숭이도 음식을 나눌 때 비슷한 모습을 보인다. 이런 모습은 결국 인간을 제외한 많은 영장류 암컷도 우리 인간처럼 예민하게 사회적 관계를 구분하고 이에 따라 누구와 음식을 나눠먹을지 결정한다는 사실을 암시한다.[20]

나는 살림살이 전문가인 마사 스튜어트^{Martha Stewart}가 아니다. 그렇지만 그저 가족과 친구들을 위해 정성껏 음식을 준비하는 일을 즐기는 사람으로서 인류학자인 세라 허디^{Sarah Hrdy}의 의견에 동의한다. 그녀는 음식을 나누는 충동은 변하지 않는 고유의 습성이라고 생각했다. 나는 가족과 친구들이 카레맛 수프와 콜리플라워로 장식한 양고기 구이, 튀긴 감자와 샐러드, 그리고 잘게 자른 돼지감자로 차려낸 가을 밥상을 즐기는 모습을 보는 것만으로도 기쁘다. 나는 내가 아주 유별나게 다정한 사람이라서 그렇다고 생각하고 싶다. 그렇지만 그보다 더 그럴듯한 이유는 바로 인간의 두뇌 때문이다. 좀 더 자세히 이야기하면 바로 여성의 두뇌 때문이다. 여성은 엄마의 입장에서 자신의 먹을 것을 나눠주거나 젖을 먹이는 등 자식의 생존을 위해 자신의 영양분을 희생하는 쪽으로 진화되었다. 이런 행동은 날카로운 독심술, 사회적 기술과 함께 발전해옴으로써 아직 어린 자식들이 무엇을 원하는지 파악할 수 있게 했다. 그리고 넘쳐나는 옥시토신으로 보상받는다. 옥시토신은 기분을 좋게 하는 신경 펩타이드 물질로, 사회적 행동을 하도록 자극하는 동시에 그에 대한 보상을 해준다. 기쁜 마음을 두 배로 강화해서 같은 일을 하고 또 하고 싶어지게 하는 것이다.[21]

그리고 여성들이 자발적으로 음식을 나눠주면 기분이 좋아진다는 사실을 오래전부터 직관적으로 알고 있었다면, 최근의 뇌 영상 연구는 나눔의 행위로 활성화되는 신경 체계는 또 다른 종류의 사회적 즐거움을 준다는 사실을 밝혀냈다. 여성을 두뇌 스캐너 장치에 들어가게 하고 직접 대화하며 무엇인가를 나누자고 하면 그와 관련된 두뇌의 부분이 반응한다. 그렇지만 나눔에 대한 이른바 신경 상관자들neural correlates은 만일 그 상대가 실제로 존재하지 않는다면 똑같은 방식으로 반응하지 않는다.[22]

앞서 언급했던 것처럼 나눔에 대한 두뇌의 보상 영역은 동시에 사회적 고통에도 반응한다. 예컨대 fMRI 스캐너로 관찰하면 컴퓨터게임을 하다 따돌림당하는 경우 관련 두뇌 영역이 거칠게 반응하기 시작한다. 그리고 이런 일이 자신의 의지와 상관없다고 느낄수록 신경은 더욱 활성화된다. 그렇지만 컴퓨터게임 중에 따돌림당하던 여성에게 컴퓨터 고장으로 상황이 잘못 전달된 것이며 의도적으로 따돌린 것이 전혀 아니라고 말해주면 그런 반응은 잠잠해진다.[23] 사람들, 특히 여성들은 사회적 신호, 바로 진짜 인간과의 상호관계를 통해 신호를 받아들이도록 정교하게 신경이 연결되어 있다.

모든 사회적 연결망은 상호 교환적이라는 일반적인 생각에도 불구하고 서로 다른 종류의 사회적 신호는 같은 효과를 나타내지 않는다. 기적과도 같은 기술인 인터넷 화상전화를 통해 내 딸이 벨기에 브뤼셀의 자기 집 탁자에서 국수를 먹는 장면을 본다고 해서 우리 둘이 함께 식사를 준비하고 먹으면서 느끼는 진정한 기쁨을 나눌 수는 없는 것이다. 영국의 인지신경과학자인 마노스 차키리스Manos Tsakiris에 따르면 이런 나눔의 경험 덕분에 우리는 다른 사람들을 심리적으로 우리와 유사한 존재로 받아들이게 된다고 한다. 엄마가 있고 딸이 있다. 물론 두 사람은 외모상 이미 많이 닮았을 것이다. 그렇지만 같은 장소에서 한 그릇의 수프를 먹는 것처럼 함께 똑같은 행동을 하다 보면 두 사람은 자신들이 서로 더 많이 닮았다고 생각할 것이다. 그리고 두 사람의 차이는 점점 희미해질 것이다.[24]

인생은 한 그릇의 밥

흥미롭게도 일반적으로 사회적 신호에 대해 남성보다 민감한 여성은 자신이 먹는 양과 상대방이 먹는 양을 서로 맞추는 경향이 있다.[25] 만일 두 사람이 간식거리를 마주하고 앉아 있는데 둘 다, 혹은 한 사람이 여성이라면 두 사람은 무의식적으로 먹는 양을 비슷하게 맞출 것이다. 하지만 남자들은 그런 모습을 절대로 보이지 않는다. 예컨대 과자 한 봉지를 나눠먹을 경우 남자라면 각자 원하는 만큼 알아서 먹을 것이다.[26] 특히 젊은 여성의 경우라면 체중이 많이 나가는 사람이 상대방의 먹는 양에 영향을 주게 된다. 경제학자인 저스틴 트러그돈Justin

Trogdon과 그의 동료들은 10대 여자아이들이 또래 남자아이들에 비해 친구들의 체중 증가를 훨씬 민감하게 느끼고 반응한다고 주장했다.[27]

사회적 전이의 역학 문제를 생각해보면 그런 상황에서는 아무것도 먹지 않게 되지 않을까? 일과의 동시성은 말할 것도 없이 감정적 동시성이 체중의 증가와 감소에서 중요한 역할을 하게 된다. 내 친구 플로렌스 벨리Florence Velly는 자신도 모르는 사이에 친구와 거리상 가까운 것이 어떻게 체중 증가에 영향을 미치는지 보여주었다. 2009년 플로렌스가 프랑스에서 우리 집 근처로 이사 오고 얼마 지나지 않아 우리 두 사람은 우연히 근처 공원에서 산책을 하다가 만났다. 때는 어느 봄날의 이른 아침이었고 풀밭에는 이슬이 반짝였으며 다람쥐들이 뛰놀고 있었다. 우리는 산책을 하며 낯선 사람들과도 반갑게 인사를 나누었다. 나는 잠시 발걸음을 멈추고 플로렌스의 개를 쓰다듬어주다가 그녀와 이야기를 나누게 되었다. 그리고 우리가 이웃일 뿐만 아니라 플로렌스가 1주일에 세 차례 나와 같은 수영 모임에서 수영을 시작했다는 사실도 알게 되었다. 이 모임은 앞서 내가 소개한 실비가 이끌고 있었다. 플로렌스와 나는 매주 목요일 아침이면 그녀의 개와 함께 몬트리올의 마운트 로열 파크를 산책했다. 플로렌스의 검은색 레트리버인 탈리아는 추위에도 아랑곳없이 언덕 위로 달음질쳤고 우리는 즐겁게 이야기를 나누며 그 뒤를 따라갔다. 그렇게 몇 주가 흐른 뒤 나는 내 체중이 몇 킬로그램 줄어든 것을 깨닫게 되었다.

아주 좋은 일이기는 했다. 얼마 지나지 않아 의상 디자이너인 플로렌스의 동생이 파리에서 견본 제품을 잔뜩 보내주었다. 같이 수영을 하는 회원들이 플로렌스의 거실에 모여들어 깜짝 놀랄 만큼 아름답고 늘씬한 실크 옷들을 한 번씩 입어보았다. 내 동료들이 그 화려한 색상의 옷들을 입어보는 모습을 보면서 프랑스 옷과 프랑스 음식은 참으로 따로 논다는 사실을 깨달았다. 아쉽게도 플로렌스는 2년 뒤 프랑스로 돌아갔고 목요일 아침마다 하던 우리의 산책도 끝났다. 그리고 나는 플로렌스가 떠나는 것이 정말 아쉬웠다. 플로렌스가 떠나자마자 당장 체중계에 변화가 일어났다. 빠졌던 살이 다시 쪘던 것이다. 그녀는 나의 이웃이며 나와 '관계'가 있었다. 그녀와의 관계가 내게 영향을 주었다. 나는 친구관계에 만족했을 뿐만 아니라 더 열심히 운동했고 그녀의 체력에 나를 맞추는 데 약간의 부담감도 느꼈다. 이런 영향들은 플로렌스가 내 곁을 떠나자마자 공중으로 사라져버렸다.

가족과 체중 문제

거리의 역할을 생각해보면 형제자매 역시 서로의 체중에 영향을 미치는 것이 당연하다(유전적 성질을 공유하는 것은 말할 것도 없다). 니컬러스 크리스태키스와 제임스 파울러는 프레이밍햄 연구에서 형제 중 한 사람이 비만이면 다른 형제의 체중이 증가할 확률도 40퍼센트가량 올라간다는 사실을 밝혀냈다. 형제들은 서로 체중이 증가하는 모습을 나이가 들어감에 따라 아주 자연스러운 현상으로 느낄 것이고, 이는 비만의 전염에 대한 또 다른 설명을 제공해준다. 만일 아주 가까이 있는 친구나 가족, 혹은 직장 동료 대부분이 정기적으로 술과 안주를 즐긴다면 뱃살이 잔뜩 늘어날 것이며 우리가 생각하는 정상적인 허리 치수의 기준도 바뀔 것이다.

이 점에서 형제자매 사이의 전염이 특히 자매 사이에서 더 강하다는 사실이 그리 놀랍지는 않다. 프레이밍햄의 어느 여성이 살이 찐다면 그 자매 역시 살찔 확률은 무려 67퍼센트로, 이는 남자 형제 사이의 영향보다 거의 30퍼센트나 높은 것이다. 남편과 아내도 체중이 나란히 증가한다. 물론 아내가 남편의 체중에 영향을 미치는 확률은 그 반대의 경우보다 더 크다. 그리고 이런 영향이 3단계를 거친 관계에까지 영향을 준다는 사실을 생각해보면, 이는 누가 물건을 사고 요리를 하느냐와 상관이 없다는 것을 알 수 있다. 여기에서 바로 '여성 효과'가 다시 나타난다. 친밀한 관계 안에서 여성이 남성보다 행동의 변화를 더 잘 전염시킨다.[28]

이런 상관관계가 의미하는 것은 분명하다. 만일 가까운 친구나 가족이 우리가 한밤중에 먹어치우는 과자나 요구르트의 영향을 받는다면 우리의 일상적인 습관은 그저 우리만의 것이 아니라 우리와 가깝다고 느끼는 사람의 삶과 죽음에 영향을 미치는 요인이 된다.

아이들은 괜찮을까

바이런 경은 풍자시 「돈 주앙Don Juan」에서 이렇게 이야기한다.

"이브가 선악과를 먹은 이후 저녁 식사가 아주 중요해졌다."

여기서 정말 중요해진 것이 무엇인지는 아마도 바이런 자신만 알 것이다. 그런데 연구에 따르면 독서와 글짓기, 그리고 수학 등 고등학교의 수업 수준과 대학 입학시험 점수 외에도 아주 많은 것이 가족과의 저녁 식사와 관계가 있다고 한다. 우리가 자녀들과 더 많이 식사할수록 자녀들의 어휘는 늘어나고 성적도 올라간다. 또한 그 영향은 여자아이들에게 더 크게 작용한다. 젖먹이 시절을 지나고 요란스러운 10대 시절을 거쳐 성년에 이를 때까지 가족과의 식사는 자녀의 어휘력 향상과 읽기 능력, 그리고 학업 성취도를 측정해주는 좋은 도구가 된다. 물론 성관계나 약물, 식욕 부진이나 우울증, 자살 충동에 의해 아이가 비뚤어지는지도 확인할 수 있다.[29] 심지어 2008년의 연구에 의하면 폭력적인 행동을 보이는 특별한 유전자 변형체를 가지고 있는 남자아이도 가족과 함께 정기적으로 식사함으로써 그런 모습을 줄일 수 있다고 한다.

"만일 그런 유전자를 가지고 있는 사람들이 부모와 함께 정기적으로 식사를 한다면 위험은 사라질 것이다."

이 연구를 이끈 미국의 사회학자 구앙 궈^{Guang Guo}의 설명이다.[30] 그렇다면 수천 년간 이어져온 관습도 그다지 나쁘지는 않다는 뜻일 것이다. 여기서 놀라운 것은 먹는 내용물은 그다지 중요하지 않다는 사실이다. 유기농 푸성귀를 먹인다고 아이가 더 똑똑해지지는 않는다.

가족과 정기적으로 식사함으로써 어린아이는 글을 더 잘 읽고 쓰게 되고 청소년은 더 행복하고 건강해지는 이유는 무엇일까? 혼자서 텔레비전이나 컴퓨터를 보면서 밥을 먹는 아이들에 비해 SAT 점수는 높고 약물이나 술에 중독되는 비율은 낮은 이유는 무엇일까? 가족의 소득도 중요한 영향을 미치지만 그것이 이 모두를 설명해주지는 않는다. 부모의 소득이 충분하고 가정에 돈으로 인한 다툼이 없다면 아이들은 더 많은 기회를 가질 수 있다. 부모와 더 많은 시간을 보내고 더 좋은 학교에 다닐 수도 있는 것이다. 한편으로 잘사는 아이들의 경우 부모가 전문직 종사자로 바쁜 경우가 많다. 그런 경우에는 하루 종일 돌봐주는 사람이 있고 집에 가전제품도 많지만 가족과 식사를 함께하는 기회는 많지 않다. 중학생 중 3분의 1 이상은 부모와 함께 식사하는 경우가 드물다. 20여 년간 임상심리학자로 일해온 나로서는 그리 놀라운 일이 아니다. 때때로 부모는 그냥 함께 밥을 먹는 일조차 못하는 경우가 있다. 사회역사학자 스테파니 쿤츠^{Stephanie Coontz}는 거의 15퍼센트의 부부가 1주일에 총 100시간 이상 일하는데, 그런 경우 함께 밥을 먹고 이야기를 나눌 시간이 별로 없다고 지적한다.[31] 내가 치료 과정에서 만난 사회적으로 아주 성공한 부부는 부모로서 아주 불편함을 느껴서 하루 일과를 마치고 집으로 돌아갈 때면 아이를 돌봐주는 사람이 아이를 재울 때까지 집 안에 들어가지 않고 밖에서 돌아다닌다고 했다. 아이가 잠들고 나면 그제야 비로소 안심하고 집으로 들어갔다는 것이다.

가족 간의 식사라는 의식이 어려운 시기에 중심을 잡아주고 소속감을 심어준다는 증거는 많다. 특히 가족 사이에 큰 변화가 있을 때 그렇다고 한다.[32] 삶이 어렵다는 것은 어느 정도 느낌의 문제다. 그렇지만 더 중요한 것은 식사를 함께하는 것은 친밀한 행위로서 가족 간의 끈끈한 유대관계를 보여주는 하나의 표현이라는 사실이다. 또한 부모와 자녀가 매일 서로를 확인하고 관계를 가지는 방식이다. 만일 부엌이 그저 모자란 영양분을 채우기만 하는 장소가 아니라 이야기와 신뢰, 오늘의 교훈과 수다거리를 나누는 공간이라면 함께 먹고 대화하는 가족의 자녀는 심리적으로 건강하며 학교에서도 좋은 모습을 보여줄 것이다. 왜 그렇지 않겠는가?

연구자들이 찾아낸 사실이 바로 이런 것들이다. 하버드의 심리학자 캐서린 스노Catherine Snow와 그 동료들의 연구에 따르면 가족 사이의 농담이나 익살, 특히 어린 자녀들이 겪는 일들에 대한 우스갯소리는 주로 식사 시간의 추억과 연결되며 아이들은 이런 따뜻한 기억으로 올곧게 성장할 수 있다고 한다. 스노는 엄마와 아기 사이의 특별한 대화 방식, 그러니까 평소보다 높은 목소리로 단순한 표현을 써서 질문과 대답을 반복하는 이른바 '엄마 말투motherese'를 처음으로 연구하고 정리했다.

그런 스노가 부모의 또 다른 대화 방식에 관심을 가진 것은 그리 놀랄 일이 아니다. 스노와 동료 연구자들은 성적이 우수한 자녀가 있는 가족은 인종적 배경이나 수입의 차이에 상관없이 그렇지 않은 가족에게서는 찾아볼 수 없는 특별한 사회적 습관이 있을 거라고 생각했다. 만일 그런 행동의 특징들을 찾아낼 수만 있다면 그 비결을 다른 부모들에게도 알려줄 수 있으리라는 것이 연구자들의 결론이었다.

연구자들은 식탁에서 어른들과 다양하고 진지한 대화를 하는 아이들은 언어적 기술이 잘 발달해서 나중에 읽기 능력도 크게 향상되리라고 기대했다. 이렇게 읽기 능력이 향상된 아이들은 학교에서도 좋은 성적을 낼 것이다. 이런 이론을 확인하기 위해 연구자들은 소득 면에서 중산층 이하에 속하는 보스턴의 60여 가정 아이들을 3세부터 추적 조사하기 시작했다. 매년 아이들의 행동을 관찰하고 기록하면서 아이들이 고등학교를 졸업하고 대학에 진학할 무렵까지 10~14년간 연구한 것이다. 최소한 그 아이들 중 일부는 대학에 진학할 터였다. 연구자들은 처음부터 각 가정에 녹음기를 가져가 식탁 위에 두고 식사 중에 오가는 대화를 녹음했다. 최종적으로 160건의 대화가 녹음되었다. 어떤 가족은 녹음기가 있는 식사 시간을 일종의 오락 시간처럼 활용했다. 즉 아직 어린 자녀들을 의자 위에 올라서게 하고 ABC노래를 부르게 하는 식이었다. 반면 녹음기는 무시하고 평소처럼 지낸 가족도 있었다. 그중에는 이제 살펴볼 세 살배기 아들 토미와 엄마의 대화처럼 어른과 미취학 아동의 대화가 실존적인 내용을 담을 수 있음을 보여주는 사례도 있었다.

엄마 이 근처에는 야생동물이 많지 않아요.

172

토미 응, 그런데요, 자고 있으면 볼 수 있어요. 음, 내가 잠에서 깨도 동물들은 계속 그 자리에 있어요.

엄마 정말?

토미 응. 왜냐하면요, 내가 자고 있어야 보이거든요. 내가 자고 있으면, 내가, 그러니까 꿈속에서…….

엄마 그렇구나. 네가 잠자면서 꾸는 꿈이 진짜 같다는 거지. 그렇지만 그건 네가 잠을 자고 쉬는 동안 상상하는 것뿐이잖아?

토미 엄마, 엄마? 내 꿈은 진짜예요.

엄마 아니지요.

토미 맞아요.

엄마 정말? 그럼 무슨 꿈을 꾸었는데?

토미 괴물요. 그리고 나는…… 괴물 입안에…… 엄마, 괴물이…… 나를 꿀꺽 삼켰어요.

엄마 그러니까 괴물이 너를 붙잡았다고 생각하는 거구나? 하지만 그렇지 않아요. 네 목을 붙잡아 올리는 괴물은 없단다.

토미 진짜라니까요.

엄마 정말? 그러면 언제?

토미 아주 옛날 옛날에요.

엄마 아, 그래요?

토미 그리고 내 눈을 확 찔렀어요.

엄마 아, 토미야, 그런 일은 없어요.

토미 음…….

엄마 괴물이 절대 너를 괴롭히지 못하도록 엄마가 지켜주는 거 알지? 그리고 내가 괴물에 대해 뭐라고 이야기했더라?

토미 응?

엄마 그런 건 다 만들어낸 이야기야. 영화 속에만 있는 거지. 누군가 멋지게 상상해서 괴물을 만들어내는 거란다. 그리고 사람들이 온갖 기술을 동원해 진짜 무서운 괴물처럼 보이게 만드는 거지. 그러니까 마이클 잭슨이 나오는 거 본 적 있지? 마이클 잭슨이 화장을 해서 아주 무섭게 변했잖아. 누군가 그렇게 상상과 기술을 발휘해서 만들어내는 거야.

토미 아.

엄마 그러니까 진짜 괴물은 세상에 없는 거예요.[33]

이런 생생한 대화에는 스토리텔링(꿈), 새로운 정보(엄마의 설명), 모성애, 그리고 부정하는 논리(토미가 가상의 괴물을 만났다면 무슨 일이 벌어질지 상상하는 것)는 물론, 서로 오가는 정교한 어휘까지 포함되어 있다. 스노와 빌스Beals에 따르면 이렇게 밥을 먹는 동안 오가는 대화들을 통해 아이들의 말과 글이 향상된다고 한다. 최소한 그냥 일반적인 대화를 하는 가족들과 비교한다면. 많은 부모가 자녀들에게 뭐라고 지시할 때만 말을 건넨다. 등을 펴고 똑바로 앉아라. 깨끗하게 먹어라. 먹을 때는 이야기를 하지 마라. 아니면 밥을 먹을 때는 아무런 말도 하지 않는 부모도 있다. 그들에게 식사란 조용하면서도 진지한 행위다. 그것도 아니라면 자녀들과 식사를 함께하는 시간을 전혀 갖지 못하는 부모도 있다.

이런 대부분의 가정에서 식사 시간이란 함께 둘러앉아 얼마간 시간을 함께 보내는 것이다. 그 시간은 2분에서 47분까지 다양하며 평균 20분가량이다. 대부분의 경우 아이들과 함께 시간을 보내는 것은 엄마 쪽이다. 하루 세 끼 중 아빠를 보는 것은 대부분 한 번뿐이며 "그렇게 함께 있을 때조차 대화를 하는 경우는 상대적으로 적다"는 것이 연구자들의 결론이었다. 따라서 여기에서도 자연스럽게 '여성 효과'가 나타난다. 또한 곧 확인하겠지만 엄마들은 심지어 아빠랑 함께 있을 때조차 놀라운 영향력을 발휘한다. 두 아이가 텔레비전을 보면서 시리얼을 우유에 말아먹는 경우도 있었고, 엄마와 아들이 식사용으로 옥수수빵을 굽는 경우도 있었다. 그런데 이렇게 집에 아빠 없이 엄마와 아이만 있다면 그건 제대로 된 저녁 식사가 아니라고 연구자들에게 말한 엄마가 있었다.

이는 이해되는 일인 동시에 애처로운 광경이다. 2001년 연구에 따르면 가족의 식사가 책읽기나 장난감 놀이 등을 포함한 거의 모든 활동보다 아이의 어휘력 향상에 효과적이었다고 한다.[34] 좀 더 최근에는 휴먼 스피치홈 프로젝트Human Speechome Project라는 이름의 혁신적인 자연주의 실험이 실시되었다. MIT의 컴퓨터과학자인 데브 로이Deb Roy와 그의 아내인 노스이스턴 대학교의 정신언어학자 러펄 패텔Rupal Patel은 첫아이가 태어나기 몇 개월 전에 보스턴 교외에 있는 자기 집 천장에 열한 개의 전 방향 어안魚眼 카메라와 열네 개의 고성능 마이크를 설치했다. 이후 부부는 25만 시간 분량의 영상과 음성을 녹화하고 녹음했다. 생후 3년간 아이가 깨어 있는 시간을 거의 대부분 녹화·녹음한 것이다. 이 실험은 대부분의 아이가 말을 배우는 집에서 언어 습득의 특별한 사회적 측면을 찾아보기 위한 것이었다. 매일 녹음된 2기가바이트 용량의 자료를 완전히 분석하는 데는 족히 수십 년은 걸리겠지만, 우선 눈에 띄는 부분만 살펴보면 대부분의 활동이 일어나는 사회적으로 중요한 지점이 있다는 사실을 알 수 있다. 이 지점들은 또한 대부분의 아기에게 언어가 '태어나는' 지점이기도 하다. 로이에 따르면 그중 가장 중요한 지점이 부엌이라고 한다.[35]

이유식을 두고 아직 어린 아기와 나누는 부모의 농담은 몇 년 후 아이의 어휘력에 대한 좋은 예측 장치가 되어준다. 아이의 지능지수, 부모의 교육 수준과 수입은 상관이 없다.[36] 로이는 부모가 얼마나 자주 같은 단어를 말하는지, 그리고 아이가 얼마나 빨리 그 말을 따라 하는지 사이의 강력한 관계를 확인했지만, 이는 아이가 만들어낼 수 있는 단어의 개수에만 연결되는 문제는 아니었다.[37] 상대방의 얼굴 표정을 읽고 서로 다른 주장을 주고받는 등의 활동을 통해 이어지는 대화 역시 둘 사이의 공감을 이끌어낸다. 발달심리학자 앨리슨 고프닉Alison Gopnik은 이런 상황을 "꼭 필요하지만 자주 찾아볼 수 없는 일, 인생에서 꼭 필요하고 그렇게 되었으면 하는 일"에 대한 생각으로 정의했다.[38]

앞서 토미의 이야기처럼 어린아이는 존재하지 않는 괴물 같은 가상의 이야기를 하고 하고 또 하기 때문에 그런 이야기를 들어주는 것은 정말이지 한숨이 나올 정도로 지루할 수 있다. 그렇지만 부모라면 이런 점을 생각해보아야 한다.

"아이가 두세 살쯤 되었을 때는 아주 특별하게 생각될 정도로 깨어 있는 시간 대부분을 상상의 괴물, 가능한 우주, 위장 신분으로 이루어진 세상에서 보내게 된다."

고프닉은 『우리 아이의 머릿속The Philosophical Baby』에서 그렇게 말했다. 또한 고프닉은 자신이 정리한 수많은 증거 자료를 통해 이렇게 가상의 세계를 상상하는 일과 진짜 세상을 이해하는 일은 우리가 생각하는 것 이상으로 밀접하게 연결되어 있다고 역설한다. 아직 숫자 개념을 제대로 확립하지 못한 아이들이 어휘력을 강화하고 의사소통 기술을 개발하려고 한다면 체계적으로 정해지지 않은 일종의 사회적 시간 social time이 필요하다. 심지어 아이들이 교육용 비디오를 통해 숫자 등을 배우고 연습한다고 해도 직접 사람들과 체계가 잡히지 않은 대화를 하며 상호 교류한 아이들보다 어휘력이 현저하게 떨어진다는 증거도 있다.³⁹ 만일 발달된 공감 능력이 친밀한 접촉을 유지하는 데 중요한 역할을 한다면 "그런 종류의 접촉으로 우리는 다른 사람의 얼굴에 떠오른 기쁨이나 슬픔을 정확하게 알아차리게 될 것"이라고 고프닉은 주장한다. 식탁에서 나누는 짧은 수다를 통해 아이는 그 어느 때보다도 깊은 인상을 받게 된다.⁴⁰

10대, 음식, 그리고 또 다른 여성 효과

우리는 이제 아이들이 가족의 식사 시간에서 영양 이상의 것을 얻는다는 사실을 알게 되었다. 그중 하나는 풍부한 어휘력이고 또 다른 하나는 공감 능력이다. 공감 능력은 다른 사람의 생각과 감정을 상상하는 능력이다. 자신이 아닌 다른 사람의 머릿속으로 들어가는 능력은 우리 인간 사이에서만 진화한 것으로, 물론 그런 능력이 특별히 뛰어난 인간도 있다. 이런 능력에는 유전자와 태아기 호르몬이 중요한 역할을 하지만 가족과의 식사를 통해 다른 사람의 얼굴에 떠오르는 표정을 읽는 연습을 많이 하는 것도 운동선수의 마무리 훈련처럼 아주 중요한 부분이다. 식탁은 아이들이 세상 밖으로 나가 이 능력을 직접 시험해보기 전에 연습과 수정을 거칠 수 있는 아주 이상적인 지점이다.

그럼에도 정기적인 가족 식사에서 찾아낸 가장 놀라운 발견은 이 시간이 10대 자녀들, 특히 여자아이들을 바꿔놓을 수 있다는 사실일 것이다. 2008년 미네소타 주에서는 800명의 아이들을 대상으로 12세부터 17세까지 5년 동안 식습관에 대한 조사와 연구를 진행했다. 경제적인 문제와 같은 다른 요소들은 계속 같은 상태를 유지하는 조건이었다. 그 결과 정기적으로 가족과 식사하는 12세의 여자아이들은 17세가 되었을 때 음주와 흡연, 그리고 마리화나 흡연이 다른 아이들의 절반 이하였다.[41] 적어도 여자아이들에게는 가족과의 식사가 일종의 보호막이 되어준 것 같았다. 이런 결과는 이 연구에서만 나타난 것이 아니었다. 같은 해 발표된 또 다른 연구에서는 5년이 넘는 기간 동안 2,500명 이상의 청소년들을 조사한 결과 정기적으로 가족과 식사를 하는 여자아이들은 식이장애를 겪는 경우가 크게 줄었다고 한다.[42] 남자아이들은 처음부터 그런 장애를 보이는 경우가 아주 드물긴 했지만 가족과의 식사가 특별히 어떤 영향을 미치지는 않았다.

여성은 남성에 비해 친구나 자매의 식습관에 더 예민할 뿐만 아니라 비교적 어린 나이부터 다른 사람들과의 식사에 더 큰 영향을 받는다. 연구자들은 이런 특별한 결과에 대해 이렇게 설명한다.

"여성들은 가족과의 식사 시간에 얻는 미묘한 감정적 도움에 더 많이 적응하고 반응한다. 그 결과 남성보다는 여성에게 긍정적인 효과가 많이 나타나는 것이다."[43]

그보다 몇 년 전에 이 연구팀은 5,000명에 달하는 미국 10대 아이들의 생활을 관찰했고 그중 3분의 1이 가족과는 거의 식사를 함께하지 않는다는 사실을 알게 되었다. 가족과 식사를 하는 다른 아이들에 비해 이들은 자살을 시도하는 경우가 두 배나 더 많았다. 그리고 이 연구 결과는 연구자들이 끈끈한 가족관계의 보호 효과를 설명한 다음에 소개된다. 남녀 상관없이 10대 아이들은 가족과 식사하는 횟수가 줄어들수록 성적이 떨어지고 우울증도 생기며 흡연이나 약물의 유혹에 취약해지다가 결국 자살에 대한 생각이나 시도를 하게 된다.[44]

그렇지만 도대체 왜 그렇게 되는 것일까? 정확히 알 수는 없지만 분명 식사 자리에서 어떤 변화가 일어나는 것이다. 음식과 사회적 관계에 대한 연구는 대부분 서로 연결되는 지점이 있다. 그렇지만 두 가지 별개의 현상이 하나로 엮이는 과정을 정리할 수는 있었지만 그 이유까지는 정확히 밝혀내지 못했다.[45] 부모나 형제들과 정기적으로 식사를 하는 아이들은 좋은 방향으로 열정을 쏟게 되고 심리적으로도 안정적이며 공부도 더 잘하게 되는 것일까? 식사 자리에서 일어나는 일도 부모의 지원이기 때문에? 아니면 모든 것은 그저 아이들에게만 달려 있는 것일까? 어쩌면 부모와 정기적으로 밥을 함께 먹는 유형의 아이들은 처음부터 대화에 더 능숙하거나 세상에 대한 불만이 적었을지도 모른다. 만일 부모가 냉장고를 가득 채우고 자녀의 학자금을 마련하기 위해 열심히 일만 하는 사람이라면 학교를 그저 시간낭비라고 생각하는 반항적인 자녀와 주말 저녁마다 식사하는 일의 중요성에 대해 아주 둔감할 것이다. 내 아들 칼이 말했다.

"같이 있는 시간도 없는데 밥을 같이 먹겠어요? 음식을 나누는 일이 바로 갈등을 해결하는 방법이에요."

평화가 찾아오면 자연스럽게 음식을 나누게 된다. 아니, 그 반대로 음식을 나누면 서로 협력하는 평화가 찾아올지도 모른다. 앞서 살펴본 고대 선조들의 거창했던 잔치와, 그런 잔치의 현대적인 모습인 이웃과의 결속을 다지는 행사에서처럼.[46] 평화가 먼저인지 식사가 먼저인지에 대한 유일한 해답은 갓 태어난 아이에게 가족이나 친구 혹은 혼자라는 다양한 방식의 식사를 경험하게 하고 어떻게 성장하는지를 관찰하는 것이겠지만, 물론 이런 실험은 할 수가 없다. 따라서 가장 적절한 대안은 장기간에 걸친 연구로 사람들의 습관에 대해 수많은 질문을 던지고 시간이 지남에 따라 어떤 일이 일어나는지 추적하는 것이다. 앞서 살펴보았던 프레이밍햄 연구나 유방암에 대한 연구가 여기에 속한다.

미네소타 대학교의 앤 마이어Ann Meier와 코넬 대학교의 켈리 뮤직Kelly Musick은 최근 1만 8,000명의 미국 청소년을 조사했다. 두 사람은 다른 요소들을 제외한 다음 얼굴을 마주하는 교류가 가족 간의 식사를 가능하게 한다는 결론을 내렸다. 단지 식사를 함께한다고 서로 교류가 이루어지는 것은 아니라는 말이다. 식사를 함께하는 일은 단지 부모가 자녀와 시간을 갖는 방법 중 하나다. 어쩌면 대부분의 경우 유일한 방법이기도 하다. 부모 노릇에 대해 좀 더 적극적인 관심을 가져야만 밥을 함께 먹으면서 단단한 교류를 나눌 수 있다. 그래야 나중에 아이들이 우울증과 비행, 그리고 약물 남용에 빠지는 확률이 줄어든다.[47]

특별히 식습관에 주목한 미국의 심리학자이자 식이장애 전문가인 데브라 프랑코Debra Franko와 그녀의 동료들은 9~19세까지 약 2,400명의 여자아이를 살펴보았다. 그들은 연구를 시작하고 3년 동안 좀 더 자주 식사를 함께한 가족이 7~8년 뒤에 결속력이 강해지고 서로 좋은 습관을 가지게 되었다는 사실을 알게 되었다. 따라서 이런 모든 긍정적인 측면만 감안한다면 어떤 식으로든 식사 시간을 자주 갖는 일이 우선일지도 모른다. 특히 "거의 혹은 전혀" 부모와 식사를 해보지 못했다는 전체 10퍼센트의 9~11세 여자아이들은 다른 아이들에 비해 10대가 되고 나서 담배를 피우고 스트레스에 시달리며 음식에 대한 비뚤어진 시각을 갖기 쉬웠다. 식사 자리에서 이루어지는 사회적 접촉은 가족 간의 결속력을 강화하며 "문제 해결의 기회"가 된다는 것이 연구자들의 결론이었다. 그리고 어쩌면 나중에 일어날 여자아이들의 위험한 행동도 줄여줄지 모른다.[48]

나는 아이들이 매일 저녁 부모와 함께 마주 보며 식사를 해야 한다고 생각하지는 않는다. 나중에 겪을지도 모를 식욕 부진이나 심한 일탈 행위를 막기 위해 밥을 먹으면서 꼭 재미있는 농담을 주고받자는 것도 아니다. 다른 문화권에서는 식사 자리에서 이야기를 나누는 방식이 전혀 어울리지 않을 수도 있다. 예를 들어 캐서린 스노와 노르웨이 오슬로 대학교의 심리학자 비베케 그루브 에우크루스트[Vibeke Grov Aukrust]는 같은 나이의 미취학 자녀가 있는 미국과 노르웨이의 가정을 골라 식사 시간에 이루어지는 대화를 서로 비교해보았다. 그 결과 미국 아이는 노르웨이 아이의 절반 수준밖에 이야기하지 않지만 같은 이야기를 두 번 이상 자세하게 한다는 사실이 밝혀졌다. 그리고 미국 아이가 더 극적인 이야기를 좋아했다. 예컨대 노르웨이 아이는 오늘 닐스가 초록색 스웨터를 입고 유치원에 왔다는 정도만 이야기하지만 미국 아이는 오늘 조니가 유치원에서 토했는데 토사물이 오렌지색이었다고 이야기하는 식이다.[49] 이 두 가지 이야기의 공통점은 부모의 반응을 기대한다는 것이었다. 부모가 반응하면 아이는 아주 기꺼이 반응을 보이며 대화가 계속 이어지는 것이다.

내가 이야기하려는 내용이 바로 이것이다. 즉 음식을 나누는 일은 언어와 사회적 교류의 미묘한 부분을 찾아 서로 이어주는 시발점이다. 또한 이는 우리가 어딘가에 속해 있다는 느낌이 들도록 도와준다.

다른 사람을 변화시키는 변화

나는 신문의 칼럼니스트로서 주로 서평과 주요 기사들을 눈여겨본다. 그러다 요즘 특별히 눈여겨보는 기사가 하나 생겼다. 바로 주말에 실리는 다이어트 칼럼이다. 지역신문에서 그런 칼럼을 처음 보았다. 체중을 감량하던 신문사의 기자가 '다이어트 일기'를 연재해달라는 부탁을 받고 '나의 발전Shaping Up'이라는 제목으로 글을 썼던 것이다. 그다음에는 전국지에서 '나의 체중 감량법'이라는 기사도 보게 되었다. 이 연재 기사의 편집자는 독자들에게 자신만의 다이어트법을 투고받아 체중 감량 전후의 사진과 함께 기사로 내보냈다. 목적은 바로 다른 독자들을 자극하고 격려하는 것이었다. 그런데 과연 내가 모르는 낯선 사람의 경험이 정말로 나의 습관을 바꿔줄 수 있을까?

미국 국민 중 4분의 3이 겪고 있는 비만 문제에 대한 간편한 해결책으로는 분명 쓸 만하겠지만 이런 방법이 효과적이라는 확실한 증거는 없다. 다이어트에 대해 거의 유일하게 효과를 인정받고 있는 기업은 아마도 웨이트 와처스Weight Watchers일 것이다. 이 회사는 식사를 하나의 강력한 사회적 행위로 강조하고 있다. 비만인 사람들에게 다양한 식이요법과 체중 감량 프로그램을 무작위로 적용해본 연구가 있었는데, 어떤 사례도 체중 감량 후에 적정 체중을 유지하게 하는 웨이트 와처스와 경쟁할 수는 없었다.[50] 웨이트 와처스가 회원들에게 요구하는 중요한 요소는 매일 먹는 음식을 따지고 기록하는 것이 아니라 1주일에 한 번 열리는 회의에 참석하는 것이다. 그 회의에서 회원들은 체중을 측정하고 체중이 줄어들 때마다 격려와 박수를 받는다. 그리고 특별히 중요한 순간에 도달한 경우 선물을 받기도 한다.

나는 2011년 3월 세 명의 친구와 웨이트 와처스에 등록했다. 어떤 효과가 있는지 직접 체험해보기 위해서였다.

"나는 사회적인 지원이나 도움이 중요하다고 생각합니다. 주변을 둘러보면 누구나 그런 도움을 받을 기회가 있을 겁니다."

내 친구가 회의에서 그렇게 말했다. 친구는 동료들을 격려하고 "서로를 챙겨주기" 위해 체중 감량과 관련된 작가들의 이메일 목록을 공유하고 연락하는 일을 계속했다. 이런 대화들을 들으면 웨이트 와처스처럼 12단계 어쩌고 하는 프로그램에 대해 이해할 수 있다. 결국 이런 모든 활동이나 움직임은 비만 같은 지나친 방종에 도덕적인 문제가 있다는 가정하에 시작되는 것이다. 그리고 AA^Alcoholics Anonymous(알코올중독자 갱생회)의 창설자인 프랭클린 너새니얼 대니얼 부크먼^Franklin Nathaniel Daniel Buchman 박사의 말처럼 이런 도덕적 실패가 요구하는 것은 "다른 사람을 반드시 바꾸어야 한다"는 사회적 책임이 아니라 "변화를 위해 반드시 있어야 하는 자신만의 고백"이다.[51] 비록 오만한 면은 있지만 자기 수양을 중요시하는 AA는 한 가지 면에서는 옳은 이야기를 하고 있다. 인간의 소비 습관을 바꾸기 위해서는 사회적 압력, 특별히 자신이 존경하는 사람이 가하는 압력이 가장 효과적이라는 것이다.

12단계를 이끄는 주체

2009년 1월 《뉴욕 타임스 매거진》은 중독 관련 전문가이자 텔레비전 리얼리티 쇼 프로그램인 〈소버 하우스^Sober House〉, 〈드루 박사와 하는 명사들의 재활^Celebrity Rehab with Dr. Drew〉의 진행자로 유명한 드루 핀스키^Drew Pinsky 박사에 대한 기사를 실었다. 핀스키 박사는 패서디나 병원에서 레지던트로 근무하며 알코올중독 등 각종 중독에 시달리는 사람들을 돌보면서 중독성 약물을 연구해야겠다는 결심을 하게 되었다.

그는 그때가 자기 인생의 중대한 전환점이었다고 이야기했다.

"나는 사람들을 보았습니다. 아주 젊은 사람들이었지요. 죽음과 쾌락 사이를 넘나드는 사람들을 보며 나는 한숨을 내쉬었습니다. 약물 중독은 죽음 아니면 치명적인 고통을 가져올 뿐입니다. 약물에 취해 쾌락에 빠져서는 안 됩니다. 그런 일은 일어나서는 안 돼요."

핀스키는 곧 방송에서 치료사로 활동하게 된다. 로드니 킹^{Rodney King}이나 하이디 플라이스^{Heidi Fleiss} 같은 유명 인사들의 숨겨진 약물중독 증세를 치료하고 사회적인 명성을 얻는다. 그런 그가 얻은 별명은 바로 '12단계의 신^{the God of 12-step}'이었다. 이 별명은 중독자들이 서로의 재활을 돕는 최초의 치료 단체였던 AA에서 유래했다.《뉴욕 타임스》기사에서 크리스 노리스^{Chris Norris}는 사람들의 정직한 고백을 핀스키가 어떻게 받아들이는지 지적했다.

나는 상대방의 경계심을 풀고 무장해제시키는 핀스키의 대화 기술에 감탄했다. 여기에는 계속해서 고개를 끄덕이고, 이해한다는 웃음을 지어주고, 상대방과 비슷한 행동으로 안심시켜주고, 부드럽게 무릎을 토닥이는 등의 행동이 포함된다. 이런 모든 것은 내가 어린 시절 나눴던 친밀한 관계를 떠올리게 해주었다. 내가 유명해지기 전에 말이다. 또한 이런 모습은 아주 편안하게 다가온다. "우리는 서로에게 영향을 줄 수 있어요." 핀스키는 중독자들과 자신의 관계에 대해 이렇게 이야기한다. "당신은 사람들에게 이야기하고 나는 지금 여기 당신과 함께 있습니다. 당신의 감정을 느낄 수 있어요. 그 감정을 나누고 이해하며 또 인정하면서 말입니다."[52]

핀스키에 따르면 인간의 기본적인 접촉은 나쁜 습관을 떨쳐버려야 하는 각종 중독자들에게 아주 중요하지만, 처음에 약물과 알코올을 시작하게 만드는 촉매제 역할도 한다고 한다. 마약 조직을 소탕하는 경찰 특수부대의 활약을 다룬 드라마 〈더 와이어The Wire〉를 봤다면 누구나 알겠지만, 빈민가의 아이들이 중독에 빠지는 가장 큰 이유는 바로 주변의 친구들이 모두 중독자이기 때문이다. 또래 친구들의 유혹은 저항할 수 있는 자기통제 범위를 넘어선다. 자신과 관련된 모든 사회적 연결망이 나쁜 습관과 관련되어 있다면 정말 굳은 마음으로 원칙을 세워야 한다. 비록 저녁 식사 전에 술을 마시거나 한낮에 마리화나를 피우는 등의 습관을 아주 조금 줄이는 정도라고 하더라도. 어린 시절 우리 어머니는 분명 나쁜 친구들과 어울리는 일의 위험성을 경고했을 것이며, 이제 우리는 어머니의 말이 틀리지 않았음을 안다. 연구에 따르면 가까운 친구들이 변하면 우리의 생각도 따라서 변한다고 한다. 거기에는 먹고 마시고 담배를 피우고 나쁜 일에 관심을 두는 것까지 포함된다.[53]

누군가 술을 너무 많이 마신다면 아마도 슬픔에 빠져 있거나 친구들을 따라 하는 것일 가능성이 높다. 후자의 경우라면 그저 파울러와 크리스태키스가 이야기한 '인간 초유기체'의 일부로서의 역할을 하고 있는 것에 불과하다. 사회적 전염을 통해 과도한 음주와 흡연이 계속되고, 이는 결국 비만으로 이어진다. 만일 우리 인간이 앞에서 살펴본 생리의 동시성이나 출산의 전염성처럼 언어나 언어 외의 신호를 통해 감정이나 성향을 전달하도록 서로 연결되어 있다면 같은 절차를 통해 나쁜 습관도 전파될 것이다.

그와 관련하여 하버드의 정신과 의사인 닐스 로젠퀴스트Niels Rosenquist

는 프레이밍햄 자료를 조사해 한 사람의 음주량이 친구들의 음주량과 연결되어 있다는 사실을 밝혀내기도 했다. 연구팀은 만일 우리의 친구가 하루에 포도주를 한두 잔 이상 마신다면 우리가 친구를 따라 술을 마실 확률이 50퍼센트 이상 올라간다는 사실을 알게 되었다(컴퓨터 등을 통해 관계를 유지하는 사람과 비교해서 그렇다). 과학 연구에서 '과음'이란 남성은 하루에 두 번 이상, 여성은 한 번 이상 술을 마시는 것을 의미한다. 이렇게 과음하는 친구들이 주변에 있으면 사람들의 전체적인 알코올 소비가 70퍼센트까지 올라간다고 한다. 반면에 주변 사람들이 술을 끊으면 같이 끊을 확률도 50퍼센트 올라간다. 여기에서 또한 번 사람들의 음주 습관에 강력한 영향을 미치는 것은 남성이 아닌 여성이다. 음주량과는 상관이 없다.[54]

과학자들이 관찰한 것은 음주 그 자체가 아니라 술을 마시는 사람들의 말이다. 자신의 음주에 대해 어느 정도 인정하느냐 역시 주변 동료들에게 영향을 미친다. 어떤 사회적 관계에서는 음주가 아주 부끄러운 행동이 되지만 자랑거리가 되는 경우도 있다. 1950년대 뉴욕에서 자신의 이름을 붙인 술집과 식당을 경영했던 영화배우 투츠 쇼어 Toots Shor는 단골손님이던 영화배우 프랭크 시나트라와 작가 어니스트 헤밍웨이에게 "밤새도록 술 마실 능력이 안 되는 친구는 여기 못 들어와"라고 말하기도 했다.[55] 음주와 우정은 여전히 떼려야 뗄 수 없는 관계로 여겨진다. 따라서 사람들이 술 마시는 일을 아주 중요하게 생각한다고 말하는 것도 그리 놀라운 일이 아니다.

그리고 앞서 살펴본 비만 문제와 마찬가지로 개인적인 관계가 멀어질수록 사회적 영향력도 감소한다. 만일 내가 술을 과하게 마신다면 친구의 알코올 소비는 50퍼센트 상승하지만 친구의 친구는 35퍼센트, 그리고 친구의 친구의 친구는 8퍼센트 정도만 올라갈 뿐이다. 간접흡연과 마찬가지로 그 효과는 점차 사라진다. 관계가 3단계 이상 거치고 나면 친구나 가족에 대한 나의 영향력은 낯선 사람의 영향력과 거의 차이가 없다.

여성과 음주

흥미롭게도 음주에도 '여성 효과'가 나타난다. 남성의 사회생활이 종종 음주와 깊이 관련되어 있다는 사실을 감안하면 이런 음주의 전염은 남성의 사회관계 안에서 가장 크게 영향력을 발휘할 거라고 생각하는 사람들도 있을 것이다. 그렇지만 프레이밍햄 자료에서 확인할 수 있듯 여성이 음주와 금주 모두에 크게 영향을 미친다. 겉으로 드러나든 드러나지 않든 남성의 알코올 소비에 대한 여성의 영향력은 가장 강력한 변화 요소임에 틀림없다.

닐스 로젠퀴스트의 연구에서 통계적 분석을 마치기 전까지 '여성 효과'는 분명하게 드러나지 않았다. 그렇지만 1920년대 미국 금주법 시대에 여성들은 공개적으로 자신들의 영향력을 과시했다. 대니얼 오크렌트[Daniel Okrent]는 『라스트 콜[Last Call]』에서 금주법 시대의 실감나는 역사를 그려냈다. 이 책을 보면 캐리 네이션[Carry Nation], 수전 B. 앤서니[Susan B. Anthony], 그리고 엘리자베스 캐디 스탠턴[Elizabeth Cady Stanton] 같은 여성 참정권론자는 금주운동을 통해 정치적인 첫발을 내디뎠다. 수전 B. 앤서니의 첫 번째 대중 연설은 알코올의 위험성에 대한 것이었지만 "캐리 네이션의 알코올에 대한 증오에 비길 만한 것은 없었다. 거기에 그녀의 열정과 공격성이 더해졌다". 오크렌트는 네이션을 "남자 노동자 같은 억센 근육을 가진 180센티미터의 장신으로, 얼굴은 교도

소 간수 같았고 지독한 치통처럼 끈질겼던" 여성으로 소개하고 있다. 미국 중서부 지역의 술집 주인들과 애주가들은 네이션과 마주하지 않을 수 없었고 네이션에게는 두 가지 무기가 있었다. 바로 그녀가 애용하는 손도끼와 직접 발행하는 신문인《더 스매셔스 메일The Smasher's Mail》이었다. 20세기에 접어들어 여성 활동가들은 미국 사람들이 매일 소비하는 엄청난 양의 알코올을 줄이기 위해 앞장섰고 음주를 불법행위로 규정하기 위해 노력을 아끼지 않았다.

나는 금주법이 시행된 1920년에서 1933년까지 금주를 위해 노력한 여성들이 있다는 사실은 알고 있었다. 하지만 오크렌트의 책을 읽기 전까지는 술병을 다시 따는 데 결정적인 역할을 한 여성들이 있다는 사실은 알지 못했다. 앞서 소개한 여성들과는 아주 다른 의견을 가진 이 여성들은 도끼가 아닌 다른 방식으로 사람들을 설득했다. 그들은 미국인의 사생활에 대해 헌법에도 명시되어 있지 않은 과도한 개입을 못하도록 사람들의 의견을 바꾸려 했던 것이다. 1930년《워싱턴 포스트》는 금주법에 반대하는 여성 운동가가 상원 공청회에 나타났다는 기사를 1면에 실었다.

"여성들의 이름이 명사들의 이름 틈에서 두드러진다……. 그 숫자는 남성들에 비해 네 배나 많다. 이들은 우리의 할머니, 유모, 그리고 사교계에 갓 모습을 드러낸 아가씨들로 모두 금주법에 반대하고 있다. 이렇게 여성들이 모습을 드러냈다는 것은 금주법이 이제 끝날 때가 되었다는 증거가 아니겠는가."[56]

열정적으로 활동하는 두 부류의 여성이 사람들이 먹고 마시는 문제에 대해 서로 의견을 나누는 것은 어제 오늘의 일이 아니다. 여성들이 남성의 음주 문제에 대해 목소리를 높이던 시절에 어떤 음료를 아기들에게 먹여야 하는지에 대한 논쟁도 한창 달아올랐다. 그리고 이런 모습은 자신만의 강한 의견을 가진 여성들에게서만 보이는 것이 아니었다. 과학계, 정계, 의학계, 그리고 재계에서도 아기들에게 무엇을 먹여야 하는지에 대한 의견이 전쟁처럼 달아올랐던 것이다. 그런 모습은 정말 전쟁이라는 말로밖에 표현할 길이 없었다. 먹을거리에 대한 논쟁이 시작되고 150여 년이 흘렀지만 긴장감은 더욱 높아진 것 같다. 의견의 충돌은 더욱 거세지고 있을 뿐이다.

5

아기는 엄마를 보면서
자신을 본다

사회적 접촉이 아기의 두뇌에 미치는 영향

내가 윌리엄을 처음 만났을 때 아이는 겨우 생후 2개월이었다. 두 살이 되지 않은 형제가 둘이나 더 있었기 때문에 윌리엄의 부모는 아주 분주했다. 사실 3장에서 소개한 밥과 다이앤이 이 아기들의 부모인데 다행히도 이들은 밥의 어머니와 함께 살고 있었다. 그녀는 몬트리올 마일엔드 주택가에 있는 복층 아파트를 팔려고 내놓았는데, 밥과 다이앤 부부가 그 집을 사서 들어온 것이었다. 이제 젊은 부부는 아래층에, 그리고 아이들의 할머니는 위층에 함께 살게 되었다. 근처에 살고 있는 이민자 가정들은 이곳에 자리 잡은 지 100년 이상 되었고 대부분 이런 식으로 살고 있었다. 다이앤이 시어머니와 한 지붕 아래 살겠다고 결정한 것은 경제적인 문제 말고 또 다른 이유가 있어서였다.

"나는 가족과 가깝게 지내는 방법은 결국 물리적으로 가깝게 지내는 것이라고 늘 생각해왔습니다. 어떤 사람들은 꼭 그렇지 않다고 말할지 모르겠어요. 그렇지만 나는 항상 가족들과 가까이 살고 싶었어

191

요. 엘리자베스는 정말 좋은 시어머니세요. 시어머니가 집에 계시면 가족이 함께 모여 식사도 자주 할 수 있지요. 물론 그건 처음에 생각하지 못한 일이지만요."

나는 이 젊은 부부의 집에 저녁 초대를 받았고, 그 자리에는 딸을 만나러 온 다이앤의 아버지 데니스도 함께 있었다. 청록색 타일이 붙어 있는 부엌으로 들어가보니 데니스는 토실토실한 아기 엉덩이를 부엌 탁자 위에 걸쳐놓고는 두툼한 손바닥으로 윌리엄의 몸통을 감싸 안고 있었다. 할아버지가 탁자 끄트머리에서 손자를 들었다 내렸다 하자 아직 배내털도 가시지 않은 윌리엄의 머리가 위태롭게 흔들리기 시작했다.

"그렇지, 그렇지. 아이고, 잘한다! 잘한다, 우리 아기!"

윌리엄은 즉시 울음을 멈추고 고개를 들어 할아버지와 눈을 맞췄다. 아기는 이제 푸른색이 감도는 회색 눈동자를 크게 뜨고 있었다. 할아버지가 "잘한다, 잘한다"라고 말할 때마다 입을 떡 벌리더니 작은 분홍색 혀를 쏙 내밀고는 할아버지의 눈에서 시선을 떼지 않다가 이내 할아버지의 커다랗게 벌린 입과 커다란 혓바닥, 그리고 하얀 이를 쳐다보는 것 같았다. 할아버지의 모습에 윌리엄은 정신을 빼앗겼는지 배가 고파서 울던 것도 잊어버린 모양이었다.

이내 다이앤이 나타나 윌리엄을 안고는 자리를 잡고 앉았다. 그녀는 팔로 아들을 받치더니 능숙한 솜씨로 자신의 스웨터 안에 아들의 머리를 집어넣었다. 컥컥거리며 젖을 빠는 소리가 들리다가 이내 잦아들었고 아기의 등이 규칙적으로 오르내리기 시작했다. 갑자기 사방이 조용해졌다. 그때까지 큰 소리로 이야기하던 우리는 윌리엄이 젖을 빠는 나지막한 소리에 맞춰 목소리를 낮췄다. 불과 5분 전만 해도 윌리엄이 우리 어른들에 맞춰 움직이고 있었던 것이다.

이것이야말로 수천만 년을 진화해온 포유류만 보여줄 수 있는 조화롭고 아름다운 모습이다. 모유 수유는 음식과 관련된 아기의 성장을 늦춘다. 이는 빠르게 움직이는 생활양식과 정반대되는 모습으로 엄마의 활동을 제한할 수 있다. 당연한 이야기지만 음식물 섭취를 모유로 시작하는 이 느린 과정에서 엄마는 하루에 여섯 번에서 열 번은 아기와 함께 있어주어야 하고 제대로 움직일 수도 없다. 모유 수유라는 신체적인 접촉과 느긋한 음식물 섭취가 엄마와 아기 모두의 혈류 안으로 옥시토신을 천천히 흐르게 하고 고통을 줄여주며 상호 간의 신뢰감을 높여준다는 사실은 이미 오래전부터 잘 알려져 있다. 거기에 덧붙여 신경 펩타이드 역시 엄마와 아기가 함께 조용히 앉아 있을 수 있게 해준다.[1] 분명 옥시토신은 친밀함이라는 바퀴를 잘 굴러가게 해주는 윤활유이며, 첨단 기술로도 도저히 이를 흉내 낼 수 없다.

당연히 사회적 유대감도 크게 늘어날 것 같지만 현재 미국에서 윌리엄처럼 생후 2개월쯤 되는 아기를 모유 수유로 키우는 엄마는 40퍼센트가 되지 않는다. 그리고 아기가 4개월이 되면 그 수치는 27퍼센트까지 떨어진다. 생후 4개월이라고 하면 아기가 겨우 몸을 세우고 한 손으로 엄마의 가슴을 부여잡고 다른 손으로는 엄마의 얼굴을 어루만질 수 있는 나이다. 세계보건기구[WHO]가 생후 6개월까지는 모유만 먹이는 게 좋다고 권장하고 있지만 그때까지 모유를 먹이는 미국 엄마는 겨우 14퍼센트 남짓에 불과하다.[2] 그 외 86퍼센트는 전업으로 직장을 다니거나 다른 일에 방해를 받아 모유 수유를 제대로 못한다. 미국의 저널리스트 해나 로진[Hanna Rosin]은 이런 말을 하기도 했다.

"나와 21세기를 살아가는 다른 여성들을 놀라게 하는 건 진공청소

기 소리가 아니라 바로 아이에게 젖을 먹이는 소리다."³

아기에게 모유를 먹이는 것과 분유를 먹이는 것 사이에는 정말로 어떤 차이점이 있을까? 구소비에트연방에서 세계 최초의 인공위성 스푸트니크를 쏘아 올린 해에 태어난 나는 과학만능주의라는 시대정신의 세례를 받았다. 모유를 먹고 자라지는 않았지만 뭔가 박탈감을 느낀다고 말할 수는 없다. 계속해서 나는 발달신경과학이 제시하는 최신 증거들을 통해 피부와 피부가 맞닿지는 않더라도 최소한 얼굴과 얼굴을 마주 보는 접촉이 새롭게 형성되는 인간의 두뇌 회로에 미치는 영향, 그리고 8세까지 두뇌 회로가 여전히 형성 중이라는 사실을 살펴보려고 한다. 사실 여기서 살펴보려는 것은 모유 수유에 대한 내용이라기보다 아기의 친밀한 유대관계가 신경 연결망에 미치는 영향이다. 인간의 아기는 사회적 연결관계를 지속할 수 있는 방향으로 교육을 받고 성장을 하지만 모든 사람과 관계를 맺는 것은 아니다.

아기의 입

가슴으로 배고픈 아이를 품어 진정시키는 능력은 어쩌면 여성만이 가질 수 있는 즐거움이다. 어떤 여성은 이 느낌을 성관계 시의 희열과 비교하기도 한다. 어쩌면 모유 수유를 지지하는 사람들이 앞서 소개한 금주법 관련 활동가인 캐리 네이션과 대척되는 지점에 서는 것도 바로 이런 이유 때문이 아닐까. 어쨌든《영국 의학저널 British Medical Journal》에 실린 한 논문이 4개월 이상 모유만 먹고 자란 아이는 모유 외에 다른 음식도 함께 먹은 아이보다 알레르기나 빈혈에 취약하다고 주장하자 영국의 모유 수유 찬성파들은 그 논문에 대해 "시대에 뒤떨어졌다"고 공격하고는 그 연구자들이 아기용 식품 산업과 모종의 관계가 있

194

는 것이 아니냐며 맹비난하기도 했다.[4] 모유 수유 문제는 언제나 뜨거운 논쟁거리다. 그리고 이런 사상적 갈등과 더불어 계층 간의 갈등도 있다. 예컨대 해나 로진은 자신의 1개월 된 아기에게 모유 대신 분유를 먹여볼까 생각한 적이 있었다고 한다. 그때 그녀는 브루클린에서 이웃으로 살고 있는 상류층 엄마들에게 따돌림 비슷한 것을 당했다고 한다.

"나는 엄마들의 모임에서 배제되었고 따돌림을 받는 것 같았습니다. 여차하면 내가 자기들 아기에게 패스트푸드라도 먹일 것처럼 생각하는 모양이었어요."

그녀의 회상이다.[5] 그럼에도 출산 휴가에 대한 보장도 없고 그에 따른 수당도 제대로 받지 못하는 미국의 모든 직장 여성은 자신들의 아기가 제대로 고개를 들고 웃음을 짓기도 전에 모유 대신 분유를 먹이게 된다. 국가나 기업에서 이런 정도의 지원을 하지 않는 경우는 아프리카 같은 제3세계 국가에서나 찾아볼 수 있다. 캐나다의 경우 어머니와 아버지 모두 평균 9개월의 출산 휴가를 받을 수 있으며, 모유 수유를 하는 엄마도 미국보다 많다. 그렇지만 역시 아기가 생후 3개월쯤 되면 그 절반가량이 모유 수유를 포기한다. 영국의 경우 산모는 20주의 유급 휴가를 받는데도 모유 수유를 하는 경우는 미국보다 적다. 산업화된 선진국에서는 이런 모습이 흔하다.[6] 아이가 태어나고 몇 개월이 지나면 서구 민주국가 엄마들 중 3분의 2에서 4분의 3은 모유를 짜서 날짜를 적어 보관해두거나 분유와 섞어 먹인다.

이렇게 대부분 모유가 아닌 분유에 의존하면서 보건 당국은 당혹감을 감추지 못하고 있다. 학계에서는 모유 수유를 하면 설사병과 수막염, 비뇨기질환과 신생아 돌연사 증후군, 신생아 괴사성 장염, 호흡기 감염, 그리고 귀와 관련된 감염이 줄어드는 것으로 파악하고 있다. 그럼에도 불구하고 사람들이 모유 수유에 큰 흥미를 느끼지 못하자 이번에는 저명한 학자들이 나서서 생후 6개월간 모유 수유를 하면 지능이 크게 향상되고 행동장애가 줄어들며 궁극적으로는 사회계층을 상승시킬 수 있다는 연구 결과를 내놓기도 했다.[7]

물론 여전히 이런 주장에 대한 기본적인 문제점은 남아 있다. 하버드의 역사학자 질 레포어Jill Lepore는 2009년 《뉴요커》에 실린 기고문에서 정부와 여성 단체는 "너무나 무능하며 아기 엄마가 중요한지, 아니면 아기에게 더 많은 모유를 먹이는 것이 중요한지 정확히 파악하려고도 하지 않는다"라고 주장했다.[8] 미국 질병관리본부조차 엄마와 아기 사이의 유대관계가 아닌 모유에 섞여 들어갈지도 모를 화학물질에만 신경 쓰고 있다. 질병관리본부의 캐런 헌터Karen Hunter는 나에게 이런 내용의 이메일을 보내오기도 했다.

"아기가 먹을 모유가 젖가슴에서 직접 나오든 젖병에 보관해두든 그건 큰 문제가 아닙니다. 아기가 모유를 먹는다면 모유 수유로 자란 것입니다."

이런 주장에는 옥시토신이나 친밀감에 대한 주장이 들어갈 여지가 없다. 만일 세라 페일린이 《피플 매거진》과의 인터뷰에서 가족의 가치를 역설하며, 자신은 종종 "스마트폰을 내려놓고 모유를 짜는 유축기를 집어들어야 했다"라고 말했다면 상황은 크게 달라지지 않았을까. 일단 아이가 태어나면 젖을 먹이고 돌보는 일은 그리 큰 문제가 아니다. 전기로 작동하는 유축기와 병이 엄마의 일을 대신해줄 수도 있으니까.

물론 상황은 그리 간단하지 않다. 모유 수유는 구식이지만 대부분의 아이가 이를 통해 사회적 계층에 상관없이 더 건강하고 똑똑해지는 것처럼 보인다. 한편 벨라루스공화국에서는 모유 수유를 하는 엄마와 아기를 대상으로 최대 규모의 기념비적인 연구가 실시되었다. 연구팀은 벨라루스의 31개 산부인과에 있던 1만 7,000명 이상의 엄마와 신생아를 모유 수유하는 쪽과 그렇지 않은 쪽으로 나누었다. 그들에게는 산후 조리가 지원되었지만 특별히 모유 수유에 대한 교육이나 권고는 전혀 제공되지 않았다. 각국에서 모인 20개의 저명한 연구팀이 밝혀낸 바에 따르면 실험 초기에 모유 수유를 많이 했을 경우 단기적으로 아이의 소화기질환이나 피부질환이 줄어들었다. 그리고 6년 뒤에 조사하자 아이들의 언어성 지능도 크게 향상되었다.[9]

아마도 모든 부모가 똑똑한 자녀를 원할 것이다. 그리고 평균 지능지수가 7.5 이상 올랐다는 것은 절대 무시할 수 없는 수준이다. 모유 수유로 건강과 지능이 모두 강화된다는 자료는 모두에게 깊은 인상을 주었고 세계보건기구의 관료들은 이 연구의 메타 분석을 기반으로 국제적인 모유 수유 권장 전략을 세웠다. 여기에서 우리는 불편한 질문과 마주하게 된다. 만일 대다수의 서구 여성이 아이가 제대로 머리를 가누기도 전에 모유 수유를 중단한다면 무슨 큰 문제라도 생기는 것일까?

나는 벨라루스 연구를 주도한 맥길 대학병원의 소아질환 전문가인 마이클 크레이머Michael Kramer에게 이 질문을 던졌다. 나는 또한 무엇이 정말로 모유 수유를 한 아이들을 똑똑하게 만드는지 그의 개인적인 생각도 듣고 싶었다.

"사회적 접촉이 중요하다고 생각합니다."

12월의 어느 늦은 오후 희미한 불빛 아래에서 나와 대화하던 그가 말했다. 60대 초반의 강단 있어 보이는 이 남자는 금요일 오후 스쿼시를 하고 집으로 돌아가는 길에 내 사무실을 찾은 것이었다. 크레이머 박사는 깔끔하면서도 편안한 모습이었고 내가 기억하는 30여 년 전의 열정적이던 젊은 과학자의 모습과는 많이 달라져 있었다. 우리는 당시 같은 병원의 연구팀이었고 그는 질병 전문가, 나는 신출내기 아동심리학자였다.

"이건 모유 수유에 시간이 많이 걸린다는 사실만큼이나 간단한 문제일지도 모릅니다. 모유 수유를 하는 엄마들은 그 시간 동안 아이에게 말을 걸고 웃어 보이며 노래도 불러줍니다. 모유 수유를 하는 동안 아이와 직접 얼굴을 맞대고 이야기할 시간이 더 늘어나지요. 그리고 우리는 모유 수유로 비언어성 지능에 비해 언어성 지능이 크게 향상되었다는 사실도 알게 되었습니다."

냉동 보관된 모유를 나중에 먹는 아기들도 비슷하게 성장할까? 크레이머 박사는 그 질문에 명확하게 답하지는 않았다. 대신 그는 조금 조심스럽게 모유를 병에 모았다가 먹이는 것은 확실히 효율적이지만 아기가 엄마와 얼굴을 마주 보는 시간이 줄어들 것이라고 했다. 게다가 벨라루스 연구에서 모유 수유를 했던 모든 여성은 유축기 등을 사용하지 않는 전통적인 방식을 고집했다는 것이다.

"모유에 오메가-3 지방산이 함유되어 지능지수를 높여준다는 증거는 없습니다. 문제의 핵심은 더 많은 시간을 쏟는 것과 사회적 교류 혹은 신체적 접촉 사이에 어떤 관계가 있는지 아직은 정확히 모른다는 겁니다."[10]

모유에 행동을 바꿔줄 수 있는 프로락틴, 코르티솔, 옥시토신과 같은 생화학적 물질이 많이 함유되어 있는 것은 분명한 사실이다. 그렇지만 심리적인 도움이라는 관점에서 보면 모유는 만병통치약이 아니다. 오히려 애정 어린 대화 속에서 아기와 얼마나 많은 시간을 보내느냐가 더 중요하다. 그렇다면 세상의 모든 유축기, 법적으로 보장된 '유축 시간'과 유축실, 그리고 모유 은행은 아기의 두뇌에 직접적인 모유 수유와 같은 영향을 주는 것처럼 보이지 않을 것이다. 교통사고를 줄이는 것은 차에 들어가는 기름이 아니라 바로 운전자 자신의 역량이듯 모유 수유가 진짜 효과를 발휘하려면 엄마의 품에서 서로 얼굴을 마주 보는 관계가 중요하다.

사회적 접촉과 아이의 두뇌

스스로 먹을 것을 구할 수 없고 위협으로부터 도망칠 수도 없는 아기는 부모의 무관심이나 포식자로부터 살아남기 위해 주변의 어른들과 화학적 반응을 일으킬 수 있는 타고난 사회적 기술을 가지고 세상에 태어난다. 미국의 발달심리학자 앤드류 멜초프[Andrew Meltzoff]가 확인한 것처럼 아기는 눈을 크게 뜨고 고개를 돌려 어른의 얼굴을 똑바로 바라보며 엄마의 목소리가 들려오면 얌전해진다. 어른의 손가락을 꼭 쥐거나 자신을 배불리 먹여주는 가슴에 자그마한 손을 올린다. 태어난 지 몇 시간 만에 아기는 깜짝 놀라는 과장된 표정을 흉내 내거나 어른처럼 입술을 오므리고 혀를 쏙 내민다.[11] 태어난 지 며칠 되지도 않은 아기들은 본능적으로 얼굴을 마주하는 관계를 맺는다. 어른들도 이와 유사하게 아기가 울거나 바라보거나 칭얼거리면 아주 빠르게 반사적으로 반응한다. 이런 것들은 모두 하나의 사회적 교류이지, 혼자만의 행동이 아닌 것이다.[12]

사실 엄마의 목소리는 자녀들에게 특수효과와 같은 위력을 발휘

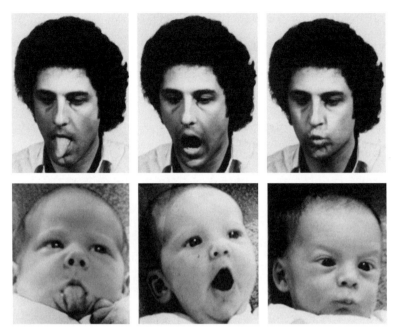

1970년대에 앤드류 멜초프와 키스 무어Keith Moore는 갓 태어난 아기가 어른의 얼굴 표정을 흉내 낸다는 사실을 발견했다.(《사이언스》, 멜초프 & 무어, 1977)

한다. 30여 년 전에 유럽의 인지심리학자 자크 멜러$^{Jacques\ Mehler}$는 생후 1개월 된 아기가 엄마의 목소리를 들으면 흥분해서 더 열심히 젖을 빤다는 사실을 발견했다. 이 아기들은 낯선 사람의 목소리에는 똑같은 반응을 보이지 않았고 엄마의 목소리가 평소와 다른 느낌일 때도 역시 같은 반응을 보이지 않았다.[13]

 인간은 태어날 때부터 친부모, 특히 엄마의 냄새와 목소리, 그리고 손길에 반응한다는 또 다른 증거가 있다. 예를 들어 몬트리올 대학교의 신경과학자 마리스 라송드$^{Maryse\ Lassonde}$가 주도한 2011년 실험에 따르면 생후 24시간이 지나지 않은 아기의 두뇌 속 언어 회로망은 엄마의 목소리를 듣고 활성화된다고 한다. 낯선 여성의 목소리를 들었을 때와 비교해보면 순간 스쳐 지나가는 엄마의 목소리에도 아기는 극적인 신경 반응을 보이는 것이다.

"이를 통해 엄마의 목소리가 아기에게 특별한 의미가 있다는 사실이 처음으로 증명되었습니다."

라송드 박사의 말이다. 그의 갓 태어난 손녀딸 역시 이 실험의 대상자였다.

"엄마가 이야기를 하면 두뇌의 좌반구에서 반응이 일어난다는 사실이 스캐너에 분명하게 드러납니다. 특별히 언어 처리 과정과 운동 기술 회로와 관련된 부분이 그렇습니다. 그와는 반대로 낯선 사람이 이야기하면 언어 인지능력과 관련이 있는 우반구가 반응합니다."[14]

심지어 태어난 지 몇 시간밖에 지나지 않았어도 아기는 대화의 상대자로서 부모와 접촉하기를 원한다.[15] 아빠의 목소리가 엄마의 목소리와 같은 반응을 이끌어내는지는 아직 밝혀지지 않았다. 그렇지만 낯선 사람의 목소리나 화면의 영상 등은 그런 영향을 미치지 못한다는 사실은 알려져 있다.[16]

분명 아기들은 상호 반응할 준비를 갖춘 두뇌를 가지고 이 세상에 태어난다. 아기들은 부모에게 반응할 수 있을 뿐만 아니라 부모가 자신들에게 보여주는 미묘한 신호도 짚어낼 수 있다. 어른이 아기와 얼굴을 마주 보면 아기는 정확히 그 모습을 흉내 낸다. 좋은 배우자나 치료사는 자신이 우리에게 주목하고 있다는 것을 보여주기 위해 우리의 목소리와 동작을 흉내 내는데, 그와 비슷하다고 보면 된다. 아기는 부모의 얼굴을 계속해서 바라보고 더 많이 웃는다.

"아기의 두뇌는 바로 이 순간에 깨어나는 것이다!"

앤드류 멜초프가 최근 실시된 아기에 대한 EEG 연구를 소개하며 설명했다. 이런 사실을 바탕으로 한 걸음 더 나아간 멜초프와 조니 새비Joni Saby, 그리고 피터 마셜Peter Marshall은 특별한 행동을 하는 어른을 보고 활성화되는 거울신경세포와 비슷한 구조를 아기의 두뇌 안에서 발견했다.

"맥길 대학교의 펜필드가 만들었던 유명한 신체 지도를 기억할 겁니다. 신체의 각 부분과 연결되어 있는 두뇌를 보여주는 해부도였지요. 손과 입술, 그리고 발만 크게 과장해서 그린 그림도 있었던가요? 우리는 아기의 두뇌 안에 아기 크기의 해부도를 집어넣는 일을 시작해보았습니다."

멜초프는 내게 보낸 메일에 이렇게 썼다.

"펜필드가 봤다면 아주 좋아했을 겁니다. 놀라운 일이지만 아기가 어른을 볼 때는 손을 사용합니다. 그러면 두뇌에서 아기의 손에 해당하는 부분이 깨어나지요. 어른이 발로 뭔가를 움직이는 장면을 보면 또 두뇌에서 발에 해당하는 부분이 깨어나는 겁니다. 아기의 두뇌 안에는 아주 기초적인 신체의 모습이 새겨져 있는 것 같습니다. 그리고 마치 보이지 않는 끈이 자기와 엄마를 연결하고 있는 것처럼 반응하지요. 아기의 신체로부터 엄마의 신체로 연결되는 지도를 만들면 연결과 애착, 그리고 서로에 대한 초기의 비언어적 느낌을 잘 그려볼 수 있습니다. 아기들은 엄마를 보면서 결국 자기 자신을 보는 겁니다."[17]

넘치는 엄마의 사랑

아기가 늘 부모의 접촉과 애정을 필요로 한다는 개념은 양육에 대한 접근 방식으로는 아주 새로운 것이다. 영국에서는 빅토리아 여왕 시절부터 1950년대 후반까지 100년 이상 양육은 여간 어려운 일이 아니었다. 아기들만 노리는 전염병이 만연했고, 초창기의 선구자들, 그러니까 영향력 있는 소아과 의사나 행동주의 심리학자 존 B. 왓슨 John B. Watson 같은 사람들은 부모들을 닦달해 아기들을 편하게 해주지도, 안아주지도, 심지어 같이 놀아주지도 못하게 했다. 일정한 거리를 두고 엄격하게 대하지 않으면 과도한 애정이 아기를 망친다는 것이 그 이유였다.

내 첫아이가 태어났을 때 우리 할머니가 몇 주 동안 우리 집에 머물렀던 것이 기억난다. 처음 몇 주 동안 우리 딸 에바의 울음소리는 더욱 커져만 갔고 나는 아이를 진정시키기 위해 안고 어르는 등 무엇이든 해주었다. 그러자 늘 인자하기만 했던 할머니가 충격을 받은 것 같았다. 아기를 울게 내버려두면 "폐 운동이 된다"는 것이 할머니의 충고였다. 칭얼대는 아기를 어르고 달래면 버릇만 나빠진다는 것이었다. 알고 보니 이런 이야기는 할머니가 젊은 시절 여성 잡지에 실린 양육 관련 내용이었다. 살균한 유리 젖병에 정확한 양의 우유를 담아 정해진 시간에 아기에게 조금씩 먹인다면 분명 모유 수유보다 나을지도 모른다. 그렇지만 그러면 신체적인 접촉은 어떻게 되는 것일까? 애초에 신체 접촉은 어림도 없는 행동이었다. 데버러 블룸 Deborah Blum 은 자신의 걸작 『사랑의 발견 Love at Goon Park 』에 이렇게 썼다.

"존 왓슨의 지도 방식은 분명했다. 아기들이 울어도 안아주지 마라. 아기들을 기분 좋게 만들어주지 말라는 것이었다. 말을 잘 들었을 때만 머리를 쓰다듬어주어라. 가끔은 손도 잡아주고 이마에 뽀뽀도 해주어라. 그것까지는 괜찮다. 그렇지만 정말 필요할 때만 그래야 한다. '아기를 다룰 때 손발이 오글거릴 정도로 마음 약하게 나간다면 분명 나중에 아주 부끄러워하게 될 것이다.' 왓슨은 이렇게 썼다."[18]

　부모의 냉정함을 강조하는 이런 내용을 생각한다면 왓슨의 어머니가 성경만 믿고 따르는 금주법 지지자였다는 사실이 그리 놀랍지 않다. 어머니와 아들 모두 즐거움은 피해야 할 악덕으로 생각한 것 같았다. 그것뿐만이 아니었다. 20세기가 시작되었을 무렵 아이들을 엄격하게 다뤄야 한다는 발상이 미국 전역을 휩쓸었고 여론에 밀린 미국 정부는 심지어 컬럼비아 대학교의 소아과 의사 루서 홀트Luther Holt를 불러다가 관련 법안까지 만들었다. 박사는 법에 따라 연방정부가 승인한 양육 관련 지침서를 만들었다. 이른바『자녀의 양육과 급식 : 엄마와 아이를 위한 문답식 교육 지침The Care and Feeding of Children: A Catechism for the Use of Mothers and Children's Nurses』이었다. 이 지침서는 1894년부터 1935년까지 열다섯 차례나 개정될 정도로 인기를 끌었지만 자녀 양육에 대한 이 과학적인 접근 방식은 실제로는 아주 비과학적이었다. 인지능력은 서서히 발달한다는 증거가 조금씩 쌓이는 동안 이 지침서는 아이들을 결점이 많은 어른의 축소판으로 보았다. 태어날 때부터 엄격한 훈련이 필요한 대상으로 보았던 것이다. 아이들을 독립적으로 키우기 위해 홀트 박사는 "요람 속의 아이를 흔들어주고 안아주며 너무 자주 어르는 일"에 대해 분명히 반대 입장을 취했다. 또한 다 큰 아이를 안아주는 일도 못마땅하게 생각했다.[19] 20세기의 3분의 2가 지날 때까지 양육에 대한 시대정신은 아이들에게 신체적이거나 정서적 안정감을 제공하는 일을 거부했다. 아이들을 빨리 독립적으로 키우기 위해서였다.

　그로부터 100년의 시간이 흐르고 과학적 의견은 백팔십도 달라졌다. 아기들은 더 이상 어른의 축소판이 아니며, 고약한 성격을 가지고 있지도 않았다. 간호사들은 더 이상 갓난아기를 엄마에게서 떼어내 고립된 장소에 데려다놓지도 않았다. 예전의 냉랭한 신생아실은 병균은 물론 인간 접촉이라는 타락한 영향력으로부터 신생아들을 보호하기 위해 만들어진 곳이었다. 이런 신생아실은 내 첫아이가 태어난 1980년대 중반까지도 대학병원에서 흔히 볼 수 있었다. 병원을 벗어난 신세대 엄마는 더 이상 정교하게 만들어진 정량의 유리병에 분유를 타 먹이며 아기들을 키우지 않았다. 그 대신 이번에는 모유를 수유하라는 재촉에 떠밀리게 되었다. 아빠들은 더 이상 대기실에 갇혀 있지 않았지만 대신 아이가 태어나는 바로 그 순간을 함께하며 자녀와 의미 있는 상호 교류를 해야 한다는 압박을 받게 되었다. 그 후로도 영원히 이어질 상호 교류 말이다.

최근까지도 소아과 의사는 진료실에 편안히 앉아 아이들을 진단하고 처방을 내려주는 전문직으로 여겨졌다. 그렇지만 2012년 발행된 미국 소아과학회American Academy of Pediatrics의 학회지에 실린 지침에 따르면 이제 소아과 의사들은 뭔가 이상하다고 느껴질 경우에는 아이들의 사회에까지 개입해야 한다. 신경과학과 후성유전학에서 새로운 증거들이 쏟아져 나와 건강한 관계 없는 가정적으로 문제가 있는 부모와 같은 스트레스 요인, 심지어 "적절하지 못한 전자 매체나 해체된 사회적 연결망"까지도 아이의 두뇌 성장에 지속적인 영향을 미친다는 사실들을 확인시켜주고 있다. 보고에 따르면 방치하거나 학대하는 부모, 심지어 사회적 접촉을 수시로 대신해주는 대중 매체는 아직 어린 아이의 두뇌 회로에 영향을 미쳐서 학업 부진이나 심장질환을 불러올 수 있다.《뉴욕 타임스》의 기고자인 니컬러스 크리스토프Nicholas Kristof는 학계의 이런 발견을 이렇게 설명했다.

"애정은 나쁜 스트레스를 줄여주는 것처럼 보인다. 계속 안아주고 노래를 불러줘라! 아이들이 지속적인 위협이 있는데도 보호자가 없다고 느낄 경우 스트레스가 생겨나는 것이다."[20]

만일 적극적이고 애정 넘치는 부모의 개입이 부족하다면 소아과 의사가 아이들을 도와 보호자를 찾아주어야 한다. 이것은 홀트 박사와 같은 선구적인 소아과 의사들의 전문적인 충고와 완전히 다른 것이다. 홀트 박사는 100년 전에 부모들에게 이렇게 충고했다.

"아기에게 뽀뽀를 해주어야 한다면 뺨이나 이마에 해주어라. 그렇지만 사실 적게 할수록 더 좋다."[21]

캥거루식 아이 돌보기

갓 태어난 벌거벗은 아이를 역시 벌거벗은 가슴으로 끌어안으라는 충고를 빅토리아 시대 사람들이 듣는다면 아연실색하지 않을까. 다행히 지금은 아기를 만지는 일이 가능해졌지만 그건 단순히 즐거움을 느끼기 위해서가 아니라 피부와 피부가 맞닿는 접촉을 통해 아기들이 자체적으로 진통제는 물론 성장 자극세도 만들어낸다는 사실이 확인되었기 때문이다. 이른바 '캥거루식 아이 돌보기'에서는 벌거벗은 몸에 기저귀만 차고 있는 아기를 역시 벌거벗은 엄마의 젖가슴에 끌어안는다. 그리고 두 사람을 담요로 감싼다. 연구자들은 이 완벽한 포옹으로부터 불과 1분이 지난 뒤에 혈액을 채취하기 위해 발뒤꿈치를 절개하는 등의 고통스러운 의료 시술을 받은 아기가 같은 시술을 받고 인큐베이터 안에 머무는 아기보다 고통을 절반 이하로 느낀다는 사실을 밝혀냈다.[22] 그렇지만 아무에게나 안긴다고 같은 효과가 나타나지는 않는다. 맥길 대학교의 간호학과 교수이자 선임 연구원인 셀레스트 존스턴^{Celeste Johnston}에 따르면 조산아들을 같은 방식으로 실험해본 결과 아빠가 아닌 엄마가 안았을 때 훨씬 더 편안함을 느꼈다고 한다.[23]

그렇지만 엄마가 없다면 아빠가 충분히 대신할 수 있다. 스웨덴의 어느 연구에서는 10개월을 완전히 채우고 제왕절개로 태어나 아빠 품에 안긴 아이는 아기용 침대에 눕힌 아이보다 적게 울고 많이 잔다는 사실이 밝혀졌다.[24] 갓 태어난 아기를 안아주는 일의 중요성이 분명히 드러났기 때문에 어떤 병원에서는 부모가 부재 중일 때를 대비해 아기를 안아줄 직원을 특별히 훈련시키기 시작했다. 안고 어르는 일은 특별히 허약한 아기들을 진정시키는 데도 효과적이라고 밝혀졌다. 예를 들어 2009년 펜실베이니아 주의 어느 병원에 아기를 안아주는 프로그램이 도입되자 약물 치료 중단으로 금단 증상을 겪던 아기들이 평균보다 4일이나 일찍 퇴원할 수 있었다.[25] 아기를 안아주는 일, 특별히 피부와 피부가 서로 맞닿도록 안아주는 일은 아기의 체중을 빨리 늘리고 호흡도 규칙적으로 안정시키며 체온도 스스로 조절하게 돕는다.[26] 미국의 인류학자인 세라 허디와 크리스틴 호크스^{Kristen Hawkes}가 인간은 할머니나 또 다른 "부모의 대리인"이 없었다면 크고 사회적인 두뇌와 긴 평균수명을 진화시키지 못했을 거라고 주장하는 것도 전혀 놀랄 일이 아니다. 부모의 대리인이란 아기들이 잘 먹을 수 있도록 돕고 보호하며 꼭 끌어안아주는 사람들이다. 이런 '관계' 없이 엄마 혼자로는 충분하지 않다.[27]

아기와 피부가 맞닿도록 접촉을 하면 엄마도 생리적인 반응을 보인다. 타액의 코르티솔을 측정한 결과 엄마의 스트레스 수준은 내려가고 기분은 좋아지며 심장도 안정을 되찾는다. 모유도 더 많이 나오는데, 아기가 인큐베이터에 있는 다른 아기보다 적정 몸무게에 빠르게 도달하는 것도 바로 이런 이유 때문이다.[28] 아기가 예정보다 일찍 태어나 출산 후에 바로 집중적인 관리를 받아야 한다면 병원에서 실시하는 캥거루식 아이 돌보기로 엄마와 아기의 관계를 단단하게 만들어줄 수 있다.

이런 연구 내용들을 읽으면서 가장 깊은 인상을 받은 부분은 몸이 약한 아기를 피부와 피부가 맞닿도록 안아주는 일이 엄마들의 산후 우울증까지 줄여준다는 사실이었다. 캥거루식 아이 돌보기에 동참한 엄마들은 아기를 더 많이 바라보고 접촉하게 되며 아기는 이런 보살핌에 그대로 반응한다. 이런 모자 간의 동시성은 신체적인 접촉을 통해 완성되며, 동시성이 빨리 이루어질수록 몇 개월 뒤에 나타날 아기의 운동성과 언어 기술에 긍정적인 영향을 미치게 된다.[29]

달라지는 부모의 두뇌

사회적·신체적 접촉이 아이들의 신경 연결망 구축에 필수적이라는 증거가 필요하다면 이것으로 충분하지 않을까. 그리고 달라지는 것은 아기의 두뇌만이 아니다. 부모 역시 갓난아기와 가깝게 접촉하면 새로운 신경이 만들어진다. 1990년대에 진행된 연구들은 어미 쥐가 새끼 쥐와 상호 교류를 하면 기억력과 학습능력이 향상된다는 사실을 밝혀냈다. 그리고 2000년대 초반에 들어서는 신경과학자들이 인간은 과연 어떠할지를 고민하기 시작했다. 이제 이 문제를 밝혀줄 증거가 속속 나타나고 있다.[30] 예일 대학교와 이스라엘 바일란Bar llan 대학교의 연구팀이 진행한 연구를 보면 갓난아기와 엄마의 상호 교류는 계획 수립과 문제 해결을 담당하는 엄마의 전두엽피질, 방향감각을 담당하는 두정엽, 그리고 기억력·감정·보상·복합적인 움직임을 관장하

는 중간뇌 속의 회백질을 증가시킨다고 한다.[31]

아기의 체취는 부모의 신경 스위치를 자극하는 것 같다. 엄마의 후각은 임신 중에 완전히 그 기능이 달라지기 때문에 자신이 직접 출산한 아기의 체취를 엄청나게 자극적으로 느낀다. 그런데 후각 능력이 엄청나게 발달하는 것과 상관없이 아기의 체취가 아닌 다른 좋은 향기에 대해서는 거부반응을 보이는 것이다. 내가 임신을 하고 보니 임신 전에는 그렇게 향기롭고 편안하게 느껴지던 갓 볶은 커피 냄새가 갑자기 역겨워지기 시작했다. 신경과학자들은 임신한 여성들의 후각 체계가 달라지면서 이른바 특정 음식에 거부반응을 보이는 입덧이 시작된다고 생각한다. 단지 후각만 변하는 것이 아니라 예비 엄마의 시상하부까지 달라지면서 적절한 호르몬 혼합물을 분비하게 된다. 아기가 태어난 후에 아기와 마주하면서 진정한 기쁨을 느끼도록. 임신 중에 중간뇌, 두정엽, 그리고 전두엽피질의 회백질 양도 크게 늘어나서 아기가 태어나고 나면 엄마는 거의 항상 아기를 긍정적인 시각으로 바라보게 된다.[32]

아기와의 관계에서 아빠에 비해 엄마가 좀 더 유리한 위치에서 출발하지만, 강화된 옥시토신 경로 덕분에 아빠도 엄마 못지않은 신경 혁신을 경험하게 된다. 새끼가 태어나고 나면 수컷 쥐의 후각신경구에서는 새로운 두뇌 세포가 자라난다. 단, 수컷 쥐가 새끼 옆에 있을 때만 그렇다고 한다. 거리가 멀어지면 후각이 강화되지 않는다. 그 결과 자기 새끼의 소리와 냄새를 기억하고 인식하기가 어려워지는데, 이는 인간도 마찬가지다.

신경과학자인 글로리아 맥Gloria Mak과 새뮤얼 와이스Samuel Weiss에 따르면 아기와 가까운 거리를 유지하지 않으면 아빠의 두뇌 세포는 타격을 입는다고 한다. 물론 아직은 쥐를 이용한 실험에 그치고 있지만 두 사람은 아빠 쥐의 두뇌에서 일어나는 모든 신경세포의 변화에서 새끼와 물리적으로 가까운 거리를 유지하는 것이 가장 중요하다는 사실을 밝혀냈다. 단지 새끼를 바라보는 것만으로는 충분하지 않다. 과학자들이 수컷에게 새끼를 코로 더듬게 하자 두뇌에서 새로운 연결망이 형성되기 시작했다. 그러나 수컷에게 그물망을 통해 그저 새끼의 냄새만 맡게 하자 아무런 변화도 일어나지 않았다. 새로운 신경조직의 발생은 오직 진짜 접촉에 의해서만 일어난다.[33]

귀여움 효과

신체적 접촉으로 시작되는 두뇌의 활성화는 우연의 일치가 아니다. 인간의 아기는 수천수만 세대를 거쳐 주변의 어른으로부터 따뜻한 보살핌과 격렬한 기쁨을 이끌어내도록 진화되어왔다. 물론 이 어른들과는 서로 유전자를 나눈 사이다. 커다란 머리와 둥근 이마, 둥그런 눈과 납작한 코, 꽃봉오리 같은 입술과 달콤한 체취는 피가 흐르는 인간이라면 누구나 아기를 주목하게 한다. 다른 모든 포유류와 마찬가지로 인간의 아기도 누군가에게 의존할 수밖에 없을 때 가장 사랑스럽고 귀엽다. 1950년대 독일의 행동과학자 콘라트 로렌츠Konrad Lorenz는 아직 완전히 성장하지 않은 동물의 외모는 "자기도 모르게 접촉을 원하는 마음"을 이끌어내며, 이 접촉을 통해 새로운 관심과 애정을 주고 양육하고 싶은 마음이 생겨나게 된다고 주장했다.

영장류 동물학자인 로버트 새폴스키는 이런 반응을 '귀여움 효과Cute Effect'라고 불렀다. 우리가 아직 어린 아기들을 바라볼 때 우리의 일반적인 경계심은 종종 눈 녹듯 사라진다. 심지어는 쥐와 같은 동물의 새끼를 보아도 우리는 그 매력에 자기도 모르게 감탄의 소리를 내지르게 된다. 물론 그 감탄사는 사람과 장소에 따라 다르게 나타나며, 때로는 이상하게 들릴 수도 있다. 예컨대 일본에서는 귀여운 모습에 내지르는 감탄사인 '가와이'를 아예 대명사처럼 사용하기도 한다. 포유류 생물학에 따르면 우리는 이렇게 일반적인 귀여움의 신호를 보았을 경우 흥분과 보호본능을 느끼고, 심지어 가지고 싶다는 생각까지 한다고 한다. 이런 마음은 생물이 아닌 헬로키티나 밤비, 그리고 포켓몬 같은 창작품은 물론이고 알레시 같은 디자인이 뛰어난 주방용품을 보고도 생길 수 있다.

하버드 대학교의 생물학자였던 고^故 스티븐 제이 굴드^{Stephen Jay Gould}에 따르면 월트 디즈니가 〈증기선 윌리호^{Steamboat Willie}〉(1928)라는 애니메이션에 긴 코를 가진 사악한 얼굴의 미키 마우스를 등장시켰다가 다시 1953년 〈가벼운 이야기들^{The Simple Things}〉에 귀엽고 순진한 미키 마우스를 등장시킨 것은 귀여움 효과를 염두에 두었기 때문이라고 한다. 〈증기선 윌리호〉에서는 미키 마우스가 다른 동물들을 데리고 「밀짚 속의 칠면조^{Turkey in the Straw}」라는 동요를 연주한다. 염소의 꼬리를 돌리고 암퇘지의 젖을 빠는 새끼 돼지들을 잡아당기며 암소의 이빨을 실로폰처럼 두드리면서. 미키 마우스는 거위의 몸통을 움켜쥐고 목을 잡아 빼며 백파이프처럼 연주하기도 한다. 그로부터 25년이 흐른 뒤 로렌츠의 주장을 담은 논문이 발표되자마자 새롭게 탄생한 '귀여운' 미키 마우스는 순진무구함 그 자체였다.[34] 커다란 머리와 눈, 그리고 귀. 아기의 기저귀를 연상시키는 축 늘어진 바지를 입은 순진한 미키 마우스를 만들어낸 월트 디즈니는 마치 미키가 생쥐임을 잊어버린 듯 우리의 보호본능을 이끌어낸 것이다.

만일 귀여움이 부드러운 감정을 불러일으킨다면 그건 우리가 생물학적으로 그렇게 반응할 준비가 되어 있기 때문이다. 사실 최근의 몇 가지 실험에 따르면 귀여움 효과는 단지 우리의 감정을 바꾸기만 하는 것은 아니며, 특정한 역량을 향상시키기도 한다. 귀여운 새끼 동물의 사진을 보고 나서는 협소한 공간에서 아주 작은 물건을 핀셋으로 들어올리는 등의 동작을 더욱 조심스럽게 하게 된다고 한다. 다 자란 동물의 사진을 보는 것은 이런 효과를 불러일으키지 못한다. 일본의 과학자들은 여기서 한 걸음 더 나아갔다. 앞서 이야기한 핀셋과 관련된 실험을 되풀이해본 결과 귀여운 새끼 동물의 사진을 보면 속도와 인식력, 그리고 수행력 등 어떤 사물을 조심스럽게 다루는 일과 아무런 상관이 없는 능력까지 강화된다는 사실을 밝혀냈던 것이다. 귀여운 모습을 보게 되면 사람들은 더 집중하게 되고, 따라서 수행 능력이 향상되는 것이다.[35] 이런 결과를 주의 깊게 살펴본 학자들은 아기나 아기 사진이 있으면 운전 등 집중력이 요구되는 일에 도움이 된다고 주장했다. 작업 현장에 아이를 만날 공간을 마련해놓으면 생산성이 늘어날지 고민해볼 만하지 않은가.

전략적으로 귀여움 효과를 활용하는 것은 인간만이 아니다. 인간이 아닌 영장류도 새끼를 보면 귀여워한다. 야생의 수컷 바바리마카크 원숭이는 무리의 다른 수컷을 하나로 모으기 위해 새끼를 안고 다닌다고 한다.

"수컷 바바리마카크 원숭이가 새끼를 안고 있는 다른 수컷을 만나게 되면 기묘한 일이 일어난다. 수컷들은 자리에 앉아 서로를 끌어안는다. 그리고 새끼를 들고 코를 문지른다. 이빨을 달그락거리고 입술을 쩝쩝거리며 낮은 주파수로 툴툴거리는 듯한 소리를 만들어낸다."

독일의 동물행동학자 율리아 피셔[Julia Fischer]의 설명이다. 피셔와 동료들은 사회적 분석을 위해 무리 중에 누가 누구와 상호 교류를 하는지 확인했고, 그 결과 갓 태어난 새끼를 안고 있는 수컷들끼리는 그렇지 않은 놈들과는 달리 서로 더 끈끈한 관계를 맺는다는 사실을 알게 되었다. 다른 원숭이들은 새끼보다 나뭇가지나 먹을 것을 들고 다니는 경우가 많았다. 갓 태어난 새끼를 들고 다니는 행위는 단지 자신의 상태를 나타내는 상징일 뿐만 아니라 사회적 유대감의 한 유형을 나타내는 것이다. 새끼는 수컷이 무리 중의 다른 수컷과 대화를 할 구실이 되며, 다른 수컷과 더 가까운 사이가 되게 한다.[36]

남아메리카 대륙에 살고 있는 세 종류의 원숭이인 마모셋원숭이, 다람쥐원숭이, 그리고 거미원숭이의 경우 부모가 아닌 수컷 원숭이들이 새끼를 얼마나 돌보느냐에 따라 새끼의 생존 가능성을 예측할 수 있다.[37] 이것은 갓 어미가 된 암컷 원숭이들이 어떻게 수컷들을 구슬려서 보호를 위한 사회적 유대관계를 형성하는지와 관련된 문제다. 그렇지만 새끼들이 조금 자라면 이번에는 어미의 친구 암컷들이 중요한 역할을 하게 된다. 지난 수십 년간 보츠와나 오카방고 삼각주 지역과 케냐의 암보셀리 국립공원에서 비비원숭이들을 연구해온 조앤 실크[Joan Silk]와 동료 영장류 동물학자들은 암컷끼리 아주 끈끈한 관계를 유지하고 있는 비비원숭이들은 친척들뿐만 아니라 '친구'들과도 이런 관계를 유지하고 있으며, 이런 관계는 살아남은 새끼들을 무리에 편입시키는 데 중요한 역할을 한다고 주장했다.[38]

걱정이 아기에게 미치는 영향

전작인 『성의 패러독스』에서 나는 애정을 가지고 아기를 돌보는 엄마들의 경우 그 과정에서 두뇌의 '보상 기관reward centers'이 활성화되는 이유를 살펴보았다. 아기를 돌보고 먹이기 위해 문제 해결의 기술을 발휘하는 엄마들은 최소한 자신의 이런 열성과 애정을 아이가 깨달을 때까지 아이가 살아남게 하려고 노력한다. 이것이 다윈의 진화론적인 관점이다. 부모가 자녀의 생존 확률을 높이기 위해 하는 모든 일들 또한 유전자를 자극해 미래에 똑같은 행동이 이어지게 한다. 엄마와 아기 사이의 대면 접촉이 모자 모두에게 자기 향상 프로그램이 되는 것은 바로 이런 이유 때문이다. 그렇지만 여기에 불운이 닥친다면 어떻게 될까? 만일 전쟁이나 질병, 혹은 궁핍이 닥치면 어떻게 될까? 부모 세대가 겪는 곤란이 하나의 특징이 되어 자녀들에게 그대로 전해질까? 이 질문에 대한 해답은 '어느 정도 그렇다'이다.

벨기에 안트베르펜에 있는 마그덴하위스 박물관에는 기묘한 전시물이 하나 있다. 정교한 나무 상자다. 이 상자는 한때 가톨릭 성당에서 운영하던 여자아이 전용 고아원의 위풍당당하던 석벽에 설치되어 있던 것이다. 1500년대에 가난한 엄마들은 한밤중에 어린 딸에게 가장 좋은 옷을 입힌 다음 이 상자 안에 데려다놓곤 했다. 상자를 열면 자동으로 건물 안의 종이 울리고, 얼마 지나지 않아 고아원 직원이 나타나 석벽 안쪽에서 상자 문을 열어 아기를 꺼내는 것이다. 아기는 매일 작은 도자기 그릇에 담긴 따뜻한 죽을 먹으며 유아기와 아동기를 거쳐 청소년이 될 때까지 이 고아원에서 살게 된다. 그리고 수녀들에게 읽기와 바느질, 그리고 집안일을 배우게 된다.

이런 장치가 설치되어 있는 종교 관련 건물은 아주 많았다. 앞서 소개한 아기 상자 외에도 맥주통으로 만든 '고아 회전판'이라는 것도 있었다. 이 회전판은 12세기에 교황 인노켄티우스 3세의 명으로 설치된 것으로, 주로 아기를 기를 형편이 되지 않는 미혼모가 아기를 강물에 던져버리는 대신 교회의 자비를 구하며 아기를 맡기는 장치였다. 13세기에 접어들면서 이런 장치들은 교황이 살고 있는 바티칸에도 설치되었다.

이 아기들은 완전히 버려진 것이 아니었다. 엄마들은 나중에 아기를 다시 찾을 때를 대비해 증표를 남겨두기도 했다. 대부분 반으로 자른 트럼프 카드 조각이나 성인의 그림이었다. 나중에 다시 만날 때 카드나 그림을 서로 맞춰봄으로써 확인할 수 있었던 것이다. 이는 아무리 시간이 오래 지나고 모습이 바뀌어도 알아볼 수 있는 표시였다. 내가 박물관에서 본 가장 쓸쓸한 전시물은 아무도 찾아가지 않은 아기의 증표였다. 과거에 성당이었던 박물관 주변은 이제 도심으로 바뀌어 현금입출금기와 여러 상점이 즐비하게 서 있다.

그로부터 500여 년이 지나 아기를 버리는 장치들이 다시 돌아왔다. 2000년과 2010년 사이 고아 회전판은 아기 상자나 천사 요람, 혹은 모세의 바구니 같은 이름을 달고 이탈리아, 프랑스, 독일, 헝가리, 오스트리아, 폴란드, 스위스, 일본, 체코공화국, 슬로바키아, 남아프리카공화국, 캐나다, 필리핀, 인도, 파키스탄 등지에 나타났다. 벨기에에서는 아기를 유기하는 일이 엄연한 불법인데도 안트베르펜에 이런 곳이 하나 생겼다. 중세와 마찬가지로 가난한 엄마들이 마치 도서관의 도서 반납구처럼 생긴 장치 안으로 아기를 밀어 넣는 것이다. 오늘날에는 강철 덮개를 열면 강화유리로 만든 공간 안에 열선 매트와 산소 공급 장치가 함께 설치되어 있다. 아기가 들어가는 순간 중량을 감지하는 센서가 병원 신생아실에 경보음을 울린다. 간호사들은 아기를 데려가 돌보다가 몇 개월 뒤에도 찾으러 오는 사람이 없으면 별도의 시설로 보내게 된다.

상식적으로 생각해보면 이렇게 버려진 아기들도 일단 돌봐주는 어른이 나타나면 다시 잘 자랄 수 있을 것 같다. 그러나 솔직하게 말해보면 누구든 인생을 이렇게 시작하고 싶지는 않을 것이다. 여기서 한 가지 생각해볼 문제가 있다. 만일 부모와 아기 사이의 초기 상호 교류가 아기의 미래와 연결된 유전자를 깨우는 요인이라면, 버려진 아기를 돌보는 직원이 자신의 책임에 열과 성을 다하지 않을 경우 아기들의 건강한 성장 발달은 촉진되지 못하는 것이다. 아직 초기 단계이지만 후성유전학이 제시하는 증거들에 따르면 유전자 집단은 부모의 행동으로 활성화되며, 이런 행동은 아이가 나중에 잘 자랄지, 그리고 스트레스를 잘 헤쳐나갈지를 판단하는 데 일찌감치 영향을 미치게 된다. 가령 아이가 나중에 술이나 약물로 곤란을 겪게 될지에 크게 영향을 미치는 것이다. 부모가 일찌감치 아기와 얼굴을 맞대고 상호 교류를 하게 된다면 유전적 성질로 인한 심리적 장애가 아이의 인생을 망치는 일을 막아낼 수 있을지 모른다. 다만 그 아이의 일생뿐만 아니라 미래의 자손에게까지 부모의 초기 보살핌이 게놈에 큰 영향을 미칠 수 있다. 생후 얼마 되지 않았을 무렵 얼굴과 얼굴을 맞대고 주고받는 상호작용은 아이의 유전자 프로그램이 어떻게 작동할지에 영향을 미칠 수 있다.

듀크 대학교의 생물학자 랜디 저틀Randy Jirtle은 완전히 똑같은 유전자를 가진 복제 쥐라도 태어나기 전에 엄마나 할머니가 무엇을 먹었느냐에 따라 완전히 다른 색의 털이 날 수도 있다는 사실을 확인했다. 심지어 임신 전에도 부모 세대의 행동이 문제가 된다. 우리는 보통 일란성쌍둥이는 모든 면에서 완전히 똑같을 거라고 생각한다. 눈 색깔과 키가 똑같으며, 심지어 유머 감각과 지능지수도 같을 거라고 생각하지만 저틀의 연구에 따르면 일란성쌍둥이도 같은 신체적·정신적 특징을 가지고 자라나지는 않는다고 한다. 게놈을 공유해도 자라나는 환경이 다르면 다른 특징을 가질 수 있다.

게놈의 제일 윗자리에는 에피게놈^{epigenome}이 있다. 게놈이 모든 유전자의 총체라면 에피게놈은 '후성유전자'라고 할 수 있다. 여기서 '에피^{epi}'는 그리스어 접두사로 '……의 위에'라는 의미다. 에피게놈은 DNA 자체를 바꾸는 일 없이도 DNA가 표현되는 방식을 바꿀 수 있다. 일반적인 진화의 과정은 그 속도가 느리다. 예를 들어 지구 온난화와 같은 환경적 변화에 적절하고 완벽하게 적응하기 위해 변이가 일어나려면 얼마나 많은 세대가 흘러야 할지 모른다. 그렇지만 후성적 변이는 게놈이 "그 본질을 바꾸지 않고 환경에 반응하도록" 빠른 속도로 일어난다는 것이 저틀의 설명이다. 만일 게놈이 컴퓨터의 하드웨어라면 "후성유전은 소프트웨어다. 그러니 생각만 해도 그 얼마나 범위가 넓고 환상적이겠는가". 저틀은 그렇게 덧붙인다.[39]

다만 어떻게 아기를 가슴에 품는 일처럼 간단한 행위만으로 아기의 성장 신경접합부가 바뀌는지가 이해되어야만 정말 환상적이고 아름다울 것이다. 이런 친근한 접촉은 아기에게 이 세상이 안전하고 예측 가능하다는 암시를 던져주게 된다. 그렇지만 뭔가가 잘못되어 부모와 아이 사이에 불행한 일이 발생한다면 그 고통이 아직은 약한 아기에게 전달되고, 그러면 아기의 온 신경이 크게 긴장하게 된다. 후성유전은 환경적인 위험을 화학적 신호로 바꿔 아기의 신진대사와 내분비 계통을 관장하는 유전자 집단을 활성화시키거나 비활성화시킨다. 이

유전자 집단은 아기에게 남는 영양분을 어떻게 나누는지, 혹은 위험에 어떻게 대비해야 하는지를 알려준다. 다시 말해 부모의 양육은 아기의 유전자가 어떻게 표현되는지에 영향을 주는 것이다. 만일 이런 사실을 알고도 새로 부모가 되는 일에 대해 그리 긴장되지 않는다면 이런 문제를 한번 생각해보자. 아기의 초기 경보 체계는 스트레스를 받는 엄마가 뿜어내는 화학물질을 기초로 이미 자궁 안에서부터 작동하기 시작한다. 그리고 임신한 엄마가 걱정이나 고통으로 신경을 쓰게 되면 이런 모습이 다음 세대까지 전해지게 된다.

네덜란드 대기근

제2차 세계대전 당시인 1944년 11월부터 1945년 5월까지 이른바 '네덜란드 대기근'이 발생했다. 네덜란드를 점령하고 있던 독일군의 식량 징발과 그해 특히 혹독했던 겨울 날씨가 합쳐진 결과였다. 이 끔찍했던 6개월 동안 3만 명 이상이 굶어 죽었다. 당시 임신 중이었던 네덜란드 여성은 비정상적으로 몸집이 작은 아이를 출산했고, 이는 그리 놀라운 일은 아니었다. 정작 놀라웠던 것은 자궁 안의 태아들이 경험한 굶주림이었다. 특별히 산모들이 임신 6개월간 맞닥뜨렸던 고통 때문이었을까. 당시 태어나 이제 60대인 사람들의 당뇨병, 심장질환, 그리고 암 발병률은 매우 높다. 그뿐만 아니라 당시 굶주림을 겪었던 산모들의 손자까지도 이런 건강상의 위험을 겪고 있다. 일단 그 손자들도 몸집이 아주 작을 뿐만 아니라 내분비 계통은 스트레스 호르몬을 분비하고 있었다. 다시 말해 할머니들이 겪은 고통이 손자들에게 전해질 수도 있다는 뜻이다. 이런 후성유전의 영향은 대기근이 일어나고 60년이나 지난 지금도 여전히 남아 있다.[40] 태아들이 겪었던 굶주림은 그들의 유전자에 음식물에 대한 불안을 각인시켜주었던 것이다.

굶주림이나 궁핍의 경우 세대에 따른 영향뿐만 아니라 성별에 따른 영향도 있다. 공동체의 건강문제와 관련하여 자세하게 연구 분석된 1800년대 스웨덴 북부의 풍년과 기근 유형은 할머니의 식습관을 통해 손자의 수명을 추정할 수 있다는 사실을 보여준다. 또한 할아버지들이 출생 전후에 겪었던 굶주림을 통해서도 손자들의 수명을 예측할 수 있었다. 짧은 굶주림 이후에 갑자기 식량 사정이 좋아졌을 경우, 그러니까 특히 아동기의 중반, 성장이 둔화되는 시기에 겪은 짧은 굶주림과 뒤를 이은 포식은 그 아들과 손자들이 당뇨병과 심장질환으로 사망할 확률을 크게 높여주었다. 그런데 이상한 일이지만 인생의 다른 시기에 겪은 굶주림은 스트레스와 관련된 몇 가지 질병에서 자손들을 보호해주었다.[41] 앞서 살펴본 사르데냐의 100세 노인들을 생각해보아도 이것은 사실이다. 적절한 시기에 굶주림을 겪은 노인들은 가족이나 친구들이 제공하는 평생에 걸친 따뜻한 보살핌이 합쳐져 100세가 넘도록 살 수 있었다.

사랑의 영향

맥길 대학교의 신경과학자인 마이클 미니Michael Meaney가 토론토에서 열린 국제 심리학 학회에서 파워포인트 슬라이드를 앞에 놓고 연신 손짓을 했다. 그가 준비한 파워포인트 슬라이드는 어미 쥐가 새끼 쥐들을 돌보는 모습을 보여주었다. 미니는 어미가 어떻게 몸을 구부려 새끼들을 돌보는가를 지적했다. 어미는 등을 둥글게 구부려 새끼들이 매달리고 자유롭게 움직일 공간을 만들어주었다. 그런데 다른 슬라이드를 보니 그러지 않는 어미 쥐가 있었다. 이 어미들은 그냥 몸을 쭉 펴고 있어서 새끼들이 어미의 젖꼭지에 힘들게 매달려 있는 형국이었다. 또 어떤 어미 쥐는 새끼들을 거의 질식시킬 것처럼 새끼들 위에 누워 있었다. 어미 쥐들의 모습은 제각각이었다는 것이 미니의 설명이다. 새끼가 태어나고 첫 1주일 동안 어미와 새끼를 세심히 살펴본 미니의 연구팀은 어떤 어미 쥐는 갓 태어난 새끼들을 열심히 핥아주는 반면 거의 그러지 않거나 아예 그러지 않는 쥐도 있다는 사실을 알게 되었다. 그런데 이렇게 새끼들을 핥아준 어미는 나중에도 새끼들을 위해 몸을 구부려 공간을 만들어주었다.

그리고 결과적으로 어미가 세심하게 돌봐준 새끼들은 나중에 자라서 스트레스에 더 잘 대처하게 된다. 태어난 날과 첫 1주일 동안 세심한 보살핌을 받은 새끼 쥐들은 두려운 상황을 마주했을 때도 혈류 안에 스트레스와 관련된 호르몬이 적게 순환하며, 따라서 쉽게 놀라지도 않는다. 새끼들은 새로운 음식에도 개방적인 모습을 보이며, 적극적인 태도로 새로운 영역을 찾아나선다. 이 새끼 쥐들은 어미의 보살핌을 덜 받은 쥐들에 비해 미로 찾기에도 능하며, 사물을 더 잘 인지한다. 그리고 해마 안의 신경접합부가 변화하여 기억력과 공간 능력이 강화된다. 해마는 두뇌에서 특히 기억력과 관련된 부분이다. 만일 새끼 쥐가 암컷이라면 다정하고 책임감 있는 어미와의 경험을 통해 스스로도 더 책임감 있는 어미가 된다.[42]

어미의 다정한 보살핌은 새끼들을 무기력하게 만드는 것이 아니라 오히려 활발하게 만든다. 게다가 이런 책임감 있는 어미의 보살핌은 다음 세대까지 이어진다. 무관심한 어미 밑에서 태어난 새끼들을 세심한 다른 암컷 쥐에게 맡기면 낳아준 어미보다 길러준 어미의 성격을 그대로 이어받는 경우가 더 많다. 태어난 첫 주에 다정한 보살핌을 받게 되면 스트레스에 대한 반응도 바뀌게 된다.

대기근을 겪고 살아남은 여인들의 후손처럼 새끼들의 DNA 자체는 태어난 직후의 경험으로 바뀌는 것이 아니다. 그렇지만 그 DNA를 감싸고 있는 화학물질이 변화하면서 쥐들의 유전자 암호가 어떻게 나타나게 될지를 결정한다. 미니의 연구에 따르면 미묘한 어미의 행동 변화는 새끼의 유전자가 표현되는 방식을 영원히 변화시킬 수 있다. 그리고 그 새끼는 이렇게 환경적으로 변화된 특징을 다음 세대에 전파한다.

이런 연구 덕분에 많은 심리학자가 아이들의 성장 발달에 대한 사고방식을 근본적으로 변화시키기는 했지만, 우리는 엄마의 보살핌과 관련된 두뇌의 변화가 비단 쥐와 같은 설치류에만 국한된 것이 아니라는 사실을 오래전부터 알고 있었다. 1950년대 후반 미국의 심리학자인 해리 할로Harry Harlow는 갓 태어난 레서스원숭이를 어미로부터 떼어내 다른 또래나 모형 원숭이(할로는 '대용품'이라고 불렀다)와 함께 자라게 하면서 무슨 일이 벌어지는지 관찰했다. 이 대용품은 금속으로 만들어졌고 젖병을 들고 있었다. 새끼들은 이 대용품을 통해 우유를 먹고 여기 매달릴 수도 있지만 그뿐이었다. 할로는 태어난 직후에 접촉을 통해 주고받는 보살핌이 없을 경우 원숭이들은 정상적인 방법으로 놀거나 상호 교류하는 법을 배울 수 없다는 사실을 알게 되었다. 이 원숭이들은 그저 자리에 앉아 반복적으로 혼자서 끙끙댈 뿐이었다. 데버러 블룸이 『사랑의 발견』에 썼던 것처럼 다른 원숭이들과 어울리며 자신에게 맞는 새로운 경험을 하려고 노력하기보다는 몇 시간이고 우리에 매달려 지나가는 사람들에게 소리를 질러대는 것이 일과였다.

"어떤 원숭이들은 스스로를 때리고 팔을 물어뜯으며 털가죽을 찢기도 했다."[43]

최근 할로의 학생이었던 스티븐 수오미Stephen Suomi와 동료들이 국립아동보건원에서 수행한 연구를 보면 어미의 보살핌을 받지 못한 새끼 원숭이들은 더 충동적이고 공격적으로 자란다고 한다. 수오미의 연구팀은 새끼 원숭이들을 어미와 격리시켜 또래와 자라게 했다. 이들에게 사회적 접촉은 있었지만 어미의 사랑은 없었다. 어미와 떨어진 거의 대부분의 원숭이가 6개월이 채 지나지 않아 스트레스에 대해 기이하게 과장된 반응을 보이기 시작했다. 여기에는 혈류 속 코르티솔의 증가, 신경세포의 성장과 생존을 관장하는 단백질의 변화 등이 포함되어 있었다.[44] 특히 수컷 원숭이의 경우 술을 주자 금방 술에 빠져들기도 했다.[45]

대면적인 보살핌에 문제가 생기면 유전자가 특정한 심리적 혼란을 일으키는 것일까. 예컨대 주의력 결핍이나 분노조절장애, 우울증이나 알코올중독과 같은? 그렇다면 이런 유전자를 물려받는 경우 우리는 두 배로 곤란을 겪게 되는 셈이다. 과학자들은 이를 '2연타 모델two-hit'이라고 부른다. 그 첫 번째 타격은 어린 시절에 겪는 애정의 결핍이고, 두 번째 타격은 어른이 되어서 경험하게 된다.

6

디지털 세상이
마음의 울타리를 만든다

전자 기기와 아이들의 언어 발달, 학업 성적, 그리고 행복

그녀의 이름은 클라우디아 아리스티$^{Claudia\ Aristy}$다. 그녀는 뉴욕의 벨뷰 병원에 설치된 청소년 양육 공동체에 들어가지 않았다면 도시 빈민으로 살게 되었을지도 모른다. 때는 1996년이었고 아리스티는 겨우 16세로 도미니카공화국에서 막 도착한 참이었다. 이전에 뉴욕을 찾아왔을 때 아리스티는 서른 살의 남자와 사랑에 빠졌고 임신을 했다.

"그래서 나는 다시 뉴욕으로 돌아와 아기 아빠와 함께 살려고 했어요."

아리스티가 내게 해준 말이다. 우리는 벨뷰 병원 소아과의 일일 진료소에서 만나 이야기를 나누었다.

"그리고 할머니는 벨뷰 병원이라면 내가 안전하게 적절한 조치를 받을 수 있을 거라고 생각하셨고요."

재택 요양보호사로 일하는 아리스티의 할머니는 뉴욕에 대해 잘 알

223

고 있었고, 처음에는 손녀와 함께 지하철을 타고 병원을 찾았다. 하지만 그 이후에는 온전히 아리스티 혼자의 몫이었다. 그녀는 정말 힘든 시간이었다고 고백했다.

"다른 나라에 와서 다른 문화, 다른 언어를 배워야 했어요. 게다가 임신까지 했는데 가족은 멀리 떨어져 있었지요. 오만 가지 상념이 다 들었어요. 정말로 힘들었지요."

계속되는 그녀의 이야기다.

"그리고 생각을 하기 시작했어요. 이제 어떻게 되는 거지? 나는 좋은 엄마가 될 수 있을까? 모든 사람이 나의 임신을 큰 실수라고 생각해도 괜찮아. 나는 좋은 엄마가 될 수 있다고 세상에 보여주고 싶고 증명하고 싶은 것일까?"

이제 서른두 살이 된 아리스티는 벨뷰 병원에서 다문화 부모의 교육을 맡고 있다. 이 프로그램은 뉴욕의 저소득층 가족을 대상으로 하는 장기 원조 프로그램이다. 아리스티의 삶은 순탄치 않았다. 그렇지만 벨뷰 병원이 제공하는 사회적 지원을 통해 그 시간들을 견뎌냈다. 아리스티의 아들인 알레한드로는 건강하게 자라 기타 연주를 좋아하는 10대가 되었다. 이제 아리스티는 자신과 비슷한 처지의 다른 부모들에게 부모의 선택에 따라 자녀가 뭐든 해낼 수 있다는 사실을 보여주고 있다.

대부분의 부모가 자녀를 돌보는 의사에게 깊은 신뢰감을 가지고 있다는 사실을 전제로, 1980년대 후반 보스턴 시티 병원의 몇몇 소아과 의사는 스스로에게 이런 질문을 던져보았다. 만일 소아과 의사가 부모에게 매일 대면적인 상호 교류를 나누고 일정 분량의 책을 읽어주라는 처방을 내린다면 어떨까? 진짜 의학적 치료 방법처럼. 우선 대화가 많고 읽을거리가 많은 가정에서 자라는 아이들이 다 읽은 책을 다른 아이들에게 나눠주면 좋을 것 같았다. 이 일은 분명 누구에게도 해롭지 않았고 이전 방식에 비해 비용도 적게 들 터였다.[1] 그러면 저소득층 아이들을 대상으로 정기적인 검진과 독서를 결합시킨 프로그램을 지속적으로 실시하는 것도 어렵지 않을 것 같았다. 무엇보다도 의사들 역시 자녀들에게 읽어주었던 좋은 책을 환자들과 나누는 일에 거부감을 느낄 이유가 없었다.

이윽고 소아과 의사인 로버트 니들먼Robert Needlman과 배리 주커먼Barry Zuckerman, 그리고 앨런 멘델슨Alan Mendelsohn이 중심이 되어 이 생각을 실행하기로 했다. 그들은 우선 형편이 어려운 가족이 많이 찾는 병원을 골라 저소득층 부모들에게 아이의 성장 발달에 적절한 책들을 건네주었다. 아이에게 책을 읽어주라고 부모들을 격려하는 동시에 이렇게 계속 책을 나눠주는 일이 다섯 살이 되어 유치원에 들어가는 아이들 사이의 간극을 좁혀주지 않을까 하는 기대감도 품었다. 유치원에 갓 들어간 아이들의 경우 이미 읽는 법을 배울 준비가 되어 있는 아이들이 있는가 하면, 3분의 1 이상은 그렇지 못했던 것이다. 이 일을 시작하는 것은 그리 어렵지 않았다. 어느새 봄이 느껴지던 2012년 2월의 어느 날, 내가 벨뷰 병원을 찾아가 확인해보니 이미 2만 8,000명의 의료 전문가, 클라우디아 아리스티 같은 수천 명의 교육 인력, 그리고 수많은 자원봉사자가 미국 전역의 5,000여 개 소아과 병원에서 활동하고 있었다. 그들은 이미 수백만 명의 미취학 아동에게 650만 권의 책을 전달했다.

이 프로그램이 성공을 거두었다는 것은 누가 봐도 분명했다. 의학

225

전문지에 실린 비슷한 내용의 논문 10여 편을 보면 이 일에 동참한 부모는 다른 부모에 비해 열 배 이상 책을 읽어주었다고 한다. 그럼으로써 아이의 언어능력이 크게 향상되었다. 또 어느 장기 연구에서는 이 아이들이 다른 아이들에 비해 언어능력 평가에서 평균 8점 이상 높은 점수를 받아 언어에 대한 이해도가 높아졌다는 사실이 확인되었다. 아이들은 쓰기뿐만 아니라 말하기에서도 더 나은 실력을 보였다.[2] 또 다른 연구에 따르면 2~3세 자녀를 가진 부모들에게 서로 교감하며 책을 읽어주는 방법을 가르친 결과 아이들의 언어능력이 크게 향상되었다고 한다.[3] 이런 결과들만으로도 인상적이지만 이 일은 아이들이 훗날 학교에 들어가 보여줄 학습능력 향상과도 연관 지어진다. 사실은 이 점이 주요 쟁점이다. 저소득층 가정의 경우 부모와 자녀 사이의 상호 교류가 상대적으로 적고 텔레비전이나 다른 매체가 종종 부모와 자녀의 대화를 대신하고 있음을 생각해보라. 앞서 소개한 의사들은 이런 모습을 바꿀 계획을 세운 것이다.

그들의 생각과 계획은 앞날을 내다보는 것이었다. 2010년 비영리 단체인 카이저 가족재단Kaiser Family Foundation이 2,000명 이상의 아동을 대상으로 연구하고 펴낸 보고서에 따르면 1990년대 후반부터 대중 매체의 이용이 극적으로 증가했다고 한다. 대부분의 아이는 이제 하루에 7.5시간 이상을 텔레비전과 컴퓨터게임, 그리고 인터넷에 쓰고 있다. 가장 충격적인 사실은 계층별 디지털 기기의 사용이다. 부모가 대학 교육을 받지 못한 경우 교육 수준이 높은 가정에 비해 아이들은 하루에 90분 이상을 더 다양한 매체에 쓰고 있다고 한다. 히스패닉이나 아프리카계 아이는 백인 아이에 비해 하루 4.5시간 이상을 더 텔레비전을 보거나 컴퓨터게임을 하는 데 사용한다. 아직까지 정확한 증거

는 없지만 이런 매체에 지나치게 빠져 있는 아이들은 학교에서도 학업 성취도가 크게 떨어진다.[4]

소아과 전문의이자 저술가이며 NYU 교수인 페리 클래스Perri Klass 박사는 저소득층 아이들의 독서 지도를 후원하는 비영리 단체인 리치 아웃 앤드 리드Reach Out and Read의 활동을 처음부터 함께했으며, 지금은 의학 관련 자문으로 일하고 있다. 병원에서 박사를 만나던 날 나는 리치 아웃 앤드 리드가 그녀에게 도덕적인 봉사인 동시에 전문적인 활동의 장이라는 사실을 알게 되었다.

"책이 없는 가정에서 성장하는 아이들을 생각하면서 난방도 되지 않고 먹을 것도 없는 집에서 자라는 아이들을 바라볼 때와 똑같은 기분을 느꼈습니다. 그런 일은 있을 수도 없고 있어서도 안 되는 것이니까요. 그런 환경은 아이들을 주눅 들게 하고 아이들에게 공정한 기회를 주지 않습니다."

클래스는 자신의 인터넷 홈페이지에 이런 글을 올렸다. 벨뷰 병원의 빈 진료실에서 박사와 대화하면서 내가 던진 첫 번째 질문은 디지털 기술에 대한 것이었다. 솔직히 말해 책은 최근에 쏟아져 나오는 태블릿 PC나 각종 애플리케이션, 그리고 교육용 소프트웨어들에 비해 너무 구식이지 않은가. 《뉴욕 타임스 매거진》에 실린 최근 기사를 보면 이런 디지털 기기나 프로그램에 대한 열광은 일반적인 현상이며, 단지 하루에 15분가량 컴퓨터게임을 하는 것만으로도 시카고 외곽의 육체노동자 가정에서 자라는, 학습능력이 다소 뒤떨어지는 초등학교 3학년 아이가 간단하게 지능을 계발할 수 있다고 한다. 아이는 그저 유령의 집에 살고 있는 검은 고양이의 위치만 기억하면 되는 것이다.[5]

나는 교육용 그림책을 부모에게 건네주는 것만으로 이런 효과를 기대할 수 있겠느냐고 박사에게 물었다. 클래스 박사는 잠시 생각을 하다가 이렇게 말했다.

"터치스크린 태블릿이나 전자책의 기능을 폄하할 생각은 없습니다. 어떤 가정이라면 아주 중요한 역할을 할 수도 있을 테니까요. 그리고 나는 비디오나 텔레비전이 아주 유용하게 사용되는 사례도 이야기해줄 수 있습니다. 그렇지만 우리가 알고 있는 한, 부모와 아이가 얼굴을 맞대고 서로 교감하는 시간을 대신할 수 있는 건 없습니다. 언어와 인식능력, 그리고 사회 정서적 발달에 대해서는 말이지요. 그리고 책을 큰 소리로 읽으면서 가족 모두가 하나가 됩니다. 아이를 무릎 위에 앉히고 대화를 하듯 책을 읽습니다. '아기는 어디 있지? 어디가 아기 코지?' 이렇게 물어보면서요. 그러면 이런 대화 속에서 많은 일이 일어나겠지요. 사회적·정서적 발달에도 영향을 미칠 수 있고 글 속에서도 많은 일이 일어날 수 있습니다. 책은 이런 모든 상호작용을 일으키는 겁니다. 아이들은 자라면서 책 속에 나열된 글자의 순서를 배우고 그 뒤에 어떻게 내용이 연결되는지도 배우겠지요. 무엇보다도 이런 모든 일이 편안하고 안전한 부모의 무릎 위에서 일어나는 겁니다. 책을 통해서는 많은 일이 일어날 수 있고 대부분의 부모는 그런 사실을 이해합니다. 부모에게 이렇게 말해보세요. '아기를 무릎 위에 앉히고 책을 읽어주는 자신의 모습을 상상해보라.' 그러면 부모들이 눈물을 글썽이겠지요."

리치 아웃 앤드 리드가 좋은 성과를 거두고 있지만 정확히 어떤 성공을 거두었는지는 아직까지 확실하게 알 수 없다. 나는 클래스 박사를 만나고 나서 벨뷰 병원의 부모들에게는 이 일이 어떤 의미인지 살펴보았다. 먼저 교육 부문을 맡고 있는 클라우디아 아리스티의 경우 대기실에서 부모와 아이를 반갑게 맞이하고 부모들이 아직 어린 자녀와 이야기를 나누도록 격려한다. 그리고 서로 가벼운 농담도 하고 함께 놀게 해준다. 금색 하이힐을 신고 얼룩말 무늬가 새겨진 스커트를 입은 채 활기차게 움직이는 아리스티는 사람들과 포옹을 하고 그들을 토닥이며 인사를 나눈다. 속사포처럼 빠른 스페인어로 인사를 나누는 동안 아기들은 발밑을 기어 다닌다. 사람들 사이를 지나 환한 햇빛이 들어오는 대기실에 들어서면 아이들은 물론 60여 명이 넘는 젊은 부모가 기다리고 있다. 아리스티는 한 명, 한 명 이름을 부르며 그들을 맞이한다. 병원 접수처에서는 부모들의 이름이 불리고 전화도 쉴 새 없이 울리며 안내 방송도 끊이지 않는다.

특별히 훈련을 받은 자원봉사자 몇 명이 매트리스 위에 앉아 큰 소리로 책을 읽고 이야기를 건넨다. 대상은 모두 아이들로, 누구라도 상관없이 관심을 끌면 된다. 문제의 핵심은 책을 통한 상호 교류의 전형을 확립하는 것, 그리고 피로에 절어 있는 부모들에게 책을 통해 정말로 자녀와 교감할 수 있다는 사실을 보여주는 것이다. 이름을 확인하는 작업이 끝나면 비로소 부모와 아이는 진료실로 들어간다. 담당 의사는 부모의 무릎 위에 앉아 있는 아이에게 책을 한 권 쥐여준다. 이 책은 치료를 받는 아이들의 시선을 다른 곳으로 돌리기 위해 사용되기도 하지만, 아이의 성장 발달에 대한 실마리를 의사에게 전달해주는 진료 수단으로도 사용된다. 아기는 책을 똑바로 손에 쥐는가? 책을 입에 집어넣지는 않는가? 아기에게 책의 쪽수를 알려주면 어떨까? 책에 나오는 새끼 오리의 숫자를 세어보는 것은? 의사는 이런 사실들을 부모와 함께 나누고 책을 통해 아이에게 이야기해주는 법을 알려준다. 이야기나 책을 낯설어하는 부모에게는 그림을 가지고 직접 이야기를 만들어보라고 격려하기도 한다. 진료가 끝나면 의사는 아이가 가져온 책을 새 책과 바꿔준다. 아이의 모국어 책들이다.

한참 후에야 아리스티가 내게로 걸어왔다. 나는 새 책들이 보관되어 있는 낮은 금속 책장 옆에 서 있었다. 몸을 숙이고 책들을 보다가 중국어 책을 꺼내려는 젊은 의사를 방해하고 말았다. 나는 그 책이 내 아이들도 좋아했던 책임을 알아보았다. 아리스티는 이곳에는 같은 책이라도 스페인어, 포르투갈어, 벵골어, 프랑스계 아이티어, 베트남어 등 다양한 언어로 번역되어 있으며 생후 6개월인 아기부터 유치원생에 이르기까지 다양한 연령대의 아이들을 위한 책이 구비되어 있다고 설명해주었다. 아이가 다섯 살이 되어 유치원에 들어갈 때쯤이면 병원에서 몇 가지 확인을 하고 이 사실을 담당 소아과 의사와 아리스티 같은 교육 담당에게 알려준다. 그리고 자원봉사자들과 함께 대기실에서 책을 읽게 되고 자기 것이라고 부를 만한 책들도 갖게 된다.

"최소한의 도움으로 큰 성과를 거둘 수가 있습니다."

내가 병원에서 만났던 앨런 멘델슨의 설명이다. 발달소아학 교수이며 벨뷰 병원의 부모 훈련 과정을 책임지는 멘델슨은 병원을 찾는 생후 6개월 정도의 아이들은 하루에 평균 두 시간 정도 텔레비전을 본다고 말했다. 이곳의 독서 훈련과 교육 과정에서 파생된 또 다른 훈련 계획인 비디오 상호 교류 프로젝트Video Interaction Project, 즉 집에서 부모와 자녀가 함께 비디오를 시청하게 하는 교육 과정은 또 다른 방식으로 부모와 아이가 멍하니 텔레비전 화면만 바라보는 대신 서로 상호 교류를 하게 돕는다. 여기에 참여하는 아이들은 점점 텔레비전 보는 시간을 줄여나가게 되며, 그렇게 되면 지능지수도 올라간다. 실제로 20년간 이어진 연구 결과 이런 언어적 능력을 갖춘 아이들이 학교에 들어가면 또래보다 6개월 정도 앞선다고 한다.[6]

이런 것들이야말로 고무적인 성과다. 나는 멘델슨의 사무실을 찾아가 몇 가지를 더 물어보기로 했다. 동물 그림이 그려진 넥타이에 줄무늬 셔츠를 차려입은 멘델슨은 회의와 오후 강의 사이의 귀중한 시간을 할애해주었다.

"리치 아웃 앤드 리드의 진짜 좋은 점은 건강 보건 문제를 기반으로 한다는 겁니다. 모든 아이는 첫 5년 동안 건강 검진을 받습니다. 왜냐하면 학교에 가기 위해서 예방 접종을 받아야 하니까요."

멘델슨은 의자에 몸을 기대고 넥타이를 만지작거리며 말했다.

"따라서 병원을 중심으로 모든 사람과 접촉할 수 있지요. 전국적으로 리치 아웃 앤드 리드 활동에 참여한 300만 명의 아이들은 저소득층 출신입니다. 미국 전역의 저소득층 아이 중에 20~30퍼센트에 해당하는 숫자지요."

"자, 이제 부모들에게 어떤 점이 걱정스러운지 물어보면 부모들은 보통 아이들의 성장 발달과 행동에 대해 알아보려고 병원을 찾아왔다고 말합니다."

멘델슨의 이야기가 이어졌다.

"소득과 교육 수준이 낮은데다 읽고 쓰는 능력이 떨어지는 등 열악한 환경에서라도 모든 부모는 아이들에게 정확히 같은 것을 원합니다. 바로 학교에 잘 다니고 성공하는 것이지요. 부모들은 자녀들이 전문 지식을 가진 인재가 되기를, 그러니까 의사 같은 사람이 되기를 원하는 겁니다."

이 대목에서는 쓸쓸한 웃음이 터져 나왔다.

"물론 이건 '당신의 자녀가 어떤 사람이 되기를 원하느냐?'라는 의사의 질문에 대한 부모의 대답이긴 하지만요. 어쨌든 부모의 소원은 아이들이 성공하는 겁니다."

그렇지만 거기에 필요한 준비를 항상 갖출 수는 없는 법이다.

"1990년대 후반 우리는 연구 중에 일부러 뉴욕 근처의 가정들을 방문했습니다. 그리고 거의 예외 없이 모든 가정에 텔레비전과 비디오 세트가 갖춰져 있다는 사실을 알게 되었습니다."

물론 그 부모들도 자녀들이 학교에서 공부도 열심히 하고 성공하기를 바라고 있었다. 그렇지만 첨단 기술이 그 소망에 대한 해답은 아니라는 사실을 깨닫지 못했다.

벨뷰 병원의 아이들은 대부분 부모가 스페인어권인 남아메리카 출신의 이민자다. 그리고 일부는 클라우디아 아리스티가 임신을 하고 처음 병원을 찾았던 때와 비슷한 나이였다. 앞서 이야기했지만 당시 아리스티는 16세였다. 병원의 대기실 풍경을 보더라도 이 부모들은 첨단 기기들이 이른바 아메리칸 드림의 일부라고 믿고 있었다. 거의 대부분의 부모가 스마트폰에 빠져 있었다. 그사이 부모의 관심을 받지 못한 아이들 중 일부는 자신의 스마트폰을 들여다보기도 했다. 아리스티와 같은 교육 담당자가 모습을 드러낼 때까지 이런 풍경은 계속되었다.

16세, 그리고 임신

만일 클라우디아 아리스티가 일반적인 10대 엄마였다면 그녀에게 아기와 함께 장밋빛 미래를 꿈꿀 수 있다고 설득하는 것은 일종의 자기기만이 아니었을까. 미국은 선진국 중에서 10대의 출산율이 가장 높은 국가다. 미국에서는 15세에서 19세 사이의 소녀 36만 명이 매년 임신과 출산을 하고 있다. 그렇다면 하루에 1,000명꼴이라는 계산이 나온다. 지난 20년간 그 추세는 한풀 꺾이기는 했지만 여전히 다른 산업 선진국들의 아홉 배에 달한다.[7]

이 아이들 중에 고등학교를 졸업하는 비율은 절반에 불과하며, 이는 임신하지 않은 소녀의 90퍼센트와는 크게 비교가 된다. 그리고 20대와 30대 엄마에게서 태어나는 아이들과 비교하면 10대 엄마에게서 태어나는 아이들은 미숙아이거나 저체중일 확률이 높다. 이 아이들은 적절한 의학적 보살핌을 받지 못하고 무시당하거나 학대당한다. 자라면서 점점 탈선을 하고 비행청소년이 되어간다. 아니면 자신들도 또다시 10대에 부모가 된다. 성인이 되어도 가난은 나아지지 않으며 실직과 질병에 시달린다. 평균적인 미국인들에 비해 교도소에 들어가는 일도 비일비재하다. 아리스티의 쾌활한 모습을 보면 이런 슬픈 이야기가 잘 연상되지 않는다. 아리스티도 자신이 이런 일반적인 상황에 들어맞는 경우였다는 사실을 잘 알고 있다. 비록 지금은 그 비참한 결과에서 비켜나 있지만.

언젠가 어머니를 보고 너무 판에 박힌 모습만 보여준다고 놀린 적이 있다. 그때 나는 여러 위험에 빠진 엄마들을 위한 학회에 참석하고 돌아오는 길이었다. 나는 어머니를 위해 위험 요소의 목록을 준비해 손으로 짚어가며 살펴보았다. 어머니는 10대에 임신을 하고 갓 스무 살이 되었을 때 첫아이인 오빠 스티븐을 낳았다. 그 당시 사람들이 대개 그랬듯이 어머니는 담배와 커피를 입에 달고 살았고 첫아이는 남자였다(남자아이는 여자아이보다 성장 발달 문제에 취약하다). 이런 이야기를 하자 어머니는 당연히 유쾌한 것 같지 않았다. 어머니의 싸늘한 반응을 보니 내가 만든 목록에 해당되지 않는 사람들이 떠올랐다. 그들은 일반적인 경우는 아니었다. 지금의 관점에서 보면 우리 엄마는 아주 예외적인 존재다. 그런데 여자가 결혼을 하고 스무 살이 되기 전에 아이를 갖는 당시의 관습을 충분히 따랐다 하더라도 엄마는 어쩌면 그 당시에도 예외적인 존재가 아니었을까. 지금은 이런 것들을 일종의 위험 요소로 본다. 하지만 과거에는 일반적인 모습이었다. 규범과 성장 발달에 대한 위험 요소는 세대에 따라 이렇게 달라진다.

이런 지적이 어쩌면 정치적으로는 올바르지 못할지도 모르겠지만 미국의 10대 인구 가운데 3분의 1 정도인 히스패닉과 아프리카계 여자아이가 청소년 출산의 60퍼센트를 차지하고 있다.[8] 영국도 상황이 비슷하다. 영국 10대의 출산 비율은 유럽연합 국가 중에서 가장 높으며, 구소비에트연방 국가들과 비슷한 수준이다.[9] 이런 사실을 반영해서 영국의 경제학자인 마르코 프란체스코니[Marco Francesconi]는 영국의 10대 엄마들에 대해 이렇게 썼다.

"그들은 단지 어떤 현상의 전조가 아니라 세대를 가로질러 전해지는 사회 경제적 불이익의 원인이다."

성인이 되기도 전에 아기를 갖게 되면 연속적으로 이어지는 결과를 낳게 된다. 앞서 잠시 살펴본 후성유전의 문제처럼 빈곤이나 결핍이 엄마에게서 아이에게로 이어진다. 10대 임신과 그 결과의 연결성은 무시하기 힘들다. 예컨대 영국 10대들이 출산한 아이는 교육도 제대로 받지 못하고, 성인인 어머니가 낳은 아이들보다 빈곤하게 살아갈 확률이 두 배 이상 높다. 그리고 같은 처지인 미국의 아이들처럼 그들도 엄마를 따라 10대에 부모가 될 확률이 아주 높다.[10]

이 정도는 대수롭지 않다고 생각한다면 남아메리카 이민자 출신인 미국의 어린 엄마들이 미국 본토 출신인 엄마들에 비해 아기와의 상호 교류가 현저하게 떨어진다는 사실을 한번 생각해보라.

"모든 사람이 아기와 대화하는 일을 당연하게 여기지는 않아요."

클라우디아 아리스티가 조용히 말했다. 중산층 부모는 종종 저녁 식탁에서 어린 자녀들과 문답식 토론을 즐겨 하는 반면 남아메리카 이민자 가정에서는 이런 식의 상호 교류를 보기가 아주 힘들다. 특히 새로 미국에 들어온 이민 가정이 그렇다.

"이런 가정에는 대개 아이들에게 자기 생각을 표현해보라고 요구하는 관습이 없어요. 그런 집안의 권위주의를 쉽게 바꿀 수도 없고요."

반대로 또 다른 극단주의의 실체를 한번 살펴보자. 미국의 대표적인 블로그 뉴스 사이트인 〈허핑턴 포스트〉에서 자녀 교육 관련 글을 쓰고 있는 리사 벨킨Lisa Belkin은 어렵고 복잡한 말만 쓰는 세 살배기 아들과 아직 젖먹이가 있는 집안 풍경을 이렇게 표현했다.

"큰애는 작은애가 우는 것은 자기 책임이 아니라고 했다. 왜냐하면 '엄마, 동생이 먼저 나의 감정을 자극했거든요'라면서."

어떤 연구에 따르면 간단히 정리된 말을 사용하면 언어가 발달하고 엄마와 자녀 사이의 유대관계도 더 깊어진다고 한다. 벨킨의 지적이다.

"그렇지만 나는 내 아이에게 공허한 말을 나불거리는 바보 같은 기분이 든다. 특히 다른 사람들 앞에서 말이다. 원래 영어라는 언어는 은유적이며 묘사적인 단어로 가득 차 있으니까."[11]

일단 엄마가 아이에게만 사용하는 단순한 표현의 가치에 대한 논쟁은 제쳐두자. 그리고 유치원에서 선생님이 그날 하늘에 떠 있는 구름의 모양에 대해 이야기할 사람이 있느냐고 물었다고 하자. 어떤 아이가 말을 잘할까? 부모가 생각하기에 텔레비전에만 몰두하지 않는 아이일까? 아니면 부모가 보기에 태어나자마자 가족의 일상생활에 적극적으로 참여한 아이? 그런데 여기 또 다른 관점이 있다. 여러 연구 결과에 따르면 미국과 캐나다, 그리고 영국을 비롯한 유럽연합 국가의 부모들은 자녀가 텔레비전 등에 얼마나 많은 시간을 빼앗기는지에 그다지 신경 쓰지 않는다고 한다. 미국 아이들 중에 부모가 텔레비전 시청이나 컴퓨터게임을 제한한다고 말한 비율은 3분의 1도 되지 않는다. 하루 평균 여섯 시간 이상 이런 활동에 소비하는 영국 아이들의 부모도 "크게 나쁘게는 생각하지 않는다"는 것이 영국 가정의 매체 사용에 대해 장기간 연구를 수행한 리디아 플로먼Lydia Plowman의 설명이다.[12] 아이들이 이런 전자 기기를 마음대로 사용하도록 내버려두는 가정에서 아이들이 전자 기기에 소비하는 시간은 아이들의 심리적 발달과 학업 능력, 혹은 행복에 어떤 영향을 미치게 될까?

영상 매체와 사회계층

영상 매체에 대한 이야기를 하기 전에 사회계층별로 기술에 대한 간극이 얼마나 벌어지고 있는지 생각해보자. 『소셜 애니멀The Social Animal』에서 저자 데이비드 브룩스David Brooks는 하위 계층의 교육 방식이 토론과 개인 교습을 통해 적극적으로 아이들을 가르치는 상위 계층의 교육 방식과 어떻게 다른지 설명하고 있다. 하위 계층 가정에서는 "부모의 세계와 자녀의 세계 사이에는 훨씬 견고한 경계선이 있는 경우가 많다"고 브룩스는 지적한다.

"부모는 어른이 되어 걱정할 시간이 생각보다 빨리 다가오기 때문에 아이들은 아직 어릴 때 자유롭게 자신만의 세상에서 뛰어노는 것이 좋다고 생각한다."

이런 방임주의적 접근 방식은 결국 아이들이 부모와 교류하지 않고 텔레비전 앞에서 더 많은 시간을 보내게 된다는 의미다. 학교에 들어갈 나이가 되면 아이들이 영상 매체에 사용하는 시간은 하루 평균 여덟 시간을 넘어서며, 이는 어른이 정규직으로 근무하는 시간보다 길다.[13]

계층 간의 분리는 일찌감치 시작된다. 형편이 어려운 가정에서 태어난 아기들은 두 살이 되기 전에 하루 3.5시간 이상 텔레비전을 '본다'. 그렇게 되면 이 아기는 주변의 어른이나 더 나이 많은 아이들에게 훨씬 적은 관심을 보인다. 어떤 연구자들은 이렇게 과한 텔레비전 시청이 현저하게 늦어지는 아기들의 언어 발달과 관련되어 있다고 주장한다.[14] 이민 가정 출신으로 혼자서 두 살배기 젖먹이를 키우는 젊은 엄마가 내게 이렇게 말했다.

"텔레비전은 우리 아기의 삶에서 아주 큰 부분을 차지해요. 왜냐하면 아기가 거기에 정신을 팔고 있어야 내가 마음 놓고 집안일을 할 수 있거든요."

나는 그 엄마에게 일을 하면서 아이에게 말을 거냐고 물어보았다. 예컨대 엄마는 지금 무슨 일을 하고 있는지 말해주고 아이가 반응을 보이면 주변의 사물을 가리키며 이름을 알려주는지. 그러자 젊은 엄마가 걱정스러운 듯 얼굴을 찡그리며 말했다.

"우리 애는 아직 말을 못하는데요."

그 아기가 보는 세상은 아직 유아용 텔레비전 프로그램과 비디오뿐이었다. 엄마가 보는 세상은 집안일을 중심으로 온갖 책임이 부여된 곳이었다. 그녀는 같은 어른과 대화하듯 아기와 이야기를 나눈다는 생각은 단 한 번도 해본 적이 없는 것이다.

또 다른 사례를 생각해보자. 아홉 살인 케이티 브린들Katie Brindle이 겪은 일이다. 1993년 펜실베이니아 대학교의 사회학자 아네트 라루Annette Lareau는 경기가 한풀 꺾인 필라델피아 외곽에 살고 있는 백인 소녀 케이티를 관찰했다. 4학년인 케이티는 부엌에서 낡은 상자와 테이프를 가지고 인형의 집을 만들고 있었다. 딸이 놀고 있는 동안 엄마는 텔레비전을 보고 있었다. 뭔가 일이 생각대로 되지 않는지 케이티는 만들던 인형의 집을 가지고 거실로 가서 엄마 발밑에 놓고 도움을 요청했다.

"안 돼."

엄마의 한마디였다. 케이티는 "말은 하지 않았지만 실망스러워했다"는 것이 라루의 기록이다. 그렇지만 상황은 그것으로 끝났다. 두 모녀의 세계는 서로 만나지 못했다.

케이티의 가정은 라루의 장기 연구에 참여한 열두 가정 중 한 곳일 뿐이지만 케이티의 엄마가 보여준 반응은 라루에게 실마리를 던져주는 것 같았다. 라루가 다른 육체노동자 가정의 거실에서 보았던 광경을 하나로 압축시킨 듯했기 때문이다. 하위 계층에 속하는 가족은 어떤 문제를 해결하기 위해 부모와 자식이 서로 협조하거나 토론하는 일이 거의 없다. 반면 중상위 계층에서는 부모가 자녀들을 "과제물"로 본다는 것이 라루의 설명이다.[15] 이 부모들은 정교한 대화와 교육적인 활동을 쉴 새 없이 보여줌으로써 자녀의 언어와 논리력을 교정해준다. 미취학 아동을 위한 체육회, 연극반, 합창단, 만들기 모임 등이 이런 활동에 포함된다. 아, 이게 어찌 남의 일이랴. 나 역시 우리 아이들을 어린이 합창단, 오케스트라, 바이올린 교습, 브레이크 댄스 수업에

보낸 것은 물론이고 여름이면 따로 음악, 미술, 등산을 가르치고 야영
장에도 보내지 않았던가. 이런 일에는 돈뿐만 아니라 시간도 상당히
들어간다.

어쩌면 라루가 연구한 대부분의 노동자계층 가족이 아이들의 교육
에 손을 놓는 이유가 바로 여기 있는지도 모른다. 아직 학교에 다니지
않는 아이들이 더 많은 시간을 영상 매체 앞에서 보내는 것은 집 밖에
서 안전하게 놀 만한 장소가 거의 없기 때문이다. 근처에 놀이터나 공
원이 있어도 아이들을 거기까지 데려다주는 어른은 거의 찾아보기 힘
들다.[16] 라루는 이 부모들이 아이들 일에는 관여하지 않는다고 말하는
모습을 계속해서 지켜볼 수 있었다.

"부모들은 아주 일상적인 듯 아무런 죄책감 없이 이렇게 말했다. 왜
냐하면 아이들이 노는 일을 별로 대수롭지 않게 생각할 뿐더러 아이
의 세계와 어른의 세계는 완전히 다르다고 여겼기 때문이다."[17]

부모와 자녀의 세계가 이렇게 갈라지면 아이들은 좀 더 느긋해지면
서 생기가 넘칠 수도 있다. 데이비드 브룩스에 따르면 하위 계층의 아
이들은 다른 친지들과 접촉하는 시간이 늘어나며, 이웃 아이들과 더
많이 어울린다. 그리고 지루하거나 재미없다는 불평도 덜하게 된다.[18]

"아이들이 칭얼거리는 소리는 중산층 가정에서는 흔히 들려오지만
하위 계층의 가정에서는 듣기 어렵다."

라루의 말이다. 그렇지만 이런 방임은 부모가 자녀와 대화를 더 적
게 나눈다는 뜻이다. 상호 교류도 감독도 거의 없이 자녀가 텔레비전
을 혼자 보는 시간만 늘어난다.[19] 이는 미국이나 캐나다만의 현상이
아니다.

"놀랍게도 대부분의 국가에서 사회 경제적으로 낮은 위치에 있는

부모는 자녀의 텔레비전 시청에 대해 거의 아무런 제약을 가하지 않는다."

유럽연합 6개국 아이들의 텔레비전 시청 습관에 대해 장기간 '바보 상자 연구Toybox Study'를 수행해온 연구자들의 기록이다.

"아이들은 하루 종일 혹은 언제든 원하는 만큼 텔레비전을 시청할 수 있었다."[20]

부모가 아이들의 행동을 제약하든 하지 않든 이건 도덕적인 문제는 아니다. 과하게 예민한 부모, 특히 엄마들은 아이가 학교를 마치고 나서 어떻게 생활하는지에 심하게 간섭한다. 이런 엄마들에게는 헬리콥터맘이나 사커맘이라는 별명이 붙게 되었다.

한편 어린아이가 얼굴을 마주하는 상호 교류의 시간을 얼마나 가지느냐에 대해서는 여전히 의도하지 않은 결과의 법칙이 적용된다. 교육 방식의 차이점은 어떤 아이가 더 많은 단어를 구사하고 책을 더 능숙하게 읽으며 나중에 더 좋은 대학에 들어가는지에 대한 적절한 예측 장치가 된다.[21] 이런 구분이 일찌감치 시작된다는 사실을 알고 아이들에 대해 연구하는 전문가가 늘어나면서 전자 기기에 반대하는 움직임도 시작되었다.

첨단 기술에 대한 몰입

최신 전자 장비나 기술에 대한 몰입이 없다면 아이들이 시대에 뒤처지지 않을까 염려하는 부모와 교사가 있다. 그렇지만 터치스크린을 다루는 일이 얼마나 어렵다고 거기에 몰입까지 해야 할까? 어느 엄마는 두 살배기 아이가 아빠의 스마트폰을 처음 손에 쥐었을 때를 이렇게 회상한다.

"단추를 눌러서 전화기를 켜던 순간 아이의 눈을 잊을 수가 없어요. 마치 '이야!'라고 말하는 것 같았습니다. 새로운 종교에 빠져드는 것과 비슷했어요."

아이 엄마인 나타샤 사이크스^{Natasha Sykes}가 기자에게 한 말이다. 처음에 부모는 아이가 새로운 기술과 사랑에 빠진 모습을 보고 마냥 재미있게만 생각했다. 그렇지만 이내 그 정도가 점점 심각해졌다.

"항상 전화기가 없으면 안 되었습니다."

아이는 전화기를 달라고 울며 졸랐다. 부모는 레고, 장난감 자동차, 그리고 책을 손에 쥐여주었지만 "아이에게 선택권이 있다면 아이는 항상 스마트폰을 선택합니다".[22] 하지만 누가 그런 아이를 탓할 수 있겠는가? 왜 항상 어른들만 첨단 기기의 즐거움을 누려야 하는가?

그렇지만 이런 식으로 아기와 기술의 접촉이 쉽게 이루어진다면, 유튜브에서 흔히 보듯 아직 기저귀를 차고 있는 아기가 스마트폰을 능숙하게 사용하게 된다면 아기들을 위한 상업용 애플리케이션이 등장할 날도 그리 멀지 않은 것 같다. 분명 대수롭지 않은 자잘한 애플리케이션 시장은 아주 매력적이며, 이제 막 부모가 된 사람들도 점점 늘어나고 있다. 현재 음악 시장에서 다운로드 상위권을 차지하는 음악 중 60퍼센트는 미취학 유아나 아기를 겨냥하고 있으며, 이는 어른들이 듣는 음악의 두 배에 달하는 수치다. 아이들을 겨냥한 애플리케이션인 '풀 업스 아이고 포티^{Pull-Ups iGo Potty}'는 기저귀 회사로 유명한 킴벌리클라크^{Kimberly-Clark}가 후원하는 것으로 중독성 있는 배경음악이 흘러나온다.

"나는 포티를 가지고 노는 법을 잘 알아요. 왜냐하면 어떻게 할지 잘 알고 있으니까. 나는 포티를 가지고 노는 법을 잘 알아요. 왜냐하면 나는 이제 다 컸으니까! 기저귀는 이제 그만, 아무 데나 쉬하는 일도 이제 그만!"

이 애플리케이션은 아이들에게 화장실 사용법을 알려주고 아이가 화면을 그대로 따라 하면 "참 잘했어요!"라는 칭찬과 함께 역시 화면으로 황금 별을 상으로 준다. 또한 박수 소리도 흘러나온다. 물론 어른이 미리 상황에 맞게 설정해놓아야 한다. 공중에 떠다니는 휴지 뭉치 사이로 만화 주인공이 모습을 드러내는 이 애플리케이션은 아이들에게 아이스크림이나 햄버거 등을 화장실에 흘리거나 넣지 말아야 한다는 사실도 가르친다. 이것이 실제로 효과적인지 아직 아무런 증거도 없지만 부모는 자신의 스마트폰으로 이 애플리케이션을 다운로드한 다음 자녀에게 넘겨준다. 그러면서 아이를 처음 키울 때 가장 난감해하는 문제인 대소변 가리기를 스마트폰이 대신 가르쳐주기를 기대한다. 이제 이 애플리케이션은 아이패드 같은 태블릿 PC에서도 사용할 수 있어서 아이들은 동영상을 보고 게임을 하면서 대소변 가리는 법을 배운다. 화장실에서 스마트 기기를 사용할 경우에 대비한 방수용 장비도 따로 판매되고 있다. 부모 노릇 가운데 어려운 부분을 다른 곳에 맡기고 싶어 하는 부모들을 위해 아이들에게 말을 가르치는 애플리케이션도 있다. 관련된 광고를 하나 살펴보자.

"지금까지는 엄마나 아빠가 물건을 들고 그 이름을 아이 앞에서 크게 소리쳐야 했습니다. 이제 '베이비 플래시카드'가 그 일을 대신해드립니다!"

아직 모든 것이 초기 단계라서 어떤 애플리케이션이 정말로 아이들이 대소변을 가리고 말을 배우도록 도움을 줄지는 알 수 없다. 현재는 이런 애플리케이션이 도움이 된다는 확실한 근거도 없을 뿐더러 이 문제를 진지하게 조사한 연구자도 없다. 이와 관련해서는 아직까지 거부하는 움직임이나 희망 섞인 추측만 있을 뿐이다. 퓨 센터에 의하면 이제 미국인 중 61퍼센트가 스마트폰을 가지고 있으며, 캐나다나 영국의 성인들도 대다수가 스마트폰을 사용한다. 그중 3분의 1 이상은 태블릿 PC도 가지고 있다. 만일 그중에 자녀를 키우는 부모가 있어서 자신의 모바일 기기를 아직 학교에 다니지 않는 자녀에게 보여준다면 아이는 여기에 마음을 빼앗기게 된다. 그리고 이는 그렇게 되도록 방치하는 부모 탓이다.[23] 최소한 이런 부모 중 3분의 1 이상은 이런 기기의 사용이 아이들의 두뇌와 성장 발달에 도움이 된다고 믿고 있다.[24]

"미취학 아동을 위한 일부 애플리케이션이 애플리케이션 시장의 교육 부문에서 판매 상위권을 차지하고 있으며, 지난 2년 동안 그 시장은 무섭게 성장하고 있다."

2012년 아이들의 학습능력을 연구하는 어느 싱크 탱크가 이런 보고서를 내놓았다. 그런데 이 보고서에는 이런 냉정한 내용이 첨부되어 있다.

"현재 이런 교육용 상품의 제조와 판매에는 어떠한 자발적 기준이나 법적 기준도 마련되어 있지 않다."[25]

다시 말해 부작용은 사는 사람이 알아서 하라는 것이다.

사실 텔레비전뿐만 아니라 각종 애플리케이션, 비디오, 유튜브 영상, 게임, SNS 등 어린아이를 대상으로 하는 전자 매체의 영향에 대해서는 아직 정확한 정보가 없기 때문에 제대로 평가할 수는 없다. 그렇지만 중요한 실마리는 있다. 우리는 성장 발달 심리학, 신경과학, 그리고 사회적 로봇공학 등과 관련된 최신 연구를 통해 이런 조기교육의 상당 부분은 결국 대면 접촉이라는 동기를 통해 시작되었다는 사실을 알게 되었다. 발달심리학자 앤드류 멜초프와 그의 아내 퍼트리샤 쿨Patricia Kuhl, 그리고 그들의 동료들은 과학 전문지《사이언스》에 현재 상황을 요약해서 기고했다.

"아이들은 무분별하게 계산을 하지 않는다. 사회적 실마리에 비추어보면 언제 무엇을 배워야 하는지 알 수 있다. 심지어 어린아이도 사람과 어울리는 것을 좋아하며, 다른 사람들의 모습을 보고 그 행동을 따라 하려고 한다. 아이들은 죽어 있는 기계보다 살아 있는 사람이 만들어내는 상황을 더 배우고 싶어 하고 이를 재현한다."[26]

좀 더 쉽게 설명하면 어린아이들에게 배움이란 수동적인 행위가 아니라 인간과의 접촉으로 이루어진다. 화면 속의 모습은 그런 일을 해내지 못한다.

2001년과 2011년 미국 소아과학회는 지금까지 등장한 모든 영상 매체의 기세를 꺾을 만한 강력한 권고를 학회지에 발표했다. 2세 이하의 어린아이라면 이런 매체와의 접촉을 완전히 막아야 하며, 2세 이상의 미취학 아동에게는 엄격히 제한된 조건하에서만 접촉을 허락해야 한다는 내용이었다. 2011년 보고서에서는 텔레비전과 비디오가 교육적인 가치가 거의 없다는 정보를 제공하고 있으며, 심지어 교육에 방해될 수도 있다고 이야기하고 있다. 이런 경고와 각종 언론 보도에도 불구하고 미국 부모 중에 이를 심각하게 받아들이는 사람은 6퍼센트에 불과하다. 생후 3개월인 미국 아기 중 40퍼센트는 이미 어떤 식으로든 전자 매체를 눈으로 보고 있다. 그리고 2세가 되면 그 수치는 90퍼센트까지 올라간다. 소아과 의사이자 연구자인 디미트리 크리스태키스Dimitri Christakis에 따르면 "두 살이 되지 않은 아이들은 하루에 깨어 있는 시간이 대략 10~12시간인데, 그중 30~40퍼센트를 텔레비전 시청에 사용한다". 3세가 되면 3분의 1의 아이들이 자기 방에 텔레비전이 생긴다. 그리고 미취학 아이는 하루 네 시간 이상 화면 앞에 앉아 있는데, 이는 잠자는 일을 제외하고 그 어떤 활동에 들어가는 시간보다 많은 것이다. 그리고 아이들 중 대부분은 혼자서 그 시간을 보낸다고 한다.[27]

아이들의 성장 발달에 영향을 미치는 영상 매체에 대한 연구는 진지하게 받아들일 수밖에 없다. 두 살 반이 된 아이가 하루에 두 시간 이상 텔레비전을 시청하게 되면 유치원에 들어가는 나이인 5세 무렵 다른 아이들에 비해 행동상의 문제점과 사회적 문제점이 더 크게 불거진다는 연구 결과가 나왔다.[28] 또 다른 연구에서는 무작위로 선택한 2~4세 아이 1,000여 명이 1주일 동안 텔레비전을 몇 시간이나 시청하는지 조사하고 이 아이들이 10세가 되었을 때의 결과를 확인했다. 몬트리올 대학교의 심리학 교수로 이 연구를 주도한 린다 파가니Linda Pagani는 나와 전화 통화를 하면서 연구에 참여한 캐나다 어린이 1,314명에 대한 모든 자료를 수집했다고 말했다.

"피검사는 물론 지능지수와 몸무게까지 모든 테스트와 검사를 실시했습니다. 물론 부모와의 면담 기록도 충분하고요."

파가니의 연구에는 가족 전체에 대한 방대한 관찰 일지가 포함되어 있으며, 연구 결과에 영향을 줄 만한 거의 모든 내용이 통제되었다. 연구자들은 엄마의 교육 수준, 가족의 특징과 화목도, 결혼과 이혼 유무, 아이들의 성별과 지능지수, 기질, 수면 유형, 그리고 식습관 등 모든 요소를 감안해서 오직 텔레비전의 영향만 확인할 수 있었다.[29]

그 결과는 깜짝 놀랄 만한 것이었다.

"아직 어린 아기들이 텔레비전을 보는 시간이 늘어날 때마다 미래에 학교생활에서 뒤떨어질 확률도 함께 늘어났습니다. 예컨대 수학능력이 떨어졌고 반 친구들과의 생활도 원만하지 않았으며 더 수동적이 되었습니다. 패스트푸드를 더 많이 먹다 보니 결국 또래들보다 비만해졌고요."

파가니의 설명이다.[30] 알코올중독자의 경우 술이 술을 부르는 것처럼 텔레비전에 더 많이 노출될수록 그에 대한 반응도 늘어나는 것이다. 생후 29개월인 아이가 텔레비전을 보는 시간이 늘어나면 나중에 초등학교 4학년이 되어 자신이 속한 사회에 적응하지 못하고 혼자 지낼 확률도 함께 높아진다. 단지 혼자 지내는 시간만 늘어나는 것은 아니라는 점을 기억해야 한다. 아이는 자라서 수학도 못하고 살도 찌고 따돌림과 괴롭힘까지 당하게 된다.

"우리가 최종적으로 확인한 것은 한번 굳어져버린 습관은 계속 이어진다는 사실입니다."

파가니의 설명이 이어졌다.

"두 살 때 텔레비전을 많이 본 아이는 열 살이 되어도 텔레비전 앞을 떠나지 못합니다. 그리고 건전한 사회생활에 필요한 기술도 발전시키지 못하지요."

욕조와 텔레토비

어린 시절의 텔레비전 시청이 두뇌 성장에 나쁜 영향을 미치는 이유를 알고 싶다면 아르키메데스를 생각해보자. 전설에 따르면 기원전 287년에 태어난 이 고대 그리스의 수학자는 욕조에 들어갔다가 부력의 원리를 발견했다고 한다. 당시 시라쿠사의 국왕이던 히에론은 수학자이자 기술자 아르키메데스에게 자신의 황금 왕관에 누가 몰래 은을 섞어 자신을 속이지 않았는지 밝혀내라는 명을 내렸다. 아르키메데스는 물이 가득 담긴 욕조에 몸을 담그다가 그 해답을 발견하게 된다. 자신이 욕조에 몸을 담그면 그만큼 물이 흘러넘치는 데서 착안한 것이다. 자신의 몸무게는 자신이 밀어낸 물의 양과 비교할 수 있다. 은은 금보다 무게가 덜 나가지만 부피는 더 크다. 따라서 황금 왕관에 은을 섞었다면 무게는 진짜 왕관과 비슷하게 맞출 수 있어도 부피는 더 크기 때문에 물에 집어넣을 경우 순금 왕관보다 더 많은 물을 밀어내게 된다. 아르키메데스는 이런 사실을 발견한 다음 고대 그리스어로 '알아냈다!'라는 뜻의 "유레카Eureka!"를 외치며 욕조에서 뛰쳐나와 벌거벗은 채로 거리를 뛰어다녔다고 한다.[31]

이 이야기는 아마도 후세에 만들어졌을 것이다. 그렇지만 내가 여기서 이 이야기를 언급하는 것은 아이의 심리적 성장 발달과 영상 매체 사용 시간이 바로 아르키메데스의 원리와 비슷하기 때문이다. 매일 유명한 아동용 교육 프로그램인 〈텔레토비Teletubbies〉를 세 시간씩 시청한다면 얼굴을 마주하는 상호 교류의 시간이 세 시간 줄어들게 된다. 사회적 상호 교류는 어린아이의 언어 발달에 꼭 필요하기 때문에 이는 간과할 수 없는 문제다. 나의 오빠인 스티븐 핀커는 『언어 본능The Language Instinct』이라는 책에서 야생의 아이는 없다고 단언한다. 인간과의 상호 교류 없이 자라난 아이라도 말하는 법을 알고 있다면 결코 야생의 아이가 아니라는 것이다. 야생에서 홀로 살고 있는 아이가 혼자서 말을 한들 누구와 대화할 것인가? 언어를 배우게 만드는 가장 중요한 원동력은 바로 다른 인간과 접촉하고 싶다는 욕구다.

"언어 발달에서 언어를 주입하는 것이 꼭 필요하다 해도 일방적으로 들려주는 것만으로는 아무것도 할 수 없다. 듣지도 말하지도 못하는 장애를 가진 부모가 아이를 키울 경우 아이에게 텔레비전을 많이 보여주라는 권고가 한때 유행했다. 그렇지만 어떤 경우에도 아이가 텔레비전으로 제대로 된 말을 배운 적은 없다."[32]

그 반대도 사실일 것이다. 아이가 텔레비전 소리를 더 많이 듣는다면 부모의 말을 덜 듣게 된다. 아이는 연속해서 할 수 있는 말이 별로 없고, 따라서 "제대로 된 대화의 교환"이 어렵다는 것이 디미트리 크리스태키스와 그의 동료들이 연구를 통해 내린 결론이다. 이 연구팀은 미취학 아이들에게 디지털 녹음기를 부착해 이런 사실을 발견했다. 녹음된 내용을 분석해본 결과 욕조에 들어간 아르키메데스의 몸이 그만큼의 물을 밀어낸 것처럼 텔레비전이 뱉어내는 소리가 사회적 상호작용을 대신했다. 아이가 혼자서 텔레비전을 보든 어른과 함께 보든 상관없었다. 어른들이 한 시간 동안 텔레비전 방송에 몰두하면 아이에게로 향하는 단어가 500~1,000개가량 줄어든다. 그리고 아이들 역시 말수가 줄어든다.[33] 어쩌면 몇몇 연구에서 어린 시절 텔레비전을 많이 시청한 아이일수록 언어와 인지능력 테스트에서 점수가 낮게 나온다는 결과를 보고한 이유가 바로 여기 있을지 모른다. 텔레비전을 켜놓으면 서로 이야기를 나누거나 교류할 시간도, 그리고 창의적인 놀이를 할 시간도 크게 줄어든다.[34]

UCLA의 심리학자 퍼트리샤 그린필드[Patricia Greenfield]가 주도한 연구에 따르면 장난감 등이 등장하는 만화영화를 시청한 아이들은 관련 장난감을 들고 자신이 화면에서 본 모습을 흉내 내는 경우가 잦지만 대신 스스로 생각해서 노는 일은 크게 줄어든다고 한다.[35] 그리고 만일 모방이 교육의 일부라고 한다면, 그래서 아주 어린 아이가 새로운 언어

248

기술을 습득하는 방법 중에 텔레비전 시청이 빠질 수가 없다면 거기에는 반드시 실제로 얼굴을 마주하는 활동이 합쳐져야 한다. 미국에서 아프리카까지 어린 미취학 아이들은 〈세서미 스트리트〉 같은 교육용 텔레비전 프로그램을 보며 언어능력을 키우는 경우가 많다. 하지만 여기에는 누군가 다른 사람과 함께 큰 소리로 읽고 따라 하는 활동이 뒤따라야 한다.[36]

여러 연구는 어린 시절에 이런 '교육적인' 프로그램을 본다고 언어능력에 긍정적인 영향을 미치지 못하며, 그렇다고 부정적인 영향도 없다는 사실을 보여준다. 현상 연구자들은 이런 현상을 '비디오 손해video deficit'라고 부르기도 한다. 모든 영상 매체가 모든 아이에게 똑같은 영향을 주는 것은 아니다. 어떤 아이는 다른 아이에 비해 더 많은 관심과 보살핌이 필요하며, 아이들이 보는 영상 매체가 분량이나 종류에 따라 그런 보살핌을 대신해줄 수도 있다. 자료에 따르면 단순하게 생각해보아도 아이가 어릴수록 텔레비전 등을 보는 시간이 더 많을 것이다. 현재 어린이용 방송이나 DVD에서 들을 수 있는 언어는 부모의 말보다 덜 복잡하며 아이의 두뇌 성장 속도와 맞지 않는다. 그리고 3세 이하 아이를 대상으로 하는 대부분의 대본에는 사회적 교류가 놀라울 정도로 결여되어 있다.[37] 실제 사람과 대화하는 활동이 없다면 진정한 언어 학습은 이루어지지 않는다. 이건 교육이 아닌 오락일 뿐이다.

텔레비전 반대 전도사

어린이용 DVD가 꼬마 천재들을 만들어낼 수 있을까. 이와 관련된 대부분의 디지털 제품들은 아이들을 더 똑똑하게 만들어준다고 광고한다. 물론 증거는 없다. 이런 과장 광고로 인해 여러 회사가 재판을 받고 환불해주거나 포장과 광고에서 교육 관련 용어들을 삭제하고 있다.[38] 그동안 각종 애플리케이션이며 하루 24시간 방송하는 아동용 케이블방송 등은 틈새시장을 파고들어 크게 성장하고 있다. 아이들의 성장 발달을 자극하기 위해 부모는 모든 기술적 지원을 다 해줘야 한다는 주장을 신봉하는 사람이 수없이 늘어났으며, 반대하는 사람의 숫자는 상대적으로 적다.

그렇지만 잠깐만. 텔레비전과 컴퓨터게임을 아주 좋아하는 어른들에게는 오락과 교육을 합치는 일이 별문제가 되지 않을 것이다. 오락과 교육이 합쳐져 성과를 내는 일은 대부분의 아이들에게서 나타난다. 영국에서 345개 가정을 조사해본 결과 대부분의 부모는 아이들에게 인터넷 웹사이트를 찾아보고 텔레비전 리모컨을 사용하는 방법을 가르침으로써 아이들을 "독립적인 첨단 기술 사용자"로 기르고 있었다. 어떤 부모는 리모컨을 보고 "엄마 아빠의 제일 좋은 친구"라고 부르기도 했다. 한편 미국의 경우 어린 아기를 키우는 많은 부모가 텔레비전이 없다면 "하루를 어떻게 보낼지 상상할 수도 없다"고 말하는 경우가 많다.[39] 이런 모습을 이론적으로 설명하려는 사람도 있다.

"첨단 기술에 대한 습득은 학교나 직장에서의 성공과 직결된다. 언젠가는 나의 아이도 학교에 가고 취직도 할 것이다. 그렇다면 빨리 이런 것들을 가르칠수록 더 좋은 일이 아닐까. 게다가 아이가 이런 쪽으로 시선을 돌리면 나 역시 조용히 내가 보고 싶은 텔레비전 프로그램을 볼 수 있을 테니까!"

디미트리 크리스태키스는 그렇게 생각하지 않는다. 앞서 소개한 니컬러스 크리스태키스의 동생으로 텔레비전 반대 운동의 전도사이자 의사이며 아동발달 연구자인 그는 이른바 '변위 이론displacement theory'을 이야기한다. 성장 중인 아이들의 두뇌가 사회적 접촉을 가장 많이 필요로 하는 시기에 영상 매체는 아이들과 사람들의 관계에서 가장 중요한 시간을 빼앗아간다. 영상 매체와 부실한 언어능력 사이에 밀접한 관계가 있는 것은 바로 이런 이유 때문이라고 크리스태키스는 생각한다. 그렇지만 아이들이 어떤 것을 보는지, 또 나이는 몇 살인지와 관련된 다른 이유들도 있을 것이다. 만일 아이들의 두뇌 성장과 아이들이 보는 빠르게 변하는 매체 사이에 서로 맞지 않는 점이 있다면 실제 생활은 아이들을 매우 지루하게 만들 것이다. 크리스태키스에 따르면 실제 생활의 느린 변화는 "전혀 재미있지 않다."[40]

모든 것은 시기의 문제다. 크리스태키스의 연구팀은 다른 모든 요인을 통제한 상태에서 2,600명의 미국 아기가 얼마나 텔레비전을 많이 보는가를 연구했다. 그 결과 아기들이 세 살이 되기 전에 텔레비전을 한 시간씩 더 볼 때마다 나중에 일곱 살이 되어서 주의력 결핍장애가 생길 확률이 9퍼센트씩 올라갔다. 완벽하게 증명한 것은 아니지만, 어쨌든 어린 시절 텔레비전을 많이 보면 나중에 자기통제에 문제가 생길 수도 있다는 사실을 알려준 것이다.[41]

그렇지만 미취학 아동에 대한 어떤 연구는 텔레비전의 즉각적인 영향이라는 문제에 대한 또 다른 연결관계를 보여준다. 2011년 버지니아 대학교에서 두 명의 연구자가 4세 아이들을 대상으로 세 가지 활동 중에 하나를 무작위로 하게 하는 실험을 했다. 먼저 미취학 아동들을 위한 〈스폰지밥SpongeBob〉이나 〈스퀘어팬츠SquarePants〉 같은 오락용 텔레비전 프로그램을 보는 활동이 있었다. 이런 프로그램은 장면 전환이 대략 11초에 한 번씩 이루어질 정도로 정신없이 빨랐다. 두 번째는 더 느린 교육용 프로그램을 보게 하는 활동이었다. 〈카이유Caillou〉는 장면

251

"저걸 터치스크린이라고 생각하나 보네."

전환이 평균 34초 만에 한 번씩 이루어진다. 그리고 마지막은 교육적인 개입이 이루어지는 활동으로 아이들은 텔레비전을 보는 동안 그림을 그리게 된다. 텔레비전 시청이 끝나고 나면 아이들은 기억력 테스트, 퍼즐 맞추기, 그리고 이른바 '만족 지연delayed gratification test' 실험에 참가했다. 이 실험은 잘 알려진 것처럼 지금 당장 마시멜로 두 개를 먹을지, 아니면 기다렸다가 열 개를 먹을지를 스스로 선택하게 하는 것이다. 그렇다면 결과는 어땠을까? 실험 전에는 모든 아이가 비슷한 수준의 주의력을 보였다. 그렇지만 〈스폰지밥〉을 본 아이들은 텔레비전을 보며 그림을 그린 아이들에 비해 계획을 세우고 스스로를 통제하는 테스트에서 현저하게 낮은 결과를 보여주었고 교육용 프로그램을 본 아이들보다도 상당 부분 뒤처졌다.[42]

이 실험은 장기간에 걸친 영향력이 아닌 바로 그 자리에서 벌어지는 일을 확인한 것이다. 아이들이 침착하지 못하고 말이 많으며 쉽게 배고픔과 피로를 느끼고 불평이 많다면, 그리고 부모도 같은 기분이라면 이런 결과는 크게 낙심할 만한 것이리라. 아마도 텔레비전을 30분쯤 보는 것은 아무래도 좋은 만병통치약과 같다고 생각한 부모들이 많았을 것이다. 소아과 의사이자 연구자인 크리스태키스 박사는 습관적인 것이 아니라 잠깐 보는 것이라면 텔레비전 시청에 거부감을 적게 갖는 사람이 많다는 사실을 알게 되었다.

"만일 부모가 20분 정도 쉬는 시간이 필요하다면, 나는 그건 괜찮다고 말할 겁니다."

크리스태키스의 말이다.

"물론 동시에 다른 방식을 제안할 수도 있지요. 그렇지만 대부분의 부모는 텔레비전 시청이 아이들에게도 좋을 것이라고 생각합니다. 하지만 그렇다는 증거가 하나도 없으니 이제 다시 생각해봐야 하지 않을까요."

첨단 기술과 아이의 행복

우리는 만 5세가 되지 않은 아이들이 텔레비전과 비디오, 그리고 컴퓨터게임에 심각할 정도로 노출되어 있다는 사실을 알고 있다. 이 아이들은 나중에 비만과 조급증에 시달리고, 학교에서는 따돌림을 당할 확률도 높다. 30여 개 이상의 국제적인 연구를 살펴보면 부모들에게 텔레비전 리모컨을 감추라고 권고하고 있다. 그렇지만 그것만으로는 충분하지 않다. 지난 10여 년간 수행된 여러 연구는 이런 영상 매체가 아이들의 행복을 망치고 있다고 주장한다. 글쎄, 어쨌든 행복하지 않은 아이들이 영상 매체에 집착하는 것만은 사실 같다.

영상 매체에 과도하게 집중하는 아이는 "초등학교 2학년인 반 친구들보다 더 슬퍼 보이고 더 불행해 보인다"고 린다 파거니는 이야기한다. 방과 후에 대부분의 시간을 텔레비전 시청과 컴퓨터게임, 혹은 인터넷에 쏟는 아이들은 "또래 친구들보다 덜 행복하고 더 불만족스러워 보인다는 보고가 계속 올라오고 있다". 캐나다 브리티시컬럼비아에서 1,266명의 중학생을 대상으로 실시한 또 다른 조사의 결과다. 지금까지는 남자아이들을 대상으로 한 조사였다. 그리고 그 결과는 여가 시간을 대면관계에 사용하면서 부모와 친구, 그리고 교사들과 끈끈하게 이어져 있다고 느끼는 아이들은 앞서 소개한 아이들보다 더 만족스럽고 행복한 기분을 느낀다는 것이었다.[43]

고故 클리포드 나스Clifford Nass는 자신이 이끄는 스탠퍼드 대학교의 연구팀이 8~12세의 캐나다와 미국 여자아이 3,461명을 대상으로 실시한 조사에서 같은 현상을 발견했다. 나스는 10대가 되지 않은 여자아이들이 각종 매체에 들이는 시간을 정확하게 알고 싶었다. 여기서 이야기하는 매체에는 비디오, 컴퓨터게임, 이메일, 페이스북, 휴대전화 문자, 인터넷 메신저, 휴대전화 통화, 영상 통화 등이 포함된다. 나스는 이런 매체에 들이는 시간을 실제 사람들과 교류하는 시간과 비교했다. 한때 나스는 한꺼번에 여러 가지 일을 처리하는 성인들에 대한 연구를 진행했다. 한꺼번에 여러 가지 일을 처리한다는 것은 일을 하면서 여러 전자 매체를 통해 정보를 보고 듣고 처리하는 것을 의미한다. 나스는 그들이 문제를 해결하거나 어떤 사실을 기억하는 데 어려움을 겪는다는 것을 알게 된다.

"엉뚱한 정보만 무차별적으로 빨아들일 뿐이다."

나스는 한꺼번에 다양한 매체를 접하는 사람들에 대해 그렇게 말했다. 그의 동료이자 공동 저자인 아이얼 오퍼Eyal Ophir는 이렇게 덧붙였다.

"우리는 그런 사람들이 뛰어난 점이 있는지 찾아보았지만 아무것도 찾을 수 없었다."[44]

성인들에 이어 앞서 이야기한 것처럼 3,461명의 여자아이에 대한 연구가 이어졌다. 전자 매체나 영상 매체에 몰두하는 일은 사회적인 영역에서 불이익으로 이어졌다. 나스의 연구에 따르면 한꺼번에 여러 전자 매체를 다루고 여기 몰두하는 여자아이들은 자신이 덜 행복하다고 느낄 뿐더러 다른 여자아이들에 비해 사회적으로도 소속감이 떨어진다고 느꼈다. SNS 같은 온라인 연결망을 통한 상호 교류가 이런 매체의 또 다른 목적이라는 점을 감안하면 역설적인 결과였다. 이 아이들은 매체에 몰두할수록 자신이 정상적이지 못하다고 느꼈던 것이다.

정말 얄궂은 것은 부모가 힘들게 일해서 벌어들인 돈으로 자녀들에게 첨단 기기를 사주면 아이들은 곧 의사소통을 위한 연결망에 접속하지만, 그런 접속은 오히려 아이들을 사회적으로 더욱 고립시켰다는 점이다. 예컨대 자기만의 텔레비전과 컴퓨터, 그리고 휴대전화를 가지고 있는 여자아이들은 잠도 부족했고 사귀는 친구들도 부모들의 눈에는 그리 탐탁지 못했다. 또한 친구들과 실제로 얼굴을 맞대고 함께 보내는 시간이 극히 적었다. 이 연구 결과를 살펴보면 실제로 얼굴을 마주하는 상호 교류를 하는 아이들이 결국 원만하고 행복한 사회생활을 하는 것 같았다. 그런데도 미국과 캐나다의 여자아이들은 하루 평균 일곱 시간을 다양한 매체에 쏟는 대신 얼굴을 마주하는 사회적 교류에는 대략 두 시간밖에 할애하지 않았다. 한마디로 대부분의

여자아이가 자신을 고립되고 불행하게 하는 활동에 대부분의 자유 시간을 쏟고 있었던 것이다.[45]

유튜브와 텀블러, 그리고 페이스북 때문에 여자아이들이 스스로를 비정상적이며 소외되었다고 생각한다? 그렇다면 그 이유를 짐작하는 것은 그리 어렵지 않다. 온라인상의 연결망은 실제로 존재하지 않는 가상의 세계다. 거기에는 사람들이 대중의 관심을 끌기 위해 이리저리 꾸민 디지털 세상의 또 다른 내가 존재한다. 활짝 웃는 얼굴 옆에는 여러 친구들이 어깨동무를 하고 있는 단체 사진을 올리고 나의 지금 상태를 업데이트한다. 그렇지만 실제의 나는 어떤가? 10대 여자아이들의 실제 사회생활은 다툼과 따돌림, 그리고 어제 다르고 오늘 다른 우정으로 고민하지 않는가? 분명히 그렇다. 또한 그런 페이스북 사진에조차 끼지 못한 사람은 이제 자신이 따돌림당한다는 사실을 자기 자신뿐만 아니라 그 사진을 보는 모든 사람이 알게 되었다는 점을 깨닫게 된다.

혼자 사는 사람이 텔레비전을 '친구'로 여기듯 욕구불만과 함께 외로움이나 좌절감을 느끼는 사람이 이런 매체들에 빠져든다. 《뉴욕 타임스》의 평론가이자 스스로를 게임중독자라고 소개하는 샘 앤더슨Sam Anderson은 컴퓨터게임에 대해 이렇게 쓰고 있다.

"아무것도 안 하는 것보다 오히려 활동량이 적다."[46]

온라인상의 연결망이나 교류도 마찬가지다. 이를 통해 우리는 다른 사람들의 미화된 사회생활을 보게 되고, 따라서 우리의 소외감과 고독감은 더욱 커진다. 2011년 내가 캐나다 동부의 로렌시아 산맥에 있는 오두막집에서 혼자 글을 쓰며 외로운 시간을 보낼 당시 이메일과 페이스북을 보고 있으면 사람과의 접촉이 없다는 사실이 평소보다 더 크게 다가오곤 했다. 무엇인가를 기대하며 클릭할 때마다 발견하는 것이라고는 내가 놓친 저녁 식사와 재즈 페스티벌, 그리고 산책 등이었다. 가족이나 친구들과의 이런 활동에 동참하지 못한다는 사실이 나를 더욱 외롭게 만들었던 것이다.

나는 혼자서 조용히 일을 마치기 위해 스스로 산속을 찾았다. 그렇지만 어린 여자아이들의 경우 사회적 고립은 자신의 선택이 아니었다. 돈이 모자라서, 혹은 부모가 허락하지 않아서 수학여행을 가지 못했나? 여기 친구들이 즐거운 시간을 보내며 함께 찍은 사진이 있다. 사진을 확인하기 전에는 혼자 남겨진 기분을 느끼지 못했다면 이제는 느낄 것이다. 촛불이 밝혀진 직접 구운 화려한 케이크 사진은 어떤가. 거기에는 열여섯 살 남자친구가 열두 살 여자친구에게 보내는 축하 메시지도 함께 적혀 있다. 이 소식은 350명의 '친구들'에게 빠르게 전해진다. 친구 중 누군가가 직접 생일 케이크를 구워줄 만큼 다정한 남자친구를 사귄다는 증거다. 그런 사진을 보면 기분이 어떨까? 그렇지만 이 정도면 견딜 만한 정도가 아닐까. 때로는 사람의 자존심을 깡그리 무너뜨릴 만한 글이나 사진을 보게 될지도 모른다.[47]

이런 일들이 우리 앞에서 직접 일어나든, 아니면 다른 사람들을 통해 전해지든 우리는 우리 자신의 '관계' 안에서 일어난 사회적 모욕이나 상처는 예민하게 알아차린다. 그런데 온라인 연결망은 이런 모욕감의 범위를 눈 깜빡할 사이에 확장시켜버린다. 우리 인간의 생존은 집단의 단결에 달려 있었기 때문에 우리는 따돌림을 예민하게 알아차리도록 진화되었다. 그런 신호가 감지되면 우리는 신체적 상처 못지않게, 아니 그 이상으로 마음에 상처를 받는다. 사실 "상처받는 느낌", "가슴이 찢어지는 듯한", 그리고 "아직 덜 아문 상처에 소금을 뿌리는"

등의 표현은 그냥 하는 말이 아니다. UCLA의 나오미 아이젠버그^{Naomi} Eisenberg와 그녀의 연구팀이 확인한 두뇌 영상에 따르면 중복된 신경 연결망은 신체적·사회적 상처와 관련되어 있다. 공유 신경해부학^{shared neural anatomy}은 사회적 고통이 왜 실제 고통처럼 느껴지는지에 대한 해답이 되어줄 것이다.

아이젠버그에 따르면 등쪽 전방의 대상피질^{dorsal anterior cingulate cortex, dACC}과 오른쪽 전전두엽피질의 일부는 두뇌의 경보 체계를 함께 구성하고 있으며, 사람들이 신체적인 고통을 경험할 때 활성화된다고 한다. 놀랍게도 사회적으로 따돌림을 받는다고 느낄 때도 같은 부분이 활성화된다. 이는 사회적 고립감은 신체가 상처를 입는 것만큼 생존에 중대한 위협이 된다는 의미다.[48] 이런 모습은 청소년들에게서 두드러진다. 그들의 두뇌는 사회적 따돌림의 신호를 특히 잘 포착해내기 때문이다.[49] 아이젠버그는 따돌림에 대한 민감성과 관련하여 10대 청소년이 보이는 개인적인 차이는 두뇌 스캔을 통해 눈으로도 분명히 확인된다고 말했다. 이런 민감성은 온라인 연결망에서는 공격적인 성향의 사용자들에 의해 더욱 두드러지게 드러난다. 계속 올라오는 사람들의 상태를 확인하면서 어떤 보이지 않는 법칙에 의해 다른 사람들의 사회생활에 드리운 부정적인 면에는 눈을 감고 긍정적인 면만 바라보게 된다. 그러면 이런 비교를 통해 나 자신의 사회생활은 훨씬 비참하게 느껴지는 것이다.

정직한 신호

우리가 우리의 또 다른 디지털 자아에서 의도적으로 빠뜨린 것들 외에 무심결에 놓쳐버린 미묘한 신호에는 어떤 것들이 있을까. 이 신

258

호들은 우리가 서로의 생각을 읽게 해준다. 우리가 물리적으로 아주 가까운 거리에 있을 경우 우리의 감정은 서로를 향해 조금씩 새어나간다. 나는 이 사실을 몇 년 전 친구를 차에 태우고 공항으로 향하던 길에 깨달았다. 쭉 뻗어 있는 길에는 표지판들이 서 있어서 출발과 도착, 단기 주차와 장기 주차, 장거리 주차와 대리 주차, 렌터카 인계 등과 연결되는 각 차선들을 가리키고 있었다. 나는 공항으로 가는 이 길을 수십 번도 더 달렸다. 그렇지만 몇 개월 동안, 아니 어쩌면 몇 년 동안 이 친구를 보지 못할 거라는 사실에 나의 감정이 어디선가 과부하가 걸린 모양이었다. 나는 수많은 표지판 아래로 속도를 늦추다 차를 세웠다.

"내가 뭐 잘못했어?"

친구가 물었다. 말을 제대로 맺지 못하는 친구에게 나는 아니라고 대답했지만 진짜 대답은 그렇지 않았다. 내 몸은 말과 달리 진짜 정직한 신호를 보내고 있었다. 내 친구가 곧 5,000킬로미터나 떨어진 곳으로 떠나는 것을 내가 의식하고 있다는 신호였다. 갑자기, 정말 놀랍게도 나는 길을 잃어버리고 말았다.

정직한 신호는 보통 말이 필요 없다. 신호의 대부분은 얼굴을 마주하는 상호 교류를 통해 전해진다. 함께 어울리는 사람들 중에 가장 믿을 만한 사람, 가장 '열정적인' 사람, 그리고 가장 생각이 많거나 설득력이 좋은 사람끼리 통하는 이 신호는 말이 필요 없는 실마리를 통해 전해진다. 우리는 사회적 유대관계에 생존의 유무가 달려 있는 영장류이기 때문에 때로 제대로 파악하기 힘든 신호조차 잡아내곤 한다. 우리 인간은 말하는 능력을 발전시키기도 전에 이런 신호를 주고받을 수 있도록 진화했다.[50] 인간은 기호 언어를 사용하여 복잡한 생각을 표현할 수 있지만 말로 하지 않는 의사소통의 자취는 아직 우리에게 남아 있다. 그리고 주로 얼굴과 얼굴을 맞댈 때 일어나는 의사소통의 한 부분을 담당한다.

디지털 시대를 살고 있는 우리는 이런 신호를 너무나 원시적인 것으로 생각하고 있지 않을까. MIT의 컴퓨터과학자인 샌디 펜틀랜드와 벤 웨이버Ben Waber는 스마트폰처럼 보이는 웨어러블 컴퓨터인 '사회관계 측정 장치'를 개발했다. 바로 이런 정직한 신호를 잡아내어 분석하기 위해서였다. 나와의 전화 통화에서 웨이버는 이렇게 수집한 방대한 자료는 그 내용을 분석하기 위해서가 아니라 전체 유형을 확인하기 위해 모두 취합되었다고 설명했다.

"사람들의 말을 완전하게 재구성할 수는 없으니까요."

그는 딱 잘라 말했다. 적외선 센서와 블루투스 위치 응용 장치, 신체의 움직임을 측정하는 가속도계, 목소리의 높낮이를 잡아내는 녹음기로 구성된 이 장치는 억양이나 태도는 물론이고 흥분하거나 주눅든 동작 등을 측정한다. 사람이 자기도 모르게 옆 사람의 어깨에 머리를 올린다든가, 아니면 너무 가까이 다가오지 않는 모습 등도 다 기록하는 것이다.

연구팀은 이 측정 장치를 대형 기업과 대학 캠퍼스에서 사용하여 정직한 신호가 그 집단의 단결력을 예측해준다는 사실을 알아냈다. 또한 생산성은 말할 것도 없고 리더까지 예측해주었다.[51] 그렇지만 나는 다른 쪽으로 생각이 흘러가고 있었다. 문제의 핵심은 사회적 신호를 분석하면 "신처럼 모든 것을 꿰뚫어보는" 눈을 가지게 된다는 것이었다. 즉 사람들이 간절히 알고 싶어 하는 것들을 예측할 수 있는 정보를 제공해준다는 것이었다.

그렇지만 문제는 우리가 그런 정직한 신호를 '알아차리기' 위해서는 중간 역할을 하는 매체가 어느 수준이 되어야 하느냐였다. 예를 들어 우리는 인터넷 메신저나 문자메시지를 통해 감정적인 지원을 표시할 수 있을까? 위스콘신 대학교의 레슬리 셸처Leslie Seltzer와 세스 폴락Seth Pollack, 그리고 그들의 동료들은 스트레스를 받는 아이들과 함께 이 문제를 연구해보았다. 심리학자들은 엄마의 목소리가 그 손길과 마찬가지로 아이들의 몸에서 옥시토신이 분비되게 한다는 사실을 이미 알고 있었다. 이 호르몬의 분비는 사회적 교류를 통해 마음이 편안해지고 있다는 심리적인 신호였다.[52] 연구팀이 알고 싶었던 것은 단어의 의미나 엄마의 목소리가 더 큰 역할을 하느냐는 것이었다.

이 해답을 찾기 위해 연구팀은 7~12세의 여자아이들에게 사람들 앞에서 수학과 단어 문제를 풀게 해서 스트레스를 유발해보았다. 연구팀은 여자아이들을 무작위로 네 집단으로 나누었다. 첫 번째 집단은 문제 풀이 후에 바로 엄마를 만났다. 두 번째 집단은 마음을 달래주는 엄마의 전화를 받았다. 그리고 세 번째 집단은 문자메시지를 받았고 네 번째 집단은 엄마와 아무런 접촉도 하지 않았다. 그 결과는 어땠을까? 엄마를 직접 만나거나 전화 통화를 한 아이들은 비슷한 수준으로 옥시토신이 분비되었다. 이는 소변검사를 통해서 확인되었다. 또한 이런 접촉을 통해 스트레스를 받으면 침 속의 코르티솔 생성도 줄어들었다. 스트레스를 받은 사건 이후 엄마와 통화를 하고 나면 확실히 진정되는 효과가 있었다. 반면 문자메시지를 받은 아이들은 옥시토신 수치에 아무런 변화가 없었다. 사실 메시지를 받은 여자아이들의 코르티솔 수준은 엄마와 아무런 접촉도 못한 아이들과 똑같았다.[53]

아니, 이게 정말 사실이란 말인가? 마음을 달래주는 문자메시지를 받았는데 아무것도 달라진 게 없다고? 셸처의 연구는 우리의 예상을 완전히 뒤집었다. 우리는 수단과 상관없이 그 내용이 중요하다고 생각했다. 그렇지만 사랑하는 사람의 목소리는 직접 닿는 손길과 같았으며, 화면 속의 메시지에 나타난 정직한 신호는 그만 갈 곳을 잃고 말았다.

여성 효과

그렇지만 엄마가 실제로 무슨 말을 했는지도 물론 중요하다. 연구자들이 55명의 영국 여성이 주고받은 사회적 상호 교류를 10년 이상 관찰한 결과 엄마들이 다른 사람들의 감정과 의도를 정확히 설명하려 애를 쓰는 경우 그 자녀들은 또래보다 뛰어난 공감 능력을 지닌 것으로 드러났다. 연구자들이 엄마의 공감 수준을 확인하고 테스트한 결과 감성적인 부모의 유전자가 자녀들에게 전해지는 것과는 별로 상관이 없었다. 대신 엄마의 상호 교류가 차이를 만들어냈다.

"우리는 세 살이나 네 살인 아이를 보고 여덟 살이나 아홉 살이 되었을 때의 사회적 이해도를 예측할 수 있다."

14년 이상 영국 가정의 모습을 집중적으로 관찰해온 유일[Yuill] 박사의 말이다.[54]

심리학자인 미하이 칙센트미하이[Mihaly Csikszentmihalyi]의 연구 결과 감정이 가족 안에서 전염된다는 사실이 더욱 확실해졌다. 별로 놀랄 만한 결과는 아니었지만, 그중 주목할 만한 것은 딸에게서 부모에게로 향하는 감정 전달이 가장 강력했다는 사실이다. 성별도 문제가 되었다. 엄마는 자녀에게 자신의 감정, 특히 걱정이나 일에 대한 성취감을 전달하는 반면 아빠는 그러지 못한다는 것이 미국의 노동자 가정에 대한 대규모 장기 연구인 '500가정 연구'의 결론이었다.[55] 미국의 맞벌이 가정에 대한 연구에서도 엄마가 비슷한 영향을 미치는 것으로 드러났다. 2002~2005년에 UCLA의 벨린다 캄포스[Belinda Campos]와 그 연구팀은 자녀가 둘이나 셋인 맞벌이 중산층 30개 가정을 대상으로 아주 가까이서 그 모습을 촬영했다. 연구팀은 두 가지 중요한 특징에 초점을 맞추었다. 퇴근한 부모와 자녀의 만남, 그리고 가족의 물리적인 거리였다. 연구팀은 자녀들의 삶에서 일하는 엄마의 역할이 가장 중요하다는 사실을 확인했다. 엄마들은 집에 돌아왔을 때 아빠보다 더 열렬한 환영을 받았으며, 엄마보다 한두 시간 늦게 들어오는 아빠들은 이미 정신을 다른 곳에 팔고 있는 아이들밖에 보지 못한다는 것이다. 엄마들은 또한 아빠들에 비해 아이들과 같은 공간에 있는 경우가 훨씬 많았으며, 아빠들은 집에서 혼자 보내는 시간이 많았다.

가장 충격적이었던 사실은 미국 가정의 고독한 모습이었다. 조사 대상 가정 중 3분의 1 가까이는 가족이 동시에 같은 공간에 머문 적이 한 번도 없었다. "단 한 번이라도 모든 가족이 함께 모이는 경우가 없었다"고 연구자들은 기록했다. 평범한 가정의 경우 집에 있는 시간의 14퍼센트는 가족이 함께 모여 있게 된다. 그리고 엄마들은 자녀들과 함께 시간을 보내려고 노력하며, 모든 가족 구성원의 가장 일반적인 모습은 각자 자신만의 공간에 있는 것이다. 이런 모습은 특히 아빠들에게서 두드러졌다.[56]

얼마 되지 않는 진화의 시간 동안 우리는 함께 지내는 동료들의 모든 동작과 의도를 읽는 기술을 지니고 집단생활을 하는 영장류 사이에서 외로운 종족으로 변하게 되었다. 이제 우리 각자는 자신만의 세상, 자신이 보는 화면에 갇히게 되었다. 그렇지만 그런 세상이 카메라, 집 전화, 신문, 텔레비전, 책, 확성기, 쪽지, 비디오게임, 휴대전화라면, 그 모든 것이 단단하고 빛나는 작은 기계 안에 담긴 채로 주머니 속에 안전하게 들어가 어디든 우리와 함께한다면? 특별한 자기만의 세계를 갖고 있는 10대 시절에 또래 친구들과 항상 연결되어 있는 것이 문제라고 할 수는 없다. 미국 작가인 프랜 레보비츠^{Fran Lebowitz}는 이렇게 말했다.

"10대인 너는 어쩌면 걸려오는 전화를 아주 기쁘게 받을 수 있는 인생의 마지막 순간에 서 있는지도 모른다."

그렇다면 이제 정말로 그런지 한번 살펴보기로 하자.

― 7 ―

문자를 보내면서
어떤 미래를 꿈꿀 수 있을까

참을 수 없이 가볍고 일상적인 터치

앨리슨 밀러Allison Miller는 캘리포니아 북부에 있는 우드사이드 고등학교 8학년이었을 당시 한 달에 2만 7,000개나 되는 문자를 주고받았다. 계산하면 하루에 900건 이상 디지털 대화를 한 셈이다. 한 번 보낼 때는 일곱 통 이상이 기본이었으니 이 활달한 10대 소녀는 쉬는 시간에도, 등·하굣길에도, 다른 일이나 공부를 하기 전후에도 또래 친구들과 연락의 끈을 놓지 않았던 셈이다.

"숙제를 하려고 책을 들다가 문자메시지를 받아요. 그러면 책을 내려놓고 휴대전화로 답 문자를 보내지요. 그렇게 20분쯤 지나면 그제야 '아 참, 나 숙제하던 중이었지!' 이러는 거예요."

앨리슨이 《뉴욕 타임스》 기자인 매트 리첼Matt Richtel에게 말했다.[1] 앨리슨의 휴대전화 속에서 펼쳐지는 인간의 희로애락은 종종 다른 모든 일을 잊게 만들었다. 만일 문자메시지를 통해 친구들 사이의 갈등이나 걱정거리를 눈치채게 되면 곧 거기에 끼어들었다.

"나는 전화로 통화하면서 또 다른 친구에게 문자메시지를 보낼 수 있어요."

앨리슨은 자신의 형편없는 성적표를 이런 첨단 기술에 빠진 탓으로 돌렸다.

열네 살 앨리슨의 모습은 그리 특별하지 않다. 점점 늘어가는 친구들에게 산더미 같은 문자메시지를 보내고 모든 문제를 온라인 탓으로 돌리는 것이 요즘 10대들의 일반적인 모습인 것이다.

"일단 친구들과의 관계가 일정 수준에 도달하게 되면 하루 종일 문자메시지를 보내게 됩니다. 친구들 역시 그렇게 해주기를 바라고요. 그렇게 서로 기대하며 메시지를 주고받는 것이지요."

10대와 문자메시지에 대한 보고서를 작성했던 어맨다 렌하트[Amanda Lenhart]의 설명이다. 여기에 물론 특별한 문제점은 없다고 그녀는 덧붙이고 싶었는지도 모른다. 휴대용 무선 기기에 사로잡힌 대부분의 성인처럼 10대 아이도 어쩌면 어른들보다 더 심하게 휴대전화에 매달리게 된다. 아이들로서는 친구들과의 관계를 어떻게 만들고 유지하느냐가 자신을 판단하는 중요한 기준이 되기 때문이다. 여러 보고서에 따르면 2012년 대부분의 청소년이 월 평균 4,000개의 문자메시지를 보냈다고 한다. 그렇다면 자지 않고 깨어 있는 동안 한 시간에 최소 일곱 개 이상의 문자를 보냈다는 뜻이다. 문자메시지가 생기기 전에는 통화가 아이들의 주요 통신 수단이었지만 이제는 직접 목소리를 들을 수 있는 통화의 양이 점점 줄어들고 있다. 미국 청소년 중 3분의 2는 하루에도 여러 번 '친구들'에게 문자메시지를 보낸다. 이렇게 문자를 보내는 횟수가 전화를 걸거나 직접 만나거나 이메일을 쓰는 횟수보다 세 배 이상 많다.[2]

장점은 즉각적인 소통이 가능하다는 것이며, 단점은 이런 방식이 이메일 등에 비하면 실속이 없다는 것이다. 아주 짧을 뿐더러 눈을 마주치지도, 목소리로 슬프거나 기쁜 감정을 알리지도 않는다. 감정이나 상태는 이모티콘 등을 통해 아주 최소한으로만 전달된다. 그렇기 때문에 오늘날의 문자메시지는 아주 재미있는 동시에 가차 없이 비정하다. 방금 식사 시간에 맞춰 도착한 손님이 주인과 인사를 나누면서 자기도 모르게 주머니에서 휴대전화를 꺼내 메시지를 확인한다. 가장 친한 친구가 유방암으로 방금 사망했다는 소식이다. 실제 대화와 반대로 이런 메시지는 방금 들어온 뉴스 속보를 던져주는 것과 비슷하다. 클라이브 톰슨Clive Thompson은 《와이어드》에서 이런 모습을 "참을 수 없이 가벼운 접촉"이라고 묘사했다. 두세 사람이 몇 가지 주제를 놓고 이런저런 이야기를 하다가 또 다른 주제로 넘어가는 것이 일반적인 대화라면 각각의 메시지는 한 가지 생각만 대변할 뿐이다.

그렇지만 하루에 문자메시지가 900개라니? 내가 느낀 놀라움은 문자메시지가 좋다 나쁘다라는 문제가 아니었다. 처음에는 말을 타고 달려가는 우편배달부가 있었고 그다음에는 전보가 생겼으며 전화기가 그 뒤를 이었다. 그리고 인터넷을 이용한 메신저가 생기고 이메일이 생기고 문자메시지가 생겨났다……. 내가 아주 열심히 문자메시지를 주고받고 인터넷 화상전화를 통해 멀리 떨어져 있는 내 아이들과 동료들, 그리고 친구들과 대화하는 것을 생각해보면 나 역시 첨단 기술과 멀리 떨어져 산다고는 할 수 없다. 무선통신 기술은 서로 멀리 떨어져서 얼굴을 마주하고 대화할 수 없는, 혹은 나누지 않는 사람들을 연결해준 수많은 놀라운 발명품 중 하나일 뿐이다. 그렇지만 어른으로서 늘 생각해오던 몇 가지 의문점이 머릿속에 떠오른다. 왜 10대 아이들은 같은 공간에 함께 있으면서도, 그러니까 이른바 진짜 대화를 할 수 있는 상황에서도 굳이 그 사람에게 문자메시지를 보내는 것일까? 첨단 기술을 사용하면 두 사람 사이에 공통분모가 더 생겨나면서 더욱 가까워지는 것일까? 학교에서 수업 시간에 몰래 쪽지를 주고받는 것처럼? 아니면 일종의 거리를 만들어줌으로써 부끄러움을 많이 타거나 뭔가 숨기고 싶은 사람이 얼굴을 맞대고는 못할 말을 더 쉽게 표현할 수 있어서일까? 페이스북이나 트위터 같은 인터넷을 통한 사회적 연결망은 청소년의 사회적 지평을 더 넓혀주고 있는 것일까? 아니면 따돌림당하는 아이를 그전보다 더 외롭고 슬프게 만드는 것일까?

이런 의문은 아주 중요하지만 아이들은 대답하기 힘들어한다. 단지 첨단 기술만 정신없이 빠르게 변모하는 것이 아니라 아이들의 두뇌 역시 한자리에 머물지 않고 계속 변하기 때문이다. 전전두엽피질은 계획을 세우고 문제를 해결하며 결정을 내리는 신경 체계로, 우리 두뇌에서 전체를 총괄하면서 우리의 주의를 한곳에서 다른 곳으로 돌리는 일을 조절하고 활동을 시작했다가 멈추게도 하며 우리가 무엇을 해야 할지, 그리고 언제 해야 할지를 결정한다. 그렇지만 다른 피질과 달리 나중에 완성된다. 예를 들어 시각피질의 경우 우리가 태어나자마자 신경접합부가 빠르게 발달하면서 생후 6개월이 되면 최고조에 달하고 다섯 살이 되면 성장이 완전히 멈춘다. 이때쯤 아이들은 유치원에 들어가고, 따라서 시각 정보를 인식하고 분석하며 그에 따라 행동하는 데 아무런 문제가 없다. 그렇지만 전전두엽피질의 경우 신경접합부의 연결과 정리가 청소년 후반기 혹은 성년 초기까지 이어지는데, 그 시기는 각 개인에 따라 다르다.[3] 하지만 전전두엽피질이 완전히 그 기능을 다하기 전에 우리는 아이들이 차를 운전하거나 자신의 미래에 대해 믿음직한 결정을 내릴 것이라고 기대한다. 심지어 이 나이에 군에 지원할 수도 있다. 우리는 아이들이 책임감을 가지고 선거에 참여할 것이고 직장을 찾을 때도 그동안 구축했던 온라인상의 모습 때문에 낭패를 보지는 않을 것이라고 기대한다. 그렇지만 대개 스물한 살 이상이 되어야 제대로 계획을 세우고 자신을 통제할 수 있게 된다.

그럼에도 불구하고 온라인 세상에 대한 대부분의 연구는 성인들에 대한 영향에만 집중하고 있다.[4] 대부분의 사람은 어른들에게 적용되는 사실이 10대 아이들에게도 똑같이 적용될 것이라고, 또 모든 첨단기술과 모든 10대는 똑같이 창조되었다고 생각한다. 그렇지만 열네 살인 아이가 한 달에 2만 7,000개 이상의 문자메시지를 보내고 사소한 잡담을 섞은 이메일을 쓰며 페이스북 업데이트에 몰두하는 동시에 수학 공부를 열심히 하거나 자신의 미래에 대해 깊이 고민할 수 있을까. 자신의 온라인 포스팅이 미래에 어떤 영향을 미칠지 상상하면서? 요컨대 친구가 세상의 전부인 10대 시절에 그런 친구가 1,700명이나 된다는 것은 과연 어떤 의미일까?

10대의 불안한 마음, 인터넷을 만나다

지난 2000년 열세 살인 활달한 금발 여자아이와 부모가 나의 심리상담실을 찾아왔다. 세 사람은 당시로서는 아주 보기 드문 걱정거리를 안고 있었다. 아이의 같은 반 남학생이 인터넷과 이메일 등을 통해 끊임없이 괴롭힌다는 것이었다. 아이는 도시와 시골의 중간쯤 되는 지역에 살고 있었고, 대부분 집에 돌아와보면 부모가 아직 직장에서 돌아오기 전이라 혼자서 무서울 때가 많았다고 한다. 아이의 부모는 몹시 당황했고 담당 의사의 조언에 따라 나에게 상담을 받으러 왔던 것이다. 딸을 괴롭히는 남자아이는 절친한 친구의 아들이었고 처음에는 그냥 딸이 알아서 잘하리라고 생각했다. 아이는 할 수 있는 일은 다 해보았다는 것이 부모의 말이었다. 그렇지만 부모는 그 끔찍한 메시지를 읽고 나서 혼자 집에 있기가 무섭다는 딸의 말을 이해하게 되었고 상황을 다시 생각해보게 되었다.

인터넷상의 괴롭힘은 당시 나로서는 새로운 현상이었지만 어른들의 개입이 없으면 이런 은밀한 괴롭힘이 계속 더 심해질 것이라는 사실은 분명했다. 일반적인 괴롭힘에 대한 나의 경험과 노르웨이의 사회과학자 댄 올베우스Dan Olweus의 연구를 기초로 나는 남자아이의 부모와 함께 학교를 찾아가 이 사실을 알리라고 충고했다. 내가 참고한 댄 올베우스는 학교에서의 괴롭힘을 처음으로 체계화한 사람이었다. 부모가 딸의 이야기를 믿고 신뢰한다면 딸을 도와 남자아이에게 자신의 행동이 잘못되었음을 일깨워야 하는 책임이 있었다. 그럼에도 인터넷을 통한 괴롭힘이 계속된다면 학교의 징계 조치나 경찰 신고와 같은 더 심각한 결과가 기다리고 있을 터였다.

부모는 경악했다. 학교 교직원을 포함한 대부분의 어른처럼 그들도 자녀의 온라인 사생활에 개입하는 것을 꺼려했다. 그렇지만 디지털 기기가 어른들의 사회적 영역에서 중요한 위치를 차지하게 된 것처럼 온라인을 통한 상호 교류의 양상이 변해온 것은 분명한 사실이었다. 오프라인에서 벌어지는 일은 뭐든 온라인에서 더 크게 부풀려진다. 스마트폰은 사회적인 계획을 만들거나 취소하는 최적의 장치로 개발되었지만 동시에 견고한 사회적 경계선을 만들어내기도 한다.

270

스마트폰을 따라 권력과 경멸이 이동하고 스마트폰을 통해 희생자를 찾아 괴롭히는 일이 벌어진다. 매사추세츠 주에서 2만 766명의 학생을 대상으로 조사한 결과, 아이들이 가장 두려워하는 온라인상의 공포는 낯선 사람과의 접촉이 아니라 이미 알고 있는 사람의 괴롭힘과 따돌림이었다.[5] 2007년에는 중학생 2,000명을 무작위로 조사한 결과 인터넷상의 괴롭힘을 포함한 학교에서의 괴롭힘에 시달리는 아이들이 위험한 짓을 저지르거나 자살 충동을 느끼는 확률이 훨씬 높은 것으로 밝혀졌다.[6] 온라인상에서 10대 아이들의 만남은 대부분 새로운 것이 없기 때문에 충동적이거나 악질적인 글이 하나라도 올라오면 그 여파는 감당할 수 없을 정도로 커진다. 열여덟 살인 대학생 타일러 클레멘티Tyler Clementi는 다른 남학생과의 동성애 관계를 다른 친구가 몰래 촬영해 인터넷에 올리자 불과 이틀 만에 자살해버렸다. 인터넷은 상호 합의하에 이루어진 아무것도 아닌 애정 행위를 순식간에 엄청난 사건으로 만들어버렸고 그 결과는 참혹했다.

2008년 조사에서 미국의 인터넷 전문가인 어맨다 렌하트는 10대 중 32퍼센트가 온라인상에서 괴롭힘을 당한 적이 있음을 알게 되었다. 그리고 다른 32퍼센트의 아이들은 낯선 사람의 연락을 받은 적이 있는데, 대부분이 여자아이였다.[7] 네덜란드의 인터넷 전문가 파티 볼켄버그Patti Valkenberg와 요헨 피터Jochen Peter 역시 2,000명이 넘는 네덜란드 10대 아이들을 대상으로 실시한 연구에서 비슷한 결과를 얻어냈다. 두 사람에 따르면 22퍼센트의 아이들이 온라인상에서 괴롭힘을 당했고 그중 3분의 2가 14~15세 여자아이였다.[8] 15세는 일종의 분수령이 되는 나이로 집단 내에서 자신의 위치에 대한 정의를 내리게 되며, 부모들도 모두 그런 사실을 짐작하고 있다. 중국이나 아이슬란드를 포함한 다양한 국가의 15세 아이들은 우정과 상호 신뢰에 대한 생각과 모순되는 행동을 하지 않는다. 이 나이의 아이들이 가장 많은 괴롭힘을 당하고 있다는 사실을 생각해보면 15세란 사회적 따돌림이 어떤 의미인지 이해하는 나이라고도 할 수 있다.[9]

괴롭힘의 영향

인터넷의 부풀리는 능력을 고려하면 온라인상의 괴롭힘은 운동장과 학교 식당, 그리고 탈의실에서 일어나던 일이 더 크게 확장된 것이다. 여러 연구에서 밝혀졌듯 이런 곳들은 분명 어른들의 시선이 잘 닿지 않는 곳이기도 하다. 온라인과 오프라인에서의 괴롭힘은 비슷한 점이 있지만 분명한 차이점도 있다. 온라인상의 괴롭힘은 아이들이 온라인 활동에 많은 시간을 쏟는다는 점을 생각하면 훨씬 일반적인 일이 될 수 있으며 어른들의 감시로부터 훨씬 자유롭다.[10] 2만 명이 넘는 보스턴의 10대와 7,500명의 미국 10대를 조사한 두 연구는 온라인상에서 괴롭힘을 당하는 아이들 중 60퍼센트가 이미 학교에서 괴롭힘을 당하던 아이들이라는 사실을 밝혀냈으며, 이런 온라인 괴롭힘은 아이들이 중학교에서 고등학교로 진학하는 등과 같은 변화가 있는 시기에 특히 많이 발생한다는 사실도 알려주었다. 그리고 여자아이들과 동성애 성향이 있는 남자아이들이 이런 괴롭힘의 집중적인 목표가 된다.[11]

14~15세의 딸을 둔 대부분의 부모는 아이들이 이런 온라인 괴롭힘의 희생자라는 사실을 알고도 그리 놀라지 않는다. 여자아이들은 그밖에도 못된 장난과 헛소문, 그리고 험담의 주요 목표가 된다는 사실을 잘 알고 있기 때문이다. 온라인이든 오프라인이든 남을 누르고 높

은 자리를 차지하기 위해 공공연히 공격하는 것은 대부분 남자아이들이며, 그에 대한 증거는 얼마든지 있다. 그런 공격에는 모욕이나 물리적인 공격도 포함된다. 여자아이들은 보통 이런 일은 하지 않는 대신 은밀히 적개심을 드러낸다. 다른 여자아이를 집단에서 따돌리기 위해 모함을 하고 거짓 소문을 퍼뜨리는 것이다.

여자아이들은 왜 그러는 것일까? 데이비드 기어리^{David Geary}와 동료인 벤저민 와인가드^{Benjamin Winegard}와 보 와인가드^{Bo Winegard}에 따르면 진화의 역사에서 대규모 집단은 여성에게 위험하며 피해야 할 곳이었다고 한다. 여성과 아이들에게 어떤 위험이 있었던 것일까? 예컨대 전통적인 일부다처제 사회에서 한 남자에게 딸린 여러 아내는 먹을 것을 위해 경쟁해야 했고 일부다처 사이에서 태어난 아이들이 일찍 죽을 확률은 일부일처 사이에서 태어난 아이들에 비해 7~11배나 높았다. 이는 여자들이 모이면 이내 하나가 되어 서로를 돕는다는 일반적인 생각과 반대되는 것이다. 무시와 학대 외에도 "여러 아내가 있으면 서로의 아이들을 독살하는 것도 흔한 일이었다"는 것이 진화심리학자들의 냉정한 평가다.[12] 만일 엄마가 우두머리와 같은 지배적인 모습이라면 그 아이가 살아남을 확률은 더 높아진다. 또한 모여 있는 여성의 숫자가 적고 가까이에 도움을 주는 집단이 있다면 역시 살아남을 확률이 올라간다.

문제의 핵심은 여자아이들 사이의 사회적 따돌림은 집단의 크기가 줄어드는 과정에서 발생한다는 것이다. 심지어 지금도 여자들은 남자들에 비해 더 작은 모임을 선호한다. 암컷 침팬지 무리도 마찬가지다. 또한 따돌림과 괴롭힘은 여성들 사이의 경쟁을 줄이는 방법으로 사용된다.[13] 정말로 흥미로운 것은 10대 여자아이가 어른보다 훨씬 고통스럽게 사회적 따돌림의 아픔을 느낀다는 사실이다. 10대의 신경망이 주변의 사회적 사건이 여전히 진행 중이라고 이해하게 만든다는 점을 감안한다면 이런 모습은 이해가 된다. 영국에서 실시된 어느 연구에서는 자신이 어떤 놀이에서 의도적으로 따돌림을 당한다고 느끼는 10대 여자아이들은 비슷한 상황에 처한 성인 여성들에 비해 훨씬 더 많이 걱정한다는 사실이 밝혀지기도 했다. 사회적 따돌림과 그에 따른 분노가 정점에 달하는 시기가 바로 15세다.[14]

분명 내가 엄마 노릇을 가장 못한 때는 내 딸이 15세가 되던 날이었을 것이다. 그날 '생일 선물'로 딸아이의 사물함은 부서져 있었고 거기 들어 있던 물건들은 나중에 쓰레기 더미에서 발견되었다. 그리고 책가방에서는 기분 나쁜 욕이 잔뜩 적힌 익명의 편지가 나왔다. 그때는 페이스북 같은 것이 없던 시절이니 당연히 손편지였다. 가장 최악이었던 것은 함께 어울리던 여자 친구들이 특별한 이유도 없이 딸에게 등을 돌렸다는 사실이다. 그날 저녁 생일을 축하하기 위해 우리 집을 찾아준 것은 아주 친했던 아이들 몇뿐이었다. 우리는 나중에야 여자아이들 사이에서 남을 괴롭히는 우두머리 역할을 하는 '여왕벌'이 우리 딸과 친구 사이인 어떤 남자아이에게 눈독을 들이고 있었다는 사실을 알게 되었다. 우리 딸을 무리에서 쫓아내야만 자기가 뭘 어떻게 해볼 수 있었던 것이다. 딸의 친구들과 먼저 어울리면서 어리숙한 아이들을 자기편으로 끌어들인 다음 이런저런 방법으로 딸을 괴롭히며 우리 딸의 사회적 지위를 무너뜨리는 것이 그 아이의 계획이었다. 더 소름끼치는 것은 이런 심리적인 학대가 바로 10대 여자아이들에게는 통과의례라는 사실이다. 이런 따돌림 전략에 인터넷의 융단폭격과 같은 즉각적인 위력이 합쳐진 것이 바로 온라인상의 괴롭힘이다.

그렇지만 명심할 것이 있다. 실제로 10대 아이들의 못된 짓을 부추기는 것은 문자메시지와 온라인 연결망이 아니다. 이런 것들은 대면 접촉이라는 감정적인 확인이 없는 도구일 뿐이며, 따돌림이 벌어질 환경은 이미 조성되어 있다. 이런 종류의 학대는 수천 년이 넘게 이어져 내려온 영장류의 전통으로, 특히 지위나 자격에 대한 판결이 인기 경쟁과 맞물려 있을 경우, 그리고 보통 그 판결을 이성이 내릴 경우 흔히 나타난다. 미국의 영장류 동물학자 도로시 체니[Dorothy Cheney]와 로버트 세이파스[Robert Seyfarth]의 명저인 『원숭이 형이상학[Baboon Metaphysics]』을 보면 평화로운 사회적 계급 체계가 특징인 암컷 비비원숭이 사이에도 사회적 질서를 어지럽히고자 하는 문제 있는 원숭이가 가끔 나타난다고 한다. 그리고 바로 그 순간 대혼란이 시작된다.

그 사건이 일어난 것은 2003년 7월쯤이다. 암컷 원숭이 중 서열 4위인 레코가 중간 서열인 로키라는 수컷 원숭이와 사귀게 되었다. 아직까지도 그 이유는 확실치 않지만 서열 2위와 3위, 그리고 5위 암컷들이 무척 화를 내기 시작했다. 이 원숭이들은 머리를 흔들고 위협적인 소리를 내지르며 레코를 위협했고 물어뜯기까지 했다. 레코, 그리고 레코의 딸 리지와 리사는 거세게 저항했지만 이내 무리 밖으로 밀려나고 말았다. 이 공격은 서열 5위인 암컷 발로, 그 딸인 아마존과 도미노, 발로의 언니인 아처가 주도했다. 약 1주일간에 걸쳐 레코의 무리와 발로의 무리는 서로 격렬하게 싸웠고 다른 서열의 암컷 무리까지 종종 적극적으로 끼어들기도 했다. 며칠 뒤 레코와 로키는 깨졌고 레코 무리의 반격이 본격적으로 시작되었다. 특히나 리사는 다른 암컷들의 공격에 아주 분개한 것 같았다. 어느 날 아침 마침내 리사는 발로와 둘이

서만 마주하게 되었고 피 튀기는 싸움 끝에 발로는 눈에 큰 상처를 입고 만다. 무리 내의 공격은 이제 잦아들기 시작했고 모두 원래의 서열로 돌아갔다.[15]

서열이 높은 암컷 영장류는 주로 멀쩡한 새끼를 갖지 못한 암컷을 공격한다. 또한 새끼를 낳아도 엄마가 심하게 공격을 당하면 어쨌든 새끼를 제대로 키워낼 수 없다.[16] 이것이 바로 궁극적인 진화의 모습이다. 그리고 지금도 인간 여성이나 동물 암컷의 괴롭힘은 완전히 자란 이후보다 청소년기나 청년기에 더 많이 일어난다. 체니와 세이파스에 따르면 원숭이 레코의 사건은 유별나게 성적으로 성숙한 어린 암컷이 주변에 있을 경우에나 일어날 법한 사건이었다고 한다. 다른 암컷들은 레코의 새로운 관계와 애정행각을 자신에게 위협이 되는 일로 간주한 것이다. 정작 레코 자신은 잘 의식하지 못했지만 주변에서 그렇게 생각하고 공격했다. 이는 인간 세상에서도 마찬가지다. 내 딸이 받은 공격과 그 공격의 주체를 생각해보면 쉽게 이해할 수 있다.

그렇지만 암컷 영장류 사이에서 노골적인 공격 행위는 보기 드물다.

"대신 암컷들이 서로를 밀어내는 방식은 은밀한 책략의 형태를 띠는 경우가 많다. 한 암컷이 자기에게 다가온 다른 암컷에게 자기 자리나 수컷 짝, 혹은 먹이를 말없이 양보한다."

체니와 세이파스의 기록이다. 진짜 싸움이 시작되면 다른 암컷들이 몰려들기 시작한다.

"별로 상관없는 다른 암컷들이 이 모습을 지켜보다가 몰려들어서 위협적으로 으르렁거리는 경우가 많다. 마치 방관적 입장에 있다가 갑자기 분개해 약한 쪽을 편드는 것과 비슷하다."

276

두 사람의 기록이다.[17] 이런 모습은 인간의 온라인 괴롭힘과 흥미로울 정도로 양상이 비슷하다. 온라인상에서도 '친구'라는 아이들이 말을 부풀리고 위협적인 이야기를 쓰면서 상황을 더욱 악화시키는 것이다. 혹은 온라인상에 은밀히 잠복하며 상황을 지켜보고 즐기는 아이들도 있다.

온라인상의 괴롭힘이 보여주는 또 다른 기이한 측면은 10대들이 겪는 이런 모욕이 공개적인 동시에 은밀할 수도 있다는 사실이다. 괴롭힘을 당하는 10대 아이가 부모에게 사실을 털어놓는 경우는 10퍼센트도 되지 않는다.[18] 또한 아이가 집에서 혼자 인터넷을 보다가 자신을 욕하는 사진이나 헛소문을 발견했을 때는 친구들도 쉽게 편을 들어주기 어렵다. 수백 명의 '친구'가 각자 자신만의 연결망을 통해 먼저 이런 사진이나 소문을 접하고 공유하기 때문이다. 스마트폰이 보급되면서 온라인상의 괴롭힘이나 따돌림은 점점 비열하고 비겁한 모습을 띠어가고 있다. 우리가 어디를 가든 따라다니면서 정체를 감추고 공격하지만 우리의 반응을 전혀 볼 필요도 없고, 따라서 신경도 쓰지 않는다. 가장 기이한 것은 피해자가 어울리던 인터넷 모임이나 공동체가 종종 이런 일에 함께한다는 점이다. 마치 그냥 영화의 한 장면을 보듯 실제로 무슨 일이 벌어지는지도 모르고 사고가 마비된 것 같다. 온라인상에서 이런 일이 벌어지는 경우 막으려 하는 사람은 극소수에 불과하다.

따라서 미국 국립보건원의 질병 전문가들이 온라인 괴롭힘을 당한 사람이 우울증 진단을 받을 확률이 '일반적인' 따돌림 희생자에 비해 높다는 사실을 발견한 것도 그리 놀랍지 않다.[19] 이런 사실이 대단치 않게 느껴진다면 이런 조사 결과는 어떤가. 미국의 10대 중학생

2,000명을 조사한 결과 온라인 괴롭힘을 당한 아이들 중 20퍼센트가 심각한 자살 충동을 느끼며 19퍼센트가 이미 자살 시도를 해봤다는 결과가 나왔다.[20] 미국 질병관리본부에 따르면 청소년 사망 원인 중 세 번째가 바로 자살이라고 한다. 그러니 인터넷 따돌림과 관련된 이런 조사 결과는 부모들의 가슴에 공포심을 심어주기에 충분한 것이다.

온라인상의 괴롭힘은 이제 일반적인 현상이다. UCLA의 심리학자 엘리세바 그로스[Elisheva Gross]와 제나 주보넨[Jaana Juvonen]에 따르면 12~17세의 인터넷 사용자 중 72퍼센트는 이런 괴롭힘을 경험했고 20퍼센트는 반복적인 괴롭힘을 당한 적이 있다고 한다. 학교에서의 학대와 온라인 괴롭힘이 겹치는 경우가 85퍼센트라고는 하지만 결국 인터넷은 "학교생활의 또 다른 연장"일 뿐이라고 연구자들은 지적한다. 온라인이라는 또 다른 사회적 매체와 컴퓨터에 설치된 웹카메라 등은 서로 친해지기 위해 사용되지만 동시에 청소년들은 또 다른 위험을 감수해야 한다. 운전이나 술처럼 사회적 연결망 역시 어른이 단속하지 않는다면 치명적인 위협이 된다.

장례식에 오는 사람

최근에 나는 페이스북을 통해 옛 친구의 언니가 죽었다는 사실을 알게 되었다. 그렇지만 나는 매일 페이스북을 확인하지 않기 때문에 꼭 참석하고 싶었던 장례식을 놓치고 말았다. 아마 직접 연락을 받았다면 장례식에 참석했을 것이다. 내 친구의 언니는 혼자 살다가 계단에서 떨어졌다고 했다. 그리고 사람들에게 발견되기 전까지 혼자 쓰러져 있었다고 한다. 고독하고 쓸쓸한 죽음이었다. 나는 친구의 휴대전화에 음성메시지를 남겼다. 그리고 친구가 사용하는 모든 이메일 주소로 위로 메일을 보냈다. 처음에는 문자메시지를 보낼까 하다가 생각을 바꾸었다. 우리는 친구가 된 지 40년이 넘었고 그 언니도 마찬가지였다. 나는 친구의 목소리를 듣고 싶었고 친구도 내 목소리를 들었으면 했다. 그렇지만 우리가 서로 연락한 때는 마침 시바shivah 기간이었다. 시바는 유대교의 '사회적' 애도 기간으로, 장례식 이후 유족이 친지나 친구들과 함께 지키는 기간이다. 친구는 다른 도시에 있는 집으로 돌아가 다시 일상생활을 시작했고 나도 내 자리로 돌아왔다.

삶이 이렇게 갑작스럽게 끝나도 정직한 신호와 함께하는 대화는 더 이상 일반적인 모습이 아니다. 언니의 죽음에 대한 글은 최근 방문한 호텔에 대한 '좋아요'라는 평가와 유튜브 고양이 동영상의 링크 등 다른 소식들과 함께 가상의 세계를 떠다닌다. 이런 세계와 접촉이 끊어지는 것은 매체에 대한 단절이라기보다 그냥 우리가 과하게 기대하고 있는 어떤 것들에 대한 단절에 더 가깝다. 우리 중 대다수는 전자 기기에 초자연적인 힘을 부여한 채 우리가 필요할 때마다 사람들과의 거리를 좁힐 수도 늘릴 수도 있다고 생각한다. 예를 들어 칼럼니스트 프랭크 브루니Frank Bruni는 오랫동안 사귄 사랑하는 사람들이 함께 살지 않는 이유는 그럴 필요가 없기 때문이라고 썼다. 두 사람은 인터넷을 통해 언제든 만날 수 있는 것이다.

"이것이 우리가 살고 있는 디지털 시대다. 사실 헤어짐은 새로운 만남이나 마찬가지다. 혼자 있다고 해서 더 이상 혼자 있는 것은 아니다. 전화로 통화할 수 있을 뿐만 아니라 인터넷을 통해 화상 통화를 하거나 이메일을 보낼 수 있고 문자메시지로 사랑을 속삭일 수도 있다. 바야흐로 첨단 기기를 통한 새로운 사랑과 성생활의 시대다."[21]

오해를 사지 않기 위해 부연 설명을 하자면 나 역시 인터넷상의 '친구'들과 다양한 소식을 공유하는 것이 반갑다. 비록 내가 어떤 소식을 읽었다는 사실이 자동적으로 확인된 후 광고로 활용되고 내 '친구'가 실제로 거리에서 마주친 나를 몰라본다 해도. 그렇지만 필요 없는 잡동사니를 걸러내는 기능이 없고 감정을 전달하지도 못하는 인터넷상의 사회적 연결망은 신문도 아니고 전화도 아니다. 우리는 누군가 지난 연휴에 무엇을 했는지, 혹은 어떤 좋은 일이 있었는지 본인이 직접 올린 글을 읽고 '좋아요'를 클릭할 수 있다. 그렇지만 그 이상은 없다. 그 사람의 인간적인 나약함 같은 것은 보이지 않는다. 우리는 개인사를 공유할 수 있고 그 밖에 많은 것도 알 수 있다. 그렇지만 그 사람의 가족이 죽었을 경우 인터넷상으로 아는 사이인 우리와 그 사람은 낯선 이방인일 뿐이다.

좋은 소식과 나쁜 소식

각종 영상 매체에 10대들이 열광하는 가운데 긍정적인 면도 있어서 위안이 된다. 아이들 곁에 이런 전자 기기를 사용하는 친구가 많으면 손쉽게 연락할 수 있다. 나중에 전문가들이 예상했던 것과는 정반대되는 상황이 벌어진다고 해도 어쨌든 한 번의 접촉은 또 다른 접촉과 만남을 만들어간다. 1990년대 후반 사회심리학자인 로버트 크라우스^{Robert Kraus}와 그의 동료들은 피츠버그의 93개 가정에 컴퓨터를 나눠주고 2년 동안 10세 이상 모든 사람의 활동과 기분에 대해 상세하게 추적했다. 연구자들은 컴퓨터가 10대 아이들에게서 얼굴을 마주하는 사회적 접촉을 빼앗아갔다는 사실을 알게 되었다. 바로 가상의 세상과 경험이 그 자리를 대신한 것이다. 10대 아이들이 인터넷에 시간을 빼앗길수록 사회적 접촉의 시간은 점점 줄어들고 외로움도 더 커지게 된다.[22] 연구자들은 연구가 시작되기 전에 사람들의 기분을 확인해두었기 때문에 이런 기분 변화의 원인과 결과를 알 수 있었다. 첨단 기기는 아이들에게 서로 연결되었다는 느낌을 주지 못하고 고독감만 키웠다. 연구자들이 예상했던 것과는 정반대되는 결과였다. 그래서 이런 현상을 '인터넷의 역설'이라고 부른다.

이제 인터넷의 영향에 대해 의견은 점점 분분해지고 이런 결론만 남는다. 인터넷이 아이들의 사회생활에 어떤 영향을 미치느냐는 거기 누가 접속하느냐에 달려 있다는 결론 말이다. 개인의 특성이 큰 역할을 한다. 활달한 아이는 휴대용 기기들을 잘 사용해서 사회적 자산을 늘려간다. 이들은 이미 알고 있는 사람들과 접촉을 하고 사진과 농담을 나누며 서로를 더 가깝게 느끼고 사회적 계획을 손쉽게 실천해나가도록 서로 돕는다.[23] 운 좋게도 이런 친구들이 많으면 문자메시지나 이메일은 얼굴을 마주하는 상호 교류와 하나가 된다. 한 가지 접촉이 일어나면 곧이어 또 다른 접촉이 일어난다. 다시 말해 무선 기술을 통한 의사소통은 적응력이 뛰어나고 외향적인 성격의 10대 아이들에게는 더욱 좋은 기회다. 그렇지 않아도 넉넉한 사회적 관계가 더 풍요로워진다.

그렇지만 내성적인 아이들이라면 어떨까. 그들의 사회적 관계도 더 나아질까? 글쎄, 그건 두고 봐야 할 것이다. 인터넷은 수줍어하는 아이들이 사람들을 실제로 만나지 않고도 자신에 대한 이야기를 나눌 수 있는 공간을 제공한다. 다른 사람의 몸짓을 해석할 필요도 없고 반응을 걱정할 필요도 없다. 이는 여자아이들에 비해 대면관계에서 자신의 감정을 쉽게 드러내지 못하는 10대 남자아이들에게 아주 유용하다. 그리고 여자아이들과의 관계를 구축하기 위해서는 자신을 꼭 알려야 하기 때문에 남자아이들로서는 자신을 다 드러낼 수 있는 이런 매체가 아주 매력적으로 느껴질 것이다.[24] 전자 기기의 한계는 사람의 감정을 감춰주기도 하지만, 자극할 수도 있는 장벽을 만들어 낸다. 그리스 신화에 등장하는 젊은 연인들인 피라모스[Pyramus]와 티스베[Thisbe]의 이야기를 떠올려보자. 벽을 사이에 두고 이웃으로 자란 두 사람은 양가에서 결혼을 반대하자 벽 틈으로 사랑을 속삭인다. 이 작은 틈이 두 사람이 만날 수 있는 유일한 수단이었다.

"사랑의 불길이 타오를수록 열기가 더해갔다."

고전문학 연구가이자 작가였던 이디스 해밀턴[Edith Hamilton]은 가로막힌 벽으로 인해 더 뜨거워졌던 사랑에 대해 그렇게 썼다.[25]

그렇지만 대면 접촉이 없다면 사회적으로 외로운 사람은 계속해서 더 외로워진다. 온라인을 통해서만 낯선 사람들과 접촉하는 10대 아이들은 이미 잘 알고 있는 사람들과 연락하기 위해 전자 기기를 사용하는 아이들에 비해 외로움을 더 느낀다. 그리고 이렇게 외로움을 느끼는 아이들은 낯선 사람들과의 접촉에 더 깊이 빠져든다.[26] 누군가 이런 현상에 '페이스북 우울증'이라는 이름을 붙였다. 만일 10대 아이들이 이미 외로움과 따돌림을 느끼고 있다면 그런 기분 때문에라도 그중 상당수가 인터넷 세상으로 들어간다. 그런데 인터넷이라는 익명의 세계에서 관계를 만들어보려는 노력은 외로움을 더욱 가중시키고 우울한 기분은 더욱 깊어진다. 원래부터 심리적인 문제를 가지고 있던 아이들이 이런 모습을 더 자주 보이게 된다. 이스라엘에서 진행된 연구에 따르면 학습장애를 가지고 있는데다 따돌림을 받는다고 느끼는 10대 아이들이 가상의 친구들을 만나기 위해 인터넷을 사용할 경우 더 큰 외로움을 느끼곤 한다. 외로운 10대들은 인터넷에서 사랑과 사회적인 유대감을 찾지만 이전보다 더 외로워질 뿐이다. 정보를 찾는 도구로 인터넷을 활용하는 아이에게는 이런 모습이 없다.[27]

한편 아이가 ADHD(주의력 결핍 과다행동 장애) 증후군을 앓는 경우 부모는 아이가 텔레비전을 보거나 컴퓨터게임을 하는 동안에는 부산한 모습이 사라지고 조용해지는 것을 보고 실제로 그 효과가 검증되지 않았음에도 희망을 품는다. 아이들이 영상 매체에 빠져드는 것은 디지털 매체가 만들어내는 끊임없는 신기함과 예측 불가의 결과를 통해 아이들의 두뇌에 쾌감을 주는 도파민이 형성되기 때문이다. 이 아이들은 종종 결과를 생각하지 않고 행동하다가 또래들에게 무시당한다. 정확하게 말하면 이런 아이들은 충동적으로 행동하는 것이다. 따라서 아이들로서는 화면을 켜고 전자 기기가 만들어내는 친구들을 찾는 것이 훨씬 편하고 쉽다.[28]

"신경화학물질의 보상을 필요로 하는 두뇌를 가진 아이들은 그런 보상을 제공하는 활동을 찾는다. 사회적 문제가 있는 아이들은 화면을 보며 점점 더 많은 시간을 혼자 지내게 된다."

페리 클래스의 설명이다.[29] 사실 우울증을 느끼는 10대 아이들은 인터넷상에 그런 흔적들을 남긴다. 489명의 트위터 내용을 조사한 마이크로소프트사의 연구팀에 따르면 위험할 정도로 우울한 내용을 담고 있는 트윗은 주로 한밤중에 많이 작성되며, 다른 사람이나 진짜 사회적 계획에 대해서는 별말 없이 주로 자기 자신과 자신의 증상에 대한 내용을 많이 담고 있다고 한다.[30] 페이스북 역시 그 사람의 정신 상태를 반영한다. 20~30퍼센트의 대학생은 페이스북 프로필을 통해 자신의 뿌리 깊은 우울함을 나타내며, 이는 부모나 학교 관계자들을 당황시킬 수 있다. 이들은 단지 정신적 건강 상태뿐만 아니라 아이들의 사생활까지 걱정하기 시작한다.[31] 사람들은 자신의 글을 공개할 수도 있지만 이런 인터넷상의 공개는 두 가지 중요한 사실을 일깨워준다. 먼저, 이제 갓 대학에 들어가 아직은 10대인 아이들 중에 자신이 너무 우울해서 아무것도 할 수 없다고 생각하는 아이들의 숫자는 제대로 알려지지 않고 있다. 그리고 두 번째로 10대 아이들이 온라인상에서 보여주는 행동은 실제로 우리에게 하고 싶은 말보다 자신의 느낌을 세상에 더 많이 알린다.

MIT의 심리학자 세리 터클Sherry Turkle은 자신의 책『외로워지는 사람들Alone Together』에서 얕은 관계밖에 만들어내지 못하는 문자메시지, 이메일, 트위터 등이 경영과 정치, 그리고 가상세계 안의 집단 구성에 오히려 더 적절해 보이는 것은 바로 이런 이유 때문이라고 지적한다. 그런 세계에서는 진정한 대화를 할 필요가 없다. 터클 교수는 자신이 말하고 싶은 거의 대부분을 문자메시지로 알리는 16세 남자아이의 말을 인용한다.

"언젠가, 언젠가는, 그렇지만 분명히 지금은 아닌 다른 시간에 나도 대화하는 방법을 배우고 싶어요."

그 아이가 터클 교수에게 한 말이다.[32] 극단적인 경우 같지만 2012년 5,000명의 미국 대학생을 조사한 결과 좀 더 나이가 많은 청소년 혹은 청년도 이 아이와 비슷한 감정을 느끼는 것으로 드러났다. 지난 세기인 1980년대와 1990년대에 걸쳐 20년간 대학생들을 연구했던 이들은 이렇게 말한다.

"21세기 대학생들은 이전의 선배들보다 훨씬 많은 친구를 사귀는 것 같아도 결국 훨씬 더 고립되어 있다……. 대학생들이 무리지어 캠퍼스 안을 걸어가지만 각자 휴대전화에 몰두하는 모습을 상상해보라."

아서 러빈Arthur Levine과 다이앤 딘Diane Dean이 진행한 이 연구는 오늘날의 대학생들이 첨단 기기에 능숙하지만 "사람을 상대하는 기술은 없으며" 종종 얼굴과 얼굴을 맞대고 생각과 감정을 전달하는 데도 어려움을 겪는다는 사실을 보여준다. 두 사람의 공저인『위기의 세대 Generation on a Tightrope』에 등장하는 내용을 살펴보자.

> 기숙사 시설이 있는 거의 대부분의 대학교에서 같은 방을 쓰는 친구들끼리 계속해서 싸움을 벌인다는 이야기를 들었다. 그런데 대화가 아니라 문자메시지로 험한 말을 주고받으며 그런다는 것이었다……. 학생들이 직접적인 대화보다 문자메시지를 선호하는 것은 그렇게 하면 자신이 상처받는 느낌이 줄어들기 때문이라고 했다. 이런 모습은 마음가짐의 문제다. 학생들은 상대방에게 거부당하는 것을 두려워하며, 문자는 덜 직접적인 느낌을 준다. 사람이 직접 얼굴을 맞대고 해결하는 것이 최선이던 시대는 지나가고 이제 문자와 이메일이 그 자리를 대신하는 환경이 조성되었다. 학생들은 "나는 더 이상 네 친구가 아니야" 같은 문자나 이메일을 통해 절교를 통고받는다. 학교의 지도 교수들은 요즘 대학생들은 사회적 기술이 매우 부족하다고 이야기한다. 심지어 어떤 이는 그들을 일컬어 '사회적 발달장애'가 있다고 말한다.[33]

나는 대다수의 10대 아이들이 사회적으로 뒤떨어져 있다고 말하는 것이 아니다. 사람들과 연락을 이어가는 능력으로 말하자면 오히려 그 반대라고도 할 수 있다. 인터넷은 이제 학생들이 고등학교에서 대학은 물론 첫 직장까지 우정을 이어나가도록 도와준다. 그렇지만 여전히 뭔가 부족한 점이 있다. 대부분의 아이들은 지금 당장 깊은 관계를 맺기 위해 노력하는 것이 아니라 그저 익숙하고 좁은 디지털 세상에 안주하고 있다. 그곳은 너무 많은 감정적인 관심이 필요 없는 세상이다. 그들이 맺는 '관계'는 그 순간은 격렬하고 복잡하며 서로 거미줄처럼 얽혀 있지만 지금 당장 내 옆에서 이루어지는 실제 관계는 아니다. 그러니 아주 끈끈하게 연결되어 있는 것처럼 보이면서도 극단적으로 외로움을 느끼는 일이 동시에 일어날 수 있는 것이다. 이런 '거리 두기'가 10대들이 자존감을 지키는 방법이라면, 매일 일어나는 사회적 접촉이 사라졌을 경우 학업과 행복에 어떤 영향이 미칠지 궁금하지 않을 수 없다. 미국 국립정신건강연구원의 두뇌 영상 책임자이자 신경과학자인 제이 기드Jay Giedd는 청소년기 두뇌에서 일어나는 엄청난 변화는 진정한 사회적 상호 교류 덕분에 가능하다고 지적했다.[34] 그렇다면 왜 그렇게 많은 어른이 아이들에게 디지털 방식에 적응하라고 몰아붙이는 것일까?

노트북컴퓨터 한 대가 세상을 구한다

2000년대 초반 엄청나게 매력적인 신기술이 선을 보이자 여기에 매료된 부모, 교사, 교육 행정관, 심지어 정부 관료들까지 거금을 쏟아붓게 된다. 교실에 컴퓨터를 설치하기 위한 모금 행사가 활발하게 진행되기도 했다. 통제되지 않은 낙관론이 그럴듯한 희망을 심어주었고 그와 관련된 연구가 쏟아져 나왔으며 그 대부분이 학교와 교육 행정에 집중되었다. 하지만 그중에는 별 관련이 없는 것도 많았다. 첨단 기술은 교육을 변화시키고 학문적 성과를 민주화시킬 수 있다. 손끝으로 접속하는 컴퓨터와 인터넷 세상을 통해 아이들은 자기 수준에 맞는 교육을 받을 수 있다. 어떤 교사는 나에게 학교 교실은 물론 책조차 곧 세상에서 사라질 거라고 이야기했다. 그녀가 가르치는 초등학교 2학년생들에게 필요한 것은 이런 시대에 대한 적절한 적응이었다. 디지털과 무선통신 기술은 어떤 교사도 알지 못하는 새로운 세상을 향해 나아갈 터였다.

좀 더 국제적인 문제로 시선을 돌려보면 '어린이 한 명당 노트북 한 대the One Laptop Per Child, OLPC' 운동은 개발도상국의 모든 아이가 온라인 세상에 접속할 수 있는 디지털 유토피아를 지향한다. MIT 미디어랩의 설립자인 니컬러스 네그로폰테Nicholas Negroponte가 이끄는 이 운동은 인터넷 연결이 가능한 저가의 노트북컴퓨터를 전 세계 6세 이상 아이들 모두에게 보급하는 것을 목표로 하고 있다. 그러면 가난한 오지 아이들도 스스로 공부할 수 있으며, 그 가족들도 컴퓨터 사용법을 배울 수 있을 것이다. 그렇게 해서 세상의 지식이 전파될 수 있다. 디지털 교육 이론가인 마크 워샤우어Mark Warschauer에 따르면, 이런 교육은 스스로 이루어져야 한다. 즉 어른들은 아이들에게 컴퓨터를 주고 간섭하지 말아야 한다.[35]

이 운동의 후원자들에 따르면 이 저가 노트북에 설치된 독특한 운영체제인 '슈거Sugar'는 교사보다 더 믿을 만하다고 한다. 12세 이상의 아이라면 누구라도 관련된 기술을 마스터할 수 있기 때문에, 관리나 유지를 위한 추가 비용은 전혀 들지 않는다.

"오지 학교에 가보면 교사들이 차지하는 비중이 아주 큽니다. 그렇지만 그들의 실력은 초등학교 6학년 수준에 그치는 경우도 있지요. 굳이 이름까지 밝힐 필요는 없지만 어떤 나라의 경우 교사 중 3분의 1 이상이 제대로 교육을 받지 않은 경우도 있습니다."

네그로폰테의 설명이다. MIT의 동료들과 함께 이 운동을 주도하고 있는 시모어 페퍼트^Seymour Papert 교수는 일단 아이들이 컴퓨터를 갖게 되면 얼굴을 마주하는 방식의 교육은 더 이상 필요 없을 것이라고 역설한다.

"수백수천만 명의 사람들이 컴퓨터를 사서 누구의 도움도 없이 혼자 사용법을 배우고 있습니다. 나는 아이들도 그런 능력이 있다고 확신합니다."[36]

아이들은 배우고 싶어 한다. 그건 사실이다. 그렇지만 아이들이 좌절 그 이상의 무엇인가를 배우게 하려면 그전에 기본적인 것들이 전제되어야 한다. 바로 가난한 지역의 수많은 교사가 이미 아주 오래전에 깨달은 사실이다. 관련 연구를 이끌었던 마크 워샤우어와 모건 에임스^Morgan Ames에 따르면 미국의 도심 지역인 앨라배마 주 버밍햄 같은 곳에서 아이들에게 노트북컴퓨터를 무료로 한 대씩 나눠주었더니 결국 숙제나 창의적 작업에는 사용하지 않고 온라인으로 잡담하는 시간만 늘어났다고 한다. 연구자들은 저소득층의 10대 아이들은 부모가 대부분 오랜 시간 일을 하기 때문에 어른들의 관리가 소홀하며, 따라서 컴퓨터를 노는 데만 사용한다고 보고했다. 즉 주로 게임이나 채팅을 하고 음악이나 영화를 다운로드받는다는 것이다.[37] 마치 텔레비전과 같이 노트북컴퓨터도 교육적 수단으로 사용될 수 있지만, 대부분은 그러지 않는다.

네그로폰테의 유토피아를 향한 꿈은 주로 개발도상국 아이들을 위한 것이었으며, 그런 나라들에는 또 다른 문제가 있었다. 아이들은 노트북컴퓨터를 받고 자랑스러워했지만 정작 집 안에는 수도와 전기도 제대로 공급되지 않았던 것이다. 이 노트북 보급 운동이 가장 먼저 대규모로 진행된 남아메리카 페루에서 자원봉사 활동에 참여했던 젊은 미국인 전기기술자는 자신의 인터넷 블로그를 통해 아이들이 자주 아픈 것처럼 심각할 수도 있고 컴퓨터 키보드가 쉽게 망가지는 것처럼 사소할 수도 있는 문제들이 쌓여 원래의 목표를 망치고 있다고 전했다. 페루의 오지 마을에는 오염되지 않은 식수가 귀했고 아이들은 설사병에 시달리는 경우가 많아 때로는 공부 자체가 불가능했다. 전기 공급과 인터넷 연결은 노트북 보급 운동의 기본 전제이지만 역시 제대로 진행되지 않았다. 물론 주변에는 노트북컴퓨터가 망가지면 고쳐줄 사람도 없었다.[38] 이 노트북 보급 운동에 대한 온라인상의 의견은 대부분 이런 것들이었다. 결국 이 운동의 본래 의도와 상관없는 기술적인 문제의 해결 방안이 더 시급한 과제로 대두되었다. 사실 이 운동의 핵심은 아이들이 책임감 있고 잘 훈련받은 교사가 아닌 컴퓨터로 많은 것을 배우게 하는 것이었는데도.

이런 과제를 해결해줄 사람이 없었음에도 무선통신 기술과 노트북컴퓨터라는 분명한 실체가 결합한 약속에 매료되어 많은 자금이 지원되었다. 특히 북아메리카 기부 협회나 컴퓨터 지원회 같은 단체를 통해 개인 기부자들이 1인당 400달러씩 기부했다. 특별 설계된 XO-1 노트북컴퓨터를 구입할 자금이었다. 기부자들은 개발도상국 어린이들과 결연을 맺기도 했다. 이 운동이 시작된 지 7년 만인 지난 2012년 연간 예산은 1,200만 달러를 넘어섰고 250만 대가 넘는 노트북컴퓨터가 개발도상국 아이들에게 전달되었다.[39]

그래서 그 결과는? 노트북컴퓨터를 갖게 된 아이들의 자부심은 분명 높아진 것처럼 보였다. 그렇지만 그 아이들의 읽기와 쓰기 실력이 향상되었다는 징후는 어디에서도 확인되지 않았다.[40] 예를 들어

1만 5,000대의 컴퓨터가 보급된 아이티에서는 초등학교 3학년생 중 절반 이상이 프랑스어나 그 지역 언어인 크리올어 단어를 하나도 읽지 못한다. 5세에서 14세까지의 아이티 아이들 중 3분의 1 이상이 학교에 다니지 않는다는 사실을 생각하면 당연한지도 모른다. 나이를 더 먹은 10대 아이들도 사정은 마찬가지다.[41] 네팔 같은 나라는 보조금 지원으로 최소 2,500대의 노트북이 대당 77달러에 지급되었지만 정부가 학생 1인에게 사용하는 교육예산은 연간 61달러에 불과하다는 것이 2010년 유네스코의 보고다. 이런 부족한 교육예산과 투자 때문인지 노트북컴퓨터 지원과는 상관없이 네팔의 초등학교 2학년생 중 79퍼센트가 아직 문맹이다.[42] 이와 비교하면 2010년 미국의 교육예산은 네팔의 거의 200배가 넘는다. 미국의 초등학생은 1년에 1인당 1만 1,000달러, 그리고 고등학생은 1만 2,000달러의 예산을 지원받는다.[43]

모든 학생에게 무선통신 기술을 제공하겠다는 조건 없는 사랑은 결국 심각한 교육적·도덕적 문제를 야기했다. 내전으로 황폐해진 아프리카 콩고민주공화국에서는 2009년 이후 말라리아 발병률이 무려 250퍼센트나 늘어났는데, 학생들에게 새 노트북컴퓨터가 처음 보급된 해가 바로 2009년이었다. 당연한 이야기지만 노트북컴퓨터 보급 운동은 말라리아나 내전과 아무런 상관이 없다. 비록 국가는 이런저런 문제로 곤란을 겪어도 아이들의 교육만은 포기할 수 없다고 주장할 수도 있다. 그렇지만 어린아이들을 포함해 매년 20만 명이 넘는 사람이 전염병으로 죽어가고 대부분의 가정이 3달러짜리 모기장, 아이들의 수업료와 의료비, 교복과 교과서를 감당할 능력도 되지 않는 마당에 값비싼 컴퓨터를 지원한다는 것은 초점이 잘못 맞춰진 것 같다는 생각을 넘어 아주 부조리하게 느껴진다.

"사람들은 음식과 모기장 사이에서 한 가지만 선택해야 한다면 음식을 선택합니다."

유니세프의 지역 아동 보호 책임자인 칼릴 사그노[Kalil Sagno]의 말이다.[44] 그런 그들을 과연 누가 비난할 것인가? 노트북컴퓨터가 지원되는 대부분의 개발도상국에서 그 컴퓨터 한 대의 가격은 모기장 67개 혹은 교사의 한 달 월급과 맞먹는다.

컴퓨터 선생님

다시 서구 선진국으로 시선을 돌려보자. 처음 노트북컴퓨터가 학교에 보급될 당시 나 역시 그 열풍을 외면할 수 없었다. 2000년부터 시작된 시범 수업에 나는 당시 열두 살이던 내 아들을 등록시켰다. 아이가 막 중학교에 입학하던 무렵이었다. 북아메리카와 유럽 전역에 걸쳐 노트북컴퓨터를 수업에 활용하는 과정이 생겨났고 자녀에게 헌신적이며 기술에 대해 잘 아는 부모들은 이내 매료되었다. 그들은 단지 한 자녀를 위해 1,000달러를 호가하는 노트북컴퓨터를 구매할 수 있는 사람들이었다. 앞서 소개한 '어린이 한 명당 노트북 한 대' 운동과 비슷했던 당시 특별 과정의 개념은 다른 사람들과 공동으로 사용할 필요 없이 아이들에게 혼자 사용할 컴퓨터를 제공한다는 것이었다. 그에 따른 또 다른 효과라고 한다면 종이와 연필이라는 구시대의 기술을 넘어 파워포인트나 엑셀 프로그램으로 능숙하게 시험을 보고 숙제를 하게 하는 것이었다. 그리고 얼마 지나지 않아 내가 큰 실수를 저질렀다는 사실이 분명해졌다.

내 아들과 친구들은 인터넷을 검색하고 컴퓨터게임을 하느라 시간을 허비했다. 교사가 지나가면 재빨리 수업 내용으로 화면을 전환했다. 별로 쓸모도 없는 파워포인트 발표 과제가 주어지자 내 아들은 똥덩어리 비슷한 것이 마치 만화책의 말풍선처럼 사람들 머리 위로 둥둥 떠다니는 그림을 그렸다. 아들은 처음에는 모두 재미있다고 생각했다. 그렇지만 얼마 지나지 않아 교사는 학생들이 컴퓨터 화면이 아닌 수업 자체에 집중토록 하느라 시간과 노력을 쏟아야 했고 차츰 수업 시간이 짜증스러워졌다. 1년이 지나자 아들은 시범 수업을 그만두고 싶어 했고 이 프로그램의 효과를 증명하기 위해 전전긍긍하던 학교 당국은 물론 허락해주지 않았다. 노트북컴퓨터를 활용한 시범 수업 프로그램에 많은 정성을 쏟았기 때문에 무조건 어떤 증거와 결과물이 나오기를 바랐던 것이다. 그렇게 해서 뛰어난 성적을 보여준 학생들은 때로는 자신의 의지와 상관없이 계속 시범 수업에 참여하게 되었다.

　궁금한 것은 첨단 기술을 활용한 수업을 고집했던 부모와 학교 당국이 왜 이렇게 큰 실패를 맛보게 되었느냐는 것이다. 심리학자 대니얼 윌링엄^{Daniel Willingham}은 『언제 전문가를 믿을 수 있나?^{When Can You Trust the Experts?}』에서 인지과학을 통해 교육이라는 신성불가침한 영역의 실체를 폭로하고 있다. 아무런 증거도 없이 사람들이 오랫동안 믿고 따라온 쓰레기 같은 교육 이론이 얼마나 많은가. 어떤 학생은 시각적 학습자이고, 또 어떤 학생은 청각적 학습자다. 따라서 학생들은 그 특성에 맞게 교육시켜야 한다는 이론이 있었다. 또한 전체 단어를 암기하는 것이 소리 내어 읽는 것보다 낫다는, 이른바 통문자 읽기 방법도 있었다. 그 밖에도 분석적인 문제는 좌뇌가, 창의적인 문제는 우뇌가 해결한다는 이론 역시 이제는 근거가 없는 것으로 밝혀졌다. 이렇게 여러 교육 이론이 충분한 근거를 갖지 못하면서도 여전히 열렬한 지지를 받는 것은 사람들이 단순한 설명을 더 좋아하며, 그런 설명을 확인시켜주는 것은 무차별적으로 받아들이기 때문이다. 그렇지만 대중적이고 인기 높은 발상이라고 해서 모두 똑같이 좋은 결과를 만들어내는 것은 아니다. 역시 윌링엄의 책에 나오는 설명이다.

이런 많은 믿음은 근거가 없지만 그렇다고 피해를 주지도 않는다. 어쩌면 거기에 속아 돈이나 시간을 조금 썼는지도 모르겠다. 그러나 우리는 거기에서도 재미있고 흥미로운 사실을 많이 발견했고, 어쨌거나 모든 것을 그리 진지하게 받아들이지도 않는다. 그렇지만 그런 근거 없는 믿음이 학교 교육과 연관된다면, 그건 심각하게 생각해야 하는 문제다. 여기에 들어가는 돈이나 시간이 우습게 생각할 수 없을 정도로 늘어날 수 있을 뿐더러 교육에 대한 잘못된 믿음은 아이들의 미래를 망칠 수도 있다. 과학적인 도구를 사용하면 정말로 교육에 도움이 되는 방법과 소재가 무엇인지 가려낼 수 있을 것이다······. 그렇지만 그런 과학적 방식을 계속 적용해도 그 결과는 종종 무시당한다. 또는 자신의 이익에만 신경 쓰는 사람들에 의해 그 결과가 왜곡될 수도 있다.[45]

학생 중심에서 기술 중심 교육으로의 전환은 순식간에 이루어졌고 그 비용도 만만치 않았다. 2005년 빌 클린턴Bill Clinton 대통령이 재임 시절 조직했던 교육위원회는 미국 의회에 노트북컴퓨터와 스마트 전자칠판, 그리고 기타 디지털 기기들을 전국의 공립학교 교사와 교직원들에게 지급하기 위한 예산 4,630만 달러를 신청했다. 그 후 미국 정부는 400억 달러 이상을 들여서 교실을 전산화했다. K-12 교육제도하에 있는 9만 9,000여 개 학교를 위한 연간 기술 교육예산은 약 170억 달러 선이다.[46] 영국 정부 역시 이런 기술 혁신에 일찌감치 뛰어들었다. 1990년대 중반 당시 영국 총리이던 토니 블레어[Tony Blair]는 모든 교실에 전자 칠판을 보급하는 계획에 서명했다. 이를 위해 영국 납세자들은 2005년까지 16억 7,000만 파운드를 더 부담해야 했고 아직까지도 예산이 계속 투입되고 있다.[47] 한편 2012년에는 오스트레일리아의 총리 줄리아 길라드[Julia Gillard]가 학생 1인당 한 대의 노트북컴퓨터를 보급하기 위해 1,170만 달러의 예산을 승인했다. 그리고 5만 대의 노트북컴퓨터가 오스트레일리아 외곽 지역에 살고 있는 학생들에게 지급되었다.[48]

나를 포함한 부모들은 말할 것도 없고 국가의 지도자까지 학생들의 손에 최신 첨단 기술을 쥐여주느라 엄청난 돈을 쏟아붓도록 설득을 당했다. 그리고 누군가는 이런 일이 옳다고 증명해줄 수많은 증거가 어딘가에 분명히 있을 거라고 생각할 것이다. 그렇지만 이렇게 노트북컴퓨터나 전자 칠판, 그리고 태블릿 PC 등이 미국과 유럽의 가정과 교실에 소개된 지 10년 이상 흘렀지만 기술이 어떤 성과로 연결되었다는 증거는 거의 없다. 사실 그 반대되는 자료가 더 많다. 새로운 기술의 출현으로 대부분의 10대 아이들의 학업 성취도는 정체되거나 오히려 퇴보했다.

지금까지 우리는 신기술이 개발되면 그에 따른 기대감이 높았고 기술이 그런 기대를 대부분 충족시켜주었다고 믿었다. 작가 톰 밴더빌트[Tom Vanderbilt]에 따르면 전화기의 발명은 "편협한 지방 중심주의에 대한 해결책"이 되어줄 것이라고 사람들이 믿었다고 한다. 그리고 마천

루와 다국적기업의 탄생도 비슷한 기대감을 심어주었다. 텔레비전이 발명되자 역시 희망에 부푼 기대감이 쏟아졌다. 텔레비전을 발명한 필로 T. 판즈워스Philo T. Farnsworth는 자신의 발명품이 세상에 평화를 가져다줄 것이라고 믿었다.

"만일 우리가 다른 나라에 살고 있는 사람들을 보고 그들과의 차이점을 배울 수 있다면 오해 같은 것이 왜 생기겠는가? 이제 전쟁은 과거의 일이 될 것이다."

판즈워스의 전기 작가인 에번 슈워츠Evan Schwartz가 기록한 판즈워스의 말이다.[49] 10대는 물론 어른들까지 어디에서나 온라인으로 연결된 전자 기기에 매료된 모습을 보며 우리는 당연히 이런 기계들이 우리가 알고 싶어 하는 것을 가르쳐줄 것이라고 생각한다.

또한 이런 기술을 접하면 부자와 가난한 사람 사이의 교육 격차도 줄어들 것이라고 기대한다. 기술과의 접촉은 결국 배움을 만들어내는 것이 아닐까. 그렇다면 실제로 그랬을까? 2000년대 초반 미국의 경제학자 제이컵 빅돌Jacob Vigdor과 헬렌 래드Helen Ladd는 이런 기대를 체계적으로 확인해보기로 했다. 두 사람은 5년 이상 100만 명 가까이 되는 5~8학년 학생들의 수학과 읽기 능력을 평가했고 수업 이후 그들이 시간을 어떻게 보내는지도 자세하게 조사했다. 학생들의 학업 성취도와 컴퓨터(인터넷)가 보급된 시기의 상관관계를 추적한 두 사람은 마침내 새로운 기술의 영향을 확인했다. 결과는 좋지 않았다.

"집에서 컴퓨터를 사용할 수 있었던 아이들은 수학과 읽기 성적이 계속해서 떨어졌다⋯⋯. 초고속 인터넷 서비스 역시 학생들의 성적이 심각하게 떨어진 것과 관련되어 있는 것 같았다."[50]

가정용 컴퓨터의 출현과 함께 학생들의 읽기와 쓰기, 그리고 수학 성적은 곤두박질쳤다. 연구자들의 조사가 계속되는 내내 성적은 올라갈 기미를 보이지 않았다.

이에 대한 타당한 설명 중 하나는 컴퓨터가 숙제나 대면 접촉과 같은 활동을 대신하고 있다는 것이다. 대부분의 아이들은 온라인으로 연결되는 전자 기기로 인터넷 검색과 컴퓨터게임을 하거나 음악과 영화, 심지어 음란물을 다운로드받는다. 실제로 전자 기기를 과제나 공부에 사용하는 경우는 많지 않다. 게다가 노트북컴퓨터와 인터넷이 공급되고도 교육 격차는 줄어들기는커녕 더 크게 벌어지고 있다. 심지어 경제적으로 형편이 좋지 않은 아이들 사이에서도 상대적으로 더 취약한 계층인 아프리카계 남자아이들의 경우 다른 아이들에 비해 나쁜 영향을 더 많이 받는다. 그들은 컴퓨터가 손에 들어간 이후 읽기 성적이 더 곤두박질쳤다.

이런 최신 기기가 읽기와 쓰기, 그리고 수학 성적에 미친 영향은 한마디로 요약된다. 이런 기기들을 가까이했던 아이나 멀리했던 아이에게 이 기기들은 아무런 차이도 만들어내지 못했다.[51] 예를 들어 터치스크린 방식으로 움직이는 프로젝터 겸용 최첨단 디지털 칠판 덕분에 아이들은 수업을 게임처럼 받아들였고 교사들은 칠판을 작동시키느라 갈팡질팡했다고 영국 연구팀이 보고했다.[52] 그렇지만 관련 자료들이 궁극적으로 들려주는 사실은 하나다. 즉 첨단 기술이 학생들을 위한 의미 있는 수단이 되느냐 마느냐는 교사들의 역량에 달려 있으며, 그 역량에 따라 학생들은 학습에 진전을 보이게 된다는 것이다.[53] 다시 말해 중요한 것은 기술이 아닌 사람이었다.

다양한 형태의 소프트웨어를 사용하는 노트북컴퓨터를 전국의 수천수만 명의 고등학생에게 지급했던 실험의 결과는 명확하게 드러나지 않았다. 이에 따른 적절한 사례가 바로 '배움의 자유'라는 거창한 이름을 붙였던 미시간 주의 노트북컴퓨터 보급 프로그램이었다. 여덟 개 학교를 짝 지워 2년 동안 비교 분석한 결과 노트북컴퓨터를 지급한 학교와 그렇지 않은 학교 사이에는 아무런 차이가 없었다.[54] 이런 미적지근한 결과는 텍사스 주에서 5,000명의 중학생을 대상으로 실시한 4년간의 실험에서도 확인되었다.[55] 또한 이런 현상을 확인하는 연구도 이어졌는데, 4학년생들을 대상으로 했던 한 프로그램을 제외하고는 학생 수나 사용한 소프트웨어, 그리고 노트북컴퓨터의 종류나 성능에 상관없이 학교 수업에 도입한 컴퓨터는 학생들의 학력 신장에 아무런 도움도 주지 못했다. 심지어 상황이 더욱 나빠지는 경우도 있었다. 예컨대 미국에서 33개 학군의 1만 명이 넘는 6학년생을 대상으로 실시한 연구 조사에서는 노트북컴퓨터를 사용한 아이들의 수학 성적이 또래들에 비해 현저하게 떨어졌다.[56]

쓸쓸한 일이지만 학교에서 첨단 기술을 사용함으로써 아이들이 자신만의 속도로 학습능력을 향상시켰다는 증거는 어디에도 없었다.

"첨단 기술 덕분에 학습능력이나 학업 만족도가 향상되었다는 증거는 어디에도 없었다."

텍사스 연구팀의 솔직한 토로다. 노트북컴퓨터를 사용한 아이들은 모두 고등학교 수업이 의미가 없다는 사실을 알게 되었다고 말했다. 그리고 노트북컴퓨터를 사용하면서 아이들은 다른 활동에는 눈을 돌리지 않았고 학교도 빠지게 되었다. 마찬가지로 과도하게 인터넷을 사용하는 아이들, 특히 여자아이들도 학교에 잘 나오지 않게 되었다. 현재 많은 대학생들처럼 이 아이들도 어쩌면 전자 장비를 통해 많은 것을 배울 수 있다면 직접 학교에 갈 이유가 없다고 생각하는지도 몰랐다.[57] 결국 아이들은 온라인을 통해서도 다 배울 수 있다고 생각하는 것이다.

기술인가, 교사인가

눈이 녹기 시작하던 어느 이른 봄날, 나는 2학년 학급을 관찰하고 있었다. 어느 학부모가 아이들에게 아무런 조건 없이 신형 아이패드 30대를 기증한 것이다. 학부모도 학교 당국도 교사들이 이 귀중한 전자 기기를 수업과 어떻게 연계시켜 활용할지 아무런 기준을 제시하지 않았고, 따라서 담당 교사는 임의로 아이패드를 가지고 전자책을 읽기로 결정했다. 교사의 본래 의도, 그리고 실제 수업에서 보여주었던 뛰어난 역량에도 불구하고 처음 전자책을 접한 일곱 살배기 아이들은 책의 내용이나 의미가 아니라 글자 크기나 페이지 넘기기, 그리고 각종 기능에만 집중했다.

교실 수업이 끝나고 체육관으로 갈 시간이 되자 교사는 아이들에게 전자책이 아닌 아까와 똑같은 내용의 낡은 종이책을 보여주며 누구든 원하는 사람이 있으면 책을 빌려주겠다고 말했다. 한 여자아이가 궁금한 듯 손을 들었다. 나머지 아이들은 눈을 마주치는 일 없이 고개를 숙이고 신발 코만 바라보거나 반 분위기를 살펴보고 있었다. 교사가 책을 빌려주는 일과 새로 생긴 아이패드는 아무런 상관이 없으니 걱정하지 말라고 안심시킨 후에야 아이들은 하나둘씩 손을 들기 시작했다.

수업을 위해 준비된 첨단 기술이 제 역할을 못하는 이유 중 하나는 아마도 대부분의 교사가 그 사용법에 대해 적절한 훈련을 받아본 적이 없어서가 아닐까. 1만여 개 학급을 대상으로 조사해본 결과 확실히 노트북컴퓨터가 새로운 것을 가르치는 데 사용된 적은 거의 없었다. 그저 이미 알고 있는 사실이나 내용을 다시 연습하기 위해 디지털 화면에 재생하는 것뿐이었다.[58] 그렇지만 범위를 좁혀보면 긍정적인 사례가 없지는 않았다. 특정한 환경과 장소에서 어떤 아이들에게 이런 장치들은 유용한 도구였다. 예를 들어 미국 메인 주에서 실시된 노트북컴퓨터 보급 계획은 특별히 선발된 학교들이 참여했고 이후 7학년부터 9학년까지의 아이들을 살펴본 결과 고학년은 쓰기 실력이, 저학년은 수학 실력이 향상되었다. 다만 교사들이 "정교하게 계획되고 수행되는 전문적인 교육 프로그램"을 먼저 이수했을 때만 이런 일이 가능했다.[59]

이러한 훈련 프로그램은 대면 수업과 온라인 수업의 장점을 합쳐 학과목에 대한 지식을 늘려준다. 이렇게 아이들을 대상으로 하는 수업의 기술이 향상되면 다른 교사들과 함께 '전문적인 학습 공동체'를 만들 수 있고, 따라서 서로에게 큰 도움이 될 수 있으며 궁극적으로 첨단 기술을 기존의 수업에 접목시킬 수 있는 것이다. 노트북컴퓨터로 진행되는 수업을 담당하는 교사들이 2년 정도 이런 훈련을 받자 그 학급 학생들의 수학 성적은 그렇지 않은 학급에 비해 2퍼센트가량 향상되었다. 추가로 이런 훈련이나 교육을 받은 교사는 누구든 노트북컴퓨터의 지급과 상관없이 개인적으로 수업에 대한 기술을 더 향상시킬 수 있을 것이다. 학습 계획 수립에서 차별화를 이뤄내는 것이 교사들에 대한 훈련인지, 아니면 첨단 기술인지 알 수 없다. 그렇지만 정말 분위기가 좋은 교실에 대해 우리가 알고 있는 사실들을 바탕으로 생각해보면, 기본적으로 실력이 뛰어난 교사가 학습 수준에 대한 가장 적절한 기준이 된다고 할 수 있다.

다른 요소들, 그러니까 학급의 규모나 인종, 혹은 재정보다도 아이들의 학습능력 향상에 영향을 미치는 더 중요한 요소는 바로 학급을 이끄는 교사다. 따라서 나는 첨단 기술에 대한 훈련은 크게 중요하지 않다고 생각한다. 자신과 학생들의 상호관계를 첨단 기술과 통합하는 방법을 알고 있는 실력 있고 경험 많은 교사가 제대로 된 결과를 이끌어낼 수 있다.[60]

통계학자인 윌리엄 샌더스^{William Sanders}와 준 리버스^{June Rivers}에 따르면 교사의 능력에 따라 학생의 수학 점수는 3년 동안 50백분위수까지 향상될 수 있다고 한다. 사실 경제학자인 라즈 체티^{Raj Chetty}, 조나 로코프^{Jonah Rockoff}, 그리고 존 프리드먼^{John Friedman}에 따르면 4학년에서 8학년 사이에 단 1년이라도 아주 뛰어난 교사를 만나게 된다면 대학에 진학할 확률, 수입을 더 많이 올릴 확률, 더 좋은 환경에서 살아갈 확률, 그리고 더 많은 은퇴 자금을 마련할 확률이 높아진다고 한다. 또한 뛰어난 교사와 함께하는 그 1년이 가정 형편이나 노트북컴퓨터와 상관없이 여자아이가 10대에 임신할 가능성까지 예측해준다고 한다.[61] 자신에게 영감을 주는 교사와 관계를 형성하는 것은 유전으로 인한 확률도 바꿔놓는다. 일란성쌍둥이를 서로 다른 학급에서 공부시킨 결과 담당 교사와 친밀한 관계를 유지한 아이들이 쌍둥이 형제자매에 비해 덜 공격적인 성격을 보여주었다는 연구 결과도 있다. 유전자란 확실히 어느 정도 영향력을 주는 요소이지만 학생과 좋은 관계를 만들어가는 교사는 좋지 않은 성격까지 고칠 수 있다.

"교사는 부모 다음으로 아이들의 인생에 중요한 영향을 미치는 어른이다."

이 연구를 주도한 마라 브랜진^{Mara Brendgen}의 결론이다.[62] 뛰어난 교사와 1년만 대면 접촉을 해도 아이는 어떤 노트북컴퓨터 보급 프로그램으로도 얻지 못할 큰 영향을 받는다. 그렇다면 메인 같은 작은 주에서 노트북컴퓨터 보급을 위해 사용하는 연 1,050만 달러 이상의 예산을 교사들의 교육에 사용한다면 그 결과가 어떠할지 궁금하다. 그렇게 만 한다면 아주 흥미로운 실험이 되지 않을까.

지금도 일선의 많은 교사는 노트북컴퓨터 보급 프로그램을 환영한다고 말한다. 왜냐하면 컴퓨터로 행정 업무를 더 효율적으로 처리할 수 있고 수업 자료를 더 많이 활용할 수 있기 때문이다. 부모나 학생뿐만 아니라 학교 당국도 종종 학교에 첨단 기술을 활용한 수업 방식을 도입하면 학생들의 미래를 더 알차게 준비할 수 있고 학교의 위상도 더 높이 올라갈 것이라고 믿는다.[63] 그렇지만 필기를 타자로 대체하고 자료를 컴퓨터로 정리하며 인터넷, 태블릿 PC, 이메일, 메신저, 화상통화, 블로그 등을 활용하기 위해 사전에 전문적인 훈련이 필요했던 적은 지금까지 없었다. 예컨대 각각 86세와 80세인 내 부모님은 펜으로 글씨를 쓰는 교육을 받은 분들이지만 이 정도의 컴퓨터 활용은 능숙하게 하는 편이다. 좀 더 효율적인 수업을 위해 교사가 교실에서 파워포인트를 열고 클릭하는 순간 종종 아이들이 미처 이해하지 못했는데도 수업이 진행되는 경우가 많다. 또한 수업에서 복잡하거나 논쟁적인 주제를 그냥 넘기는 경우도 많아서 내 아이들을 포함한 많은 학생이 이렇게 노트북컴퓨터 중심으로 진행되는 수업을 '파워포인트가 망치는 수업'이라고 부른다.

집중과 산만

노트북컴퓨터를 활용한 수업의 장점이라면 많은 10대 아이가 컴퓨터 때문에 기분이 좋아진다고 말하는 정도가 아닐까.[64] 예를 들어 메인 주의 경우 학생들 중 78퍼센트는 "노트북컴퓨터를 사용하게 되면서 학교에 더 큰 흥미를 갖게 되었다"라는 말에 동의하고 있다. 앞서 소개한 노트북컴퓨터 보급 운동의 수혜자였던 개발도상국 아이들처럼 북아메리카와 영국의 10대 아이들도 각자 새 노트북컴퓨터를 지급받자 기분이 좋아졌다고 한다.[65]

만일 많은 학생과 교사가 첨단 기술을 통해 좀 더 학교에 관심을 가지고 집중하게 되었다고 이야기한다면 왜 이런 모습이 학업 성적과 연결되지 않는 걸까? 어쩌면 첨단 기술이 보여주는 다양한 모습에 너무 정신을 빼앗기다 보니 오히려 정신이 산만해져서 공부를 멀리하게 되는 걸까? 스탠퍼드 대학교의 교육학 명예교수이자 교육과 기술에 대해 많은 저술을 남긴 래리 쿠반Larry Cuban에게 이 문제에 대해 물어보자 그는 그 해답을 알고 싶으면 학생들에게 물어봐야 한다고 대답했다. 학생들은 이런 첨단 기술과 접촉할 경우 실제로 어떤 생각을 할까? 부모와 교사들은 아이들에게 노트북컴퓨터 등을 쥐여주자 아이들이 기분도 더 좋아지고 학교에 더 많은 흥미를 느끼게 되었다고 이야기한다. 하지만 그런 모습이 학력 신장으로 이어질 거라고 생각한 것은 실수였다.

"컴퓨터나 소프트웨어가 있으면 처음에는 신기해하고 집중하지만 몇 개월 혹은 몇 주가 지나지 않아 그런 관심은 사라지고 맙니다. 그리고 기대했던 학습능력 상승도 줄어드는 거지요."

쿠반 교수의 말이다. 또 다른 저명한 미국의 교육연구가인 랜디 예릭Randy Yerrick의 경우 교실에서의 첨단 기술 활용을 옹호하는 쪽이다. 예컨대 장애가 있는 아이들을 가르치거나 과학 실험 같은 특수한 목적에 사용할 경우 학습 분위기를 높여준다는 것이지만 전체적인 학습 분위기 상승에도 과연 그럴까? 예릭은 "그건 위험한 발상입니다"라고 말한다.

간단히 말하면 때때로 디지털 기술은 잘 훈련된 교사나 전문가들이 사용할 수 있는 좋은 수단이다. 예를 들어 어떤 상황을 예측하고 확인할 때는 이런 잘 만들어진 장치가 반드시 필요하다. 자폐 증세가 있어 다른 사람들의 감정을 읽고 얼굴을 마주하는 의사소통에 어려움을 겪는 아이라면 자기 자신의 심리적 신호와 다른 사람들의 감정을 알려주는, 몸에 부착하는 컴퓨터 장치가 있다면 크게 도움이 될 것이다. MIT의 로잘린드 피카드Rosalind Picard 연구팀이 개발한 관련 기술의 도움을 받으면 이런 아이들도 사회적 영역 안에서 자신의 역할을 다할 수 있다. 이 기술은 보이지 않는 나 자신이 되어 우리의 귀에 다른 사람의 감정과 함께 내가 어떻게 반응해야 하는지를 알려준다. 나는 개인용 컴퓨터를 이보다 잘 활용하는 방법은 없다고 생각한다. 이와 유사하게 노트북컴퓨터와 태블릿 PC는 학교에 다니지 못할 정도로 아픈 아이들이 치료를 받으면서 학업을 계속해나가도록 도와준다. 또한 고통스러운 치료를 받을 때 디지털 기기가 있으면 아이들은 진정제의 도움 없이도 치료 과정을 이겨낼 수 있다.[66]

그렇지만 이런 경우는 극히 드물다. 보통의 건강한 10대들에게 더 흔한 모습은 디지털 기술로 인한 산만함이다. 끊임없이 문자메시지를 보내고 영화나 음악을 다운로드받고, 또 컴퓨터게임을 하는 아이들이 실제로 ADHD를 겪게 되는지는 아직 아무도 정확하게 알지 못한다. 그렇지만 이런 활동들 사이에 비는 시간을 보내는 모습을 보면 확실히 ADHD 증상과 비슷한 측면이 있다. 컴퓨터게임을 너무 많이 하면 주의력이 떨어지고 충동을 자제하는 능력은 줄어들며 쉽게 잠들지 못하고 언어적 기억력도 감퇴한다.[67] 게임에 중독되어 한 번에 8~10시간 이상 게임을 하는 청소년 중 5~10퍼센트는 알코올이나 마약중독자의 두뇌에서 관찰되는 것과 유사한 신경의 변화를 보여준다. 비슷한 또래의 건강한 아이들과 비교해보면 인터넷에 중독된 아이들의 두뇌 사진에는 자기 인식과 통제, 그리고 실수의 감지와 관련된 부위의 밀도가 떨어져 있다.[68]

사고력과 주의력에 관련된 장애는 결국 끔찍한 비극으로 이어질 수 있다는 의미다. 20세의 영국 남성이 혈관에 피가 응고되어 사망했다. 곧 대학에 진학해 게임 제작을 공부할 예정이었던 이 남성은 엑스박스로 열두 시간 이상 쉬지 않고 게임을 하다가 사망한 것으로 전해졌다. 또한 20대 초반의 젊은 엄마가 월드 오브 워크래프트World of Warcraft라는 유명한 온라인 롤플레잉 게임을 하다가 아이에게 밥 먹이는 것을 잊어버리는 바람에 세 살 난 딸이 사망한 충격적인 사건도 있었다. 때로 컴퓨터게임 중독은 그렇게까지 위험하지는 않지만, 그래도 여전히 비정상적이기는 하다. 가령 중국의 한 젊은 남성은 PC방에 들어가 먹지도 자지도 않고 같은 자리에 앉아 24시간 게임만 하는 생활을 6년째 하고 있다고 한다. 그 남자는 화장실에 가거나 몸을 씻을 때만 자리에서 일어난다.

"그 사람은 아무런 문제도 없습니다. 사실 뭐라고 말하는 것도 거의 들어본 적이 없습니다. 사용료도 밀리는 법이 없고 사람들에게 시비를 거는 일도 없지요. 쓰던 컴퓨터에 이상이 생기거나 음식을 주문하는 일 외에는 직원들과 거의 대화를 하지 않습니다."

PC방 업주의 말이다.[69] 물론 인터넷이나 게임 중독으로 문제를 일으키는 청년 혹은 청소년은 그 이전부터 관련된 문제점을 가지고 있었을지 모른다. 예컨대 주의력 결핍 같은 문제는 특별히 무선통신 기술이나 빠르게 변하는 장면에 몰두하다가 더 악화되었을 수도 있다. 그렇지만 외부의 요소들을 통제하고 아이들과 매체에 관련된 습관만 오랫동안 연구한 결과를 보면 이전부터 어떤 문제나 원인이 있었다는 관점은 배제하고 있다. ADHD가 있는 아이가 영상 매체에 중독되는 것이 아니며, 의지력이 약한 10대만 온라인게임이나 휴대전화에 몰입하는 것이 아니라는 의미다.[70] 평범하게 보이는 우리 모두가 그런 모습을 보일 수 있다.

우리가 무선통신 기술을 장착한 첨단 기기에 중독되는 것은 다 그만한 이유가 있어서다. 이런 것들은 우리를 연결시켜주며 우리 인간은 뼛속까지 사회적인 동물이다. 우리 인간의 두뇌가 지금의 크기로 자라난 것은 인간만이 가진 복잡한 사회적 상호작용을 처리하기 위해서라는 것이 과학자들의 견해다. 여전히 우리 중 대부분은 다른 누가 아닌 특별한 한 사람을 필요로 하고 있다. 그 사람이 절실히 필요한 이유를 바로 다음 장에서 살펴보겠다.

8

우리의 이웃과
연인은 가까이 있다

종교적 공감과 사랑, 그리고 결혼

나탈리는 '꿈에 그리는 사람 만나기'라는 8주짜리 연수회에 참여하면서도 별다른 기대는 하지 않았다. 50세의 나탈리가 꿈꾸는 사랑은 소박했다. 나탈리는 같이 산책하고 식사도 같이하는 사람을 만나고 싶었다.

"솔직히 말하자면 나는 스스로에게 내가 지금 뭘 하고 있는지 묻곤 했어요."

나탈리의 회상이다. 그 말을 하며 미처 다물지 못한 입가에는 한껏 주름이 잡혔다. 우리가 대화한 것은 무더운 어느 6월의 오후로, 나탈리의 화려했던 결혼식에 참석하고 한 달쯤 지난 후였다. 우리 두 사람은 커튼이 햇살과 열기를 막아주는 우리 집 거실에 앉아 땀을 식혔다. 나탈리는 자신이 사랑을 나누는 동안 있었던 몇 가지 기이한 일에 대해 들려주었다. 사실 나는 신랑 쪽 친구였고 나탈리에 대해서는 잘 몰랐지만 이렇게 초대를 해서 어떻게 나탈리가 꿈에 그리던 남자와 현실에서 맺어졌는지 듣고 싶었다. 다소 유치하게 들리던 연수회의 이름은 그 값을 어느 정도 한 것 같았다. 대부분의 사람은 자신이 꿈에 그리던 남자나 여자를 찾을 수 있을 거라고 생각한다. 마음속으로는 자신에게 완벽하게 들어맞는 사람이 어딘가에 있을 거라고 믿는 것이다. 그러니까 고대 히브리어로 천생연분이나 운명을 의미하는 '바스허트bashert'를 찾고 있다고나 할까.[1] 심지어 나탈리 본인은 자유주의자이며, 또한 자유로운 성혁명을 지지했지만 마음 깊은 곳은 다른 사람들과 다르지 않았다.

결국 나탈리의 대면적인 사회적 만남은 그녀가 단 한 번도 생각해보지 않은 방식으로 나탈리를 변화시켰다. 바로 자신의 바스허트를 만나게 되면서. 사람들이 어떻게 평생의 배필을 만나는지 조사한 결과를 생각해보면 나탈리는 서구 선진국에 거주하는 모든 부부 중 4분의 3에 해당되는 사람이다. 사람들이 실제로 경험하는 사회적 관계, 상대방, 장소, 그리고 함께하는 활동 등이 결국 남녀를 하나로 엮어주는 것이다.[2]

꿈에 그리던 사람을 만나는 일

운동치료사인 나탈리는 취미였던 춤을 연습할 시간을 포기하고 연수회에 참석해 반려자를 찾기로 했다. 자신의 직업과 관련된 여성들의 모임에서 만난 한 회원의 권유 때문이었다. 그렇지만 당시에는 그리 마음이 내키지 않았다. 20대 초반에 짧았던 결혼 생활을 끝내고 그때 생겼던 딸도 이제 성인이 되었고, 그동안 나탈리는 여러 차례 남자를 사귀었지만 그 관계가 1년 이상 지속되지 못했다. 지하철역에서 자기처럼 약속 시간에 늦어 서두르는 낯선 남자를 만나는 식으로 우연한 만남의 기회도 몇 차례 있었지만 나탈리는 자신이 직접 새로운 사람을 찾아나서는 쪽을 더 선호했다. 어쩌면 본인도 다른 사람들에게는 낯선 사람이었으니 그렇게 적극적으로 행동해야 했는지도 몰랐다. 1990년대에 프랑스에서 캐나다 몬트리올로 이주한 나탈리는 '이방인'으로 머물고 싶지 않아서 지역신문에 광고를 내고 영혼의 짝을 만나보려고 했다.

"눈을 뜨면 제일 먼저 하는 일이 자동 응답기에 잔뜩 녹음된 목소리를 듣는 일이었어요."

나탈리의 말이다. 당시는 그게 그녀가 찾을 수 있는 유일하게 정직한 신호였다. 그런 다음 나탈리는 두 개의 인터넷 데이트 사이트에 가입했다. 하지만 온라인으로 이루어지는 만남이 전혀 마음에 들지 않아 결국 이런 방식은 포기하고 말았다. 나탈리는 짝을 만나기 위해 스스로 최선을 다했다고 생각했고, 결국 자신이 원하는 이상형은 세상에 존재하지 않는다는 결론을 내리게 되었다.

연수회 주최 측에서 모든 예비 참가자에게 먼저 자신이 찾고 있는 짝에 대해 적어보라고 하자 나탈리는 놀랐을 뿐만 아니라 크게 당황했다.

"사실 내가 무엇을 원하는지 정확하게 글로 써보는 건 그때가 처음이었거든요."

나탈리는 한참 고민한 뒤 이렇게 적어 내려갔다.

1. 인생 경험이 풍부한 사람
2. 이미 부모가 된 경험이 있는, 그래서 이기적이지 않은 사람
3. 최소한 석사 학위 이상의 교육을 받은 사람

4. 여자가 어떤 존재인지 잘 이해하고 있는 사람

5. 따뜻하고 친절한 사람

6. 최소한 2개 국어 이상 구사하는 사람

7. 인생을 사랑하는 사람

8. 영적인 생활에 흥미가 있는 사람

9. 자신의 외모나 신체에 만족하고 편안해하는 사람

10. 춤을 좋아하는 사람

당시에는 몰랐겠지만 나탈리가 적은 내용을 살펴보면 내 친구 루가 연상된다. 이집트와 스위스에서 살다가 캐나다로 이주한 이 사교적인 남자는 아내와 사별했고 장성한 세 자녀가 있었다. 루는 여러 나라 말을 했고 역시 경험도 많았다. 연수회 주최 측에서 참가자들에게 자신이 원하는 짝을 어디에서 만나고 싶냐고 물어보자 나탈리는 "문득 유대교 환경 안에서 만나고 싶다"는 생각이 들었다고 했다. 나탈리는 그렇게 생각하고 스스로도 깜짝 놀랐다. 그녀의 배경을 보면 그럴 만도 했다. 그녀는 제2차 세계대전 당시 나치의 대학살로 소중한 가족을 잃고 난민 캠프에서 만난 부모 사이에서 태어난 외동딸이었다. 부모님은 둘 다 유대인이면서도 유대교를 믿지 않는, 이른바 '세속파 유대인Hu-Jews'이었다. 그리고 두 사람은 외동딸 역시 프랑스에서 일반인들과 함께 키웠던 것이다. 나탈리는 자라면서 아무런 종교적 영향을 받지 않았다. 동양의 신비주의에 잠시 빠졌던 기간을 제외하면 성인이 되고 나서는 어떤 종교도 믿지 않았다. 그런 그녀가 왜 갑자기 유대교를 떠올리게 되었을까?

불교파 유대인과 세속파 유대인

나탈리와 루는 유대교의 전통이 가장 강하게 살아 있는 시나고그, 즉 유대교 예배당에서 처음 만나게 된다. 그렇지만 예배가 끝나고 제공되는 전통 음식인 딱딱한 빵과 소스를 먹으며 사람들과 대화를 하면서 둘만 우연히 따로 만난 것은 아니었다. 보통 사랑은 그런 우연으로 시작되지만. 두 사람은 바콜**Bakol**, 그러니까 1년에 두 차례 있는 유대인의 영적 휴식 기간에 함께 참여했다. 이 행사는 1940년대에 유대교 주류에서 분리된 진보적 운동 단체인 유대교 재건파에서 후원하는 행사였다. 재건파는 안식일에 특별히 준비한 등불을 밝히고 시나고그에 가는 등 대부분의 유대교 전통을 지키자는 쪽이었지만, 또 한편으로는 인간의 애정사에 신이 개입한다는 등의 초자연적이거나 의인화된 신의 모습은 거부했다.

만일 재건파가 전통적인 유대교 믿음에서 갈라져 나온 집단이라면 바콜은 거기에서도 조금 다르게 분리되어 나왔다고 봐도 좋을 것이다. 여기 참가한 사람들은 영적인 깨달음을 찾았다. 그중 일부는 '불교파 유대인**Bu-Jews**'이라고도 불린다. 불교 신자처럼 명상이나 참선 등을 즐기는 유대인이다. 또 '세속파 유대인'도 있었다. 이들 대부분은 전문직이나 학계에 종사하면서 철학적 문맥 해석에 심취해 있을 뿐만 아니라 요가 같은 운동도 즐긴다. 여하튼 중요한 것은 두 사람이 진보적 랍비의 지도하에 유대교 여름 캠프용 회관에서 열린 영적 휴식 기간에 처음 서로를 알게 되었다는 것이다.

이런 분위기는 물론 로맨틱한 것과는 거리가 멀었다. 그리고 나중에 확인하게 되겠지만 몇 년째 이 행사에 참여하고 있는 루는 사랑 같은 것을 생각할 기분이 아니었다. 그렇지만 비슷한 성향과 배경을 가진 20여 명이 1년에 두 차례 주말을 이용해 휴식 기간을 갖게 되자 친밀한 분위기가 조성되었다. 참가자들이 함께 공유하고 있는 경험이 기본적인 상호 신뢰감을 만들어냈기 때문에 특별히 어떤 일에 대해 언성을 높일 필요는 없었다. 다시 말해 그곳에는 사회적 연결망 안에 또 다른 연결망이, 이미 만들어진 배타적인 경계 안에 더 작고 단단한 또 다른 모임이 자리 잡고 있었다.

폭풍으로부터의 피난처

사회적인 지원 체계에 대해 생각해보면 결혼이란 참 독특한 것이다. 누군가는 함께 살고 있는 사람들은 똑같이 좋은 점들을 누린다고 생각할지도 모른다. 그렇지만 일반적인 동거 생활과 비교하면 결혼한 사람들은 더 강력하고 안정적인 관계와 더 나은 정신적·육체적인 건강을 누리고 있다. 결혼한 부부는 알코올중독이나 우울증으로 고통받는 경우도 더 적다. 심지어 과학자들이 결혼 전의 상태를 정확하게 확인하고 비교해봤을 때도 결혼한 부부는 더 오래, 더 행복하게 인생을 즐긴다.[3] 이런 모습은 거의 모든 선진국에서 사실로 확인되었다. 그 사회의 문화나 분위기가 진보적이든 보수적이든 상관이 없다. 1990년대 후반에 발표된 어느 연구에서는 캐나다와 영국, 그리고 대부분의 유럽 국가를 포함한 17개 산업 선진국의 경우 결혼한 부부가 그냥 함께 살고 있는 남녀보다 실제로 더 행복하다는 사실을 보여주었다. 또한 결혼을 하지 않고 함께 사는 남녀라도 혼자 살거나 이혼한 사람들보다는 더 행복하다.[4]

우리의 애정전선에서 대면 접촉의 영향은 계속 진행 중인 것처럼 보인다. 사람 사이에 헌신을 더하면 그에 따른 보상도 크다. 국립 가정

및 결혼 연구 본부National Center for Family and Marriage Research에 따르면 현재 미국에서는 갓 결혼한 부부 중 3분의 2 이상이 결혼 전부터 동거를 시작했으며, 그 수치는 지난 50년 동안 1,500퍼센트나 증가했다고 한다. 이런 조사 결과는 함께 살면 반드시 좋은 점이 있다는 사실을 다시 확인시켜주고 있으며, 1990년대 후반은 물론 현재까지도 사람들은 그렇게 믿고 있다.[5] 헌신적인 결혼 생활은 인간관계에 보호라는 측면을 더해준다. 남녀가 함께 살게 되었을 때는 결혼에 대한 계획이 중요하다. 한 지붕 아래서 같은 잠자리에 드는 일이 결혼의 전주곡이라면 동거 생활은 관계에 아무런 위협도 되지 않으며, 더 나아가 두 사람의 행복에도 문제가 되지 않는다.[6] 그렇지만 만일 함께 사는 생활이 우연히 이루어진 것이며, 그냥 습관처럼 함께 지내고만 있다면 두 사람은 결혼한 사람들에 비해 갈라설 확률이 더 높다.

사만다 헤니그Smantha Henig는 자신의 어머니인 로빈 마란츠Robin Marantz와 함께 공동으로 20대에 일어나는 여러 일들을 다룬 책을 한 권 썼다. 여기서 헤니그는 자신이 '회피sliding'라고 부르는 것에 대해 이렇게 설명하고 있다.

우리는 사실 충분히 많은 밤을 함께 보냈어. 이제 한번 생각을 해보자고. 아파트 두 곳에 나눠서 살고 있는 것, 그리고 번번이 자기 물건을 상대방 아파트에 두고 오는 일이 참 어리석게 느껴지지 않아? …… 물론 함께 사는 일은 쉽지 않겠지. 그렇지만 동시에 소꿉놀이하듯 재미도 있지 않을까? 갈비를 요리하고 베개 자리를 두고 다투기도 하고 언젠가 한 번은 늘 해보고 싶었던 일들을 해보고……. 우리의 관계는 변하지 않은 그대로지만 전에는 우리를 갈라놓을 뻔했던 어려움들을 이제는 둘이서 함께 나눌 수 있게 되었어. 그리고 사실 바른 말이지만 그런 큰 거실에서 혼자 뭘 할 건데? 여기서 우리란 당연히 '당신'이랑 '나' 모두를 의미하는 거야. 둘이서 따로 살던 생활은 이제 종말을 고하고 거실 소파를 누가 차지하느냐 하는 다툼만 남은 거지. 어쨌든 얼마 지나지 않아 우리는 결혼한 부부처럼 보일 거야. 그러니 그냥 정식으로 결혼을 하자고. 갑자기 결혼에 관련된 인터넷 웹사이트도 찾아보고 신혼여행을 유럽으로 갈지, 남아메리카로 갈지도 생각해보고 말이야. 그런데 말이지, 진짜 질문이 하나 남아 있어. 우리는 정말로 여생을 함께 보내고 싶은 걸까?[7]

결혼에 대한 회피와 결심 사이의 차이점은 중요하다. 결혼이 관계의 유지를 결정짓는 가장 중요한 요소 중 하나이기 때문만은 아니다. 대부분의 미국인은 세상에서 진심으로 믿을 사람은 배우자뿐이라고 말한다. 그리고 수백만 명이 다른 누구도 아닌 단 한 사람의 배우자와 평생을 함께한다. 이런 모습은 특별히 남자 쪽이 더 강하게 나타나서 대부분의 남성이 밥 딜런의 노래 가사처럼 폭풍우를 피할 수 있는 쉼터를 아내에게서 찾을 뿐더러 건강 관리며 사회적 관계의 구성과 유지도 아내에게 의지한다. 그리고 이런 사회적 관계는 남편과 아내 모두가 결혼 생활을 오래 유지하도록 완충지대 역할을 한다. 행복한 결혼 생활을 함께하는 부부는 서로의 스트레스를 풀어주는데, 이는 감정을 배출해주는 드러나지 않는 장치인 셈이다. 또한 아내는 종종 남편을 다양한 사회적 관계 속으로 이끄는 역할을 한다. 많은 남성이 결혼을 하는 것만으로도 관계와 치유의 효과를 누릴 수 있다.

그렇지만 여성 역시 결혼을 통해 경제적인 안정뿐만 아니라 많은 것을 얻을 수 있다. 동거를 합법적으로 인정하는 지역에 살고 있던 성공한 전문직 친구가 최근에 함께 살던 남자와 정식으로 결혼을 했다. 두 사람은 35년째 별다른 문제 없이 행복하게 살아오고 있었다. 친구는 자신의 결혼이 그저 둘 사이의 관계를 서류상으로 인정해주는 절차 이상의 의미가 있다는 사실을 깨닫고 크게 놀랐다. 정식 결혼은 정말로 다른 느낌이었다는 것이 친구의 설명이었다.

"스스로 더 큰 자신감이 생겼어. 사람들과의 관계에서도 마찬가지고. 우리 두 사람에게 영향을 주는 결정을 내릴 때 나를 좀 더 신뢰할 수 있게 되었다고나 할까."

나는 눈이 번쩍 뜨이는 것 같았다. 나 역시 행복한 결혼 생활이 감기를 이겨내는 정도의 면역력을 높여준다는 사실은 알고 있었지만 자기 존재에 대한 자신감이라니? 이런 이야기는 여성들 사이에서도 드물게 나오는 것이며, 의학 전문가들도 확인해줄 수 없는 영역이다. 그들은 혈압을 측정하고 코르티솔 수치를 확인하지만 누군가 항상 내 등 뒤에 있다는 사실을 알고 감정적 안정감을 느끼는지를 확인해주지는 못한다.

경제적인 안정감 외에 왜 결혼 생활이 개인의 안녕과 행복을 지켜주는 역할을 하는지 처음에는 이해하는 사람이 없었다. 18세기 계몽 시대에 이르러서야 사람들은 그런 사실에 눈을 뜨게 된다. 1700년대 후반까지도 결혼이란 개인의 사생활을 공식적으로 인정받는 것이 아니라 공식적인 생활을 개인적으로 인정하는 것이었다. 사회역사학자 스테파니 쿤츠는 이렇게 설명한다.

"보통 사람들도 결혼은 행복과 평안으로 가는 길이라는 말을 점점 더 자주 하게 되었다."[8]

결혼은 신랑과 신부의 부모들 사이에서 벌어지는 사업적 거래에서 두 남녀 사이의 사랑과 헌신을 공식적으로 인정받는 절차로 변모해 갔다.

그렇지만 1800년대 중반까지도 사람들은 결혼 생활이 개인의 건강문제와 밀접하게 연결되어 있다는 사실을 제대로 인지하지 못했다. 이런 사실은 영국 정부가 고용한 의사 윌리엄 파[William Farr]가 영국 국민의 출생에서 죽음까지의 과정을 추적하면서 비로소 밝혀지게 되었다. 프랑스의 경우 영국보다 더 자세한 인구 통계 기록을 가지고 있었기 때문에 파는 먼저 프랑스의 사례를 보고 조사 방향을 잡았다. 프랑스의 성인 남녀 2,500만 명에 대한 자료를 확인한 파는 인구를 기혼과 미혼, 그리고 사별의 세 가지 집단으로 나누었다. 그런 다음 각 집단에 속한 사람들이 병에 걸려 죽는 경우를 면밀히 살펴보았다. 질병으로 인한 사망은 살균과 항생제의 개념이 생기기 전까지 비극적이지만 흔한 일이었으며, 1800년대 중반까지도 대부분의 유럽 사람들은 40세를 넘기지 못하고 사망했다.[9] 조사 결과 한 번도 결혼하지 않은 사람은 결혼한 사람에 비해 사망률이 "지나치게 높았다". 그리고 결혼했지만 사별하고 혼자 지내는 사람들은 예상보다 일찍 사망하는 비율이 제일 높았다. 이런 결과를 바탕으로 파는 "결혼이란 건강을 위한 자산이다"라는 논리적인 결론을 내렸다. 물론 동성애자, 동거 중인 남녀, 이혼한 남녀는 당시(빅토리아 시대)에는 별개 집단으로 분류되지 못했지만 현대의 질병 전문가들은 당시의 자료에 이런 점들을 함께 고려해서 파가 남긴 결론을 대부분 확인해주었다.

"혼자 사는 사람들은 함께 사는 부부에 비해 인생이 파탄에 이를 확률이 더 높다."

다만 두 사람의 삶이 편안하게 합쳐져야 한다는 것이 중요한 전제 조건인데, 이것에 대해서는 잠시 후에 다시 확인해보려고 한다.[10]

파 박사는 결혼한 사람이 혼자 사는 사람에 비해 장수한다는 사실을 최초로 확인해주었다. 그렇지만 이런 한 차례의 표본조사로는 단순한 상관관계만 확인할 수 있었다. 이 정도로는 결혼 생활이 정말로 건강에 좋은지, 아니면 애초에 건강했던 사람이 결혼하는 경우가 많은지 확실히 알 수는 없다. 따라서 얼마 지나지 않아 이 조사 결과를 비판하는 목소리가 높아졌다. 파 박사가 조사 결과를 발표하고 겨우 수십 년이 지난 1800년대 후반에 이번에는 네덜란드의 내과의사 다위 루바크Douwe Lubach가 "신체적으로 장애가 있거나 정신적인 고통이 있는 사람, 그리고 사회적으로 평이 안 좋은 사람"은 혼자 사는 경향이 많다는 의견을 제시했다. 따라서 결혼 유무와 상관없이 수명에 영향을 미치는 것은 그런 질병이나 장애라고 주장했다. 이른바 '선택가설selection hypothesis'이라 불리는 이 주장은 후에 역시 네덜란드 수학자인 바렌드 툭스마Barend Turksma에 의해 조금 더 다듬어졌다. 20세기 초 암스테르담 시의 고문이었던 툭스마는 건강 상태가 좋지 않은 사람이나 "아주 활력이 없는" 사람은 가족을 부양하기가 힘들고, 따라서 "그런 사람은 거의 대부분 어쩔 수 없이 남은 인생을 미혼 상태로 보내게 된다"고 주장했다. 예컨대 알코올중독자처럼 문제가 있는 사람은 자동적으로 결혼 상대자의 후보군에서 제외된다는 뜻이었다. 그렇지만 모든 진화심리학자의 말처럼 이런 경우는 '사리분별이 분명한 여성은 그런 남자를 원하지 않는다'라고 표현하는 편이 더 적절하다.

과학자들은 여성들이 건강한 배우자, 믿음직한 남성을 선호한다는 사실을 고려하여 관련된 조사를 계속하면서 결혼한 사람과 혼자인 사람의 평균수명 차이가 계속 크게 벌어지고 있다는 냉정한 사실을 확인하고 문서로 정리했다. 미혼이거나 이혼한 남성이 비정상적으로 많이 사망했던 네덜란드 대기근이나 공동체 전체를 멸절시켰던 나치의 유대인 대학살 같은 전대미문의 재앙을 제외한 일반적인 상황에서라면 결혼한 사람이 더 오래 산다. 그건 우리가 1800년대의 프랑스 노동자든, 아니면 1970년대 네덜란드의 히피족이든, 아니면 1980년대 영국의 여성 변호사든 상관이 없는 사실이다. 또한 21세기 미국 실리콘밸리에서 하루에 열여섯 시간을 일하는 소프트웨어 개발자에게조차 이런 사실은 똑같이 적용된다. 만일 우리가 결혼한 부부거나 오랜 세월 연인 관계를 이어오고 있다면 혼자 살거나 이혼한 사람들보다 훨씬 행복하고 건강하게 살 수 있다. 경제적인 안정은 말할 것도 없다. 물론 단지 결혼을 했다고 그렇게 되는 것은 아니다.[11]

결혼 생활

물론 길고 안정된 결혼 생활을 유지하는 것은 소꿉장난과는 다르다. 나는 1980년대에 결혼을 하고 신혼여행에서 돌아온 직후 남편의 친구들과 함께했던 첫 사교 모임에서 그 사실을 깨달았다. 당시 시내 호텔에서 정장을 차려입어야 하는 연회가 열렸다. 코미디언들의 재미없는 농담이 오갔던 길고 지루한 저녁이었다. 시차에도 적응하지 못한 상태에서 갑자기 평소에는 잘 입지도 않는 만찬용 예복을 차려입은 나는 역시 어울리지 않는 예복을 차려입은 재미없는 중년 남성들 틈에서 물 위에 떠 있는 기름 같은 기분이 들었다. 어떤 남자는 "결혼이란 요새와 같지. 밖에 있는 사람들은 안으로 들어오려고 난리고 안에 있는 사람들은 밖으로 뛰쳐나가려고 난리거든"과 같은 오래된 농담을 빈정거리듯 내뱉으면서 아주 즐거워했다. 금테를 두른 고급 접시 주위를 둘러싼 낯선 은식기 못지않게 남자들의 그런 빈정거림 역시 내 마음을 심란하게 만들었지만 그 남자들 역시 대부분 결혼한 사람들이었다. 이혼율이 최고조에 달해 있기는 했지만 어쨌든 1980년대였고 이혼이 그리 자랑스러운 일은 아니었다. 그런데 첫 번째 결혼 생활을 이혼으로 마무리한 남자라도 다시 결혼을 해야 한다고 확신하는 것 같았다.[12]

"사랑과 결혼에 대해 한 권으로 된 책은 없다. 따로따로 사야지."

미국의 코미디언 앨런 킹Alan King은 그렇게 빈정거렸지만 정작 자신은 스무 살 때 결혼해 2004년 사망할 때까지 아내와 57년을 해로했다. 그날 저녁 연회에 참석한 남편 친구들처럼 킹의 말과 행동도 일치하지는 않았던 것이다. 어쨌든 중요한 점은 현실의 결혼은 로맨틱함과 거리가 멀다는 사실이었다.

그들의 모습은 사람들의 생각이 바뀌고 있음을 잘 보여주었다. 1957년 미국에서 실시된 조사에 따르면 미국인 다섯 명 중 넷은 독신을 결정한 사람은 "몸이 아프거나 신경과민 등 뭔가 문제가 있는 사람"이라고 믿었다.[13] 그렇지만 1980년대 초가 되자 상황은 역전되었다. 결혼은 점점 인기가 시들해졌다.

"혁명적인 사건이 너무 많이 터졌다."

작가 케이 히모위츠Kay Hymowitz는 시대의 흐름이 결혼에서 멀어지고 독신 생활로 흐르는 이유에 대해 그렇게 기록했다. 그 혁명적인 사건이란 다름 아닌 "성의 혁명, 결혼에 반대하는 여성운동의 강력한 대두, 그리고 1960년대와 1970년대를 강타했던 미국의 엄청난 개인주의 등이었다".[14] 이런 경향은 21세기까지 이어졌고 대중문화 역시 직접적인 적개심까지는 아니어도 이런 분위기를 충실히 반영했다. 사람들은 결혼이란 하나의 제도에 불과하다고 생각했다. 결혼이 행복과 평안으로 가는 길이라는 주장은 예전의 관념을 모방한 농담이며 텔레비전 시트콤이고 노래 가사라는 것이었다. 그런데 실제로 파악된 자료는 조금 다른 이야기를 전해준다.

결혼의 과학

지난 15년 동안 심리학자와 생리학자는 부부 간의 대면 접촉, 그중에서도 특히 친밀도나 문제 해결 방식 등이 건강에 큰 영향을 미친다는 사실을 밝혀냈다. 심지어 특별할 것이 없는 결혼 생활도 남녀 모두의 면역력과 회복력을 강화시켜주는 심리적인 보호막을 제공한다. 남녀 모두 이런 이점을 누리지만 그 영향이 똑같지는 않다. 결혼하지 않은 여성은 결혼한 여성에 비해 일찍 사망할 확률이 50퍼센트 더 높고 독신이거나 이혼한 남성은 같은 나이의 결혼한 남성보다 일찍 죽을 확률이 250퍼센트나 더 높은 것이다.[15]

결혼은 입원이나 수술할 확률, 수술 뒤에 병원에서 사망할 확률, 관상동맥 이식수술을 받고 15년 이내에 사망할 확률을 크게 줄여준다. 폐렴, 류머티즘성 관절염, 치주염, 바이러스성 감염, 치매, 우울증, 심각한 심장 이상, 각종 암 등의 발병도 줄어든다. 더불어 교도소에 가거나 살해를 당하거나 자동차 사고로 사망하거나 자살할 확률도 함께 줄어든다. 이와 관련된 대부분의 연구는 최근에 등장한 것들이다. 자살률은 남성이 여성보다 네 배나 높고 독신 남성이 기혼 남성보다 두 배나 높다는 정도의 사실은 프랑스의 사회학자 에밀 뒤르켐Emile Durkheim

이 19세기 후반의 사회현상을 설명한 이후 지금까지 널리 알려져왔다. 그렇지만 사랑하는 관계의 부재가 계속되면 확실히 질병으로 이어진다는 사실을 증명하는 데는 100년 이상이 걸렸다.[16]

이런 내용은 확실히 우리에게 깊은 인상을 심어준다.

"일본이나 네덜란드처럼 다양성이 공존하는 나라에서도 결혼하지 않은 사람은 결혼한 사람보다 훨씬 더 빠르고 급작스럽게 죽어간다."

심리학자 린다 웨이트Linda Waite와 매기 갤러거Maggie Gallagher는 공저『결혼The Case for Marriage』에서 대담하게 주장하고 있다. 두 사람은 미국, 영국, 캐나다, 프랑스, 이스라엘, 헝가리, 그리고 스칸디나비아 국가들 역시 마찬가지라고 덧붙여야 했을지도 모른다.[17] 가임기 기혼 여성들 사이에서 임신과 출산이 여전히 사망 원인 1위인 개발도상국의 국민들을 제외하면 결혼한 사람과 그렇지 않은 사람 사이의 평균수명 차이는 점점 벌어지고 있다. 현재 결혼한 남성의 평균수명은 독신 남성보다 7년이 더 길다. 그리고 결혼한 여성은 그렇지 않은 여성보다 평균수명이 3년 더 길다. 확실한 것은 서로에게 특별한 관심을 기울여주는 남녀 사이가 오히려 자유로움을 보장하는 데는 그만한 이유가 있다는 사실이다.[18] 생명을 구원해주는 결혼의 장점은 누군가 한밤중에 구급차를 불러주거나 내가 못 보는 부위에 생긴 몸의 이상 신호를 살펴봐주는 등의 구체적인 모습으로도 확인된다. 아니면 우리의 혈관 세포를 따라 스트레스 호르몬이 흘러가 온몸의 신경과 관절, 그리고 근육을 자극하는 것처럼 신기한 일로도 여겨질 수 있다.

요가나 승마, 그리고 약초를 합친 것보다 낫다

2008년 심리학자인 줄리앤 홀트 룬스테드 박사와 그녀의 동료들은 혈압계를 300명의 성인에게 부착했다. 그중에는 결혼한 사람도 있고 그렇지 않은 사람도 있었지만, 어쨌든 그들의 심리적·정신적 건강 수준은 엇비슷했다. 실험이 시작될 당시에는 스트레스나 우울함 등에서 결혼 유무로 인한 차이가 전혀 발견되지 않았다. 그들은 하루 24시간 내내 혈압계를 착용한 채 먹고 일하고 걷고 이야기하고 쉬고 논쟁했다.

그 결과 행복한 결혼 생활을 하는 사람들은 밤사이에 혈압이 떨어지면서 심장 관련 질환으로 문제가 생길 확률도 크게 줄어드는 것으로 나타났다. 반면에 혼자 사는 사람은 혈압이 높았다. 결혼 생활은 말 그대로 사람들이 자고 있는 동안에도 그들의 심장을 보호해주었던 것이다. 혼자 사는 사람들이 결혼 생활을 하는 사람들보다 경제적으로 여유가 있는 경우도 있었다. 하지만 결혼한 사람들은 단순히 결혼 자체만으로도 특별한 보호를 받는 측면이 있었다. 혼자 사는 사람의 행복은 주변 친구나 친지와의 관계와 밀접하게 관련되어 있었는데, 연구자들은 이런 유형의 사회적 지원이 오랫동안 안정적으로 결혼 생활을 하는 사람들의 경우처럼 심장을 보호해주는 역할을 제대로 못한다는 사실을 알게 되었다.[19]

행복한 결혼 생활은 여성들의 숙면에도 보이지 않는 영향을 미친다. 피츠버그 대학교의 정신의학 교수인 웬디 트록셀[Wendy Troxel]이 이끄는 연구팀은 2,000명이 넘는 중년의 미국 기혼 여성을 대상으로 수면 유형을 조사했다. 그 결과 행복한 결혼 생활을 하는 여성들은 수면에 거의 아무런 문제가 없었다. 연구팀은 불면증의 원인이 되는 금전이나 직장 문제, 남편의 코골이, 성생활, 카페인 섭취까지 확인했지만 역시 결혼 생활이 수면에 가장 큰 영향을 미친다는 사실을 확인했다. 행복한 결혼 생활이란 빠르게 잠들고 중간에 거의 깨지 않으며 더 편안하게 잠잔다는 의미이기도 했다. 친구나 친지들과 아주 가깝게 지내는 여성들과 비교해봐도 단순히 만족스러운 결혼 생활만으로도 밤에 숙면을 취할 수 있다는 사실이 밝혀진 것이다.

"결혼 생활은 안정감을 주어 잠을 편안하게 자게 해줍니다. 물론 반대로 스트레스를 받으면 불면증에 시달리게 되지요. 결혼 생활이 그런 스트레스의 원인이 될 수도 있습니다."

트록셀 박사의 말이다. 줄리앤 홀트 룬스태드 박사의 연구에도 등장하는 것처럼 특별한 유형의 대면관계는 여성들이 긴장을 풀고 몸을 쉴 수 있게 해준다. 그렇지만 그동안의 이별이나 이혼, 혹은 사별 같은 기억이 편안한 상태를 방해하기도 한다.[20]

성별의 차이와 부부 갈등

그렇다면 만족스러운 결혼 생활이 우리의 건강을 지켜주는 반면 의미 없는 결혼 생활은 반대의 영향을 주는가? 슬프게도 그 말이 맞다. 행복하지 못한 관계는 심리적으로 사람을 황폐화시킨다. 단지 도움을 받지 못한다는 쓸쓸한 느낌이 드는 정도가 아니다. 병원 혹은 작은 위안으로 해결될 문제도 아니다.[21]

"서로 사랑한다면 칼날 위에서도 함께 잠들 수 있지만 서로 등을 돌린다면 아무리 큰 침대라도 두 사람에게는 부족하다."

『탈무드』에 실린 2세기경 어느 랍비의 말이다. 두 사람의 감정적인 거리는 잠자리나 소유권 다툼이 아니라 건강 상태에서 알 수 있다. 그렇지만 남성과 여성은 대체적으로 결혼 생활의 문제점에 대해 같은 심리적 반응을 보이지 않는다.

여성은 남성과 달라서 방해나 모욕, 그리고 갈등으로 인한 영향이 혈관이나 면역 체계에 직접적으로 영향을 미친다. 사실 아주 오래된 부부 사이의 갈등은 남성이 아닌 여성의 혈압을 상승시킬 수 있다는 사실에 대해 생각해보자. 여성의 감정적인 기억은 아주 변화무쌍해서 예전에 겪었던 갈등의 경험이 사라지지 않고 나중에 똑같은 영향을 미침으로써 신경 연결망에 상처를 입힐 수 있다.[22] 이런 일은 어떤 마음의 준비 없이 자동적으로 일어난다.

우리가 확인했던 것처럼 함께하는 결혼 생활에 대해 별다른 의미를 느끼지 못하는 사람들은 밤에 혈압이 높게 올라가며, 따라서 심장마비와 같은 위험을 겪을 확률이 높다. 이런 현상은 특히 여성에게서 더 많이 발견된다. 여성의 심장박동수와 혈압은 사회적인 자극에 더 민감하기 때문이다.[23] 사실 결혼 생활을 어떻게 보내고 있느냐에 따라 여성의 심장 관련 질환을 분명하게 예측할 수 있다. 핀란드에서 장기간 계속되어온 연구에 따르면 "심각할 정도의 갈등으로 얼룩진" 결혼 생활을 보내는 여성은 그렇지 않은 여성보다 신체적으로 장애를 입을 확률이 2.5배나 더 높다고 한다. 연구팀은 6년에 걸친 추적 조사 결과 이런 결론을 얻었다. 이렇게 확인한 사실들을 스웨덴 연구팀이 다시 반복해서 살펴보게 된다. 그들은 심장질환을 겪은 중년 여성이 불행한 결혼 생활을 하는 경우 다시 심장마비를 일으킬 확률이 세 배 더 높아진다는 사실을 밝혀냈다.[24] 반대로, 또 다른 연구를 보면 비슷한 치료 경력이 있는 여성들이 결혼 생활을 통해 진정한 동반자를 찾게 되면 사망할 확률이 크게 줄어든다고 한다.[25] 이런 모든 증거는 여성이 해결할 수 없는 결혼 생활의 갈등을 겪을 경우 장기간의 신체적 질병을 얻게 된다는 사실을 보여준다.

남성에게 결혼 생활의 갈등 자체는 중요한 문제가 아니지만 이런 갈등을 가슴속에 계속 묻어두는 경우 위험해질 수 있다. 카네기 멜론 대학교의 비키 헬지슨Vicki Helgeson에 따르면 심장병을 앓은 남성이 아내를 신뢰할 수 있다면 다시 통증을 느끼거나 병원 치료를 받거나 사망할 확률이 줄어든다고 한다.[26] 다른 무엇보다도 남성의 안전을 지켜주는 것은 감정적인 유대감으로, 이 문제에 대해서는 곧 다시 다룰 것이다. 지금 당장은 결혼 생활이 남녀에게 다른 영향을 미친다는 사실을 생각해보도록 하자. 심리학자 재니스 키콜트 글레이저Janice Kiecolt-Glaser는 이렇게 설명했다.

"아내는 결혼 생활의 갈등과 관련해 남편보다 훨씬 더 지속적인 심리적 변화를 나타낸다."

이는 갓 결혼한 신부나 결혼 생활이 50년이 넘는 주부나 마찬가지다.[27]

2010년 어느 심리학 학회에서 나는 재니스 키콜트 글레이저를 만났다. 그녀는 금발의 자그마한 여성으로 아주 엄격해 보였다. 글레이저는 또한 끊임없이 과학적인 성과를 이루어내는 학자였다. 그녀는 자신들의 배우자와 힘을 합쳐 인간 본성에 대한 기본적인 질문을 탐구하는 뛰어난 사회과학자 모임에 속해 있었다. 그 질문이란 예컨대 우리가 살아남기 위해 다른 사람의 사랑을 필요로 하는 이유 같은 것들이다. 글레이저는 자신의 남편이자 바이러스 면역학자인 로널드 글레이저Ronald Glaser와 함께 사랑과 애착의 과학을 탐구했다. 이 모임의 다른 부부들도 오래 지속되는 결혼 생활의 영향에 대해 함께 연구해오고 있다. 대표적인 학자로는 5장에서 소개한 발달심리학자 앤드류 멜초프와 그의 아내 퍼트리샤 쿨이 있다. 두 사람은 인간의 언어와 감정의 특징을 이해하기 위해 아기도 대면 접촉을 필요로 한다는 사실을 밝혀냈다. 또한 사회심리학자인 로이 바우마이스터와 다이앤 타이스Dianne Tice 부부는 플로리다의 같은 연구소에서 일하며 사람들이 함께할 필요성을 느끼는 이유에 대해 우리가 알고 있는 사실들을 정리해왔다. 행동신경생리학자인 수 카터Sue Carter는 옥시토신과 일부일처제가 서로 관련이 있다는 사실을 밝혀냈고 그녀의 남편인 신경과학자 스티븐 포지스Stephen W. Porges는 사랑의 헌신에 대해 우리가 그동안 생각하고 있던 방식을 완전히 바꿔놓았다. 그리고 앞서 소개한 영장류 동물학자인 도로시 체니와 로버트 세이파스 부부는 원숭이 연구를 통해 사회적 관계 안에 있는 복잡한 연결망이 인간만의 독특한 모습은 아니라는 사실을 확실하게 밝혀내기도 했다. 물론 여기에는 누구와 성생활을 하느냐는 문제도 포함되어 있다.

그렇지만 여기서 잠시 글레이저 부부에게로 돌아가보자. 두 사람은 반복해서 일어나는 부부 사이의 갈등 때문에 에피네프린epinephrine과 노르에피네프린norepinephrine, 그리고 코르티코트로핀corticotropin 같은 여성호르몬이 급격하게 분비된다고 주장한다. 이 호르몬들은 인간이 느끼는 공포나 스트레스와 관련되어 있으며, 장기간 과다 분비되면 심장혈관과 면역 체계를 손상시킨다. 남성은 결혼 생활을 하면서 다른 관계가 부족할수록 훨씬 위험한 상태가 될 수 있다. 특히 다른 어느 곳에서도 친밀한 감정을 느낄 수 없을 경우 더욱 그렇다고 한다.[28] 대부분의 남성에게 유일하게 가까운 친구는 단 한 사람, 아내뿐이다. 그렇지만 아내는 가까운 친구나 친지를 통해 끈끈한 관계를 만들고 유지하는 경우가 더 많다. 이런 '관계'는 아내의 건강과 행복에 아주 중요한 영향을 미칠 뿐만 아니라 함께 살고 있는 남편에게 보호막을 제공한다.

흥미롭게도 인간 여성들만 일이 닥치면 언제나 함께 있어주고 마음을 다독여주며 면역 체계까지 강화해주는 친한 여자 친구들과의 관계를 독점하는 것은 아니다. 인간이 아닌 영장류 암컷 사이에 형성되는 유대감은 가히 놀랄 만하다. UCLA의 영장류 동물학자인 조앤 실크와 그녀의 동료들이 진행한 연구에 따르면 차크마 비비원숭이 암컷들 중에 가장 강력하고 끈기 있는 관계를 유지하는 암컷들은 다른 원숭이들에 비해 아주 낮은 수준의 스트레스 호르몬을 분비한다고 한다. 사회성이 아주 높은 비비원숭이 암컷들은 외롭게 지내는 암컷들보다 새끼들을 무사히 키워내는 확률도 높고 수명도 길다.[29]

비비원숭이들에 대해 가장 장기간의 연구를 수행한 실크의 연구팀은 두 무리의 비비원숭이 중 108마리의 암컷을 추적했다. 한 무리는 케냐 킬리만자로 산 아래에 있는 암보셀리 국립공원에, 그리고 다른 한 무리는 보츠와나 오카방고 삼각주 근처 모레미 야생동물보호구역에 살고 있었다. 연구자들은 사회성이 가장 높은 어미들, 그러니까 친구나 친지와 끈끈하게 연결되어 있는 암컷 원숭이가 새끼를 낳아 무사히 길러낼 확률이 가장 높다는 사실을 알게 되었다. 사회적 통합은 질서를 유지하고, 심지어 새끼가 제대로 생존할 수 있는지를 결정하는 환경적 조건에까지 영향을 미친다. 암컷 비비원숭이들은 대략 여섯 마리 정도와 가까운 관계를 맺었다. 조앤 실크는 "암컷들이 스트레스를 이기도록 도움을 주는 강하고 안정적인 관계를 만들기 위해서는 상위 세 마리의 역할이 중요하다"고 설명한다.[30]

비비원숭이들은 친밀감이나 우정을 어떻게 표시할까? 원숭이들은 우선 서로 가까이 머무르며 서로의 털을 골라주고 다툼이 있으면 서로 돕는다. 인간 여자아이들의 행동과 아주 흡사하지 않은가. 그리고 4장에서 이미 확인했던 것처럼 먹을 것도 함께 나눠먹는다. 동물들의 우정 표시가 항상 인간과 비슷하지는 않다. 2007년 나는 아프리카에서 암컷 비비원숭이들을 관찰할 기회가 있었다. 암컷 두 마리가 아직 열기가 식지 않은 코끼리 똥을 사이에 두고 서로 마주 보고 있었다. 그러더니 똥을 조심스럽게 뒤져서 아직 소화되지 않은 과일과 열매 조각을 찾아내어 서로에게 먹여주었다.

다른 동물의 암컷들도 다양한 모습으로 친밀감을 표시한다. 암컷 코끼리들은 낮게 웅웅거리는 소리를 계속 교환하며 친구들과의 접촉을 유지한다.

"우리는 그 모습을 코끼리의 휴대전화 통화라고 생각합니다."

조지프 솔티스Joseph Soltis의 말이다. 솔티스는 플로리다에 있는 디즈니 테마파크에서 코끼리를 돌보는 연구원이다.

"암컷 코끼리들은 '나 여기 있어, 넌 어디 있니?' 하는 식으로, 이를 테면 문자메시지를 서로에게 보내는 것이다."

과학 전문 기자인 나탈리 엔지어Natalie Angier도 인간이 아닌 동물 암컷들의 유대관계에 대해 그렇게 적고 있다.[31] 영국의 영장류 동물학자인 줄리아 리먼Julia Lehmann은 암컷 서아프리카침팬지들이 낮에 먹을거리를 찾아 돌아다닐 때는 서로의 눈길이 닿는 범위 안에 머무르다가 밤이면 등을 맞대고 서로를 지켜주며 잠을 청한다는 사실을 알게 되었다.[32] 여성들은 오랜 세월 진화해오며 끈끈한 사회적 연결망을 만들어 왔다. 여성들만의 이런 친밀한 관계는 치유의 촉매 역할을 하며 남편들도 그런 건강상의 유익함을 함께 나누게 된다.

물집 연구

젊은 남녀 한 쌍이 있다면 아마 상상할 수 있는 가장 로맨틱하지 않은 일은 병원에 함께 가서 연구자들이 지켜보는 가운데 남녀 사이의 다툼을 보여주는 일이 아닐까. 그런데 80쌍의 건강한 미국 남녀가 바로 그런 일을 했다. 그것도 한 번이 아니라 두 번이나.[33] 그들은 일단 24시간씩 두 번 병원에 머무른 뒤에 1주일간 매일 확인을 받기로 동의한 팔에 헤파린heparin을 주입하는 관을 삽입했다. 약물을 주입하기 위해서가 아니라 피험자들의 혈액을 채취하기 위한 장치였다. 이렇게 하면 매번 주사기로 혈액을 채취할 필요가 없으며, 여기 사용되는 헤파린은 혈액이 응고되지 않도록 막아주는 약품이다. "사람들은 일단 관이 연결되고 나면 그다지 신경 쓰지 않습니다"라고 글레이저 박사가 내게 말했다.

그다음에 간호사들은 작은 관의 끝을 팔뚝 아래의 부드러운 피부에 밀착시키고 빨아당겼다. 이 작업이 한 시간 이상 계속되면서 피부 위에는 여덟 개의 물집이 생겼다. 물집의 크기는 잘 익은 블루베리 열매와 비슷하며 눈에 확 띌 정도였다. 특히 연구자들이 부풀어 오른 윗부분의 피부를 얇게 벗겨내고 그 자리를 플라스틱으로 덮은 다음 식염수를 주입하자 그 부위는 더욱 잘 보였다. 마지막으로 연구자들은 남녀를 의자에 앉히고 서로 마주 보게 한 다음 평범한 주제로 이야기를 나누게 했다. 이것이 1차 실험이었다. 2차 실험에서는 갈등을 유발할 만한 민감한 주제로 논쟁을 벌이게 했다. 과학자들은 전 과정을 동영상으로 녹화하면서 상황이 어떻게 진행되는지를 지켜보았다. 그리고 나중에 혈액과 피부의 물집으로 남녀의 반응을 분석했다.

마치 텔레비전의 예능 프로그램을 뒤틀어놓은 것 같은 이 실험은 통제된 조건하에서 남녀가 돈, 성생활, 말썽쟁이 자녀, 친척들의 참견, 빨래까지 화를 나게 만들 만한 문제들을 가지고 다툴 경우 어떤 일이 벌어지는지 알아보기 위한 것이었다. 때때로 이런 다툼은 몇 년 동안이나 해결되지 않은 채 이어진다. 실험의 핵심은 얼굴을 마주하는 상호 교류가 갈등의 시작과 해결에 어떤 영향을 미치는지 확인하는 것이었다.

"대화 중에 어떤 이들은 서로를 위하고 도움을 주려 했으며, 또 어떤 이들은 노골적으로 적대감을 드러냈다."

글레이저 박사의 기록이다. 부부 사이의 적대감은 서로를 노려보고 자신의 생각만 주장하거나 혹은 위협적인 말을 내뱉는 등 불쾌감과 모욕감을 표출하는 것으로 측정할 수 있다. 그리고 이런 모든 모습은 결국 결혼 생활이 짧아질 거라는 신호가 된다.

심리학자 잭 고트먼Jack Gottman과 시빌 카레르Sybil Carrère는 연구팀과 함께 신혼부부가 나누는 3분가량의 대화를 바탕으로 그 부부가 6년 안에 이혼할지를 꽤 정확하게 예측할 수 있다는 사실을 알게 되었다. 갈등이 있을 경우 부부는 문제를 해결하기 위해 노력했는가, 아니면 서로에게 상처를 주거나 혹은 냉소와 경멸을 내보이며 서로의 거리만 늘려놓았는가?[34] 만일 그런 적대감 표출이나 서로를 도우려는 대화가 어떤 식으로든 서로에게 영향을 준다면 우리의 신체는 이런 상호 교류에 어떻게 반응할까?

이 질문에 대한 해답의 일부가 바로 앞서 이야기한 식염수로 채워진 피부 물집에 담겨 있다. 글레이저의 연구팀은 적대감을 보이는 남녀는 염증 전 전달물질이 피부 표본에서는 더 적게 생성되고 혈액에서는 더 많이 나올 것이라고 예상했다. 이 전달물질, 즉 사이토카인^{cytokine}은 일종의 단백질로 면역 세포들 사이에서 전달자 역할을 한다. 사이토카인이 피부 표본에서는 적게 생성된 남녀의 경우 피부의 상처가 회복되기까지 시간이 더 많이 걸렸다. 사이토카인이 혈류 안에 많이 분비될 경우 나이와 관련된 질병의 원인이 된다. 연구자들은 또한 여성이 남성보다 갈등에 대해 생리적인 증거를 더 많이 보여줄 것이라고 예상했다.

그렇다면 결과는 어땠을까? 서로 적대감을 더 많이 내보인 남녀의 상처는 회복하는 시간이 더 많이 걸렸다. 적대감이 없었던 사람들은 회복하는 데 5일이 걸린 반면 이들은 7일이 걸린 것이다. 적대감이 있는 남녀의 혈류 안에는 더 많은 사이토카인이 분비된 반면 물집 안에는 이 물질이 적게 나타났다. 흥미로운 일이지만 두 사람이 서로 평범한 이야기를 나눌 때보다 갈등을 일으킬 만한 주제로 이야기를 나누었을 때 피부의 상처는 더 오래 남았다.

"한 사람만 바라보면서 매일 그를 매력적으로 느끼려고 하다간 제정신으로 오래 살지 못할 것이다."

영국의 총리였던 디즈레일리가 부부에 대해 남긴 우스갯소리다. 그렇지만 실제로는 그 반대였다.

남녀의 의사소통 방식도 상당한 차이를 가져왔다. 적대감을 내보인 남녀의 물집은 아무는 속도가 다른 사람의 60퍼센트에 그쳤다.[35] 다시 말해 일단 결혼을 했으면 서로 나쁜 감정을 가지고 다투지 말라는 뜻이다. 단 30분만 다퉈도 면역력과 회복 속도에 아주 극적인 영향을 미칠 수 있는 것이다.[36]

이런 증거들이 있는데도 의사가 진료를 하면서 촉진이나 시각적인 검진 외에 환자의 결혼 생활에 대해 물어보지 않는 것이 오히려 이상하게 여겨진다. 치과 의사들 역시 같은 질문을 해야 한다. 자신의 결혼 생활에 만족하지 못하는 사람은 행복한 결혼 생활을 하고 있는 사람에 비해 풍치나 충치를 치료하는 시간이 더 많이 걸리기 때문이다. 파킨슨병이나 류머티즘성 관절염, 그리고 알츠하이머병을 앓으며 매사에 비판적이거나 참견이 많은 배우자와 함께 사는 사람은 다정한 배우자와 함께 사는 사람보다 증상이 더 심하게 나타난다.[37] 특히 여성의 경우라면 신체의 고통이 부부 간의 사랑으로 줄어들 수도 있다. 핀란드에서 실시된 연구에 따르면 등이 아픈 여성이 결혼 생활마저 행복하지 못하다면 그렇지 않은 여성에 비해 고통도 더 심하고 몸도 잘 가눌 수 없게 된다고 한다. 반대로 배우자와의 친밀한 관계를 충분히 누리는 사람은 고통도 줄어든다. 캘리포니아의 신경과학자 나오미 에센버거와 셸리 테일러는 사랑하는 사람의 손을 잡고 있는 여성은 낯선 사람의 손을 잡고 있는 사람보다 치료 시에 고통을 덜 느낀다는 사실을 발견했다.[38]

우리는 사랑 노래를 자주 흥얼거리지만, 그래도 이런 결과는 여전히 놀랍기만 하다. 배우자의 악담으로 충치가 악화될 거라고 과연 누가 생각이나 했겠는가? 그렇지만 실제로 그런 일이 일어났다. 만일 인간의 아이와 다른 영장류의 새끼가 조바심을 내고 걱정이 많은 부모가 아닌 서로 사랑하는 부모와 함께 있는 상황에 반응하도록 프로그램되어 있다면, 다른 대면관계가 우리의 면역 체계 강화에 도움을 준다면 누군가의 로맨틱한 관계의 방향을 결정하는 내분비기관은 분명아이뿐만 아니라 어른에게도 그 표시를 새길 수 있어야 한다. 배우자가 백혈구의 생성과 이동, 그리고 유전자의 표현 방식에 직접적이고 생화학적인 영향을 준다는 증거는 지금도 속속 발견되고 있다.[39] 그리고 그런 증거는 다른 곳이 아닌 바로 결혼 후 혼자된 남성이 겪는 고통에서 더 분명하게 확인된다.

사별 증후군

내 친구 루는 60대에 접어든 잘생긴 남자다. 은빛 턱수염을 기르고 머리숱은 조금 적으며 큼지막한 조종사용 선글라스를 즐겨 쓴다. 루가 입을 크게 벌리고 웃을 때면 푸른색 눈가에 주름이 생겨 아직도 청년 같다. 단단하고 튼튼해 보이는 상체와 굵직하게 울리는 낮은 목소리는 또한 사람의 마음을 든든하게 해준다. 이는 약물중독자들을 치료하는 심리학자라는 그의 직업을 생각하면 아주 좋은 장점이다. 그는 아주 가정적인 남자로 보이며, 그런 상냥하고 붙임성 있는 태도 때문에 나탈리도 첫눈에 루에게 반했을 것이다.

그렇지만 루는 나탈리를 만났을 당시 다정한 모습을 보여줄 경황이 없었다. 평소대로 직장에 출근하고 장성한 자녀들과 그 가족을 만나며 규칙적으로 수영도 하고 예배도 보러 갔지만 2008년 당시 루는 대부분의 시간을 아내 안나와 보내고 있었다. 안나는 유방암이 5년 만에 재발한 상태였다. 안나가 처음 병이 났을 때 두 사람은 재발 방지를 위해 유방 절제 수술에 동의했다. 그리고 수술이 끝나자 함께 축하하기도 했다.

"더 이상 무슨 할 말이 있을까요. 그야말로 둘이 하나가 된 시간이었어요. 우리 두 사람은 정말이지 서로 가까웠고 그 일이 있은 직후 중국으로 함께 여행도 갔어요. 이런저런 일을 함께하며 양쯔 강을 따라 내려갔는데 아주 멋졌습니다."

루는 그 시절을 그리워하듯 회상했다. 또한 유방암 발병과 재발 사이에 있었던 떠들썩했던 가족 모임도 생각나는 듯했다.

그렇지만 유방암이 재발한 지 불과 4개월여 만에 안나는 세상을 떠나고 말았다. 그건 정말 상상도 못한 일이었다. 나치 대학살에서 살아남았던 안나의 부모는 외동딸을 먼저 보내고 말았던 것이다. 루와 안나의 세 자녀 중에 가장 어렸던 아이는 열여덟 살이었고 아직 대학생이었으며 엄마를 떠나보낼 준비조차 되어 있지 않았다. 그리고 루는 자신의 '바스허트'를 잃은 것이다.

내가 나탈리와의 첫 만남에 대해 묻자 루는 이렇게 대답했다.

"나는 나탈리가 어떤 사람인지 잘 알고 있었습니다. 그렇지만 나는 어떤 식으로든 로맨틱한 기분을 품고 누구를 만나거나 이야기를 나눌 상황이 아니었습니다. 그때는 여전히 바콜에 참석 중이었고요. 여하튼 나는 너무나 슬펐고, 사실 어떤 말도 귀에 들어오지 않았습니다. 바콜에 참석해서도 계속 궁금해했지요. 나는 도대체 여기서 뭘 하고 있는 거지? 정말 기분이 거지 같군. 이런 행사에 참여하면 뭘 하겠어. 내 마음이 다른 곳에 가 있는데 말이야. 그래서 나는 나탈리에게 말했습니다. 지금처럼 솔직하게 다 말했어요. 나탈리는 참 좋은 사람이었고 내 말을 다 들어주었습니다. 그리고 나는 숲으로 혼자 산책을 하러 갔지요."

그로부터 4년이 지난 후 나와 루는 주중에 함께 저녁 식사를 마친 다음 우리 집 뒷마당에서 이야기를 나누고 있었다. 루와 나탈리가 봄에 결혼식을 치르고 2개월이 흐른 뒤였다. 나탈리는 프랑스에 있는 가족들을 만나러 갔고 루와 우리 남편, 그리고 나는 저녁 식사로 호박 파이, 샐러드, 이탈리아 적포도주를 먹어치운 참이었다. 반딧불이들은 진달래꽃 사이로 빛을 뿜으며 날아다니고 있었다. 해는 이미 졌고 남편이 뒷정리를 해주었기 때문에 나와 루는 편하게 이야기를 나눌 수 있었다. 다른 무엇보다도 나는 아내와 사별한 슬픔을 어떻게 이겨냈는지 알고 싶었다. 그 고통은 수많은 남자를 삼켜버리는 암흑의 동굴이나 마찬가지였다. 나이와 상관없이 배우자를 잃은 남성이 1년 안에 사망할 확률은 20~40퍼센트가량 늘어난다. 아직 왜 그런지는 확인되지 않았지만 성별에 따른 차이는 호르몬과 사회적 요소들이 이 문제에 영향을 미치고 있음을 알려준다.[40]

아내를 잃는다는 것은 결혼 생활 내내 누리던 따뜻한 밥상과 다정한 격려가 사라지는 것과는 차원이 다른 문제다.[41] 배우자를 잃은 남성은 극단적인 외로움 때문에 돌연사하거나 자살할 위험성이 높아진다. 여성은 남성보다 주변에서 사회적인 도움을 더 많이 받기 때문에 이런 극단적 영향은 받지 않는다.[42] 모든 연령대의 남성이 이런 영향을 받지만 그중 가장 크게 영향을 받는 나이는 60세 이상부터다. 나이 든 기혼 남성이 아내가 사망한 뒤 몇 개월 안에 사망할 확률은 30~90퍼센트 이상 증가한다. 이런 위험은 교육 수준이 높을수록 더 커진다.[43] 이른바 '사별 증후군'이라 불릴 만한 재앙을 나도 직접 목격했다. 바로 시아버지인 찰리의 경우였다. 시어머니가 갑자기 세상을 떠나고 몇 개월이 지났을 무렵 시아버지는 몸무게가 20킬로그램 이상 줄어들었고 정신도 흐려졌으며 심각한 심장질환도 여러 번 겪었다.[44] 영화 〈바람과 함께 사라지다〉의 주인공 클라크 게이블처럼 멋진 콧수염에 중절모를 쓰고 사람들의 허를 찌르는 익살도 있었던 이 멋진 신사는 40대 중반에 가벼운 심근경색을 앓은 적이 있지만 그 외에는 30년이 넘도록 아주 건강했다. 시어머니의 사망은 말 그대로 심장을 내려치는 충격이었을 것이다. 시아버지는 사랑하는 아내라는 물리적 실체뿐만 아니라 삶의 체계를 잃어버린 것이었다. 아내와 함께 장을 보러 가고 미용실에도 데려다주고 친구들과 카드놀이를 하거나 영화를 보고 가족끼리 저녁 식사를 하는 일들이 다 사라져버렸다. 다른 많은 남성들처럼 시아버지의 가장 중요한 사회적 접촉 대상은 아내였고, 그 아내가 세상을 떠나자 사회와 자신을 이어주던 연결 고리도 함께 사라져버렸다.[45]

결혼 생활을 할 때는 잘 몰랐던 이런 따뜻한 관계는 혼자가 되면서 사라져버리는 경우가 많다. 남성으로서 유일하게 신뢰할 만한 사회적 지원의 중요 공급처가 사라졌을 뿐만 아니라 장례식을 치르자마자 자신을 찾는 초대도 함께 끊어져버렸다.

내 친구 루는 아내 안나가 세상을 떠나고 오랜 세월 비통함을 느끼며 살았지만 건강에는 아무런 이상이 없었다. 무엇이 루의 건강을 보호해주었을까? 거기에는 많은 이유가 있을 수 있다. 우선 긍정적인 성격을 길러준 유전적 요인도 중요하고 다른 남성들보다 젊게 살려고 노력한 점이나 정기적으로 운동을 게을리하지 않은 점도 중요하다. 그렇지만 그것 말고도 또 다른 중요한 요소가 있었다. 바로 루의 하루 일과에 포함된 다양한 사회적 만남과 활동이었다. 루는 종교나 치료와 관련된 단체 활동에 참여했고 운동도 혼자가 아니라 사람들과 어울려서 했다. 그리고 건강에 영향을 미치는 이런 모든 관계에 대한 과학적인 설명이 있다면 바로 한 가지 관계만으로는 건강을 보호하는 데 충분하지 않다는 것이다. 그 관계가 아무리 친밀하더라도. 질병 전문가들이 수십 년간 정리한 자료를 바탕으로 사망률을 예측할 때 가장 중요시하는 것이 바로 사회적인 상호 교류다. 결혼을 하거나 종교 생활을 하는 것, 또 정기적으로 사람들과 어울리는 모임이나 예배에 자발적으로 참석하는 것 등이 바로 그런 상호 교류에 속한다. 이런 대면관계를 더 많이 가지고 유지할수록 죽음의 신이 휘두르는 칼날을 더 잘 피해나갈 수 있다. 하지만 이런 관계라고 해서 다 좋은 것은 아니며, 자꾸 자신과 좋지 않은 쪽으로 부딪히는 사람을 피하는 것도 중요하다.[46]

루의 주변에는 다정한 가족과 친구뿐만 아니라 사회생활을 하며 서로 돕는 모임이 있었다. 물론 딱히 그런 목적으로 모이는 것이 아닌데도 그 존재만으로 큰 도움이 되는 모임들이었다. 루는 1장에 소개되었던 실비처럼 그런 모임의 중심인물이었고 자신의 상황이 나빠진 상태에서 더 커다란 모임과 접촉하게 되었다. "내가 우울증에 깊이 빠진 것 같아 두렵던 때였습니다"라고 루는 당시 상황을 설명했다. 사람들은 정확히 자신이 어떤 도움을 주고 있는지 모르는 상황에서도 사실상 루에게 도움을 주었다. 내가 슬픔을 어떻게 이겨냈느냐고 묻자 루는 이렇게 이야기했다.

"안나가 병을 앓고 있을 때나 결국 세상을 떠났을 때도 내가 그만두지 않았던 것 중 하나가 바로 수영이었어요. 아버지가 병에 걸려 오랜 세월 병원에 드나들다가 마침내 세상을 떠나셨을 때도 나는 수영을 계속했어요. 수영이 나를 구원해주었습니다. 심지어 일종의 경쟁도 된 거지요. 안나가 병과 싸우는 동안 나도 싸우고 경쟁했습니다."

루는 계속 이야기했다.

"물론 너무 아픈 안나를 돌보느라 대회에 참가하지는 못했지만요."

안나가 세상을 떠나고 2년이 지나 루는 첫 데이트를 준비하게 된다. 그리고 그전에 자신만의 의식을 치른다.

"나는 먼저 시나고그에 전화를 했습니다. 안나 옆에 내가 묻힐 자리를 정하고 비용도 지불했습니다. 그런 다음에야 데이트를 나간 거지요."

루의 회상이다. 내가 왜 그랬느냐고 묻자 루는 한숨을 쉬며 대답했다.

"이제야 이야기가 본론으로 들어가네요. 그건 아직 만나기 전이었던 나탈리하고는 아무런 상관이 없는 일이었습니다. 그렇지만 내가 다시 누구를 만나게 되든 그 여성은 나에게 이전의 삶이 있었다는 사실을 이해할 수 있어야 했습니다. 37년간의 결혼 생활 말이지요. 앞으로 내가 계속 살아간다고 해도 내가 여전히…… 그러니까 여전히 안나를 잊을 수 없다는 사실을 이해해줘야 한다는 것이지요. 그리고 내 아이들도 그 사실을 알아줬으면 했어요."

안나의 죽음 뒤에 이어진 4년이라는 세월이 충분히 긴가라는 문제에 대해서는 각자 생각이 다르겠지만 상실의 고통이 완전히 사라지기에는 그리 길지 않은 것 같다. 그리고 심지어 나탈리와 재혼을 했어도 루는 여전히 "나탈리와 여생을 즐겁게 지내느냐, 아니면 계속해서 죽은 아내를 추모하느냐 사이에서 마음의 갈등을" 느끼고 있는 것이다. 다행히 나탈리는 이런 복잡한 심정을 잘 이해해준다고 루는 말했다. 두 사람은 불필요한 말을 너무 많이 하는 대신 곧장 서로 난감한 문제에 대해 이야기를 나눌 수 있었다.

"처음부터 죽은 아내를 여전히 잊지 못하고 있는 나와 함께할 수 있겠느냐고 물어보았습니다. 첫 데이트에서 그런 이야기를 꺼내다니 나탈리도 아주 곤란했겠지요! 그리고 나탈리는 지금 자신과 함께 있어준다면 내가 과거를 생각한다고 해도 아무 문제가 없다고 이야기했습니다. 나탈리는 내 과거와 함께 살 수 있다고 했어요. 그 말이 나에게는 너무나 엄청나게 다가왔지요."

루는 아무것도 포기할 필요가 없었다. 안나에 대한 감정도, 장성한 자녀들과의 관계도, 또 안나 부모와의 인연과 책임도. 안나의 부모는 여전히 외동딸을 잃은 슬픔에 힘들어하고 있었다.

"이제 나는 나탈리와의 새로운 삶에 조금씩 적응하고 즐기려고 합니다. 그러면서 내가 잃어버린 것들에 대해서도 여전히 마음을 쓰고 있지요."

안나가 세상을 떠난 뒤로 루는 자신이 어른이 되고 나서 삶의 첫 장을 함께 장식해주었던 여인을 위해 그림을 그리고 노래도 작곡했다.

"그렇지만 이제는 나탈리와 나의 새로운 사랑을 시작해야겠지요. 앞으로 살아가면서 점점 더 많이 사랑한다고 고백할 겁니다. 함께 살게 되어 정말 행운이라고도 말해줄 거고요. 이제 더 이상 혼자가 아닌 것에 엄청난 고마움을 느낀다고 말이지요."

종교와 첫 데이트

나탈리와 루가 결혼할 수 있었던 이유 중 하나는 두 사람이 토요일, 그러니까 유대인이 예배를 보는 어느 안식일 아침에 우연히 같은 시나고그에 갔기 때문이다. 그곳에서 두 사람은 유대인의 전통 관습에 따라 사랑하는 사람의 죽음을 추모하는 연례행사에 참석했고 각자의 아버지를 추모했다. 나탈리와 루는 이미 앞서 있었던 영적 휴식 기간을 통해 서로 얼굴을 알고 있는 사이였다. 그러다 안나가 세상을 떠나고 2년이 지나 다시 만나게 되자 루는 낯선 기분이 조금 사라지고 길게 이야기를 나눠보고 싶다는 생각이 들었다. 예배를 마친 다음 이 매력적인 여인과 금방 내린 눈을 밟으며 함께 걸어보고 싶었던 것이다.

종교 행사에서 만난 사이라고 뭔가 특별한 힘이 작용했을 거라고 생각하는 사람은 아마 없을 것이다. 그렇지만 영국의 영민한 작가 알랭 드 보통^{Alain de Botton}이 『무신론자를 위한 종교^{Religion For Atheists}』에서 지적한 것처럼 종교는 낯선 사람들 사이에 신뢰감을 심어주기에 안성맞춤으로 보인다. 심지어 그 낯선 사람들이 종교를 믿지 않는다 하더라도.

묵직한 원목 현관과 그 옆에 돌로 새겨진 천사들의 모습. 교회는 우리에게 마음을 의지하고 폭력이나 광기에 대한 두려움 없이 낯선 사람들에게 인사를 건넬 수 있는 진기한 기회를 제공하는 곳이다. 우리는 이곳에서 '하느님의 사랑과 성령의 은혜가 함께하는' 축복을 받고 모두와 하나가 된다. 교회가 보여주는 연륜에 따른 거대한 명성과 눈에 보이는 장엄함에 압도된 우리는 어느새 부끄러움을 잊어버리고 새로운 사람들에게 우리의 마음을 열게 된다.[47]

종교에 대해 좋은 점을 이야기해보자. 종교를 따라 한마음으로 모인 사람들은 찬양, 기도, 설교, 그리고 친절 등으로 하나가 되어 스스로는 물론 다른 사람들의 마음까지 편안하게 해준다. 신도들은 한자리에 모여 같은 방향으로 인사를 하고 무릎을 꿇은 다음 찬양을 하거나 몸을 흔들기도 한다. 그것은 마치 하나의 유기체가 되어 움직이는 것과 같다. 분명 이런 일사불란한 모습은 잘 알려진 진화의 기술이다.[48] 신경과학자인 데이비드 이글먼^{David Eagleman}은 종교란 "무리의 특징을 규정하고 행동을 통일하며 모두의 협동을 위해 이기주의를 억누른다"라고 썼다. 한 집단이 서로 뭉치는 모습처럼 이런 종교적 특징은 생존이라는 바퀴가 더 매끄럽게 구르도록 하는 윤활유로서 우리에게 "가장 현명하고 용감한 사람"이라는 기분이 들게 한다.[49] 그런 느낌은 관계가 가져다주는 부산물로서 마약 같은 작용을 할 수도 있다.

이런 설명은 모두 이치에 맞다. 종교적 의식은 상호 간의 신뢰를 만들어내는 정직한 신호에 크게 의지하고 있다. 내가 캘리포니아의 어느 대형 교회에서 거행된 예배에 참석했을 때의 일이다. 2,500명이나 되는 교인이 붉은 천이 깔린 의자에 편하게 앉아 있었고, 목사인 딕 버널^{Dick Bernal}은 교회를 처음 찾은 이방인들과 눈을 맞추기 위해 설교 중에 이런 이야기를 덧붙였다.

"주변 사람들을 보고 이렇게 이야기하십시오. '당신과 나는 이제 하나가 되었습니다'."

그리고 목사는 잠시 말을 멈추고 모두가 그 말을 따라 하게 했다. 길이가 6미터가 넘는 받침대 위에 놓인 대형 비디오카메라가 거대한 교회 내부를 천천히 좌우로 훑으며 지나갔다. 몇 가지 이야기가 더 나오고 단상에 있던 R&B밴드의 즉석 연주가 끝난 뒤 버널 목사는 다시 우리에게 말했다.

"주변 사람들을 보고 이렇게 이야기하십시오. '우리에게는 할 일이 있습니다'."

그리고 성경 구절을 읽은 뒤 다시 이야기가 이어졌다.

"주변 사람들을 돌아보고 이렇게 말하십시오. '나는 당신이 필요하고 당신도 내가 필요합니다.' 우리의 이웃은 바로 우리 곁에 있습니다. 그러니 말을 하세요. '어디 가지 말고 이리로 오세요, 어서요'라고요."

목사의 이런 말은 마치 신경과학자인 앤드류 뉴버그^{Andrew Newberg}와 그의 아내인 스테파니의 연구를 그대로 적용한 것 같았다. 두 사람은 낯선 사람들끼리 눈을 맞추고 "함께 앉아 있는 사람에게 계속 호의를 품을 수 있는" 10분 훈련법을 고안했다. 이 훈련을 몇 차례 연습하면 낯선 사람과 함께 시간을 보내고 친해지려는 욕구가 20퍼센트 증가한다고 한다.[50] 단순히 눈을 맞추고 공감해주는 것만으로 낯선 사람도 마음이 편해지고 새로운 사람을 만나는 두려움을 떨쳐버릴 수 있었다. 나는 종교적인 모임도 같은 효과를 낼 수 있는지 궁금해졌다. 어색함을 벗어버릴 수 있는 공간에 좋은 사이가 될지도 모르는 남녀를 함께 있게 한다면 종교는 좋은 중매쟁이 역할을 하지 않을까.

나는 캐나다 출신의 심리학자 마이클 인즐리치Michael Inzlicht와 함께 나의 가설을 확인해보기로 했다. 종교적 믿음과 신경계의 관계를 연구한 인즐리치는 나의 가설이 타당성이 있다고 생각했다. 그의 연구에 따르면 종교적 믿음이 있는 사람들은 전대상회피질이 느리게 반응한다. 전대상회피질이란 사회적인 두려움을 감지하는 신경의 영역이다. 사회적인 따돌림과 실수에 대한 두려움은 전대상회피질의 반응을 보고 확인할 수 있다. 또한 앞서의 기분과 반대로 자기 존재가 로맨틱한 사랑의 일부로 완벽하게 받아들여질 때의 기분도 확인할 수 있다.[51]

흥미롭게도 인즐리치와 그의 동료들은 이런 현상이 종교적 신념과도 관련이 있다는 사실을 알게 되었다. 전대상회피질은 사회적으로 따돌림당할 경우 활성화되어 반응하며, 신도들이 마음의 평안함을 느끼는 종교적인 의식 중에는 반응을 멈추고 조용해진다.[52]

사랑의 경험이든 종교적 경험이든, 우리는 전대상회피질을 통해 다른 사람들과의 관계를 확인할 수 있다. 사람들과 어울리면서 적응하게 되면 바로 그 자리에서부터 기분이 좋아지고 반대로 어울리지 못하면 심리적인 경고 신호가 울려 퍼진다.[53] 종교적 신념과 의식이 이런 경고 신호를 진정시키는 것을 보면 종교가 계속 이어지는 이유를 짐작할 수 있다. 몇몇 질병 전문가는 종교적 의식에 참석하면 행복은 더 커지고 심장질환을 일으키거나 사망할 확률은 더 낮아진다고 주장한다. 다시 말해 교회에 가는 일이 심장병 특효약보다 더 효과적이며 수명도 2~3년 정도 연장해준다는 것이다.[54]

종교적 활동은 개인이 아닌 집단 속에서도 효과적이다. 그래서 사람들을 하나로 모으고 내부의 갈등을 해결하는 데도 도움을 준다.[55] 심리학자 조너선 하이트Jonathan Haidt는 자신의 저서 『바른 마음The Righteous Mind』에서 19세기 미국에 만들어진 200여 개의 이상주의적 공동체에 대한 연구를 소개하고 있다. 지금까지 남아 있는 공동체들 중에 종교와 관련이 없는 곳은 6퍼센트 남짓인 반면 종교와 관련이 있는 곳은 39퍼센트라고 한다. 지금까지 남아 있는 공동체의 경우 그 구성원들은 눈에 보이는 행동과 겉모습부터 고쳐야 한다. 즉 머리 모양, 옷, 식습관을 바꾸거나 술, 고기, 담배 등을 금하는 식으로 소속감을 보여주어야 한다.[56] 이런 설명을 들으면 2장에 소개한 제칠일안식일예수재림교회의 교인들이 장수한다는 내용이 다시 떠오른다. 그들은 단합이 잘되고 채식주의자이며 통곡물이나 견과류를 즐겨 먹고 금주를 실천한다. 또한 수백 년이 넘는 박해의 세월을 견뎌낸 초정통파 유대인의 공동체도 떠오른다. 그들은 중세 유럽에서부터 선조들에게 물려받은 엄격한 식습관과 옷차림, 그리고 도덕률을 지금까지 고수하고 있다.

사랑을 이어주는 대면 활동으로서 종교는 유리한 점이 한 가지 있다. 종교는 우선 사회와 존재에 대한 염려를 해소해준다. 종교 활동을 하면 같은 장소에서 비슷한 유형의 사람들을 정기적으로 만나게 되고, 그러면 서로 하나가 된 듯한 기분을 느끼게 된다. 기독교의 교회나 유대교의 시나고그, 혹은 이슬람교의 모스크 등 다양한 종교의 예배

장소에 모인 사람들은 자신의 현재 모습보다 더 중요한 뭔가를 위해 한마음으로 움직인다. 그리고 종교 활동은 정직한 신호를 주고받을 수 있는 분위기를 만든다. 그렇지만 사람들을 만나는 데 어려움이 있고 종교와는 거리가 먼 사람은 어떨까? 한정된 공간 너머에서 사랑하는 사람을 만나고 싶고 다양한 방식으로 사람들을 구분해보고 싶다면 인터넷이야말로 자신에게 어울리는 사람을 찾아낼 수 있는 완벽한 방법으로 생각된다. 그렇지만 이렇게 편리해 보이는 인터넷에도 몇 가지 주의할 점이 있다.

온라인 데이트

나는 때때로 뒤에 조용히 숨어서 사회적인 연결자 역할을 한 적이 있다. 나는 짝을 찾으려고 애쓰는 여러 친구를 살피다가 오랜 친구인 작가 한 사람을 이전에 함께 일하던 신문사의 편집자에게 소개해주었다. 그 편집자는 자신도 모르는 사이에 홀몸이 되어버린 아주 재미있는 사람이었다. 마치 한 가지 일이 또 다른 일로 이어지듯 나는 그 작가의 친구로부터 이런 이메일을 받게 되었다.

수전, 얼마 전 모임에서 당신이 이따금 사람들을 이어주는 일을 한다고 들었어요. 그런데 지금 그 친구는 브루스와 아주 잘되어가는 중이라고 해요. 그래서 이렇게 편지를 씁니다. 당신이 나를 좀 도와주었으면 좋겠어요. 언제 만나서 이야기할 수 있는지 알려주세요. 그러면 내가 지금까지 해온 일들에 대해 다 이야기를 하겠습니다.

어느 비 오는 날 오후에 우리는 동네 찻집에서 만났다. 지구상에 살고 있는 수많은 사람처럼 그녀도 온라인 데이트를 시도해보았다고 한다. 플렌티 오브 피시[PlentyOfFish, POF], 이하모니[eHarmony], 오케이큐피드[OkCupid], 야후 프렌즈[Yahoo Friends] 등 다양한 온라인 데이트 사이트에 뛰어들어 수많은 사전 질문에 답을 작성했다는 것이다. 그녀가 찾은 가장 적절한 상대는 POF에서 찾아낸 '빅'이라는 사람이었다. 온라인과 전화를 통해 몇 번 대화를 해보니 그는 가능성이 있는 상대처럼 보였다. 또 그녀의 바람을 적어놓은 목록(키는 180센티미터 이상, 현재 직업이 있을 것, 건강 상태 양호, 예술 분야, 특히 사진에 관심이 있을 것)에도 잘 맞았다. 그렇지만 나중에 그녀는 그 남자가 주로 관심 있는 분야가 전화로 유사 성행위를 하는 폰섹스라는 사실을 알게 되었다.

"나는 계속해서 지금 살고 있는 곳이 어디인지 묻고 직접 만나고 싶다고 했어요. 그렇지만 그 남자는 직접 만나는 것에는 흥미가 없었습니다. 그 남자가 알고 싶어 했던 것은 지금 어떤 방에 있느냐, 이부자리 모양은 어떠냐, 이런 것뿐이었으니까요. 그게 바로 온라인 데이트였어요. 멋진 이메일을 얼마든지 주고받을 수 있을지는 몰라도 상대방은 자신이 설명한 그 모습 그대로가 아니었어요."

만일 인터넷의 장점이 있다면 자신의 모습을 감출 수 있다는 점이 아닐까. 예를 들어 세컨드 라이프[Second Life] 같은 사이트에서는 아예 화면상에 드러나는 모습까지 디지털 아바타로 바꾸고 역시 디지털 아바타로 등장하는 상대방과 연애를 할 수 있다. 아니면 디지털 직업여성과 조건 만남을 할 수도 있다고 한다. 이런 문제 때문에 결국 이혼에 이른 부부가 있다. 영국인 부부 데이비드 폴러드[David Pollard]와 에이미 테일러[Amy Taylor]는 2008년에 이혼했다. 두 사람은 온라인 데이트로 만나 두 번 결혼을 하는데, 첫 결혼은 바로 아바타끼리의 결혼이었다. 듬

지금은 이혼한 에이미 테일러와 데이비드 폴러드 부부. 그리고 두 사람의 디지털 아바타인 로라 스카이와 데이브 바미.

직한 체구에 옷을 말쑥하게 차려입은 디지털 아바타 '데이브 바미^{Dave Barmy}'는 몸에 딱 붙는 DJ풍의 자주색 옷을 입은 키가 크고 날씬하고 풍만한 가슴의 '로라 스카이^{Laura Skye}'와 결혼한다. 두 아바타는 로맨틱한 남국의 어느 섬에서 결혼했고, 얼마 뒤에 아바타의 주인들은 실제로도 결혼했다. 그 장소는 영국 콘월의 오래된 등기소였다. 그리고 어느 날 오후 실제로는 런던 출신의 실직한 식당 종업원이었던 테일러는 낮잠에서 깨어나다 남편인 폴러드가 아바타를 이용해 온라인상의 직업여성과 성관계를 맺고 있는 모습을 목격한다. 그렇게 두 사람의 실제 결혼 생활은 파국으로 접어든다.

"내 생각에 그건 분명 나에 대한 배신이었지만 남편은 그게 무슨 문제냐는 식이었어요. 그리고 내가 왜 그렇게 화를 내는지 이해하지도 못했고요."

《더 타임스》와 테일러의 인터뷰 내용이다.[57] 이 부부의 뜻하지 않은 결말은 사람들이 인터넷이라는 가상의 공간에서 현실과 허구를 혼동하기가 얼마나 쉬운지 보여준다. 특히나 온라인 데이트 사이트에서는 이런 일이 더욱 흔하다. 대부분의 사람들은 자신의 진짜 모습에 대해 조금씩 거짓말을 하고 개중에는 아예 모든 것을 거짓으로 꾸며내는 사람도 있다. 론 제임스Ron James는 제이데이트JDate라는 사이트를 통해 18개월 동안 600명이 넘는 여성과 '만났다'. 그리고 실제로 그중 40~50명의 여성과 데이트를 하면서 대부분의 여성이 나이를 속이고 어린 시절의 사진을 사이트에 올리며 직업에 대해서도 거짓말을 한다는 사실을 알게 되었다. "나는 선글라스 낀 모습도 조심해야 한다는 사실을 배웠습니다"라고 제임스는 고백했다.[58]

"다섯 명 중 넷이 자신을 제대로 소개하지 않습니다."

노스웨스턴 대학교의 심리학 교수인 엘리 핀켈Eli Finkel은 온라인 데이트와 관련된 사실들을 과학적으로 분석한 뒤 나에게 그렇게 말했다. 위스콘신 메디슨 대학교의 카탈리나 토마Catalina Toma 연구팀은 온라인 데이트 경험이 있는 남녀 80명이 올린 개인 정보를 철저하게 확인하고 신분증도 살펴보았다. 그 결과 그중 81퍼센트는 들키지 않기를 바라며 사소한 거짓말을 하고, 이런저런 방식으로 자신의 기본적인 인적 사항을 정확하게 소개하지 않는 것으로 드러났다. 예컨대 여성의 경우 몸무게를 평균 3.8킬로그램 줄인다.[59] 이후 핀켈은 다른 동료들과 함께 온라인 데이트의 중요한 모습들을 모방한 몇 차례의 실내 실험을 실시했다. 그 과정에서 핀켈은 몇 가지 놀라운 사실을 알게 되었다.

"여성들은 실제 몸무게가 더 나가고 남성들은 실제 키가 더 작고 재산도 더 적습니다. 그렇지만 가장 큰 문제는 사람들이 자신에 대해 정직하게 소개하지 않는 것이 아니라 아예 제대로 소개하는 방법을 모른다는 사실입니다. 우리는 누군가를 만나 마음에 들면 어떻게 해야 할지 상황을 제대로 파악하지 못하는 경우가 많습니다."

성적인 매력을 설명하는 것은 예술이나 포도주 혹은 포르노에 대해 설명하는 것과 비슷하다. 사람들은 자신이 좋아하는 예술과 포도주와 포르노에 대해 왜 좋은지 적절하게 설명하지 못하지만 자신이 어떤 취향인지는 알고 있다.[60] 핀켈은 실험에 참가한 106명에게 자신이 생각하는 이상적인 짝의 기본 특징 세 가지를 이야기해달라고 요구했다. 또한 가장 중요하지 않거나 문제되지 않는다고 생각하는 모습 세 가지도 알려달라고 했다. 미래의 연인이 야심만만한 사람이기를 원하는가? 다정하고 사랑이 넘치며 인정 많은 사람이 아니라면 절대로 만나지 않을 생각인가? 자신의 이상적인 짝을 찾는 연수회에서 나탈리도 비슷한 문제에 대해 고민했으며 대부분의 온라인 사이트에서도 자신이 원하는 짝에 대해 정확히 설명해달라고 요구하고 있다. "이상적인 짝에 대한 여러 가지 질문에 답을 합니다. 그런 다음 그 이상형과 비슷한 사람을 만나게 되고요. 우리는 설문 결과와 실제 결과가 어떻게 달라지는지 확인해보았습니다"라고 핀켈은 자신의 실험에 대해 설명했다.

연구에 참여한 대학생 또래의 젊은 남녀는 예상했던 대로 자신이 포기할 수 없는 조건에 맞는 상대를 꼭 만나고 싶어 했다. 그렇지만 실제로 그런 사람을 만나게 되자 자신의 이상형에 모두 만족하지는 않았다. 얼굴을 마주하는 실제 상황에서 그들이 원래 생각했던 기준에 따라 만난 상대방은 그들이 싫어하는 조건의 사람들과 크게 다르지 않았다.[61] 다시 말해 우리 중 대부분은 미래에 어떤 조건이 우리를 진짜 행복하게 만들어줄지 잘 모르고 있다.[62]

진짜 매력 있는 사람

매력이라는 문제는 아주 미묘하다. 그럼에도 나는 온라인 데이트 사이트가 회원들에게 자신이 원하는 상대방의 모습뿐만 아니라 자기 자신의 모습도 정직하게 설명할 것을 요구해야 한다고 생각한다. 하지만 앞서 살펴보았듯이 인간은 그런 일에 특별히 재능이 있는 것 같지는 않다. 온라인 데이트라는 혁명이 시작되었지만 결혼하는 사람이 크게 늘어나지 않는 이유 중에 바로 그런 것도 있지 않을까. 우리는 알면서 혹은 자기도 모르는 사이에 자신의 모습을 속인다. 스스로를 날씬하고 매력적이며 성공한 사람으로 포장하는 것이다. 굳이 "너 자신을 알라"는 고대 그리스의 명언을 들먹일 필요 없이 스스로에 대해 정확하게 깨닫기가 쉽지 않다.

셰익스피어의 「햄릿」에서 주인공 햄릿은 "인간이란 얼마나 대단한 존재인가?"라고 말한다.

"그 모습과 행동에서 드러나는 한량없는 재능과 고귀한 이성이여! 그 얼마나 정확하고 감탄할 만한지! 그 능력은 천사와 같고 아름다움은 신과 같도다! 모든 피조물의 모범이 되는 인간이여, 그런데 왜 나에게는 이런 모든 것이 그저 티끌처럼 여겨지는가?"

셰익스피어가 이렇게 말로 표현할 수 없는 인간의 본성을 깨달으라고 말하는 동안 온라인 데이트 사이트는 빨래를 주로 어디에 모아놓는지 물어본다. 수백 가지가 넘는 질문 중에 나는 미래의 짝이 "계획에 따라 움직이는 사람"이면 좋겠는지 물어보는 항목을 발견했다. 글쎄, 여행을 가기 전이라면 그렇겠지만 일단 목적지에 도착하면 그런 것은 상관없을지도 모르겠다. 나는 잘 정돈된 환경을 원하지만 내 남편이라는 사람은 30년이 넘는 세월을 정리하지 못한 서류며 고장 난 악기들에 둘러싸여 보내고 있다. 나는 깨끗한 집을 포기하고 대신 남편의 익살을 얻었다.

그리고 또 다른 문제도 있다. 엘리 핀켈은 "인간은 아주 복잡한 존재이며 실제 상황에서 몇 가지 모습으로만 정의되지 않습니다"라고 말한다.

"예컨대 자존심이 강한 사람을 좋아한다고는 하지만 실제로 만나보기 전에는 그게 교만인지 자신감인지 구분하기가 힘들지요."

온라인상의 신상명세서만 보고 어떤 사람인지 파악하기란 쉽지 않다. 그건 마치 조리법만 보고 그 음식이 어떤 맛인지 알아내는 일과 비슷하다.

"머리로 생각한다고 어떻게 되는 일이 아닙니다."

그렇지만 모든 온라인 데이트 사이트는 회원들이 직접 적어낸 신상명세서를 바탕으로 그들이 원하는 남녀를 짝지어줄 수 있다고 호언장담하고 있다. 예컨대 이하모니는 "특허받은 전문 상담 시스템으로 수백만 명이 넘는 사람 중에서 당신에게 가장 어울리는 짝을 찾아낼 수 있습니다"라고 광고하고 있다.

그렇지만 우리가 외로운 마음에 그런 광고를 믿었다가는 교묘한 속임수에 빠지게 된다고 해리 레이스Harry Reis는 이야기한다. 로체스터 대학교의 심리학 교수인 레이스는 성공적인 관계란 어떤 것인가를 연구해왔다.

"지금까지 사용된 데이트 프로그램 중에 실제로 우연 이상의 확률을 보여준 시스템은 하나도 없었습니다."

잠시 스쳐 지나가는 매력에 빠져 누군가를 만나는 일과 오래도록 함께할 짝을 찾아 평생을 꾸려나가는 일은 근본적으로 다르다. 대부분의 온라인 데이트 사이트와 대부분의 사람들은 두 가지를 혼동하고 있지만, 사실 온라인 데이트 사이트가 둘 중 하나라도 해준다는 증거는 전혀 없다는 것이 레이스의 말이었다.[63] 실제로 이하모니에서 만나 결혼까지 이어진 경우는 5퍼센트에 불과했다. 그것도 이하모니 자체 분석에 따르면 그렇다는 것이다.

"3,000만 명의 이름을 받아 무작위로 그들을 연결해주면서 '이 사람이야말로 당신의 진짜 반쪽입니다'라고 하는 것과 다를 바 없어요. 다만 실제로 그렇게 해본 사람이 없다뿐이지요."

레이스는 생각만 해도 재미있다는 듯 웃으며 말했다.

이런 상황에서 나는 모든 독신 남녀가 알아야 할 몇 가지 사실을 배우게 되었다. 먼저 서로 성격이 비슷하면 친해질 수 있다는 데이트 사이트의 기본 전제는 "엉터리 과학"이며 "터무니없는 이야기"라고 레이스는 이야기한다.

서류나 화면에 나타나는 성격 평가를 바탕으로 사람들을 이어주는 일은 실제 세상에서는 믿을 만한 기준이 되지 못한다. 그렇다면 왜 사이버 세상에서는 이런 일이 계속 일어나고 있는가? 또한 온라인상에서 확인할 수 있는 사실들이란 너무 단편적이라서 실제로 어떤 것이 문제인지 제대로 판단할 수 없다. 두 사람 사이에 정말로 일치하는 점이 있는지 알 수 없다는 뜻이다.

"서로 어울리느냐 그렇지 않느냐의 문제가 서류나 화면상으로 평가될 수 없는 것들에 의해 결정된다는 사실은 분명합니다. 수백 개 이상의 연구가 말이 아닌 다른 것으로 확인한 동질성으로 행복한 관계를 예측할 수 있다는 사실을 보여줍니다."

레이스는 그렇게 말하면서 대화를 할 때는 눈에 들어오는 겉모습, 나와 일치하는 감정이나 행동, 그리고 함께 있으면서 공유하는 신뢰감 등이 중요하다고 지적했다. 둘째, 남녀 모두 내향적이라든가 혹은 같은 영화를 좋아한다는 사실을 통해 처음에는 서로에게 어떤 매력을 느낄 수도 있지만 그 관계가 얼마나 길고 행복하게 이어질지는 아무도 장담할 수 없다.[64] 서로 성격이나 관심사가 비슷하다면 텔레비전 리모컨을 두고 다툴 확률이 줄어들겠지만 이런 기본적인 기준만으로는 인생에서 어려운 문제가 생겼을 때 상대방에게서 어느 정도 위안을 얻을지는 가늠할 수 없다.

성배聖杯

그렇다면 서로 사랑하는 관계가 얼마나 오래 지속될지 무엇을 통해 알 수 있을까?

"내가 만든 요리를 먹고 어떤 반응을 보이는가? 서로 상대편의 가족을 얼마나 좋아하는지? 함께 협력해서 문제를 풀어나가는가? 상대방의 개인적인 어려움이 해결되도록 도와주고 기쁜 일이 있을 때는 기꺼이 상대방과 그 기쁨을 나눌 것인가?"

레이스는 이런 질문을 내게 던지고는 관계를 가늠할 수 있는 또 다른 질문들을 덧붙였다. 성생활에 만족하느냐는 질문도 있었지만 가장 중요하게 취급되지는 않았다. 역시 중요한 것은 문제를 풀어가는 능력이었다.

"아이와 부모님 모두 중병에 시달릴 경우 양쪽을 어떻게 모두 돌볼 수 있을까요? 개인적인 어려움이 있을 경우 서로 어떻게 도울 건가요?"

관계가 오래 지속되기 위해서는 어려움을 함께 헤쳐나가는 능력, 또 아주 친한 친구처럼 기쁨을 함께 나누는 능력이 온라인 데이트 사이트에서 이야기하는 스물아홉 가지 성격 분류보다 중요하다.[65] 그러면 온라인 사이트에서는 그런 능력들을 평가할 수 없느냐고 물어보자

레이스는 또 다른 질문으로 대답을 대신했다.

"직접 얼굴과 얼굴을 맞대고 함께 문제를 해결하는 모습을 보지 않고 어떻게 사람을 평가하겠습니까?"

온라인 데이트 사이트 같은 중개업체는 이렇게 단점이 두드러진다. 여기에는 결코 만족이 없고 그냥 쇼핑하는 기분만 들며 미래의 내 짝에 대해 상품화된 비현실적인 기대감만 커진다. 그렇지만 여기에도 절대로 부정할 수 없는 장점이 하나 있다. 바로 새로운 사람을 만날 기회가 상대적으로 많다는 것이다. 또한 잘못된 만남이나 시작을 상당 부분 사전에 조정하고 걸러낼 수 있다.

"심지어 이메일을 주고받기 전에도 나에게 맞는 짝은 아니라는 신호를 곳곳에서 미리 감지할 수 있어. 예컨대 정치적인 성향이나 종교적 열정, 그리고 성관계 시의 취향 등을 미리 알 수 있으니까. 사람이란 익명일 때 놀라울 정도로 자신에 대해 솔직해지니까."

어떤 친구가 이메일로 해준 이야기다. 한 온라인 데이트 사이트에는 이런 글도 올라와 있다.

"술집에 가서 우연한 만남을 기다리는 것보다 훨씬 좋습니다. 술 몇 잔 값이면 1개월 회원 신청을 하고 매일 새로운 사람을 만날 수 있습니다."

문제의 핵심은 만남이다. 내 친구는 장기간 온라인으로만 연락하다 보면 친밀감에 대한 오해가 생길 수도 있다면서 온라인 데이트 사이트에 등록한 것을 후회하기도 했다. 실제 만남에서 친밀감을 나누지 못하는 사람도 온라인상에서는 신뢰감을 내보일 수 있다. 반대로 책임지지 않는 인신공격도 가능하다. 다른 저술가들처럼 나 역시 인터넷에서 악플러들의 공격을 받은 적이 있다. 그들은 인터넷이라는 익명성이 보호해주지 않는 한 절대로 존재할 수 없다. 성적 매력을 연구하는 생체인류학자 헬렌 피셔Helen Fisher의 평가는 냉정하다. 온라인 데이트 사이트는 소개만 할 뿐이고 나머지는 직접 알아서 해야 한다는 것이다. "거기서 빠져나와 직접 사람을 만나야 합니다. 그리고 사람을 만날 때는 자기 자신의 판단을 따라야 하고요"라고 피셔는 말한다.

피셔의 주장처럼 누군가를 사랑하고 신뢰하는 문제에서 인간의 두뇌는 자체적으로 판단을 내릴 수 있도록 진화되었다. 이는 다른 연구에서도 확인되는 사실이다. 심리학자 브래들리 오크디Bradley Okdie에 따르면 사람들은 컴퓨터를 통한 교류보다 얼굴을 마주하는 교류에서 자신의 짝과 진짜 하나가 되는 기분을 느낀다고 한다. 서로 확실하게 가까운 사이가 되었을 때는 익명성 뒤에 숨은 공격이 나올 수가 없다.[66] 온라인 만남과 실제 만남을 비교 분석한 연구에 따르면 첫 만남을 오프라인에서 가진 남녀는 상대방을 좀 더 마음에 들어 하며 디지털을 통해 알아가는 만남보다 실제 데이트가 더 재미있다는 사실도 알게 된다. 그 한 가지 이유를 든다면 실제 만남에는 온라인상의 신상명세서를 보며 상상했던 과장된 기대감이 없기 때문이다. 일단 오프라인에서 만남을 가지게 되면 마음에 드는지 안 드는지 솔직한 결정만 남게 된다.[67] 그렇지만 또 어떤 면으로는 빨래방이나 마트 계산대 앞에서 누군가를 만나는 일 역시 하나의 도전이다. 내성적인 사람이라면 더욱 그러하다. 눈을 마주치고 얼굴 표정을 읽으며 사회적 환경까지 고려해서 순간적으로 오가는 정보를 분석하는 일은 화면에 올라온 글을 읽는 것에 비하면 훨씬 부담스러운 인지 활동이다. 처음 본 상대방이 매력적이라고 해서 그 사람이 홀몸이고, 또 누군가와의 만남에 관심이 있으리라는 보장도 물론 없다.

그렇지만 얼굴을 마주하는 만남에는 더 큰 보상이 뒤따른다. 뉴욕에서 활동하고 있는 작가 팀 크라이더Tim Kreider는 "엄청나게 매력적이고 지적이며 재미난 여성을 만났는데 알고 보니 유부녀였던" 경험 이후 온라인 데이트를 해보기로 결심한다. 그렇지만 온라인상에서 여성들의 신상명세서를 확인하는 일은 텔레비전을 보며 지루하게 채널을 돌리는 일처럼 우울하다는 사실을 이내 깨닫게 되었다. 이렇게 사람들의 신상을 확인하다 보면 "조금이라도 나은 사람이 나타나지 않을까 기대하며 계속 신상명세만 보게 된다"는 것이다. 결국 크라이더는 온라인 데이트를 포기하고 자신의 표현처럼 아날로그 만남으로 되돌아온다. 그리고 친구와 함께한 점심 식사에서 한 여성을 만나 사랑에 빠지게 된다. 그런데 인터넷 검색을 하다가 우연히 화면상으로 그녀의 사진을 보기 전까지 자신이 이미 그녀를 데이트 사이트에서 '만난' 적이 있다는 사실을 알아차리지 못했다. 크라이더는 이 일에 대해 이렇게 적고 있다.

하나의 따뜻하고 복잡한 인간이라는 그녀의 실체는 이메일이나 디지털 사진을 통해 확인되는 모습과 완전히 다른 것이다. 그녀가 아버지에 대해 이야기할 때 그녀의 목소리에서 느껴지는 애증에는 수천수만 가지 정보가 압축, 저장되어 있다. 온라인상에서 일어나는 일은 꿈속에서 일어나는 일과 비슷하다. 비현실적인 느낌이고 실제 생활과 괴리되어 있으며, 또 기억 속에서만 이러저리 섞여 희미해지다가 잠에서 깨어나거나 사이트에서 로그아웃하는 순간 안개처럼 사라져버린다. 인터넷에서 누군가를 만나고 문득 그 사람이 어쨌든 진짜로 존재한다는 사실을 깨닫게 되면 기분이 참 기묘하다.[68]

자석과 접착제

다시 내 친구 루와 나탈리 이야기로 돌아가보자. 나는 두 사람이 온라인이 아니라 대면적인 사회적 연결망을 통해 만났기 때문에 성공할 확률이 더 높았는지 궁금했다. 이 질문에 대답할 수 있는 사람은 아무도 없고 아직 어떤 과학자도 이런 질문을 던져보지 않았다. 그렇지만 우리는 루와 나탈리가 첫 번째 시험을 통과했음을 잘 알고 있다. 결혼 전에 아직은 낯설었던 두 연인은 캠핑을 가기로 결정한다. 목적지는 친지의 결혼식이 열리는 곳으로, 루는 그곳에서 나탈리를 처음으로 친지들에게 소개할 계획이었다. 결혼식 전날 밤 두 사람은 목적지에서 멀지 않은 야영장에 도착했다. 밤 11시였고 비가 세차게 내리고 있었다. "도착하고 나니 텐트 부품을 두고 왔다는 사실을 알게 되었습니다"라고 루가 인상을 찌푸리며 말했다.

"그렇지만 그 어둠 속에서 우리 두 사람은 가지고 있던 끈 등을 사용해 임시로 텐트를 칠 수 있었어요. 정말 마음에 들었던 것은 우리가 한마음으로 빠르게 일을 처리했고 '그걸 빠뜨린 사람이 누구야?'와 같은 말은 절대 하지 않았다는 겁니다. 당시에는 그게 중요하지 않았으니까요. 그리고 나는 이 여자야말로 내가 평생 함께할 수 있는 사람이라고 생각했지요."

처음에 루와 나탈리가 이끌린 것은 서로 비슷한 사회적 유대감이 있었기 때문이다. 그렇지만 두 사람이 결혼에까지 이른 것은 단순히 둘이 비슷해서만이 아니라 서로를 같은 마음으로 바라보았기 때문이다. 연구를 통해서도 이런 사실들이 드러난다. 처음에 남녀가 가까워지는 계기는 서로에게서 발견하는 유사점이다. 그렇지만 상대방에게서 나와 비슷한 점을 발견한다고 해서 그것이 짝으로서 성공과 행복을 보장해주지는 않는다. 공통된 가치관과 특징이 있다고 진심으로 깨닫는 것이 관계가 성공적으로 이어지는 비결이다. 중국 서부의 청두에서는 커플들이 서로 비슷하게 보이기 위해 함께 성형수술을 받는 사례도 있다.[69] 남녀가 정말로 잘 어울리는 한 쌍인지 아닌지와는 상관없이 우선 서로 하나의 운명이라는 느낌이 드는지 생각해보자. 거기에 함께 문제를 해결하고 즐기는 능력까지 더해진다면 둘의 관계는 더욱 끈끈해질 것이다.[70]

"인생이라는 여정을 함께하는 경우 남녀가 나란히 걸어가야 더 행복합니다"라고 사회심리학자인 아이린 황[Irene Huang]은 말한다. 중국과 미국 두 나라에서 실험을 한 황은 두 나라 남녀가 집을 떠나는 시간과는 상관없이 정확하게 같은 길로 출근하면서 가장 행복해한다는 사실을 알게 되었다.[71] 가는 길이 같다는 것은 결국 목적지가 같다는 의미다. 이런 동시성은 아직 두 사람의 다른 면모가 확인되지 않았을 때도 서로의 마음을 움직일 수 있다. 서로의 생각과 습관, 혹은 행동이 하나로 일치하는 것처럼 보이는 모든 순간은 처음 서로에게 끌렸던 매력을 다시 한 번 상기시켜준다.

유유상종이라는 고사성어로 설명하든, 아니면 선택적 결혼이라는 학술적 용어로 설명하든 우리는 서로 비슷한 사람끼리 매력을 느끼고 끌린다는 사실을 잘 알고 있다. 두 사람이 같은 환경에 살면서 같은 음식을 먹고, 같은 걱정을 하며, 같은 종교를 믿고, 또 종종 같은 일을 한다. 이제 우리는 이렇게 서로를 끌어당기는 매력이 항상 좋은 쪽으로만 작용하는지 살펴볼 것이다.

9

돈으로 맺어진 관계가
얼마나 행복할까

사회적 연결망과 사업, 그리고 범죄

부촌에 살고 있는 메리 코플런^{Mary Coughlan}의 거실은 개인 서재와 아시아 및 아프리카 예술품 전시장의 중간쯤으로 보였다. 벽을 따라 늘어선 책장에는 바닥부터 천장까지 책이 가득 차 있고 벨벳 안락의자 양쪽으로는 두 개의 거대한 장식장이 있었다. 장식장 안에는 상아 장식품들이 전시되어 있었다. 1층에 위치한 이 집은 바로 잔디밭과 연결되어서 메리는 오후만 되면 유리문을 열고 래브라도 골든레트리버인 올리비아를 밖으로 내보내 운동시킨다. 올리비아는 나를 따라 걷다가 멈춰 서서 코를 내 손에 문지르더니 앞발을 들어올렸다. 나는 그 발을 잡고 악수를 했다.

"재주를 부리는 게 아니에요."

집 한쪽 구석에서 메리의 목소리가 들려왔다. 메리는 녹색 벨벳 의자에 앉아 의자와 색깔을 맞춘 쿠션 위에 발을 올려놓고 있었다.

"올리비아는 원래 인사성이 밝거든요."

77세의 메리 코플런 역시 올리비아 못지않게 위엄이 있고 예의 발랐다. 그녀는 나를 초대해 100만 달러에 달하는 자신의 은퇴 자금을 갈취해간 사람에 대해 이야기를 나누고 싶어 했다. 그 사람은 30년이 넘도록 그녀와 알고 지낸 사이였다. 메리가 재무설계사인 얼 존스^{Earl} ^{Jones}를 처음 만난 것은 1979년의 일이다. 당시 메리는 40대 후반이었고 남편을 잃은 지 얼마 되지 않아 네 자녀를 홀로 키우고 있었다. 메리는 자신의 재산을 어떻게 관리해야 할지 알고 싶었고 여성에게 안성맞춤이라고 생각되는 YMCA의 야간 재무관리 과정에 등록했다. 얼과의 첫 만남에 대해 묻자 메리는 이렇게 대답했다.

"나는 거기서 강사인 얼을 만났어요. 남편이 세상을 떠났을 당시 나는 마흔일곱 살이었고 아버지가 물려주신 재산이 있었어요. 그리고 그 재산을 가족들과 상관없이 따로 관리하고 싶었고요."

메리는 얼 존스를 "아주 멋진 남자"로 기억하고 있다. 그녀가 자신의 어머니를 통해, 그리고 자신이 다니던 교회를 통해 알고 지내던 친구들도 존스와 거래가 있었다.

"그러니 자연스럽게 그를 믿게 되었지요."

좋았던 시절에는 모든 일이 잘 되어갔다. 투자 수익은 꼬박꼬박 들어왔고 그 돈으로 생활을 꾸려나갈 수 있었다. 어머니가 돌아가시고 물려받은 유산도 존스를 통해 투자되었다.

"7년 전에 웨스트마운트에 있는 집을 한 채 팔았어요."

웨스트마운트는 몬트리올에서도 부자 동네에 속하는 곳이다.

"물론 그 일도 다 그 남자에게 일임했고요."

당시 메리는 집을 판매한 대금이라며 존스가 입금해준 금액이 일부에 지나지 않는다는 사실을 알아차리지 못했다. 존스가 집을 판다면서 그 집을 담보로 메리 몰래 은행에서 돈을 빌렸고, 그 돈으로 비자금을 조성했던 것이다. 메리는 믿었던 친구에게 사기를 당했다.

한편 2009년 7월 6일 로스앤젤레스의 건축가인 케빈 커랜^{Kevin Curran}은 오랜 친구로부터 한 통의 전화를 받았다. 커랜의 어머니와 자기 어머니가 같은 사기꾼에게 사기를 당한 것 같다는 이야기였다. 커랜은 당장 몬트리올로 날아갔다. 처음에는 1주일 정도만 머물며 문제를 해결해볼 생각이었지만 그로부터 1년이 지난 후에도 커랜은 몬트리올을 떠나지 못했다. 어머니뿐만 아니라 다른 사기 피해자들이 속속 등장했고 대부분 나이 든 여성이었다.

"얼 존스라는 작자가 어머니 몰래 빼간 대출금이 15만 달러에서 35만 달러, 그리고 상속받은 유산에서 갈취한 돈이 50만 달러가 넘는 것을 보고 이건 보통 일이 아니라는 걸 깨달았습니다. 이제 어머니에게는 돈이 거의 남아 있지 않았고 나는 우선 집 담보 문제부터 해결해야 했습니다."

커랜이 지역신문 기자와 인터뷰한 내용이다.

"그렇게 여기 붙들려 있게 되었지요."

피해자들의 또 다른 자녀인 지니 넬스^{Ginny Nelles}, 조이 데이비스^{Joey Davis}와 함께 조사관 겸 해결사 역할을 하던 커랜은 이 사건이 단단히 연결된 모임 안에서 벌어졌다는 사실을 알게 되었다. 그 모임의 구성원은 순진한 노인들이었다. 얼 존스의 이른바 피라미드식 사기 행각이 발각되고 1년이 지난 2010년 7월까지 피해자 세 명이 사망했고 한 명은 유방암 판정을 받았으며 다섯 명은 집을 잃었고 열한 명은 은행으로부터 얻은 유예 기간 1년이 지나 당장 집을 잃을 처지가 되었다. 서른 다섯 명은 정말 마지못해 남들에게 집세, 음식, 심지어 노인용 기저귀

까지 신세지며 살고 있다. 얼마 전까지만 해도 자신들이 기부자였는데 말이다.[1]

다른 사람들에게 의지하며 가난한 노후를 보내고 싶은 사람은 없다. 그리고 얼 존스에게 사기를 당한 노인들은 대부분 1930년대 대공황기에 태어나 저축을 자랑으로 삼으며 살아온 세대였다. 성인이 되고부터 스스로 생계를 꾸려온 그들에게 돈 한 푼 남지 않았다는 것은 정말로 치욕적인 일이었다.

얼 존스는 도대체 어떻게 그런 사기 행각을 벌일 수 있었을까? 희대의 사기꾼이었던 버니 매도프Bernie Madoff처럼 얼 존스도 처음에는 끈끈하게 엮인 이른바 동족성 사회적 연결망을 통해 합법적인 경력을 쌓았다. 어떤 모임이나 공동체의 일원이 되면 사람들 사이에서 신뢰를 쌓기가 쉬워진다. 그리고 일단 사람들의 믿음을 얻으면 더 이상 성실하게 굴며 자신을 증명할 필요가 없다. 그리고 회유와 압력이 이어진다.

"그 남자가 거기 의자에 앉아 있던 모습이 생생해요."

메리 코플런은 내가 앉아 있는 자리를 가리켰다.

"1년에 네 번은 찾아왔죠. 그러고는 이렇게 말하는 거예요. '아이들은 어떻게 지내요?' 그렇게 두 시간가량 있었어요. 일종의 사교적인 방문이었죠."

코플런은 자신은 여전히 존스를 친구로 생각한다고 말했다. 어쩌면 요즘 이야기하는 반사회적 인격장애자였는지도 모르지만, 그래도 그는 그녀가 신뢰하던 사람이었다.

"그가 '여기 당신 서명이 필요한데요'라고 말하면 나는 알겠다고 대답했어요. 나를 돌봐달라고 돈을 지불해온 셈이죠."

1980년대 초 코플런은 존스와 함께 투자를 시작했고 존스는 정기적으로 배당금을 지급했으며 매월 주식과 채권에 투자한 내역을 자세히 보고했다. 그렇지만 1980년대가 지나갈 무렵부터 배당금도 줄고 내역도 부실해졌다. 그것도 메리가 요청할 때만 보내주는 식이었다. 1990년대 들어서는 투자 내역을 알려주는 방식뿐만 아니라 투자 전략도 바뀌었다. 존스는 고객들에게 부동산과 집을 저당 잡히고 대출을 받아 투자를 하라고 권했다. 고객들 대부분은 함께 교회에 다니고 골프를 치며 휴가도 같이 가는 사교 모임 출신이었다. 존스는 그사이에서 사람들의 이야기를 전했고 그러면 사람들은 믿었다. 예컨대 유산 상속을 기다리는 누군가가 집과 차 같은 고가품을 사려 한다고 말한다. 그런데 유산을 상속받아 잔금을 치를 때까지 계약금이 필요하다는 것이다. 잠시 돈을 빌려주면 8퍼센트가 넘는 이자에 때로는 몇천 달러의 수수료까지 입금되었다.

"그때 우리를 속인 방법 중 하나가 유산 상속이 진행될 때까지 이러저러해서 돈이 필요하다는 것이었어요."

코플런의 설명이었다. 그리고 존스의 이야기는 아주 설득력이 있었다고 한다. 돈을 빌려주는 대신 그 사람의 부동산을 담보로 잡을 테니 투자는 안전하다는 식이었다. 그렇게 해서 14년 이상 코플런은 다섯 차례에 걸쳐 존스가 요구하는 대로 투자 서류에 서명했다.[2]

그런데 실제로 존스는 메리의 돈을 한 번도 제대로 투자한 적이 없었다. 메리를 포함한 피해자들의 돈은 있지도 않은 투자에 대한 이자로 지불되었다. 매달 존스가 결제해야 하는 돈은 20만 달러가 넘었다. 모두 핵심 고객들에게 지불해야 하는 '투자 배당금'이었다. 그리고 존스는 자기 자신을 위해서도 돈을 사용했다. 우선 그가 구입한 콘도 네

곳의 대출금을 갚아야 했다. 콘도는 플로리다의 고급 휴양지인 보카 러톤, 퀘벡의 스키 리조트, 몽트랑블랑의 골프장, 그리고 메인 주에 한 채씩 있었다. 메인 주의 콘도는 지적 장애를 앓고 있는 존스의 딸 킴벌리를 위한 것이었다. 그 외에도 사립학교 학비, 자동차, 요트 등을 모두 고객들에게서 빼돌린 돈으로 유지했다. 얼 존스는 매도프처럼 자기가 소속된 모임 사람들의 은퇴 자금을 끌어모아 사기 행각을 벌였던 것이다.

2009년 7월 초, 메리가 가족들과 메인 주에서 휴가를 보내고 있을 때 은행에서 한 통의 전화가 걸려왔다. 그녀의 은행 잔고가 바닥났다는 것이었다. 얼마 지나지 않아 모임의 다른 사람들도 돈이 모두 사라져버렸다는 사실을 알게 되었다. 뉴욕 여행을 계획 중이던 42세의 지니 넬스는 아버지와 아주 친한 친구였던 '존스 아저씨'와 연결된 자신의 은행 계좌에서 여행 경비를 인출하려 했지만 한 푼도 빼낼 수가 없었다. 이윽고 존스 아저씨의 실체가 드러났다. 1970년대 몬트리올 투자은행에서 넬스의 아버지와 함께 일을 시작했던 존스 아저씨는 행방을 감춰버렸다.

사실 그동안 존스는 미친 듯이 새로운 자금을 찾아 헤매고 있었다. 오랫동안 거래해온 고객이 새집을 산다며 투자금을 내놓으라고 했기 때문이다. 불행히도 존스는 이미 그 돈을 다 써버린 후였다. 다른 고객들이 존스의 사무실에 전화를 걸어 투자 상황에 대해 물어보았을 때는 평소 전화를 받던 직원, 그러니까 존스의 딸로 알려져 있던 직원은 사라지고 음성메시지만 남아 있었다. 이제 30일간은 거래할 수 없다는 내용이었다. 존스는 달아나버렸다. 그는 3주 가까이 도피 생활을 했지만 마침내 체포되어 재판을 받고 사기죄로 11년형을 선고받았다.[3] 바로 그때까지도 얼 존스는 다정한 가장에 모임의 중요 인물이자 신뢰받는 금융 전문가, 그리고 좋은 친구였다.

1982년부터 2009년까지 얼 존스는 160명이 넘는 피해자로부터 5,100만 달러 이상을 갈취했다. 피해자 중 80퍼센트는 여성이었고 대부분은 남편을 잃고 혼자 사는 사람들이었다.

"존스는 늙고 힘없는 여성들과 주로 거래를 했습니다. 얼굴도 잘생겼고 말주변도 좋았지요."

존스의 고등학교 친구였던 도리스 배빙턴[Doris Babbington]의 이야기다. 배빙턴은 존스에게 전 재산 10만 달러를 '투자'했다.[4] 배빙턴이 존스와 그의 아내를 알고 지낸 지는 60년이 넘었다.

사교성이 좋은 남성이 비슷한 사람들끼리 모여 있는 대규모의 사회적 연결망에 편입된다. 존스는 이런 식으로 다른 재무 전문가들이 빠뜨린 틈새를 파고들었다. 보통의 전문가들은 큰손들에게 관심을 갖는다. 존스가 목표로 삼은 것은 자신과 비슷한 중간급의 자산가들이었다. 그들은 중산층 출신이지만 미래에 대한 큰 희망을 가지고 있었다. 가급적 빨리 은퇴해서 고급 골프장의 회원이 되고 이따금 카리브해에서 유람선도 타는 삶. 그렇지만 더 중요한 것은 그들이 아내와의 사이가 좋았고, 그 때문에 그들이 죽고 나면 아내들은 감정적으로 아주 취약한 상태가 된다는 사실이었다. 대체로 이런 여성들은 경제를 잘 모르고 순진했다. 대부분 1940년대에 어린 시절을 보냈고 여성운동과는 거리가 멀었다. 남편이나 부모로부터 재산을 물려받았고 수십만 달러를 호가하는 주택도 소유하고 있었다. 정부에서 수령하는 연금을 제외하면 보통 이 정도가 그들의 전 재산이었다. 그리고 존스가 나타나 투자를 도와준다고 하자 모두들 기꺼이 그 제안을 받아

들였다.[5]

지니 넬스의 아버지는 2004년에 사망했다. 그리고 한때 가족의 가까운 친구였던 얼 존스가 장례식에 모습을 드러냈다. 두 사람은 몬트리올 투자은행의 직장 동료였고 가족은 지난 50년간 25차례 이상 함께 여행을 다닐 정도로 서로를 잘 알고 있었다. 존스는 지니 오빠의 대부이기도 했다. 그렇지만 1990년대 초에 두 사람의 사이가 틀어졌고 장례식에서 다시 만날 때까지 지니와 다른 가족은 존스를 거의 10년 이상 보지 못했다. 가족들에게 자신을 자산 전문가라고 소개한 존스는 "어떤 식으로든 도울 일이 있으면 언제든 연락해도 좋다"고 말한다. 지니의 어머니 웬디 넬스에게는 "내가 곁에 있을 테니 이제는 아무 염려 말라"고까지 한다.

장례식이 끝나고 닷새가 지나자 존스는 웬디 넬스를 설득해 남편의 유산을 은행이 아닌 자신이 관리하기로 한다.

"지금 거래하고 있는 스코시아 은행은 자산 관리를 잘하지 못한다고 했어요. 그리고 관련 법률도 바뀐다고 했고요. 먹이를 노리는 매처럼 우리에게 달려든 겁니다."

지니는 지난 일을 후회하듯 말했다.

다시 4년이 지난 뒤 존스는 웬디를 설득해 집을 담보로 32만 7,000달러를 대출받아 40년 동안 상환하기로 한다. 대신 그 돈은 자신이 투자해서 아주 높은 이자를 배당해주겠다고 했다. 웬디는 그렇게 수익이 생기면 자식과 손자들에게 나눠주고 싶었다. 존스의 제안을 받아들인 웬디는 자산 운영 전문가들의 충고를 무시하고 다른 은행에 있는 돈까지 모두 존스에게 맡긴다.

366

나는 지니 넬스를 2009년에 만났다. 얼 존스의 사기 행각이 만천하에 드러나고 5개월이 지난 후였다. 지니의 어머니 웬디 넬스는 집을 거의 잃을 지경이 되었고 이제 수입은 한 푼도 없었다. 지니와 지니의 오빠는 아버지가 남긴 유산을 한 푼도 건지지 못했을 뿐더러 자신들의 저축까지 모두 날렸다. 이 일로 인해 두 사람은 건강도 크게 나빠졌다. 처음에는 심리적 타격이 어느 정도였는지 확실하게 파악할 수도 없었다. 지니는 태도나 말이 분명했고 잘 다림질한 하얀색 블라우스에 진주 목걸이를 하고 있었으며 금발도 단정하게 묶여 있었다. 분명 그녀는 과거의 경험으로부터 큰 덕을 보고 있었다. 지니는 몬트리올의 상류층 영국계 자녀를 위한 영국식 사립 여학교인 미스 에드거 앤드 미스 크램프 여학교Miss Edgar's and Miss Cramp's를 다녔고 얄궂게도 존스의 딸들도 이 학교 출신이었다. 또 방학이면 로렌시아의 겨울 스키학교와 케네벙크의 여름학교에도 출석해 비슷한 집안의 아이들과 어울렸다. 지니는 문화적·사회경제적 소집단의 아주 열성적인 일원으로 부족한 것이 없었다. 야단스럽지 않고 언제나 단정하면서도 눈에 띈다. 딱 잘라 설명할 수는 없지만 그녀는 확실히 캐나다 사람처럼 보였다.

존스는 출생 배경이 나쁘지 않았지만 자신의 생활 방식을 감당하지 못했다. 그가 왜 그런 범죄를 저질렀는지 추측할 수 있게 하는 대목이다. 또한 최근에 드러난 증거를 보면 불법은 아니지만 뭔가 흥분을 일으키는 행동에 빠져 있었던 것이 아닌가 생각된다. 이와 관련된 연구를 진행한 경제학자들은 이를 사기꾼들이 느끼는 도취감이라고 표현하기도 한다.[6]

어쨌든 존스의 사기로 피해를 입은 사람들은 대부분 중산층이며, 이런 종류의 피라미드형 사기에 걸려든 다른 피해자들과는 공통점이 거의 없었다. 다시 말해 그들은 서로 단단하게 연결된 사회적 모임에 속해 있었으며, 그 안에는 문제의 사기꾼도 있었다. 그들은 같은 언어와 종교를 공유했고, 역시 같은 문화적 관습과 흥미를 가지고 있었다. 이 경우에는 이런 '관계'로 엮인 사람들이 특히 같은 스포츠에 깊은 관심을 가지고 있었다. 존스는 젊은 시절 아주 촉망받는 하키 선수였고 이 사실이 더욱 신뢰감을 주었다. 수십 년간 감쪽같이 속아 넘어갔던 사람들은 교외에 살고 있는 영어권 주민들로, 스스로를 프랑스계 주민들에게 둘러싸인 퀘벡의 소수파라고 느끼고 있었다. 같은 이웃과 어울리며 한곳에서 오래 살아온 이들은 같은 교회에 나가고 아이들을 같은 학교에 보냈다. 사회적 연결망이라는 관점에서 보면 비슷한 모습을 가지고 강하게 묶여 있는 이 사람들에게 집단 안의 상호 신뢰란 그런 관계를 더욱 강화시켜주는 수단이었다. 만일 그런 특징을 잘 알고 있는 누군가가 그 집단에 들어가면 사람들의 신뢰를 얻기가 그리 어렵지 않을 터였다.

이 경우는 이른바 '친절한 사기꾼'의 전형이다. 서로 공유하고 있는 사회적·종교적 끈으로 사기꾼들은 아주 쉽게 주변 사람들의 신뢰를 얻는다. 나는 지금까지 이 책을 통해 얼굴을 마주하는 상호 교류가 건강과 행복, 학문적인 성취와 장수에 중요한 영향을 미친다는 증거를 보여주었다. 그렇지만 정직한 신호, 그러니까 친밀한 사회적 접촉이라는 만국공통어가 항상 좋은 것만은 아니다. 서로 가까워지는 일에는 장점과 단점이 모두 있다. 특히 사업이나 거래에서 그렇다. 대면 접촉은 사업의 성공, 고객의 충성과 만족, 이윤을 가져올 수 있지만 쓰라린 배신을 불러올 수도 있다.

친절한 사기꾼

얼 존스나 버니 매도프 같은 사기꾼의 터무니없는 감언이설에 그렇게 많은 사람이 속아 넘어간 이유는 무엇일까? 사회적 동물인 인간은 "문제가 생기기 전까지는 상대방을 신뢰하며", 그것이 바로 우리의 약점이라고 카네기 멜론 대학교의 심리학자 로빈 도스^{Robyn Dawes}는 이야기한다. 도스는 행동경제학의 선구자 중 한 사람이다.[7] 누군가 다른 사람을 신뢰하게 되었을 경우 그들과 함께하는 모임이나 종교는 가족 관계와 같은 역할을 한다. 우리와 공통점이 많은 사람을 신뢰하는 것은 지극히 당연한 일이다. 누군가와 함께하며 긴장을 풀게 되면 우리는 아주 깊은 편안함을 느낀다. 가족이나 가족의 연장선인 특정 모임 안에서 서로를 믿고 돕는 일은 나만의 먹을 것과 돈, 건강이나 성생활, 혹은 다른 오락거리가 부족한 상황에서도 편안함과 만족감을 준다. 마치 이타주의처럼. 진화생물학자들은 이런 역설적인 현상을 혈연선택이라는 개념으로 설명한다. 여기서 역설적이라는 것은 모든 개별적 생물은 자신의 생존율을 극대화하는 방향으로 진화해왔음에도 왜 자신이 아닌 다른 사람을 신뢰하고 돕느냐와 관련된 역설이다. 사람들은 자신에게 전혀 이익이 되지 않는데도 유전적으로 연결된 가족이나 동족을 신뢰하고 그들을 위해 희생한다. 영국의 유전학자 J. B. S. 홀데인^{J. B. S. Haldane}은 인간이 자신과 유전자를 공유하고 있는 형제자매가 차가운 강물에 빠졌을 경우 그들을 구하기 위해 강물로 뛰어드는 것은 설사 자신이 그 과정에서 죽는다고 해도 누군가는 살아남아 후손에게 유전자가 전해지기 때문이라고 지적했다.[8]

인간이 아닌 동물도 이와 유사한 행동을 한다. 코끼리, 침팬지, 비비 원숭이, 심지어 흡혈박쥐, 벌거숭이두더지쥐까지 동족을 알아본다.

특히 암컷이 동족을 우선으로, 그러니까 혈연 중심으로 행동한다.[9] 우리는 앞에서 일본원숭이가 직접적인 혈연관계일 경우 먹이를 나눠먹는다는 사실을 확인했다.[10] 또한 다 자란 암컷 비비원숭이는 매일 다섯 시간 이상 다른 원숭이들, 주로 암컷 친척들을 돌본다. 도로시 체니와 로버트 세이파스는 이렇게 서로 시간을 보내며 돌봐주면 먹이가 부족할 때나 갑자기 기온이 떨어졌을 때 서로 의지하며 돕는 등의 장점이 있다고 이야기한다.[11] 옥시토신을 분비시키는 이런 친밀감은 단지 기분만 좋아지게 하는 것이 아니라 실제로 그만한 값어치를 한다.

사람들은 앞서 이야기했던 모든 사기 행각이 정말로 우리와 비슷한 모습의 사기꾼이 벌이는 일일까 궁금해할 것이다. 인간이 아닌 영장류도 그렇지만 전 세계 모든 문화권의 인간은 혈연과 믿음을 기반으로 사회적 연결망을 만들고 마치 가족이라도 되는 것처럼 서로를 돕는다.[12] 그 신뢰라는 기준점을 통해 내부로 편입된 사람에게 우리는 낯선 사람에게 느끼는 경계심을 풀게 된다. 신분, 지위, 말투, 문신, 패션, 머리 모양, 양말 색깔까지 공유하고 있는 모습을 직접 마주하는 경우 인터넷상의 만남과는 비교할 수 없을 정도의 신뢰감을 품게 된다. 그렇기 때문에 우리는 검증된 유명 인사라도 얼굴조차 모르는 사람보다는 같은 모임에 있는 얼 존스 같은 평범한 사람을 더 믿고 돈을 맡기게 된다. 문화권에 상관없이 모든 사람은 같은 무리 안에 있는 동족에게 더 깊은 신뢰감을 보이며, 그 신뢰가 배신당할 경우 똑같이 분노와 수치심을 느낀다. 스위스 출신으로 현재 하버드 케네디 스쿨의 학장인 행동경제학자 아이리스 보네트Iris Bohnet에 따르면 미국, 중국, 터키, 오만 등 판이하게 다른 사회적 관행을 가지고 있는 국가들의 국민이라도 누구든 배신을 극렬히 싫어해서 돈 문제로 다른 사람을 믿기보다는 운에 맡기는 쪽을 선호한다고 한다.[13] 그렇지만 나와 같은 무리에 속해 있는 사람이라면 그런 불신의 벽을 뛰어넘을 수 있다.

하느님이 원하시는 것

"하느님께서는 브라질 사람들의 공동체가 번성하기를 바라십니다."

산 호드리게스Sann Rodrigues와 빅터 살레스Victor Sales는 2007년 보스턴 근교의 호텔에 모인 브라질계 미국인들에게 그렇게 외쳤다. 두 사람은 대부분이 같은 기독교 종파 소속인 동족들에게 2,000~5,000달러를 내고 선불 전화카드 회사인 우니베르수 포니클럽Universo FoneClub의 회원이 되면 매달 최대 1만 7,000달러의 수익을 거둘 수 있다고 약속했다. 그러면서 두 사람은 골프를 치고 있는 모습이나 크고 값비싼 집의 사진 등을 대형 화면으로 보여주었다. 심지어 이 회사에 투자하면 개인 섬을 살 수도 있을 것이라고 허풍을 떨기까지 했다.

"하느님께서는 브라질 동포들이 남의 집 청소나 해주면서 인생을 보내기를 바라지 않으십니다. 가정부나 정원사도 마찬가지입니다."

두 사람의 피라미드형 사기 행각을 고발한 법정 기록을 보면 그들은 사람들에게 영어가 아닌 브라질어로 이렇게 말했다고 한다.

"하느님께서는 브라질 동포들이 가난하게 살기를 원치 않으십니다!"

이 순간 극적 효과를 위해 7,000달러짜리 수표가 청중들 사이에 섞여 있던 회사 회원들에게 전달되었다. 어떤 회원은 자신이 8일 만에 1만 달러를 벌었다고 거짓말을 하기도 했다. 이 사건을 담당한 연방 수사관에 따르면 사기꾼들은 동족에게 320만 달러를 갈취했고 피해자들이 나중에 되찾은 금액은 절반 정도에 불과했다고 한다.[14]

오하이오 주 슈거크리크에 모여 살고 있는 아미시교도들은 그나마도 운이 없었다. 무려 2,500명이나 되는 신도가 자신들의 저축을 한 장로에게 맡겼던 것이다. 아미시는 미국 동부의 메노파교도로서 엄격한 계율을 지키며 자기들끼리 모여 살고 있다. 이제 70대 후반인 먼로 비치Monroe Beachy는 검소하고 존경받는 재무 전문가였다. 그는 유명한 세무 전문 회사인 H&R 블록의 강좌를 들으며 관련 지식을 익혔다. 비치는 자신이 세운 A&M 투자회사를 통해 20여 년 동안 자신이 속해 있는 공동체 사람들로부터 3,300만 달러를 끌어모았다. 버니 매도프나 얼 존스처럼 비치도 은행보다 더 나은 수익률을 보장했고, 모든 투자는 위험이 전혀 없는 정부 채권을 통해 이루어진다고 광고했다.

"안전하고 확실한 수익을 내준다는 소문이 돌기 시작했다. 부모들은 자녀들도 A&M과 거래하게 했다."

경제 전문 기자 다이애나 헨리크스Diana Henriques가 보도한 기사 내용이다. 사기 행각이 들통 나자 비치 자신의 가족은 물론이고 10여 개가 넘는 교회, 비영리 기관, 자선단체가 한 푼도 건지지 못하고 파산했다. 비치는 미국 증권거래위원회에 의해 사기죄로 기소되었고 피해 금액은 1,600만 달러가 넘었지만 피해를 입은 대부분의 투자자들은 법원에서 돈에 상관없이 피의자를 용서한다고 말했다. 그렇지만 이런 놀라운 사회적 단결력도 비치를 구해줄 수는 없었다. 2012년 6월 비치는 6년 6개월형을 선고받았다.

끈끈하게 연결된 집단 안에서 이런 친절한 사기꾼을 보는 일은 흔하다. 문명을 거부하고 18세기 방식의 삶을 고집하는 아미시교도의 신뢰를 배반한 일도 그런 사례였지만 레바논 시아파의 과격 테러조직인 헤즈볼라 지도자를 속인 일은 또 다른 사례다. 유명한 기업가였던 살라 에제딘Salah Ezzedine는 헤즈볼라의 지도자였던 하산 나즈랄라^{Hassan Nasrallah}에게 투자를 권유해 20만 달러를 빼돌렸고 사람들은 그를 '레바논의 매도프'라 부르기 시작했다. 시아파 혁명 운동 수뇌부와 개인적인 친분을 과시했던 에제딘은 처음에는 석유 사업으로 돈을 벌어들인 경건하고 인심 후한 사업가였다. 그는 고향인 마로웁 근처에 이슬람 예배당인 모스크와 경기장, 그리고 혁명 운동가들의 동상을 세웠다. 또한 자기 소유의 여행사를 통해 이슬람교 성지인 메카를 다녀오는 순례 여행을 기획하기도 했다. 이런 눈에 보이는 종교적·사회적 활동이 헤즈볼라와의 인연과 합쳐졌기 때문에 수많은 레바논 사람이 그를 신뢰하고 돈을 투자했다. 에제딘의 사기 행각에 모인 돈은 무려 12억 달러에 달했으며, 당시 그가 약속한 수익률은 40퍼센트였다.[15]

　에제딘이 사기 행각에 이용한 것은 바로 정직한 신호였다. 그는 복잡한 과정을 거치지 않고 사람들의 머릿속에 자신은 실제로도 믿을 만한 사람이라는 생각을 심어주었다. 앞서 살펴보았던 것처럼 대부분의 경우 정직한 신호는 평생 함께할 수 있는 친구나 연인, 이웃이나 배우자를 찾는 데 도움을 준다. 같은 신경내분비계 하부구조에 편승한 친절한 사기꾼은 자신과 공통점이 많은 사람에게 관심이 쏠리고 같은 편에는 의심을 거두는 인간의 성향을 이용한다.

　같은 무리 안에 있는 또 다른 사람을 마주하게 되면 자동적으로 신뢰감과 편안한 마음이 생겨난다. 또한 나 자신도 맨 얼굴을 내보이게 된다. 일련의 놀라운 실험을 수행했던 프린스턴 대학교의 알렉산더 토도로프^{Alexander Todorov}와 니콜라스 오스터프^{Nikolaas Oosterhof}, 그리고 그 동료들은 우리가 어떤 사람을 믿을지 안 믿을지 결정하는 것은 아주 순간적으로 이루어진다는 사실을 보여준다. 설사 결정하는 시간이 무한대로 길어진다고 해도 그 시간은 첫인상을 확인하는 과정에 불과하다는 것이다.[16] 연구자들은 많은 중요한 결정이 순간적으로 보았던 사람의 얼굴이나 인상에 좌우된다는 발상을 확인하기 위해 아주 적절한 방법을 고안해낸다. 그들은 유권자들에게 완전히 처음 보는 후보자 한 쌍의 흑백사진을 보여주었다. 그들은 아주 짧은 순간 후보자들의 얼굴을 보고 나서 선거 결과를 예측해야 했다. 실제로 이렇게 잠시 얼굴을 보았을 뿐인데도 사람들이 선택한 후보의 70퍼센트가 미국 상원의원에, 그리고 68퍼센트가 하원의원에 당선되었다.[17] 누군가는 미국인들이 특히 외모에 예민하다고 생각할 수도 있겠지만 이런 결과는 나중에 영국, 핀란드, 오스트레일리아, 독일, 그리고 멕시코에서도 재현되었다.[18]

신경과학자들은 감정적인 신호를 파악하는 능력이 편도체, 즉 아몬드를 닮은 신경계(우리의 파충류 선조들에게서 투쟁 혹은 도피 반응을 일으키던 부위)에서 진화했다고 생각하고 있다.[19] 1990년대에야 비로소 사람들의 얼굴을 보고 생각하는 과정이 바로 편도체의 역할임을 보여주는 fMRI 영상이 선을 보였지만 심리학자들은 얼굴을 마주하는 만남 중에 이루어지는 순간적인 결정이 인생을 바꿔놓을 수도 있다는 사실을 오래전부터 알고 있었다. 1980년대에 몇몇 사회심리학자는 1950년 미국 육군사관학교 졸업 앨범을 면밀히 연구하여 졸업생의 얼굴과 키 등 외모상의 특징이 나중에 그들이 오를 계급과 연관이 있는지 확인했다. 다만 1950년대라는 시대 상황상 사관학교에서 아프리카계나 유대계 학생은 거의 찾아볼 수 없었다. 어쨌든 인상적인 턱이나 눈썹, 깊은 눈매, 평범한 귀 등의 신체적인 특징은 졸업생들이 정식으로 임관된 이후 걷게 될 군 경력에 대한 예측 자료가 되어주었

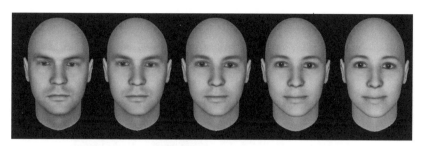

어떤 특징들이 부각되면 그 사람에 대한 신뢰감도 함께 높아진다.

다. 물론 졸업생 중 대부분은 신체조건이 우람하고 외모도 준수한 편
이었다.[20]

　놀라운 일이지만 이런 외적인 특징에 대한 연구는 내가 대학원에
서 배웠던 내용을 일부 확인해주고 있다. 첫 임상면접 수업에서 나
는 고용에 대한 결정은 지원자와 처음 인사를 나누고 30초 안에 결정
된다는 사실을 알게 되었다. 그때까지 나는 이런 내용이 그저 떠도는
소문이라고만 생각했다. 그렇지만 이후 한 세대가 지나 이른바 이미
지 연구는 심리학의 기본적인 두 가지 원칙을 확인해주었다. 먼저 사
람은 얼굴값을 한다.[21] 그리고 둘째, 순간적으로 결정을 내린 후에도
우리는 보통 그 결정을 뒤집지 않는다. 이런 현상을 보통 '확증편향
confirmation bias'이라고 부른다. 우리는 누군가의 눈썹 모양이나 키 등 주
관적인 기준으로 결정을 내린 다음 이 결정을 확인하기 위해 선별적
으로 관심을 기울인다. 비록 그것이 한눈에 누가 더 믿을 만하고 도움
이 되는지를 판단함으로써 이른바 생존 이득을 얻던 시대의 유물일지
라도 어쨌든 우리는 언제 경계를 하고 언제 풀어야 할지 빠르게 판단
할 방법을 확실하게 개발해낸 것이다.

　프린스턴 대학교 연구팀은 컴퓨터가 만들어낸 얼굴을 계속 조정하

사기꾼 얼 존스와 살라 에제딘

면서 어떤 얼굴이 자동적으로 신뢰감을 만들어내는지 정확하게 확인할 수 있었다. 연구팀은 어딘지 모르게 여성스럽고 아기를 닮은 얼굴에 초승달 같은 눈썹, 돌출된 광대뼈, 그리고 밝은 태도가 신뢰감을 높여준다는 사실을 알아냈다.[22]

사실 얼굴에 행복해 보이는 표정을 지으면 더 믿음을 얻게 된다. 반면 위압적이고 남성다운 얼굴에 눈썹과 광대뼈가 안으로 들어가 있으면 두려움과 경계심이 생긴다. 우리가 그렇게 생각해서가 아니라 실제로 그렇게 된다. 다른 사람의 얼굴을 보고 있는 사람들의 fMRI를 확인해보면 해당 얼굴에서 신뢰할 만한 특징이 점점 줄어드는 경우 편도체가 점점 활성화된다. 그리고 편도체가 손상을 입으면 사람들의 얼굴에서 신뢰할 만한 부분을 추적하는 우리의 능력도 '작동을 중지'한다.[23]

잘게 쪼개 관찰하기

지금까지의 내용을 살펴보면 인간은 자동적으로, 그리고 본능적으로 인간의 얼굴에 반응하도록 진화한 것처럼 보인다. 그렇지만 이는 인간 두뇌에서 속임수를 알아차리는 기능의 일부분에 불과하다. 그렇다면 왜 이런 기능이 우리를 사기로부터 보호해주지 못한 것일까? 그 이유 중 하나는 범죄자의 얼굴이 신뢰감을 주었기 때문이다. 이런 얼굴이 주변 사람들의 생각과 감정을 흉내 내는 탁월한 능력인 사회적 기술과 결합되어 성실함이라는 환상을 만들어낸다. 심리학자 대니얼 카너먼^{Daniel Kahneman}은 이를 '사이코패스의 매력^{psychopathic charm}'이라고 부른다.

이런 사람들은 일단 아무런 문제 없이 정직하게 사업을 시작한다. 그렇지만 재정적인 문제가 쌓이기 시작하면 자금 흐름을 유지하기 위해 우선 고객의 눈을 속이는 쪽을 택한다. 이런 사기가 통했다 싶으면 이들은 더 큰 거짓말쟁이가 되는 법을 배우게 된다. 어쩌면 그 과정에서 스스로를 속이고 있는지도 모른다. 그러다가 설상가상 이런 거짓말로 인해 일은 더 잘 풀려간다.[24] 이들에게 경쟁적 우위를 점하게 해준 것은 바로 외모다. 즉 더 빠르고 강력한 누군가가 식량이나 짝 등 필요한 것들을 가져가기 전에 먼저 낚아채는 능력이 아니라 상대방이 나를 믿게 하는 능력이다.

이는 사회적 맥락 안의 직관이 우리를 속이는 방식이기도 하다. 심리학자 로버트 로젠탈^{Robert Rosenthal}과 고^故 날리니 앰바디^{Nalini Ambady}는 1990년대 초에 '잘게 쪼개 관찰하기^{thin-slicing}'라는 표현을 만들어냈다. 두 사람은 심지어 자신도 알지 못하는 사이에 누군가를 보는 일이 심사숙고하는 결정을 대신할 수 있다는 사실을 발견하고는 이 용어를 만들었다.[25] 카너먼은 『생각에 관한 생각^{Thinking Fast and Slow}』에서 이런 현상을 "시스템 1"이라고 불렀고 말콤 글래드웰^{Malcolm Gladwell}은 첫인상의 위력을 다룬 자신의 베스트셀러에서 생각 대신 "순간적 판단blinking"이라는 표현을 사용했다. 그 현상을 무엇이라고 부르든 첫인상이란 아주 편리한 인지적 지름길로, 귀중한 두뇌의 능력을 다른 일에 사용하게 해준다. 그렇지만 심리학자 로버트 치알디니Robert Cialdini는 『설득의 심리학Influence: Science and Practice』에서 정보를 잘게 쪼개 관찰함으로써 결정을 내리면 생각지 못한 역풍을 맞을 수도 있다고 지적한다. 이 점을 강조하기 위해 치알디니는 1960년대 텔레비전 토크쇼에서 사회자 조 파인Joe Pyne과 초대 손님인 록가수 프랭크 자파Frank Zappa가 나눈 대화를 인용했다. 여기서 조 파인은 한쪽 다리가 의족이라는 사실을 미리 알려둔다.

파인 머리가 긴 것이 꼭 여자처럼 보이네요.
자파 다리 한쪽이 그 모양이니 당신은 꼭 탁자처럼 보입니다.[26]

그렇지만 '잘게 쪼개는' 일은 누군가를 비웃거나 속이기 위해 자신의 약점 하나를 내보이는 것이 아니다. 대면관계를 따라 전파되는 다른 유행들처럼 사회적인 기만도 전염될 수 있다. 나는 금융 위기가 있었던 2008년과 2009년에 이 책을 집필하기 위한 사전 조사를 하면서 당시 사회적인 문제가 되었던 각종 금융 사기에 대해 자세히 알게 되었다.

먼저 그 유명한 매도프 사건이 있었다. 그 다음으로 얼 존스 사건이 있었다. 캐나다 퀘벡의 기독교 소수파에 속하는 건실한 영국계 백인 시민들이 사기를 당한 과정은 미국의 아미시교도들과 보스턴의 브라질 이민자들, 그리고 레바논의 헤즈볼라 과격파들이 당한 것과 똑같았다. 또한 모르몬교도들, 토론토의 중국계 캐나다인들, 미국 일리리아의 열린문교회the Church of the Open Door 신도들도 비슷한 사기에 당했다.

정상적인 시장이 무너진 상황에서 살아남기 위해 사람들은 최소한의 도덕적 기준마저 상실했던 것일까? 아니면 정말 사기가 전염된 것일까?

사기는 전염된다

K마트, 월드컴, 타이코, 핼리버턴, 브리스톨 마이어스 스퀴, 프레디맥, 패니 메이, 그리고 버나드 매도프 증권 등 여러 기업이 일련의 사기 사건에 연루되자 듀크 대학교의 행동경제학자인 댄 애리얼리Dan Ariely는 비행기 옆자리 승객의 건강이 심상치 않다는 것을 알아차리듯 누군가는 이런 비리 사실을 알아차릴 수 있지 않았을까 궁금해졌다. 애리얼리는 『거짓말하는 착한 사람들The Honest Truth about Dishonesty』에서 자신의 의문에 대해 이렇게 설명하고 있다.

만일 사회의 부정행위가 정말로 증가했다면 마치 전염병이나 바이러스, 혹은 전염성 박테리아처럼 퍼져나간 것일까? 직접적인 접촉은 물론 단순히 옆에 있는 것만으로도 병이 전염되듯이? 이런 전염이라는 개념은 우리가 지금 도처에서 목격하고 있는 사기와 불성실함의 끝없는 사례들과 어떤 연관성이 있는 것일까? …… 나는 우리가 사기를 치고 있는 사람들을 너무 가까이하면 사회적 정직성의 자연스러운 균형이 깨질 수도 있다고 생각한다. 어쩌면 우리와 가까운 사람들의 불성실함은 상관없는 사람들의 행동보다 우리의 삶에 더 큰 '전염성'이 있는 것이 아닐까.[27]

애리얼리는 두 명의 동료(한 명은 사기 행각이 어느 정도는 사람들을 유쾌하게 만들어준다는 사실을 밝혀낸 하버드의 연구자 프란체스카 지노^Francesca ^Gino였다)와 함께 불성실함이나 사기가 과연 전염성이 있는지 확인해보기 위해 실험을 실시한다. 실험에 자원한 학생들에게 일련의 숫자가 인쇄되어 있는 종이 한 장을 나누어준다. 학생들은 둘이 합쳐서 '10'이 되는 숫자를 최대한 많이 찾아낸다. 각각의 숫자에는 소수점이 포함되어 있기 때문에, 예컨대 '2+3'처럼 깔끔하게 더해지지는 않는다. 5분 동안 정답을 찾은 다음 현금 10달러가 들어 있는 봉투에서 정답 하나당 50센트씩 돈을 꺼내 간다.

여기서부터 재미있는 부분이다. 테스트에 참가한 세 집단은 조금씩 다른 경험을 했다. 먼저 통제 집단의 학생들은 정답의 개수에 따라 돈을 가져간 다음 정답과 남은 돈을 담당자에게 확인하게 했다. 두 번째 집단은 실험 도중에 지켜보는 사람이 아무도 없는 것 같은 환경을 만들어주었다. 학생들은 지켜보는 사람이 없다고 생각하면서 정답을 세고 돈을 꺼냈다. 그리고 처음 지시대로 계산한 종이를 찢어버리고는 남은 돈이 들어 있는 봉투를 문 옆의 상자에 넣고 실험실을 나갔다. 세 번째 집단은 바로 이 실험의 주 대상자로, 애리얼리는 이들을 '매도프 실험군'이라고 불렀다. 여기에는 연구팀이 몰래 투입한 매력적인 학생이 끼어 있었다. 실험이 시작되고 60초가 지나자 이 키 큰 금발의 학생이 자리에서 일어나 선언한다.

"다 끝냈어요! 이제 뭘 하면 되죠?"

그중에는 아직 답을 하나도 찾아내지 못한 학생도 있었기 때문에 다들 분명 속임수가 있다고 생각했다. 담당자는 이 학생에게 답안지를 찢어버리고 봉투에서 약속한 만큼 돈을 꺼내라고 했다.

"문제는 몽땅 풀었고 봉투에 있는 돈도 다 꺼냈어요. 이제 뭘 하면 되나요?"

학생이 다시 묻자 담당자는 빈 봉투를 상자 안에 넣고 가라고 말한다. 학생은 보란 듯이 돈을 몽땅 꺼내고는 시키는 대로 실험실을 나갔다.

그렇다면 문제를 가장 많이 '푼' 집단은 어디일까? 애리얼리와 동료들은 매도프 실험군이 통제 집단보다 거의 두 배 이상 많은 숫자를 찾아냈으며, 두 번째 집단보다도 계산을 더 많이 끝낸 것으로 확인했다. 다시 말해 그들은 거짓말을 했던 것이다. 두 번째 집단에는 속일 기회가 있었지만 어떻게 하면 되는지, 즉 거짓말을 하고 돈을 꺼낸 다음 가버리면 된다는 사실을 몸소 보여준 사람이 없었다.[28]

만일 사람들이 여성적이고 부드러운 얼굴의 남자를 믿을 수 있다고 생각한다면, 그리고 거짓말이 전염될 수 있다면 대면적인 사회적 연결망은 분명 어두운 면을 드러내게 된다. 올바른 얼굴의 특징과 적절한 눈빛 교환, 그리고 상황에 맞는 몸짓언어 등 신뢰와 관련해 머리가 파악하는 신호는 사실 가짜로 흉내 내기가 아주 어려운 것들이다. 그럼에도 우리는 신분이나 지위가 비슷한 사람에게 쉽게 속아 넘어간다. 얼 존스나 버니 매도프, 그리고 먼로 비치와 같은 범죄자들은 이런 신호를 교란시켜가면서 자신이 속한 공동체 안의 정직한 사람들과 오랫동안 신뢰를 쌓았다. 그 결과 의심으로부터 벗어났다. 얄궂은 일이지만 서로 가깝게 연결되어 있는 친구나 가족, 그리고 재무 전문가들과의 관계가 결국 오랜 세월 확인하고 경계하는 절차를 무력화시킨 것이다. 신뢰는 대면관계 안에서 싹터서 과도기를 거친 다음 사회적 연결망 안에서 사람들이 거의 알지 못하는 사이에 서로에게 전달된다.

피라미드식 금융 사기는 대면적인 사회적 연결망과 많은 점에서 비슷한 특징이 있다. 그 규모와 구조뿐 아니라 신뢰감이 쌓여가는 방식까지 알아볼 수 있기 때문에 이제 범죄학자들은 질병 전문가들이 AIDS나 자살의 유행을 추적하는 것과 유사한 방식으로 범죄 조직들을 분석할 수 있게 되었다. 범죄든 질병이든 연결망 안에서 구심점들을 통해 퍼져나간다.

예를 들어 범죄학자인 리베카 내시[Rebecca Nash], 마틴 부샤드[Martin Bouchard], 아일리 맘[Aili Malm]은 캐나다 브리티시컬럼비아에 본사를 둔 에런 신용대출 상사[Eron Mortgage Corporation]를 조사해보았다. 이 회사는 1990년대에 2,200명이 넘는 투자자들을 속여 2억 4,000만 달러를 빼돌렸다. 세 사람은 중요 피해자들이 친구와 가족들에게 이 회사에 대한 이야기를 전한 것을 확인했다. 얼 존스 사건과 마찬가지로 중간 거점, 혹은 감염원 역할을 했던 이 150여 명이 판을 크게 키웠을 뿐만 아니라 자기들도 모르는 사이에 사람들이 믿을 만한 분위기를 만들어갔다.[29] 그들과의 개인적인 접촉에 영향을 받은 10여 명의 주식 거래인이 다른 사람들에게 진짜 합법적인 투자 기회인 것처럼 소개했는데, 이는 얼 존스의 친구와 가족들이 다른 가까운 사람들에게 존스를 투자와 부동산 전문가로 소개한 것과 아주 흡사했다.

다시, 여성 효과

이런 사기 사건은 마약과 관련된 범죄 사건과 조금 다르다. 그럼에도 불구하고 많은 사기 사건에서 '여성 효과'가 핵심적인 역할을 했다. 왜냐하면 사기는 결국 관계에 의존하는 범죄이기 때문이다. 예를 들어 얼 존스 사건의 피해자들 중 80퍼센트는 여성이었다. 좀 더 정확히 설명하면 메리 코플런은 자신의 딸을 얼 존스에게 소개해주었고 웬디 넬스의 어머니와 코플런은 절친한 친구였으며, 그렇게 웬디도 얼 존스를 알게 되었다.

보통 소규모 집단에서 여성은 남성보다 서로 간의 의사소통에 더 적극적이다. 그리고 자신이 알고 있는 전문가에 대한 상세한 정보도 친구나 가족과 더 많이 나누려고 한다. 물론 그 친구나 가족도 대부분 여성이다. 여성들이 함께하는 사회적 모임은 남성들의 모임에 비해 그 규모가 작기 때문에 그들의 관계는 더 친밀하며 더 중요한 정보를 나누게 된다.[30]

"대부분의 여성에게 함께 시간을 나누며 자신의 감정에 대해, 그리고 일상에 대해 이야기를 나누는 일은 관계의 핵심이 된다. 누군가 나에게 비밀을 이야기한다는 것은 그 세계에서 내가 혼자가 아니라는 사실을 일깨워준다."

데보라 태넌[Deborah Tannen]은 『남자를 토라지게 하는 말, 여자를 화나게 하는 말[You Just Don't Understand: Woman and Man in Conversation]』에서 그렇게 적고 있다. 태넌 자신의 맛깔 나는 경험담과 함께 그녀가 좋아하는 작품의 인용문이 담겨 있는 이 흥미로운 책은 그 자체로 친밀한 분위기를 만들어내기도 한다.[31]

그렇지만 서로 믿고 이야기하는 여성들의 성향은 단순히 막연한 추측이 아니라 자료로서도 증명된다. 2012년 영국 휴대전화 사용자의 통화 19억 건과 문자 4억 8,900만 건을 분석한 유럽의 과학자들은 사기꾼 얼 존스의 사기 대상이기도 했던 50세 이상의 여성이 남성보다 더 많이 통화한다는 사실을 밝혀냈다. 특히 소집단에 소속되어 있는 여성의 통화 시간이 길었다. 그들은 가족보다 친한 친구와 더 자주 연락하며 장성한 딸들이 있는 경우가 많았다. 한편 남편이 평생 가장 많이 연락하는 사람은 보통 한 사람으로 고정되어 있으며, 대부분의 경우 그 상대는 여자, 그러니까 바로 자신의 아내다.[32] 피라미드식 사기가 끊임없이 새로운 투자자에게서 돈을 끌어모아 최초의 투자자에게 배당금을 돌려주는 형태라는 점을 감안하면 여성들은 자신도 모르게 아주 중요한 사기의 피해자가 되는 것이다. 여성의 개인적인 연결망은 남성에 비해 그 규모가 작을지 모르지만 더 친밀하고 끈끈하다.[33] 얼 존스는 남성, 특히 경제를 잘 아는 사람들과는 철저하게 거리를 두었다. "존스는 아주 주의 깊은 남자였어요. 내 아들 제리하고는 절대 가까이하지도 않았죠. 제리는 투자은행에서 일을 했거든요. 내 딸이 훨씬 만만했을 거예요"라고 코플런은 말한다.

이런 유형의 사기 행각은 신원 도용이나 얼굴 없는 인터넷상의 범죄보다 더 빨리 퍼진다. 온라인의 익명성과는 반대로 사람들의 관계를 통해 퍼지는 범죄이기 때문이다. 또한 이런 범죄의 심리적 영향이 남성보다 여성에게 더 치명적이라는 분명한 증거도 있다.[34]

던바의 법칙

그 규모에 대한 이야기를 한번 해보자. 얼 존스와 에런 사건에서 흥미로운 점은 '150'이라는 마법의 숫자다. 존스의 사기 행각이 무너지기 직전 피해자의 숫자는 150명을 넘었고 대부분이 같은 사회적 연결망 안에 있었다. 그리고 에런의 경우 150명을 넘지 않는 사람들이 중요 연결 지점이었다. 이런 사실은 기이하거나 신비한 것도 아니고, 그렇다고 확인된 규칙도 아니다. 예컨대 매도프 사건의 경우 피해자가 수천 명에 달했다. 그렇지만 어느 정도 차이를 감안하더라도 '150'이라는 숫자는 옥스퍼드 대학교의 진화심리학자인 로빈 던바^{Robin Dunbar}의 주장처럼 인간이 감당할 수 있는 진짜 의미 있는 인간관계의 최대치일지도 모른다.

던바의 법칙

평균 규모 150명인 인간 공동체의 사례

- 고대의 수렵 채집 사회에서 한 부족의 평균 인원 : 153명
- 기원전 6000년경 신석기시대 중동 지역 마을의 인구 : 120~150명
- 정복왕 윌리엄이 공격했던 마을들의 평균 규모 : 150명
- 18세기 영국 시골 마을의 평균 규모 : 160명
- 공화정 시절 로마 군단 1개 부대의 병사 수 : 130명
- 캐나다와 미국의 육군 중대 : 130~150명
- 크리스마스 카드를 주고받는 평균 인원 : 68개 가정 150명
- 프리랜서들이 함께 작업하는 사람들의 평균 규모 : 150~200명
- 단일 주제를 연구하는 핵심 인력의 평균 규모 : 100~200명
- 아미시나 후터파 공동체의 평균 규모 : 110~150명
- 이 책의 저자가 참여하는 수영 모임의 회원 수 : 140~150명
- 장기 결근이나 계층적 관리 구조 없이 관리할 수 있는 고용인의 수 : 150~200명[35]

던바는 페이스북이나 트위터를 통한 접촉을 제외하고 오로지 직접 만나 대화할 만큼 친밀한 사이를 기준으로 했다. 나 역시 페이스북 친구가 여럿이지만 그중 상당수는 실제로 거리에서 나와 부딪혀도 전혀 알아보지 못할 사람들이다. 던바는 페이스북을 하든 말든 인간의 두

뇌가 감당할 수 있는 진정한 사회적 유대관계의 규모는 지난 수천 년 간 거의 변하지 않았다고 주장한다. 지금은 대부분의 관계가 온라인 과 오프라인에 걸쳐 유지되고 실제로 만날 때도 전자 기기를 통해 시 간과 장소를 정하지만 대면 모임이란 기본적으로 살아 숨 쉬는 관계 를 유지하는 것이다.[36]

먼 곳에 있는 대학에 입학해 집을 떠나는 학생들이 고향 친구들과 멀어지지 않기 위해서는 얼굴을 마주하는 진짜 접촉이 계속 필요하다 는 사실을 보여주는 연구가 있었다. 요컨대 18개월 이상 친구들을 만 나지 못해 저녁도 먹지 못하고 영화도 보지 못했다면 친구들 사이에 있던 나의 자리는 다른 누군가로 채워질 가능성이 높다고 한다. 두 가 족의 관계가 아주 돈독해도 이런 사실은 변하지 않는다.[37] "간단히 말 해 우리의 두뇌는 사회생활을 하면서 제한된 숫자 이상의 사람들을 받아들이도록 설계되지 않았다. 친밀한 관계는 적잖은 감정적·심리 적 투자를 필요로 하며 우리에게 감정이라는 자산은 무한하지 않다" 고 던바는 설명한다.[38]

영장류 동물학과 인류학을 전공한 던바는 겸손한 60대 학자로, 회 색 턱수염을 기르고 커다란 무테안경을 쓰고 있다. 그리고 말할 때면 몇 분 간격으로 "말하자면"을 반복하는 버릇이 있다. 그런데 앞서 소 개한 우리의 두뇌나 정신에 관한 설명에 대해 "말하자면"이라고 말하 고 다시 설명해주는 것이 좋지 않았을까. 나는 그의 말이 우리의 두뇌 자체는 이미 정해진 부분이 있지만 시간이 지나면서 우리가 맺고 있 는 사회적 관계의 규모와 복잡성을 따라잡기 위해 진화했다는 뜻이 아닌가 궁금했다. 이른바 '사회적 지능 가설'이라 불리는 이 이론은 영장류, 그중에서도 특히 인간의 두뇌가 언어와 감정의 역량을 개발

386

할 수 있을 정도로 크게 진화한 이유를 설명해준다.[39] 영장류가 더 큰 무리 안에서 살아남기 위해서는 더 강해진 두뇌의 힘이 필요하다. 그렇게 해서 누가 누구의 짝인지, 누가 누구의 엄마인지, 현재 누가 중요 인물인지, 누가 권좌에서 물러났는지, 누가 우두머리의 오른팔이고 또 지지 세력은 어떤지, 그리고 반란을 꾀하는 젊은 무리가 누구인지 계속 파악해나가는 것이다.

그렇지만 집단 안에서의 생존을 위한 인지 활동은 그 집단을 분석하고 누가 누구와 연결되어 있는지를 기억하는 것만으로 유지되지 않는다. 거기에는 마음을 읽는 일도 필요하다. 영장류 집단의 규모가 커지기 위해서는 대뇌피질, 그러니까 문제를 해결하고 다른 사람의 생각과 느낌을 상상하는 능력을 담당하는 뇌를 덮고 있는 얇은 물질도 반드시 커져야 한다.[40]

영장류건 인간이건 밀접한 사회적 관계 안에서는 공짜 점심이 없다. 비비원숭이처럼 인간이 아닌 영장류도 깨어 있는 시간의 45퍼센트를 사회적 상호 교류에 사용한다. 말 그대로 서로의 털을 골라주는 등 직접 실천하는 관계를 이어가는 것이다. 우리 인간이 이런 사회적 교류에 사용하는 시간은 20퍼센트에 불과하며 우리로서는 그만한 결과를 얻어야 하는 아주 귀중한 시간이다. 여러 자료에 의하면 접촉할 상대를 선별하고 일방적으로 계속 연락하면 당장의 욕구는 채워질지 모르지만 이는 진정한 관계가 아니다. 18~63세의 성인이 맺고 있는 사회적 관계에 인터넷이 미치는 영향을 연구한 네덜란드의 심리학자 토머스 폴렛Thomas Pollet은 온라인상의 사회적 연결망에 시간을 쓰면 쓸수록 더 많은 온라인상의 접촉이 이루어지지만 진정한 오프라인의 관계나 친밀한 느낌으로 연결되지는 않는다는 사실을 발견했다.[41] 분명 온라인 접촉으로 경험할 수 있는 즐거움은 한정되어 있을 뿐만 아니라 대면적인 사회적 관계 없이는 그나마도 사라져 곧 다른 것으로 대체될 것이다.

우울한 사실이지만 직접 만날 기회가 없이는 최소 18개월에서 최대 7년 안에 우정은 사라지고 다른 사람이 그 자리를 대신하게 된다고 한다.[42] 이런 자료들이 눈에서 멀어지면 마음에서도 멀어진다는 흔한 이야기를 확인해주고는 있지만 세계는 하나라는 공허한 약속을 생각하면 더욱 실망스럽다. "대면 접촉이 없을 경우 감정적 친밀함은 1년에 15퍼센트씩 사라진다. 따라서 5년 정도면 가깝게 지내는 150명 가운데 가장 먼 사이가 되어버린다"고 던바는 설명한다.

그렇다면 사업이나 거래에서 관계가 사라진다는 것은 어떤 의미일까? 만일 우리가 '관계'를 이어가기 위해 마음만 크게 가지고 있다면 진정한 사회적 연결망은 우리가 생각하는 것보다 훨씬 규모가 작고 위태로울 것이다. 고객이나 동료를 직접 만나 대화를 해야 한다는 필요성을 없애주는 첨단 기술은 어쩌면 우리 모두가 바라는 소식일지도 모른다. 기술을 통한 관계는 비용이 저렴하고 편리하다. 그래서 전자기기를 상대하는 일은 진짜 사람을 만나 의사소통을 하고 관리를 하거나, 혹은 그 일을 대신할 사람을 고용하는 것보다 여러 가지 면에서 더 편하다. 첨단 기술을 이용한 관계는 이렇게 비용에 따른 효과가 높을 뿐만 아니라 훈련과 판매, 그리고 고객 서비스에도 효율성과 영감을 불어넣어준다. 그렇지만 정말 생각처럼 이런 일들이 잘 이루어질까? 지금부터 몇 가지 이야기를 살펴보고 더 많은 증거를 찾아보도록 하자.

내가 내일 다시 오라고 말했잖아

폴 잉글리시$^{Paul English}$는 첨단 기술을 열렬히 지지하는 사람이다. 대학에서 컴퓨터과학을 전공한 잉글리시는 오랫동안 프로그래머로 일하면서 카약닷컴$^{kayak.com}$과 같은 여러 벤처회사를 세웠고 현재는 카약닷컴에서 기술 담당 이사로 근무하고 있다. 2006년 말, 그는 자신의 블로그에 몇몇 회사의 음성 안내 시스템을 뚫고 직원과 직접 통화하는 방법을 올리고는 인터넷 사용자들의 열렬한 지지를 받았다.

"잉글리시는 기업의 음성 안내 시스템을 우회해 직원과 직접 통화할 수 있는 암호를 공개해버렸다. 이 암호는 기업이 일반인에게 알려주지 않는 비밀이다."

경영 관련 정보와 소식을 제공하는《패스트 컴퍼니$^{Fast Company}$》의 윌리엄 테일러$^{William Taylor}$는 그렇게 썼다. 6개월이 지나지 않아 잉글리시의 블로그에 접속하는 사람은 월 100만 명을 넘어섰고 많은 사람이 자기가 다니는 회사의 암호를 제공했다.[43] 잉글리시는 자기도 모르는 사이에 인터넷상의 운동을 주도하게 된 것이다.

"나는 컴퓨터 프로그래머로 20년 이상 일했습니다. 나는 반자본주의자도 아니고 내가 시작한 회사만 여러 개입니다. 그렇지만 오만과 독선에는 반대합니다. 콜센터를 운영하는 경영진은 왜 자기들 멋대로 진짜 사람과 통화하지 못하게 해놓은 걸까요?"

잉글리시는 자동화된 고객 안내 서비스에 대한 불만의 물꼬를 터놓았다. 많은 기업, 특히 원거리 통신회사, 보험회사, 의료회사, 여행사들은 경비 절감을 위해 사람이 아닌 기계나 인건비가 저렴한 외국 콜센터를 활용하고 있다. 그런데 외국 콜센터 같은 경우 직원들은 업무 자체에 대해 아무것도 모르고 전화 한 통당 수당을 받기 때문에 고객의 전화를 상관없는 사람에게 빠르게 넘겨버린다. 예컨대 잘못 청구된 휴대전화 요금에 대해 문의하려고 하면 먼저 내 번호를 누르고 회사에서 제공하는 기계 장치의 음성 안내를 여러 단계에 걸쳐 들어야 한다. 기계 장치는 내 이름을 똑바로 말하라고 몇 번이고 요구한다. 내 음성을 확인할 수 있도록 더 분명하게 이야기하라는 것이다. 그다음에는 각기 다른 네 곳의 콜센터 직원을 상대해야 한다. 각각의 직원은 내 전화번호와 주소, 생년월일과 문의 내용을 반복해서 확인한다. 어느새 통화를 시작한 지 수십 분이 흐르고 내 휴대전화 배터리는 그만 죽어버린다. 나는 그냥 돈을 내고 다 잊어버린다.

그렇지만 폴 잉글리시는 인터넷으로 이런 기업들에 대해 보복을 감행했다. 블로그에 글을 올리고 열광적인 지지를 받은 지 2년이 되지 않아 잉글리시는 겟휴먼닷컴 GetHuman.com이라는 인터넷 웹사이트를 개설한다. 여기에 기업의 암호와 통화 연결에 걸리는 시간, 그리고 월별 최고와 최악의 기업을 공개한 것이다. 2012년 가을까지 이 사이트는 45개국 8,000여 개 기업에 대한 내용을 공개했고 지금도 계속 공개되고 있다. 예를 들어 내가 통신회사가 알려준 번호가 아닌 잉글리시의 사이트에 올라온 다른 번호로 전화를 걸고 '0'을 누르면 불과 몇 분 만에 기계 음성이 아닌 진짜 직원과 연결된다. 영화 〈오즈의 마법사〉를 기억하는지. 영화에서 주인공 도로시가 정체불명의 대마법사 오즈에게 다가가자 벽 뒤에 몸을 감춘 오즈는 우레와 같은 목소리로 도로시를 꾸짖는다.

"강력하고 위대한 마법사 오즈의 분노를 끓어오르게 하지 마라! 내가 내일 다시 오라고 말하지 않았느냐!"

이제 폴 잉글리시 덕분에 이런 상황을 면하게 되었다.

상대가 악덕 기업이 아니고 상황이 심각하지 않다면 이 정도는 애교로 넘어갈 수 있을지 모른다. 그렇지만 숨어 있는 이야기가 또 있다. 고객이나 직원이 겪는 상황에는 아랑곳하지 않고 인건비를 절감하기 위해 첨단 기술에만 의존한다면 그 기업은 지금껏 인지신경과학이 밝혀낸 가장 중요한 사실들을 무시하고 있는 것이다. 그것은 기분과 사회적 상호 교류, 그리고 생산성은 하나로 단단히 묶여 있으며 각각의 효과를 극대화해준다는 사실이다.

행복

우선 기분과 생산성에 대한 문제부터 알아보자. 대니얼 카너먼과 그의 동료들이 기분이라는 것을 평가하기 위해 1,000여 명의 직장 여성에게 휴대용 컴퓨터를 쥐여주었다. 이 여성들은 컴퓨터를 가지고 하루를 보내며 순간순간 어떤 일을 하고 있는지, 그 일을 하면서 얼마나 행복한지를 기록했다. 그 결과 가장 행복했던 순간은 성관계를 맺거나 사람들과 어울리는 시간이었다. 반면에 기분이 가장 좋지 않은 시간은 출퇴근을 하거나 일을 할 때였다.[44] 카너먼은 『생각에 대한 생각』에서 이렇게 관찰된 사실들을 바탕으로 한 걸음 더 나아갔다. 독일의 심리학자 샤샤 토플린스키Sascha Topolinski와 프리츠 슈트라크Fritz Strack는 사람들의 활동에 가장 강력한 영향을 미치는 것은 그 당시의 기분이나 분위기라는 사실을 알아냈고, 카너먼은 두 사람의 연구 결과를 다시 확인해준 것이다. 두 학자는 창의적 지능이란 완전히 다른 것처럼 보이는 생각들 사이에서 관련성을 찾아내는 것이라는 기본적인 개념을 바탕으로 세 단어 사이의 관련성을 사람들이 찾아내는지 살펴보았다.

목축	스위스	케이크
스컹크	왕들 끓인	
대머리	날카로운	상징
피	음악 치즈	

예를 들어 목축, 스위스, 케이크와 연결되는 한 단어는 바로 '치즈'다. 그리고 대머리, 날카로운, 상징과 연결되는 단어는 '독수리'다.

실험 전에 토플린스키와 슈트라크는 피험자들에게 지금껏 행복했던 순간과 슬펐던 순간을 모두 떠올려보라고 주문했다. 사람들의 기분이 문제를 푸는 데 어떤 영향을 미치는지 알아보기 위해서였다. 놀랍게도 기쁘거나 불쾌했던 기억을 떠올리는 것만으로 문제를 푸는 일은 크게 영향을 받았다. 너무 간단해서 믿기지 않을 수도 있지만 사람들에게 행복했던 기억을 떠올리게 하면 현재 하고 있는 일의 정확도가 100퍼센트 이상 증가한다.

"이보다 더 충격적인 결과는 좋지 않은 생각이나 기억은 직감에 방해가 된다는 사실이다. 이럴 때 사람들의 직감이란 아무 생각이 없는 것과 비슷하다. 기분은 분명히 사고 체계에 영향을 미친다. 우리가 불편하거나 불행한 기분이라면 직관적 통찰을 잃게 된다."

카너먼의 『생각에 대한 생각』에 나오는 구절이다.[45]

만일 얼 존스와 같은 사기꾼이 은퇴 자금을 털어 자신에게 투자하라고 설득한다면 좋지 않은 기분 상태가 자신의 손익 계산에 도움을 줄 수도 있다. 사람은 기분이 우울하면 의심이 많아진다. 그렇지만 경영자로서 상품을 판매하거나 문제에 대한 창의적 해결책을 제시하려 한다면 관련된 사람들의 기분을 풀어줄 필요가 있다. 그리고 운이 좋다면 그런 기분이나 분위기는 전염될 수도 있다. 사회적 접촉은 지위 고하를 막론하고 모든 직원이 자신의 일에 대해 편안하고 긍정적인 기분이 들게 하면서 현재 처리 중인 업무를 부드럽게 이끌어나가도록 해준다. 또한 직원들이 이런 기분을 고객들과의 관계에까지 확장시키는 경우 성과에도 영향을 미친다.

온라인 신발 판매 회사인 재포스Zappos의 공동 창업자 토니 셰이Tony Hsieh는 이런 사실을 일찌감치 알아차렸다. 1998년 자신의 인터넷 광고 회사인 링크익스체인지LinkExchange를 마이크로소프트사에 2억 6,500만 달러에 매각한 셰이는 사업 정리를 위해 회사를 떠나지 말고 계속 남아달라는 요청을 받는다. 회사 매각을 통해 개인적으로 4,000만 달러를 챙겼지만 만일 회사를 떠난다면 그중 20퍼센트를 포기하는 조건이었다. 당시 셰이는 스물네 살이었다.

"그대로 남는다 하더라도 이런 인수 합병에서 합병당하는 쪽의 경영진은 하는 일이 거의 없는 것이 이쪽 관습이었다. 사실 '다 넘기고 편히 쉬시길' 같은 말이 떠돌 정도였다."

셰이의 자서전 『딜리버링 해피니스Delivering Happiness』의 한 대목이다. 그렇지만 그는 그런 일은 따분해서 견딜 수가 없었다. "다 넘기고 편히 쉬는" 대신 뭔가 새로운 일, 그러니까 예전과 똑같은 일이 아니라 자신을 더 행복하게 만들어줄 일을 하고 싶었다. 그렇지만 정확하게 어떤 일을 해야 더 행복해질 것인가?

"나는 인생에서 가장 행복했던 순간들을 정리해보았다. 그리고 그중 어떤 일도 돈과는 별 상관이 없다는 사실을 깨달았다. 무엇인가를 만들어내는 일, 그리고 창의적이면서 혁신적인 일이 나를 행복하게 만든다는 사실을 알게 되었다. 친구들을 만나 다음 날 아침까지 밤새도록 이야기하는 일도 나를 행복하게 했다. 중학교 때 친구들과 함께 할로윈을 마음껏 즐길 때도 행복했다. 수영을 한 뒤 먹는 갓 구운 감자도 나를 행복하게 했다."

셰이는 새로운 것을 만들어내는 일과 사회적인 접촉이 자신의 행복 비결이라고 결론짓는다.[46]

셰이는 800만 달러를 포기하고 재포스로 옮긴다. 1년 전 투자자 자격으로 공동 창업한 회사였다. 그는 신발에 대해서는 잘 몰랐고 패션에는 문외한이었다. "장기적으로 보면 전자상거래가 꼭 필요한 분야도 아닌 것 같았습니다"라고 그는 《뉴욕 타임스》와의 인터뷰에서 말했다.

"나는 사람들을 정말로 행복하게 해줄 경험이 문제라고 생각했습니다. 어떤 식으로든 우리의 삶을 더 나은 방향으로 이끄는 경험 말입니다."

정확히 필요한 순간에 딱 맞는 신발을 전달함으로써 고객들을 행복하게 만들어준다. 셰이는 판매 담당 직원들이 재미있는 분위기 속에서 자율적으로 일할 수 있는 기업 문화를 만들어낸다. 그러면 직원들이 고객들도 기쁘고 재미있게 해줄 것이라고 기대하면서.

"한 가지를 생각했습니다. 나를 포함해서 전 직원이 계속 머물고 싶은 회사를 어떻게 만들어낼 수 있을까?"

직원들이 고객들과 관계를 이어가고 그들을 행복하게 해줄 수만 있다면 고객을 응대하는 시간에 제한 같은 것은 없었다. "사람들이 깜짝 놀랄 만한 서비스를 제공한다"는 것이 바로 회사의 첫 번째 핵심 가치였다. 어떤 고객 상담 전화는 여섯 시간이나 계속되기도 했다. "익명성 뒤에 숨은 냉정한 인터넷 시장에 살아 있는 인간관계라는 온기를 불어넣었다"라는 어느 기자의 보도처럼 셰이는 그렇게 성공을 거두었다. 2009년 셰이는 재포스를 아마존에 10억 달러 이상을 받고 매각한다. 수많은 온라인 판매 사이트가 침몰하는 대불황이 한창이던 시기였다.[47]

우리는 인간의 언어를 말한다

어쩌면 셰이는 불필요한 것들을 모두 정리하는 새로운 기업 환경 속에서 아주 이례적인 경우인지도 모른다. 그렇지만 고객의 충성을 확보하는 것이 비결 중의 비결이라는 사실을 깨달은 사람은 셰이만이 아니었다. 수많은 서비스를 마음대로 선택할 수 있는 요즘 세상에서 고객이 나를 선택할 이유가 있을까? 그 이유 중 하나는 전화로 고객을 상대하는 직원일 수도 있다.

MIT 경영대학원 교수 제이넵 톤Zeynep Ton은 2012년《하버드 비즈니스 리뷰》에서 잘 훈련되고 많은 보수를 받는 직원, 자신의 일을 좋아하고 기꺼이 함께 일하려는 직원을 배치한 기업은 더 많은 수익을 올린다고 주장했다. 톤 교수는 코스트코Costco, 트레이더 조스Trader Joe's, 퀵트립QuikTrip, 스페인의 메르카도나Mercadona 등 네 곳의 할인 매장이 가격을 낮게 책정하고 인건비 역시 그에 맞게 낮춰야 한다는 일반적인 통념을 지키지 않고 있다는 사실을 알아냈다. 이들 기업은 거의 실시되지 않는 직무 교육, 최저임금, 계속 바뀌는 업무 시간표, 최소한의 복지 혜택, 인사 정체 등 미국 근로자의 20퍼센트가 경험하고 있는 일반적인 기업 행태 대신 "모든 분야에서 낭비를 줄여 인건비에 투자하고 직원들이 직접 결정을 내리게" 한다.[48] 이들 매장은 인건비에 적게 투자하는 경쟁 기업들보다 당연히 근로조건도 낮고 매장 면적당 수익도 높다.

『대중의 지혜Wisdom of Crowds』의 저자인 제임스 서로위키James Surowiecki에 따르면 500개 할인 매장에서 인건비에 1달러를 더 쓸 때마다 4~28달러의 이익이 더 발생한다고 한다. 다시 말해 인건비를 줄일 경우 경영에도 좋은 영향을 미치지 못한다는 것이다.

물론 거래하는 상품 자체가 좋지 않은데 인건비만 올린다고 도움이 되지는 않을 것이다. 그렇지만 비용 절감에 대한 미국 기업의 환상이 도를 넘어서고 있음을 보여주는 강력한 사례들이 있다. …… 2000년 건축 자재 전문 기업인 홈 디포Home Depot의 경영을 맡은 밥 나델리Bob Nardelli는 매장의 직원 수를 줄이고 정직원이 아닌 계약직 직원을 고용했다. 그런 과정에서 홈 디포는 전혀 정리되지 않은 쓸모없는 공간으로 변해갔다. 고객은 자신을 도와줄 직원을 찾아 매장 안을 헤매고 다녔지만, 마침내 찾아낸 계약직 직원은 전혀 도움이 되지 못했다. 홈 디포의 고객 서비스 만족도는 곤두박질쳤고 매출도 늘어나지 않았다.[49]

분명 직원과 관련된 예산 감축은 경영 실적에 좋지 않은 영향을 미칠 수 있으며, 불황기에 들어선 은행과 신용카드 회사 등은 비싼 대가를 치르고 이런 사실을 배웠다. 연구에 따르면 평균 다섯 장 이상의 신용카드를 갖고 있는 고객은 카드 값이 연체될 경우 자신과 인간미 있는 관계를 만들어가는 직원이 있는 회사의 카드 값부터 결제한다고 한다. 2010년 미주리 주에 거주하는 도나 티프Donna Tiff라는 여성이 4만 달러나 되는 카드 빚으로 곤란을 겪고 있었다.

"전화가 쉬지 않고 울려댔습니다. 나는 전화를 받고 울면서 정말 죽고 싶은 심정이라고 고백했습니다."

그녀가 작가이자 기자인 찰스 두히그Charles Duhigg와 나눈 대화다. 티프는 통장 잔고가 바닥나서 파산할까봐 두려웠다. 그때 통화를 하고 있던 뱅크 오브 아메리카Bank of America의 고객 담당 직원 트레이시는 그녀의 이야기를 자상하게 들어준 뒤 현재 잔고에 문제가 있는 것은 결제가 자동으로 두 번 반복되어 그렇다고 알려주었다. 티프는 울음을 멈추고 이야기에 귀를 기울였다.

"나는 트레이시에게 내 이야기를 들어줘서 정말 고맙다고 말했습니다. 그리고 우리 둘은 한 시간이 넘도록 나의 다른 문제들이며 육아에 대해 이야기를 나눴어요. 트레이시는 나랑 닮은 점이 아주 많은 정말 대단한 사람이었습니다. 그녀는 자신의 전화번호를 알려주며 궁금한 일이 있거나 그냥 이야기를 나누고 싶으면 언제라도 전화해달라고 말했습니다."

두히그에 따르면 도나 티프는 이후 3년 동안 뱅크 오브 아메리카에 지고 있던 카드 빚 2만 8,000달러를 모두 갚았다고 한다. 그리고 빚을 갚는 동안 정기적으로 트레이시와 이야기를 나누었다고 한다. 그러면 다른 카드회사에 남아 있던 1만 2,000달러의 빚은? 그 빚은 이후로도 완전히 청산하지 못했다.[50]

기업이 우리와 사회적 교류를 하는 것은 이익을 이끌어내기 위한 수단일 뿐이라고 생각하기 쉽다. 이런 냉소적인 견해에도 불구하고 나는 잡지 전면 광고에 커다랗게 적혀 있는 "우리는 인간의 언어를 말합니다"라는 문구를 찢어냈다.

"당신의 재정 문제에 대해 진짜 살아 있는 사람과 이야기하고 싶을 때가 있을 것입니다."

광고는 그렇게 이어졌다. 물론 그럴 때가 있지.

"우리 앨리 은행Ally Bank은 언제 어느 때라도 하루 24시간 '0'번만 누르시면 직원과 통화할 수 있습니다. 복잡한 절차를 거칠 필요도 없고 음성 인식을 위해 자신의 이름을 반복해서 말할 필요도 없습니다."

경영진이 그렇게 하는 것이 정말 옳은 일이라는 사실을 깨달은 건지, 아니면 그저 적절한 경영 전략이라고 생각한 건지 알 수 없다. 어쩌면 둘 다일지도 모른다. 첨단 기술의 홍수 속에서 고객을 진짜 직원과 접촉하게 해주면 다른 회사에 비해 경쟁력이 높아질 것이다. 그 내용을 한번 확인해보자.

우수 직원 표시

시계 같은 그럴듯한 장신구를 착용하고 있다고 상상해보자. 그런데 이 시계는 당신의 대화를 녹음할 수 있다. 거기에는 내가 지금 이 대화를 통해 느끼고 있는 흥분과 활기가 고스란히 담긴다. 또한 얼마나 대화를 했는지, 누구와 대화를 했는지도 나중에 모두 확인할 수 있다. 기분 나쁜 도청 시스템 같다고 생각할지도 모르겠다. 그렇지만 우리의 두뇌는 이미 이와 같은 일을 하고 있다. 두뇌는 다른 사람들의 미묘한 움직임과 감정을 읽고 지금의 사회적 상황을 분석한다. 물론 자기 자신의 반응과 흥미도 기록하면서 미묘하고 조화로운 행동을 보인다. 내가 몸을 숙이면 상대방도 따라 한다. 내가 팔짱을 끼는 것은 상대방을 따라 한 것이다. 우리가 상대방의 시선을 피하면 지금 당신의 이야기에 흥미가 없으며 이 자리를 떠나고 싶다는 의사를 전달하는 것이다. 그러면 상대방도 하던 이야기를 정리하고 관심을 다른 곳으로 돌린다. 앞서 언급했듯 사회관계를 측정하는 장치는 MIT의 샌디 펜틀랜드와 벤 웨이버의 연구팀이 함께 개발한 것으로, 우리의 두뇌가 자동적으로 수행하고 있는 일들을 기계로 확인해주는 것이다. 이 장치는 모든 사회적 반응이나 관계를 기록하고 표시해서 연구팀이 분석할 수 있게 해준다.

펜틀랜드가 2010년 《아메리칸 사이언티스트American Scientist》에 발표한 논문에는 이 장치가 기록한 네 가지 정직한 신호에 대한 설명이 나온다.

- 모방성과 동시성 : 사람들은 자기도 모르는 사이에 다른 사람의 웃음, 고갯짓, 동작, 찌푸린 얼굴 등을 흉내 낸다. 서로 비슷하다고 느끼는 사람에게 같은 신호를 보내는 것이다.
- 반응 정도 : 우리의 움직임이 곧 우리가 느끼고 있는 흥미의 정도를 나타낸다.
- 영향 : 나의 표정과 행동이 지금 함께 이야기하고 있는 사람에게 어느 정도의 영향을 주는가.
- 일관성 : 자신감과 전문성을 나타내는 말과 행동의 흐름.

이 모든 사회적 신호는 사람들이 서로를 얼마나 신뢰하는지, 다른 사람들과 함께 있으면서 얼마나 행복한지, 그리고 얼마나 잘 단결하는지를 알려준다. 이제 우리는 행복이 생산성과 연결된다는 사실도 알고 있다. 이런 정보들은 가치가 있지만 보통은 감춰져 있다. 또한 이렇게 말없이 행동으로 보여주는 신호는 취업 면접과 연봉 협상의 결과를 40퍼센트가량 예측해준다. "개인의 행동에 대한 유전자의 영향을 예측하는 것과 비슷하며 무시하기에는 그 정확도가 무척 높다"고

샌디 펜틀랜드는 기록했다.[51] 그럼에도 대부분의 기업에서는 이런 사실들을 무시하고 있다.

이메일이나 문자, 그리고 트윗에서는 정직한 신호를 전혀 찾아볼 수 없는데도 대부분의 사람은 얼굴을 마주하는 접촉과 기술을 통한 사회적 연결망을 하나로 묶어 생각한다. 이것은 마치 진짜 사랑과, 편지의 '사랑한다'는 말을 혼동하는 것과 비슷하다. 이렇게 서로 다른 두 가지 사회적 연결은 나름의 절차와 방식이 있다. 예를 들어 펜틀랜드의 MIT 연구팀은 IT업계 종사자들에게 직장에서 일하는 동안 앞서 소개한 장치를 부착하게 했다. 그들은 전문 기술과 관련된 업무에서도 얼굴과 얼굴을 맞대고 함께 일하는 것이 더 나은 성과로 이어지는지 확인하고 싶었던 것이다. 그리고 이런 예측은 그대로 맞아떨어졌다. 얼굴과 얼굴을 맞대고 소통하는 소집단은 단결력이 더 강했고 서로를 더 신뢰했다. 사람들은 필요할 때마다 서로를 어려워하지 않고 질문을 하고 도움을 요청했다. 그 결과 생산성은 더 높아졌다. 특별히 복잡한 문제가 주어졌을 때 이런 협동적인 모습이 더 빛을 발했다. 그들이 보여주는 분명한 신호는 실제로 나누는 대화가 작업을 더 효율적으로 만들어준다는 것이었다.

그렇지만 이메일로 연결된 관계에서는 그 반대의 모습도 같은 효과를 발휘했다.[52] 집단이 더 크고 그 모습이 다양할 때는 이메일로 연결된 관계가 가장 효과적이었으며, 이렇게 느슨히 연결된 연결망에서는 '간결한 규칙에 따라' 정보가 교환된다고 한다. 다시 말해 모든 사람이 똑같은 지식을 가지고 있으면서 문제가 그리 복잡하지 않을 때는 모두 모여 집단적으로 해결책을 찾아내는 것이 효율적이지 못하다는 뜻이다. 이런 상황에서는 마크 그라노베터가 이야기한 "약한 유대관계의 힘"이 필요하다. 다양한 집단을 하나로 모아주는 인터넷의 독특한 역량을 이용하면 자신의 부족한 지식을 채울 수 있다.[53]

커피 한잔의 가치

대면 접촉의 장점은 단지 전문 기술자들 사이에서만 나타나는 것이 아니다. MIT 연구팀은 모든 종류의 직장인들에게 몸에 부착하는 센서를 주고 실험을 했다. 거기에는 은행과 농장, 병원과 콜센터 직원들도 포함되어 있었다. 연구팀은 직장에서 나누는 행복한 수다로 생산성이 향상된다는 사실을 모든 곳에서 확인했다.[54] 그중 콜센터에 대한 내용이 가장 큰 관심을 끌었다. 왜냐하면 그곳의 일이야말로 감정노동의 본보기이기 때문이다. 콜센터 직원들은 엄격한 시간표와 근무 규정, 그리고 사회적 고립을 마주하게 되며 일의 질이 아닌 양을 지향한다. 그리고 일반적으로 직장 안에서 직급이 변하거나 승진하는 경우는 거의 없다. 일의 지루함을 생각하면 가히 21세기의 또 다른 석탄광산이라고 할 수 있다.

그렇지만 3,000명이 넘는 은행의 콜센터 직원들에게 장치를 부착해본 결과 예상치 못한 모습들이 발견되었다. "처음에 우리는 무슨 일이 일어나는지 확인했습니다. 사람들이 다른 사람들과 많이 이야기할수록 생산성이 높아지더군요. 다른 사람들이란 대부분 직장 안에서 가까운 거리에 앉아 일하는 사람들이었습니다"라고 웨이버는 말했다. 연구팀은 2차 연구에서 그런 효과를 정확히 확인해보기로 결정했다. 만일 작업 시간표나 구성을 변경해서 직원들이 더 쉽게 이야기를 나누게 한다면 생산성이 더 높아질까? 정말 궁금했던 실험이었다.

웨이버는 젊은 컴퓨터과학자로 MIT에 있는 샌디 펜틀랜드의 인간

역학 실험실^{Human Dynamics lab}에서 근무하며 2011년 박사 학위를 받았다. 항상 웃는 얼굴의 자그마한 이 남자는 붉은 턱수염을 깔끔하게 기르고 있으며 지금은 경영 컨설팅 회사의 최고경영자다. 이 회사는 앞서 소개한 장치를 사용해 경영 능력이나 생산성 향상에 대한 정보를 제공하고 있다. 다시 말해 웨이버는 많은 젊은 과학자가 꿈꾸듯 자신의 논문과 연구가 실제로 유용하게 사용될 방법을 찾아 실천한 것이다. 웨이버가 펜틀랜드와 MIT의 동료들과 함께 개발한 센서는 이미《이코노미스트》와《뉴욕 타임스》, NPR과 CBC 방송의 관심을 끌고 있다. 웨이버는 직장에서 정식으로 진행되는 회의와 직원들의 잡담 사이의 관계에 대해 강연도 하고 있다. 확실히 기업 경영에는 회의와 잡담 모두 중요한 영향을 미치는 것 같다. 커피 자판기 앞에서 나누는 잡담 등 직원들이 쉬는 시간에 하는 생각과 행동이 회사의 이익에 중요한 영향을 미친다. "직원들이 얼마나 상호 교류를 하는가로 측정되는 유대감이 커질수록 생산성도 높아집니다"라고 웨이버는 설명한다. 성공 비결은 이렇게 단순한 곳에 있었다.

연구팀은 콜센터 업무의 절반 정도를 바꿈으로써 이런 사실을 확인했다. 일반적으로 상담 직원들은 쉬는 시간을 제대로 활용하지 못했다. "쉬는 시간이 있어도 직원들이 동시에 그 시간을 함께하지 못했습니다. 이건 과거의 습관이 남아서 그렇습니다. 지금까지 해왔던 식으로만 하는 거지요"라고 웨이버가 계속 설명했다. 그래서 웨이버와 펜틀랜드, 그리고 연구팀은 업무 시간표를 바꿔서 절반 정도의 직원을 동시에 쉬게 했다.

"대신 우리는 직원들에게 이런 일에 대해 이야기해주지 않았습니다."

이때부터 웨이버는 당시 상황을 마치 지금 보고 있는 것처럼 자세하게 설명해주었다.

"직원들 중 절반 정도의 업무 시간표를 변경해 3개월간 일하게 했습니다. 그러자 직원들의 행동에서 극적인 변화가 일어나기 시작했습니다. 실제로 우리가 변화를 준 것은 하루에 15분가량밖에 되지 않습니다. 그런데 상호 교류의 기회가 생기자 전체 일과를 대하는 마음자세부터 달라진 겁니다."

좋아하는 운동경기의 결과 등을 편하게 나눌 수 있었던 직원들은 확실히 더 생산적인 모습으로 바뀌었다. 그렇지만 그것이 전부가 아니었다. 앞서 살펴본 배우자의 역할처럼 사회적 접촉의 형태가 변하자 또 다른 장점들이 생겨났다. 직원들은 서로의 경험을 나누면서 자신의 느낌이나 감정을 분출할 기회를 갖게 되었다. 그 대상은 다름 아닌 자신과 가까운 곳에서 같은 일을 하는 동료였다.

"이곳은 직업적으로 압박감이 아주 심한 환경입니다. 따라서 함께 일하는 동료들과 긴밀한 관계를 갖는 건 아주 중요한 일이지요. 다만 몇 가지 일을 이야기하는 것만으로도 많은 변화를 불러올 수 있었습니다."

웨이버의 말이다. 그렇지만 역시 문제의 핵심은 동료들과의 물리적인 거리였다. 직원들은 또한 업무상의 비결도 함께 나누었다.

"회사에서 스트레스를 덜 받게 되면 당연히 고객도 부드럽게 대하게 되지요. 그리고 '아, 나는 이 문제를 이렇게 해결했어. 이런 식으로 다루면 되는 거지' 혹은 '새로운 상품은 이런 식으로 소개하면 되더라고'라고 이야기해주는 동료가 옆에 있는 겁니다."

웨이버의 설명은 계속되었다. 심지어 웨이버 자신도 쉬는 시간을 조정하는 아주 간단한 일이 이런 극적인 효과를 불러온다는 사실에

놀란 것 같았다.

이 실험의 결과 은행의 콜센터 관리자는 쉬는 시간과 업무 시간을 다시 조정했다. 자신들이 상대하는 은행의 고객과 마찬가지로 직원들 역시 진정한 인간관계를 갖게 해주면 훨씬 나은 성과를 올린다는 사실을 깨달았던 것이다. 은행이 거느리고 있는 10개 콜센터와 그곳에서 일하는 2,500명의 쉬는 시간을 조정한 것만으로도 저조한 실적을 보이던 콜센터는 20퍼센트, 그리고 전체적으로는 8퍼센트 정도 업무 실적이 향상되었다. 그리고 직원들의 만족도는 10퍼센트 상승했다고 한다. 이런 결과를 바탕으로 은행은 1,500만 달러 정도의 순익이 발생할 것으로 기대하고 있다.[55]

"우리는 작은 변화가 아주 큰 효과를 불러올 수 있다는 사실을 보여주는 근거 자료를 가지고 있습니다. 문제의 핵심은 사회적인 상호 교류였습니다."

웨이버의 말이다. 그리고 뛰어난 경영진이라면 그런 교류가 회사 안에 확실하게 자리 잡고 있는지 직관적으로 알아차릴 수 있다. 흥미로운 것은 직원들이 무슨 주제로 이야기를 나누는지는 중요하지 않았고, 문자나 이메일은 효과가 없다는 사실이었다. 반드시 당사자가 그 자리에 있어야 하는 것이다.

화학물질의 효과

왜 같은 부서의 동료들과 함께하면 신뢰감과 함께 업무 효율까지 높아지는지 알아내기 위해서는 더 깊은 연구가 필요했다. 단순히 몸짓과 말투를 통해 오가는 정직한 신호뿐만 아니라 혈액 속을 순환하는 아주 작은 신경 펩타이드에 이르기까지. 신경 펩타이드인 옥시토신은 최근 몇 년 사이에 신경과학계가 이룬 중요한 발견 중 하나다. 옥시토신이 중요한 이유는 신뢰와 관계라는 두뇌 속의 수레바퀴를 매끄럽게 돌려주는 윤활유 역할을 하기 때문이다.

역사적으로 보면 이런 문제는 주로 여성의 몫이었으며 아주 심각하게 다뤄지지는 않았다. 그렇지만 이제는 그렇지 않다. 지난 10여 년간 유럽의 여러 연구팀은 옥시토신이 성과 모유 수유라는 은밀한 생리학적 과정에서 단역만을 하지 않는다는 사실을 밝혀냈다. 옥시토신은 은밀한 침실부터 공식적인 회의실까지 모든 사회적 관계와 연결되어 있다. 2005년 미하엘 코스펠트[Michael Kosfeld], 에른스트 페르[Ernst Fehr], 마르쿠스 하인리히[Markus Heinrichs], 우르스 피슈바허[Urs Fischbacher], 그리고 폴 잭[Paul Zak] 등 유명한 다섯 명의 행동경제학자가 놀라운 내용을 발표한다. 만일 젊은 남성이 모의 투자 같은 것을 하게 되었을 경우 자신의 코에 옥시토신을 뿌리면 좀 더 대담하게 사회적 위험을 감수한다는 것이었다. 더 자세하게 이야기하면 옥시토신이 주입된 사람은 그렇지 않은 사람보다 더 큰 돈을 자신과 거래하는 투자 담당자에게 건넸다. 이것은 무슨 의미인가? 옥시토신은 상대방에 대한 신뢰감을 높여주었고 낯선 사람에 대한 본능적인 경계심을 누그러뜨렸다.[56]

친근감을 이끌어내는 화학물질이 투자 행동에 영향을 미친다는 사실이 밝혀지면서 여러 결과가 나타났다. 먼저 그때까지 잘 알려져 있지 않던 옥시토신의 특성이 크게 부각되었다. 사람들이 기꺼이 위험을 무릅쓰게 하는 호르몬의 정체는 경제학 분야에 대변혁을 일으켰다. 이전까지 의사 결정의 문제는 오직 본인에게만 달려 있다는 생각에 사로잡혀 있던 경제학은 완전히 이성적인 면만 중요시하는 학문이었다. 그러다가 갑자기 사회적 관계가 중요한 요인으로 떠오른 것이다.

또 다른 실험은 사람들이 서로 연결되어 있고 특별히 접촉하고 있을 때 옥시토신이 분비된다는 사실을 밝혀냈다. 옥시토신은 스트레스를 줄여주고 사람들이 서로를 신뢰하게 한다. 지금 우리는 노골적인 육체적 접촉에 대해 이야기하고 있는 것이 아니다. 그저 악수를 하고 등을 두드려주거나 팔꿈치로 슬쩍 떠밀고 손이나 주먹을 서로 마주치는 것만으로도 충분하다.[57] 그에 따른 효과는 일대일 관계에만 그치지 않는다. 관련된 모든 연구 결과는 사회적인 접촉이 동료들 사이의 스트레스를 줄여주고 집단을 뭉치게 하는 힘이 있다는 사실을 보여준다. 앞서 소개한 직장에서의 휴식 시간과 그때 나누는 대화가 왜 생산성 향상으로 이어지는지, 그 수수께끼에 대한 해답을 이제는 알 수 있지 않은가.

암스테르담 대학교의 조직심리학과 교수인 카르스텐 드 드류Carsten De Dreu는 집단의 충성도에 대한 실험에서 코에 뿌린 옥시토신이 조직에 대한 개인의 헌신에 어떤 영향을 미치는지 확인해보았다. 우선 남자로만 구성된 두 집단과 함께 우연히 주운 돈을 어떻게 사용할 것인가에 대한 전통적인 경제학 놀이를 시작한다. 무작위로 나뉜 두 집단 중에 한쪽은 코에 진짜 옥시토신을 뿌렸고 다른 한쪽은 가짜를 뿌렸다. 그다음 '돈을 혼자 사용한다', '돈을 다 함께 사용한다', '다 함께 돈을 투자한다', 이렇게 세 가지 선택권을 준다. 세 번째의 경우 이익을 얻으면 다 함께 나누지만 손해를 보면 역시 다 함께 책임을 져야 한다.

그 결과는 아주 극적이었다. 옥시토신을 뿌린 사람들 중 60퍼센트는 돈을 자신이 속한 집단의 다른 사람들과 함께 나누거나 투자를 하겠다고 했다. 자신이 알아서 처리하겠다는 사람은 17퍼센트였다. 가짜 옥시토신을 뿌린 집단에서는 반대되는 결과가 나타났다. 50퍼센트는 돈을 자신이 알아서 처리하겠다고 했고 20퍼센트만 다른 사람들과 함께 투자하겠다고 했다. 드 드류 교수는 전화로 이렇게 설명했다.

"사업에서 친밀감이란 사람들이 자신의 집단에 강력하게 연결되어 있다는 생각으로 헌신을 하는가 하는 문제입니다. 그리고 사람들을 더 헌신하게 만드는 조건하에서라면 큰 승부수를 던질 수가 있지요."

그 조건이란 다름 아닌 서로 사회화될 수 있는 적절한 시간과 장소를 가질 수 있느냐 하는 것이다.

"만일 사람들이 다른 사람과 자신의 시간 및 비밀을 나눈다면 옥시토신이 더 많이 분비될 것입니다."

그러면 사람들은 자신의 개인적 이해관계는 잠시 잊게 된다.

"그렇게 되려면 심리적으로 안정감을 주는 환경이 필요하지요. 서로를 두려워할 필요가 없는 환경 말입니다."[58]

경영의 세계도 얼굴을 마주하는 사회적 연결망과 똑같은 생물학적 방향을 따라가고 있다는 사실이 이제 밝혀졌다. 그 연결망이란 사람들을 한데 묶어주는 역할을 하며, 앞서 살펴본 이탈리아의 산간 마을, 진짜 이웃, '국제적인' 공동체, 교회나 시나고그 같은 종교 활동의 중심, 대학교 기숙사, 골프 모임, 수영 모임 등이 여기에 속한다. 엄마와 아기는 물론 사랑하는 부부를 묶어주는 접합 물질이 있다고 생각한다면 얼굴을 마주하는 사회적 유대감이 정말 중요한 순간에 전자 통신 기기를 뛰어넘는 위력을 발휘한다는 것은 너무나 당연한 일이 아닐까. 바로 인생과 믿음, 혹은 거액의 돈이 걸려 있는 순간이라면.

얼 존스는 그 사실을 알고 있었다. 문제는 왜 모든 사람이 그 사실을 인지하지 못하는가, 그리고 그런 사실이 의미하는 바는 무엇인가 하는 것이다.

10

건강하고 행복한 삶을 위한
관계의 법칙

2010년 8월 나는 캘리포니아 주 플레즌트힐에 있는 공동주택촌을 구경하며 하루를 보내고 있었다. 그곳에 가기 위해 나는 버클리에서부터 차를 몰아 냄새나고 끈적끈적한 유황 호수를 몇 개 가로지르고 불모의 오린다힐을 통과했다. 차 밖의 공기는 점점 달아올랐다. 농장 주택 비슷하게 지은 집들을 지나가는데, 차고 앞에 '집주인이 무장을 하고 있으니 외지인은 주의하라'는 표지판이 보였다. 그 표지판을 보고 나니 한 번도 만나보지 못한 사람들을 만나러 간다는 사실에 신경이 더욱 곤두섰다. 그렇지만 목적지에 차를 세우고 내리자마자 나는 차 트렁크에서 장 봐온 물건들을 꺼내 수레에 싣고 있는 중년 여자와 마주치게 되었다. 그녀는 나를 보고 웃으며 누구를 찾아왔느냐고 물었다. 내가 밥 핀^{Bob Fynn}을 만나러 왔다고 말하자 그녀는 50미터쯤 떨어져 있는 목조 창고를 가리켰다. 그리고 나는 그곳에서 밥을 만났다. 친구에게 소개받은 밥은 공동 작업장에 있는 공구들을 정리하고 있었다.

플레즌트힐은 진한 오렌지색 주택 32채가 모여 있는 곳으로, 내가 열여덟 살 때 1년간 살았던 키부츠나 텔레비전 드라마 〈메이베리 R. F. D.^Mayberry R.F.D.〉에 나오는 마을을 연상시켰다.[1] 그런데 이 특별한 공동체의 목표는 함께 모여 물적 자원을 나눠 쓰는 것이 아니라 사회적 자본을 나누는 것이었다.[2] 역사상 그 어느 때보다도 많은 사람이 아이들을 낳아 기르다가 혼자 늙어가는 이때 50여 명의 어른과 그 아이들로 구성된 이 공동체는 그냥 혼자 늙어가는 것이 아니라 인생에서 더 나은 무엇인가를 찾으려고 한다. 그래서 1999년 낯선 사람들이 모여 아무도 살지 않던 곳에 8,000여 제곱미터의 토지를 사들이고 마을을 건설한다. 주택을 지을 때도 사회적 접촉이 용이하도록 설계했다. 아니면 이곳은 미국공동주택협회^American Cohousing Association 웹사이트가 설명한 것처럼 "약간의 기발한 생각이 만들어낸 옛날 방식의 이웃들"일지도 모른다.

이 협회가 후원한 2011년 조사에 따르면 공동주택 거주자들은 함께 모여 살면서 일종의 소속감을 느끼고 싶어 한다고 한다. 그러기 위해 집이나 마당도 기꺼이 개방하고 나눌 수도 있다는 것이다.[3] "나는 아파트 단지에서 자랐습니다. 잘 아시겠지만 한 층에 한 가족씩 몰려 사는 집이지요"라고 밥 핀은 말했다. 사람들이 대문 앞에 나와 앉아 있곤 하던 부모 세대의 집과는 확연히 다른 곳이었다. "이제 사람들은 사생활을 굉장히 중시하게 되었고, 이웃에서 무슨 일이 일어나는지는 잘 모릅니다"라고 핀은 덧붙였다. 그래서 핀과 그의 아내는 서로 아는 이웃을 만들어보기로 했다.

그렇게 실제로 모여 사는 분위기를 만들어내기란 쉬운 일이 아니었다. 처음 모인 사람들이 상상했던 완벽한 공동체의 모습과 현실 사이에는 큰 괴리가 있었다. 나라면 주말에 공동체의 이런저런 일을 하고 싶지는 않았을 것이다. 그러고 보니 핀이 오늘 같은 일요일 오후에 공동 작업장을 정리하고 있는 이유를 알 것 같았다. 어쨌든 과거의 산업 시대와 달리 컴퓨터로 재택근무를 하는 사람들이나 프리랜서들이 적당한 공간에 함께 모여 각자의 일을 하는 것처럼, 이렇게 함께 모여 사는 일도 어쩌면 점점 홀로 사는 사람이 늘어가는 현상에 대한 21세기식 대응책이 아닐까.

"우리의 미래는 혼자가 아닌 여럿이 모여서 지혜롭게 지내는 것에 달려 있지 않을까."

영국의 과학 전문 저술가 매트 리들리Matt Ridley는 그렇게 지적했다. 그러면 우리는 어떻게 해야 함께 모여 살 수 있을까?[4] 인터넷과 통신 기술이 제공하는 분명한 장점들에도 불구하고 우리가 행복하고 건강하게 장수하고 싶다면, 그리고 정말 더 지혜롭게 살고 싶다면 서로 얼굴을 마주하는 시간을 늘릴 방법을 찾아내야 한다.

이 책은 친밀한 접촉이 기본적인 인간의 욕구라는 사실을 보여주고 있다. 우리 중 대부분은 주민들이 여전히 강한 소속감을 드러내는 사르데냐의 산간 마을에서 태어나지 않았고 앞으로 그런 곳에서 살 일도 아마 없을 것이다. 우리 중에 현재의 교육과 직업적 기회를 기꺼이 포기하고 과거의 불평등한 삶이나 시골 생활에 내재된 심각한 고난이나 결핍 속으로 돌아가고 싶어 하는 사람은 거의 없겠지만, 일부는 그런 삶을 원하고 있는지도 모른다. 2013년에 내가 썼던 사르데냐의 장수 마을에 대한 라디오 다큐멘터리가 방송되고 나서 가장 일반적인 청취자들의 반응은 자신도 그런 곳에서 살고 싶다는 것이었다. 심지어 20대나 30대도 그런 반응을 보였다. 1990년대 초, 미국의 역사 학자인 크리스토퍼 래시^{Christopher Lasch}는 사회적 접촉에 대한 글을 쓰면서 디지털 세대가 진정한 관계를 갈망한다는 사실을 깨닫게 된다. 사이버스페이스, 혹은 가상의 공간이라는 용어가 생겨난 지 얼마 되지 않았을 때다.

우리는 우리 자녀들이 대가족 사이에서 자라났으면 하고 바랐다. 아니면 최소한 '중요하게 여기는 사람들'이라도 곁에 많이 있었으면 하고 말이다. 사람들로 가득한 집, 대가족이 앉아 있는 식탁, 둘이서 치는 피아노 연주, 쉬지 않고 이어지는 대화와 요리, 오후에 함께하는 야구와 수영, 저녁 식사 후에 함께하는 긴 산책, 그리고 다양한 야간 놀이 등등. 이런 활동들은 어른과 아이를 하나로 묶어준다. 그것이 우리가 원하는 이상이 아닌가. 질서가 잘 잡힌 가정, 좀 더 정확하게 이야기하면 잘 이루어진 가정교육……. 가정이란 핵가족과는 다른 것이어야 한다.[5]

래시는 앞뒤가 맞지 않는 이상향을 이야기하는 것이 아니며, 또한 미래에 대한 인지 부조화를 보여주고 있는 것도 아니다. 우리의 존재는 가상의 세계에서 우리를 엮어주는 기계 장치에 점점 더 많이 얽매이고 있지만 그만큼 더 행복해지지는 못했다. 사실은 오히려 그 반대가 아닐까. 우리는 인터넷 시대 이전에 비해 점점 더 외롭고 불행해지고 있다.[6] 심리학자들은 정확히 왜 그런지 밝혀내지 못하고 있지만, 우리는 가까운 관계가 행복의 가장 중요한 원동력이며 우리를 가장 불행하게 만드는 것은 바로 고독과 따돌림이라는 사실을 알고 있다.

우리가 일상적이면서도 진정한 사회적 상호 교류에 목말라한다는 사실은 분명하다. 인간으로서 우리는 우리가 어디에 소속되어 있는지 알아야 한다.[7]

그렇다고 과거로 되돌아갈 수는 없다. 나를 포함해서 그 누구도 노트북컴퓨터와 스마트폰, 그리고 태블릿 PC를 내던질 수는 없을 것이다. 그렇지만 공공 보건과 관련해 친밀한 관계가 점점 사라지면서 발생하는 좋지 않은 영향들을 생각해보면 이제는 조금쯤 우리가 나아가는 방향을 바꿀 때가 된 것 같다.

법칙 1 이웃과 공동체를 이루며 살아가라

사람들 사이의 교류

디지털 혁명은 자동차 혁명이 그러했듯 우리 사회에 수많은 영향을 주었다. 그와 동시에 예상치 못한 결과를 가져오기도 했다. 예를 들어 사람들이 그동안 교제를 하던 장소들이 사라지고 있는 것이다. 사회학자 레이 올덴버그Ray Oldenburg는 이런 장소를 '제3의 공간'이라 불렀고 현재 디지털 관련 기술자들은 '실제 생활공간'이라 부른다.[8] 그리고 부족한 사회적 접촉이 인간의 건강과 의욕에 미치는 영향과 그 결과를 생각한다면, 야후나 뱅크 오브 아메리카 같은 곳의 경영진이 재택근무를 하던 직원들을 다시 사무실로 불러들이는 것은 그리 놀라운 사실이 아니다. 이것은 회사 사무실이 아닌 다른 곳에서 일할 경우 생산성이 떨어지기 때문이 아니라 동료와 실제 관계를 맺는 기회 없이는 혁신이나 사회적 단결을 이뤄내기 어렵기 때문이다. 2010년 하버드의 아이작 코헤인^{Isaac Kohane}의 연구에 따르면 거리상 멀리 떨어져 있는 과학자들의 경우 작업의 성과가 관련 분야는 물론 사회에도 별다른 영향을 미치지 못한다고 한다. 분명 과학자들에게 가장 많이 인용되는 의학 연구는 같은 건물 내에서 서로의 거리가 200미터 이내인 연구자들이 합동으로 이뤄낸 성과인 경우가 많다.[9]

바로 이런 이유 때문에 구글은 마운틴 뷰에 있는 본사 건물을 아주 특별하게 설계했다. 쉼터가 마련된 가운데 녹지를 건물이 둘러싸고 있는 모양이다. 이런 구글 본사의 모습은 앞서 얘기한 플레즌트힐 공동주택 단지와 비슷하다. 구글 본사, 즉 구글플렉스^{Googleplex}는 "직원들의 일상적인 마주침"을 이끌어내기 위한 노력의 결과라는 것이 공사 총책임자인 데이비드 레드클리프^{David Radcliffe}의 설명이다. 8,000여 명의 구글 직원은 서로 연결된 65개 건물에서 일하고 있으며, 마치 '던바의 법칙'을 따르는 것처럼 각 건물에서 일하는 직원의 수는 평균 123명이다. 또한 모든 직원이 서로 2분 정도의 거리를 유지하고 있다. 구글플렉스에는 자유롭게 이용할 수 있는 960개의 소형 주방과 19개의 카페가 있고 복도는 서로 연결되어 있으며 수십여 개의 '특별 장소'가 마련되어 있어 직원들이 오가며 자연스럽게 마주치는 공공장소 역할을 하게 했다. 도시계획 전문가인 그렉 린지^{Greg Lindsay}는 이렇게 지적한다.

"우리는 얼굴을 마주하는 상호 교류에 대해 거부할 수 없는 매력을 느낀다."

따라서 반경 2미터와 20미터 안에 있는 사람들을 비교했을 경우 거리가 가까우면 네 배나 많은 생각의 교류가 이루어진다고 한다.

법칙 2 서로의 사회적 감정을 나누는 관계를 만들어라

삶과 죽음의 문제

구글 같은 세계 최고의 IT기업이 직원들에게 사람과 사람의 접촉을 가장 중요한 문제라고 강조하고 있다면 영상 매체를 통한 편리함과 효율이 한계에 도달했음을 가장 먼저 알아차린 전문 기술직 종사자들도 아마 얼굴을 마주하는 관계에 대해서 가장 먼저 그 가치를 부여할 것 같다.

내게 떠오른 첫 번째 의문은 우리의 사회생활이 풍요로워지면 건강도 나아질 것인가 하는 문제였다. 사회신경과학과 의학 분야에서 지금까지 내가 찾아낸 증거들을 생각한다면 그렇다고 할 수 있다. 가까운 친구나 가족과 매일 얼굴을 마주한다면 면역 체계가 강화되고 호르몬이 적절히 분비된다. 또한 우리의 행동과 회복력을 관장하는 유전자를 조정해서 결국 수명도 늘어난다. 그렇지만 모든 사회적 접촉이 이런 영향을 미치지는 않으며 접촉의 질과 유형, 그리고 횟수가 중요하다. 예를 들어 여러 종류의 대면관계가 감기 같은 바이러스성 질병을 예방해주지만 단순히 결혼을 하거나 친한 친구를 만난다고 꼭 그렇게 되는 것은 아니다.[10] 또한 심장마비나 뇌졸중, HIV/AIDS, 암 같은 질병을 이겨내는 과정도 마찬가지다. 모든 것이 통합된 사회생활, 다시 말해 친구와 가족 간의 관계를 비롯해서 운동이나 여가 활동이나 종교 활동 등을 통해 겹겹의 관계를 이어가는 사람이라면 아주 좋은 효과를 얻겠지만, 역시 적절한 사회적 관계를 이어간다고 치명적인 질병에 걸릴 확률이 완전히 사라지는 것은 아니다. 존 맥콜건은 친구나 가족과 가까운 관계를 맺고 있었지만 다낭성 신장병에 걸리고 말았다. 그렇지만 친구와 이웃, 사랑하는 배우자와 동료로 이루어진 끈끈한 관계의 보호를 받는다면 이런 질병으로 사망할 확률이 크게 줄어든다.[11]

사회적 접촉의 위력은 개인을 넘어서까지 발휘된다. 어떤 사람이 대재앙에서 살아남을까 하는 문제는 보통 그들이 맺고 있는 사회적 유대감의 본질에 달려 있다. 허리케인, 쓰나미, 지진, 혹독한 겨울 폭풍 등이 우리 인간을 덮치고 엄청난 재앙을 몰고 온다. 지금까지 이런 재난에 대한 공식적인 대응은 댐이나 다리 등을 더 튼튼하게 짓고 유무선통신 등 비상 연락 체계를 강화하는 것이었다. 물론 이런 일들도 꼭 필요하지만 우리의 사회적 유대감에 관심을 가져보는 것은 어떨까? 그에 대한 근거는 이미 충분하다. 시카고의 폭염, 허리케인 샌디와 카트리나, 그리고 일본과 인도에서 발생한 대지진 등 재난을 통해 가까운 사람들은 서로를 더 많이 챙기고 도움의 손길을 내밀지 않았던가. 대재난 당시 사람들과 떨어져 외롭게 지내던 사람들은 사망 확률이 더 높았다.[12]

내가 이야기하는 치유를 위한 관계를 만들기 위해 진짜 세상에서 만날 진짜 친구들과의 공동체가 필요하다. 이런 공동체는 온라인상의 공동체와 겹칠 수도 있지만 분명 규모가 더 작고 더 친밀한 관계로 이루어져 있을 것이다. 앞서도 이야기했지만 현실에서는 가장 친밀한 관계라도 그 규모가 150~200명을 넘지 않는다. 얼굴을 직접 맞대는 관계는 더 친밀할 뿐만 아니라 더 역동적이다. 사람들이 멀어지고 나의 필요가 변한다 해도 우리는 역시 잃어버린 대면관계를 다시 만들거나 대체할 필요성을 다시 느끼게 된다. 바로 우리 자신의 행복과 건강, 그리고 장수를 위해서다. 정원에서 일종의 휴면 기간이 지나고 어떤 식물이 다시 자라지 않아 그 자리가 빈다면 우리는 그 공간을 다시 채워야 한다. 인간관계도 마찬가지다. 나만의 치유를 위한 관계를 만드는 일은 정원을 돌보는 일과 아주 흡사하다. 자연스럽게 불어날 수도 있지만 아름답게 가꾸려면 더 많은 정성을 기울여야 한다.

이 책을 구상하는 과정에서 나 자신의 습관도 변했다. 과거에는 저녁이면 책을 읽거나 다른 일을 하면서 집에 있고 싶어 했다. 이제는 매일 운동을 하듯 사회적 접촉을 유지하고 관계를 만들어간다. 앞서 이야기했지만 나는 수영 모임에서 수영을 하고 있다. 혼자보다 여럿이서 더 많은 활력을 얻으면서. 사르데냐의 100세 노인인 테레사 카비두의 오랜 친구이자 이웃인 마리에타 모니처럼 나도 각종 행사에 참석하고 그곳에서 만난 사람들과 친구가 되며 단순한 인사 이상의 정을 나눈다. 그리고 이제 나는 가족과 서너 명의 친한 친구라는 경계선을 넘어 관계를 넓혀가면서 분위기나 기분이 좋아지는 것을 느낀다.

이런 사회적 감정의 배출구는 하나만으로 부족하다. 우리는 꿈에 그리던 사람과 결혼할 수도 있지만 그 사람이 친밀감과 신뢰감을 나누는 유일한 사람이라면 다른 사람을 더 찾아내야 한다. 면역학적 관점에서 본다면 우리는 거의 벌거벗은 것이나 다름없으니까.

법칙 3 다양한 사람들과 얼굴을 마주하라

내향적인 사람과 외향적인 사람

얼굴을 마주하는 사회적 접촉을 정기적으로 하면 누구에게나 좋을까? 내향적인 사람은 어떨까? 그러니까 너무 잦은 사회적 접촉이 고통스러울 수도 있는 사람 말이다. 『콰이어트』의 저자 수전 케인은 내향적인 사람들을 그대로 내버려두는 것에 대한 자신의 생각을 피력하고 있다. 케인은 먼저 이렇게 정의를 내린다.

"내향적인 사람들은 심사숙고하는 편이며 지적이다. 학구적이고 겸손하고 예민하며 생각이 깊고 진지하다. 관조적이며 명석하고 내성적이며 내면 지향적이다. 부드럽고 조용하며 침착하다. 혼자 많이 생각하고 부끄러움을 많이 타며 위험을 싫어하고 민감하다."

그리고 케인은 이렇게 주장한다.

"이렇게 말이 많은 세상에서라면 내향적인 사람은 조용한 가운데 생각이나 창의적인 일을 하게 내버려두는 편이 좋을 것이다."

이런 주장은 상당히 타당하게 들리며 앞서 언급한 내향적인 사람에 대한 설명과 정의를 염두에 둔다면 나를 포함한 많은 사람도 이제는 내향적이라는 것이 어떤 의미인지 알게 되었을 것이다. 감성적이고 사려 깊고 지적이다……. 뭐 그렇다고 해두자.

미국의 작가 게리슨 케일러Garrison Keillor가 1970년대에 진행한 라디오 쇼 〈프레리 홈 컴패니언A Prairie Home Companion〉에는 레이크 워비곤Lake Wobegon 이라는 가상의 마을이 나온다. 이 마을의 모든 여성은 힘이 세고 모든 남성은 잘생겼으며 모든 아이는 평균 이상의 재능을 가지고 있다. 이런 마을이 세상에 존재할 수 있을지 모르지만 사람들의 희망 사항이 어느 정도 반영된 것이라고 할 수도 있다. 실제로 우리 중에 약 25퍼센트는 내향적이라고 하는데, 이런 사람들조차 건강하고 행복해지기 위해서는 대면 접촉이 필요하다는 증거가 얼마든지 있다. 케인은 내향적인 사람에게 사교적인 면은 하나의 선택이라고 주장하고 있지만 누구든 혼자 지낸다면 암에 걸려 사망할 확률이 크게 올라가며, 심지어

418

감기도 자주 걸린다는 증거가 나오고 있다. 예를 들어 암 환자들도 자신의 내면세계를 다른 사람들에게 이야기하는 사회적 활동을 활발하게 하면 생존 확률이 더 높아진다. 그리고 이런 것들은 내향적인 사람이 애써 피하고 싶어 하는 활동이다. 반면에 내향적인 사람들끼리 모인 사회적 집단의 경우 바이러스성 감염에 더 취약하다고 한다.[13]

내향적인 사람도 인간으로서 다른 사람들을 필요로 한다. 비록 관계를 만들고 이어나가기가 어렵게 느껴진다고 해도 그들 역시 사회적 행사에 참여하는 문제를 고민해볼 필요가 있다. 비록 자신이 충분하다고 느꼈을 때 그 자리를 빠져나간다 하더라도. 내가 알고 있는 어느 내향적인 사람은 바로 이런 이유로 작은 모임을 더 좋아한다. 밥 핀이 플레즌트힐에 집을 한 채 구입한 이유는 스스로를 내향적인 사람으로 생각했기 때문이다. 핀이 말했다.

"언젠가 공동주택 거주자들의 성향을 확인해본 적이 있습니다. 그 결과 우리 대부분이 내향적인 성격이라는 사실을 알게 되었습니다. 외향적인 사람은 어디를 가도 친구를 만들 수 있지요. 그렇지만 내향적인 사람은 물리적으로 가까이 있어야 친구가 될 수 있습니다."

모든 사람이 대면 접촉을 필요로 한다고 해도 사교성이라는 문제를 생각해보면 누구나 만족하는 관계란 없을 것이다. 내향적인 사람이라면 자신과 관계된 사회적 접촉의 시간과 장소, 그리고 지속 시간을 확인하거나 조정하고 싶을 것이다. 이런 원칙을 기억하면서 대학 행정 직원들은 내향적인 학생을 위해 1인실을 더 많이 준비해야 할 것이다. 예를 들어 모든 학부생이 매 순간 새로운 친구를 만나고 싶어 할 것이라는 막연한 추정은 금물이다. 이런 접근 방식은 당사자는 물론 함께 지내는 친구에게도 사려 깊은 행동이다.

어떤 사람들은 실제 상황이 아닌 온라인상의 만남에서 좀 더 자신감을 느낀다고 말한다.[14] 특히 자폐증 성향이 있는 사람이라면 수긍이 되는 말이다. 눈을 마주치는 것과 주변 상황으로 다른 사람의 마음 상태를 직관적으로 파악하는 것은 자폐증 성향이 있는 사람들에게 어려운 일이며, 그들에게 사회적 상호 교류는 아주 위험할 수도 있다. 디지털 매체의 힘을 빌려 표현하게 되면 상황을 더 잘 통제하고 조정할 수 있기 때문에 자폐증 성향이 있는 사람들은 대개 얼굴을 마주하는 상호 교류보다 온라인 화면상에서 문자나 기호로 감정을 표현하고 그 안에서 게임 등을 더 즐긴다. 디지털 기술은 이런 사람들에게 큰 도움이 되는 것으로 이미 증명되었다. 그들에게 오락거리는 물론 재능을 발산할 기회와 새로운 치료 방식을 제공해주고 있는 것이다.

그렇지만 여전히 의문점은 남아 있다. 부족한 사회성의 부작용으로 볼 수 있는 이런 고독감에 온라인상의 활동이 정말 도움이 될까? 아니면 대면 접촉의 기회가 점점 줄어들면서 사회적 고립감도 점점 심해지는 것이 아닐까? 이런 문제를 확인해주는 증거들이 이제 막 드러나기 시작했지만 우리는 미국의 심리학자 미카 마주렉Micah Mazurek의 연구를 통해 다음과 같은 사실을 알 수 있다. 즉 자폐증 성향이 있는 성인들이 온라인상에서 활발히 활동하면 온라인상의 우정을 더 많이 쌓을 수 있다는 것이다. 마주렉은 인터넷의 사회 연결망 서비스를 사용하는 이유에 대해 "공평한 관심을 유지하며 다른 사람들과 관계를 맺을 수 있기 때문"이라고 썼다. 또 다른 지면에서는 "내가 편안함을 느끼는 상황에서 사람들과 소통할 수 있다. 과도한 감정을 표현하거나 의미 없는 시시콜콜한 대화를 할 필요가 없다"라고 쓰기도 했다. 몸짓이나 얼굴 표정을 읽는 과정 없이도 자폐 증세가 있는 성인이 온라인상에서 새로운 친구를 만들 수 있다. 그렇지만 문제가 하나 있다. 그들이 인터넷을 사용하는 일과 실제 생활에서 우정을 쌓는 능력 사이에는 아무런 상관관계가 없다는 점이다. 온라인상의 사회적 활동이 그들의 고독감을 줄여주지도 않는다. 오직 대면관계만 이런 숙제를 풀어준다.[15]

법칙 4 자신의 환경에 맞는 관계를 맺어라

궤도 이탈

내 고향인 퀘벡은 캐나다에서도 고등학교 자퇴율이 가장 높은 곳 중 하나다. 어쩌면 서구 선진국들 중에서 가장 높은 축에 속할지도 모른다. 10대 남학생 중 40퍼센트 정도가 고등학교를 자퇴하는데 캐나다 평균은 10퍼센트, 그리고 OECD 평균은 20퍼센트 정도다.[16] 자퇴는 프랑스어로 '데크로샤즈decrochage'라고 한다. '궤도를 이탈하다'라는 뜻이다. 2012년 학기가 끝나면서 퀘벡 주의 교육부 장관이 250여 개 고등학교의 졸업률을 공개하지 않겠다고 밝히면서 고등학생들의 자퇴는 정치적인 문제로까지 불거졌다. 린 보샹Line Beauchamp 장관은 언론과의 인터뷰에서 이렇게 말했다.

"만일 우리가 이 문제를 공개한다면 자퇴율이 100퍼센트인 학교도 있다는 사실이 밝혀질 겁니다. 그렇게 되면 재학생들의 자신감과 사기에 중대한 영향을 미칠지도 모릅니다."[17]

고등학교 졸업장이 없는 10대 아이들 중 대부분은 자기 자신은 물론 미래의 자녀들까지 가난한 삶을 살게 할 것이다. 또한 5장에서 살펴본 것처럼 장기적으로는 건강과 인지능력에도 어두운 그림자가 드리워질 것이다. 그렇지만 정치인들은 이 심각한 상황에 직접 개입하는 대신 감추는 쪽을 택했다. 이것은 분명 복잡한 문제이기는 하다. 그렇지만 정치인들과 교육 전문가들이 우리가 이제 깨달은 대면 접촉의 가치를 적용한다면 도움이 절실한 10대 아이들에게 더 큰 영향을 미칠 수 있을 것이다. 단지 문제가 있는 학생들과 개인적으로 접촉하는 간단한 방법으로 의기소침해 있는 16세 학생들의 곤란한 상황을 바꿀 수 있다.

2012년 8월, 토론토에서는 네 명의 은퇴 교사와 생활지도 교사가 정부로부터 1만 2,000달러의 지원금을 받아 이 일을 실천했다. 정확히 2주 동안 이들은 학기 말에 학교를 떠나 다시 돌아오지 않은 고등학생들에게 계속 연락을 시도했다. 이메일이나 자동음성 안내 같은 기존의 방식은 더 이상 사용하지 않았다. 통화가 되지 않는 아이들에게 음성 메시지를 남기는 방식도 거부했다. 네 명의 은퇴 교사는 학생들과 개인적으로 이야기를 나누고 싶어 했으며 무엇이 문제인지, 그리고 어떻게 하면 학생들을 도울 수 있을지도 알고 싶어 했다. 이런 고전적인 접근 방식으로 자퇴 예정이던 1,800명 중 864명이 다시 학교로 돌아왔다. 성공률은 50퍼센트에 가까웠다.

그런 학생들 중에 다비아 잭슨Davia Jackson도 있었다. 다비아가 고등학교 졸업반이 되자 가족은 이사를 가게 되었다. 마지막 학년을 다른 학교에서 보내고 싶지 않았던 다비아는 계속해서 같은 학교에 다닐 방법을 찾아보았지만 행정상의 문제로 어쩔 도리가 없었다. 교사들의 연락을 받을 당시 다비아는 학교를 그만두려던 참이었다. "전화 한 통이 모든 것을 바꿔버렸어요. 모든 희망이 사라졌다고 생각하던 참에 나에게 새로운 희망을 주었으니까요"라고 다비아는 말했다. 또 다른 학생인 애슐리는 학습장애를 가지고 있었고 청력에도 문제가 있었는데, 단지 한 과목을 제대로 듣지 못해 다음 학년으로 올라가지 못했다. 은퇴 교사들로부터 다시 학교로 돌아오지 않겠느냐는 전화를 받을 당시 애슐리는 단지 학교를 그만두는 문제를 떠나서 자신의 상황에 아무도 신경 쓰지 않는 것에 충격을 받은 상태였다. "당시 나는 2개월 가까이 학교에 나가지 않고 있었어요. 그래서 적지 않게 당혹스러웠습니다. 그러니까 누가 나를 좀 생각해주었으면 하는 상태였습니다"라고 애슐리는 말했다. 교사들은 애슐리가 야간 과정에 등록해 모자란 수업을 채우도록 도와주었다. 애슐리는 몇 개월 뒤 고등학교를 무사히 졸업했으며, 다시 몇 개월 뒤에는 지역 전문대학의 홍보학 과정에 등록했다.[18]

이런 간단한 노력이 성과를 이루어낸다는 사실이 믿기 힘들 것이다. 그렇지만 사회적 접촉은 일종의 예방접종과 같은 것이다. 간단한 일 하나로 질병을 막아주며 소중한 기회를 지켜준다. 그러면서 엄청난 건강상의 비용과 사회적 비용을 줄여주는 것이다.

"우리는 학생들에게 연락해 아주 간단하게 이야기했습니다. 너희가 보고 싶으니 학교로 돌아오라고요."

이 활동의 책임자인 크리스토퍼 우시Christopher Usih의 설명이다.

가까운 거리의 위력

서구 사회에서 학교를 제대로 다니지 않는 것은 대부분 남자아이들이고, 그 밖의 나라에서는 여자아이들이 교육과 관련해 어려움을 겪는다. UN은 2015년까지 대부분의 국가에서 초등교육을 의무화하겠다는 목표를 세웠다. 그럼에도 내가 이 글을 쓰고 있는 2012년 말에도 9,300만 명의 아이들이 교육 혜택을 받지 못하고 있다. 그리고 개발도 상국의 경우 그 대부분이 여자아이들이다.[19]

학교가 있어도 집에서 너무 멀리 떨어져 있으면 부모들이 불안하게 생각하고 여자아이들을 학교에 보내지 않는 경우도 있다. 아니면 여자아이들은 집안일이나 거들어주기를 바라는지도 모른다. 사하라 사막 이남의 아프리카와 남아시아 지역에서 여자아이들이 학교에 다니지 못하는 이유는 이 밖에도 얼마든지 있다. 대부분 교육의 목적과 결과에 대해 회의적인 사람들이 살고 있는 곳이다. 파키스탄에서 여자아이들의 교육을 위한 활동을 벌이고 있는 15세 소녀 말랄라 유사프자이Malala Yousafzai는 2012년 탈레반에 의해 얼굴에 총을 맞는다. 그들은 초등교육이 감당할 수 없는 문제가 될 것으로 생각했던 것이다. 말랄라에 대해 국제적인 관심이 쏠리고 활동도 계속되었지만 현장의 잔혹한 현실은 바뀌지 않았다. 파키스탄은 세계에서 두 번째로 교육받지 못한 아이가 많은 국가다. 글을 읽지 못하는 파키스탄 국민은 약 5,000만 명으로 세계 최고의 문맹률을 기록하고 있다.

6장에서 살펴본 것처럼 노트북컴퓨터를 아이들에게 무상으로 보급하는 계획도 교육 문제를 해결해주지는 못했다. 그렇지만 교사와 학생의 거리 문제는 이런 상황에 대한 한 줄기 실마리를 제공한다. 즉 학교의 출석률과 여자아이들의 학업 성취도 면에서 그렇다. 아프가니스탄 북서부의 고르 지역에서는 학교 주변 5킬로미터 안에 사는 아이가 28퍼센트밖에 되지 않는다. 그 때문에 이 지역 아이들 중 3분의 2는 학교에 다니지 못하고 있다. 2012년 미국 경제학자인 데이나 버드Dana Burde와 리 린든Leigh Linden은 아이들이 살고 있는 마을 근처에 소규모 학교가 세워질 경우 어떤 변화가 일어나는지 연구했다. 2008년 이 지역에서 무작위로 택한 31개 마을 중 13개 마을에 학교가 세워졌다. 다른 18개 마을에 살고 있는 아이들은 기존 방식대로 지역 구분에 따라 학교에 배정되었다. 이 18개 마을에서 아이들을 학교에 보내는 가정 중 95퍼센트는 경제적인 형편과 능력에 따라 상급 학교로의 진학을 고민하고 있었다. 이렇게 두 가지 다른 방식으로 교육받은 약 1,500명의 출석률과 학업 성취도를 한 학년이 지난 뒤에 비교했다.

마을에서 가까운 소규모 학교의 경우 일반 학교와 비교해 여자아이의 출석률은 52퍼센트, 학업 성취도는 평균 1.3이 향상되었다. 소규모 학교 덕분에 남학생의 입학률이 34퍼센트 높아지는 등 모든 면에서 좋은 성과를 거두었는데, 특히 여자아이들의 출석과 학습에서 가장 큰 효과가 나타났다. 학교, 그리고 교사와의 거리가 가까워지면서 "학교 입학과 출석에 대한 남녀의 차이가 실제로 사라졌으며, 1년 안에 성적 차이도 3분의 1이상 좁혀졌다". 두 사람의 기록이다.[20] 학생과 교사 사이의 지리적 거리를 줄이면 출석률이 1.6킬로미터당 16퍼센트 증가했다.

이런 결과야말로 관계와 치유에 대한 진정한 사례가 아닐까. 바로 너와 나 사이의 거리가 가지고 있는 놀라운 위력을 보여준 것이다. 또 다른 사례는 6장에서 소개한 독서 프로그램이다. 이 프로그램은 아이들이 학업을 제대로 마치지 못할 가능성이 높은 저소득층 부모들을 대상으로 실시했다. 이 프로그램에 참여한 부모들은 미취학 자녀들과 책을 함께 보며 이야기를 나누는 일에 아주 만족스러워했다. 부모와의 친밀한 접촉이 계속되면 실제로 아이들의 언어능력과 읽기 능력이 향상된다.[21] 사실 부모와 자녀 사이에 대화와 함께 책을 읽는 시간을 늘려주는 이런 프로그램들은 형편이 어려운 아이들에게 노트북컴퓨터를 지급하는 프로그램에 비해 언어능력과 읽기 능력을 두 배 이상 향상시켜주었다. 연구에 따르면 뛰어난 교사와 얼굴을 마주하는 시간을 1년 정도만 가져도 아이들의 미래는 훨씬 큰 영향을 받으며, 이는 노트북컴퓨터 지급 프로그램과 비교할 수 없을 정도로 효과적이다.[22] 만일 정치인들이 국가의 재원을 현명하게 사용하고 싶다면 곧 유행에 뒤처질 값비싼 장비를 교실에 설치하는 대신 부모와 교사에 대한 지원과 훈련에 재원을 투입하는 것이 너무나 당연한 일일 것이다.[23]

분명 시장에는 뛰어난 품질의 교육용 소프트웨어도 많고 이런 소프트웨어 활용법에 능숙한 교사도 많다. 그리고 이런 소프트웨어는 대부분 특화된 기술을 목표로 하고 있다.[24] 그렇지만 성공을 위해 정말로 도움이 절실한 가장 열악한 환경의 아이들 중에는 저소득층 출신에 ADHD나 충동장애를 앓는 남자아이가 많다. 이런 아이들을 가장 잘 돕는 방법은 자기 스스로를 계발할 수 있도록 동기를 부여하는 것이다. 또한 심리학자들이 실행 기능이라고 부르는 이른바 계획을 세우는 능력, 충동을 억제하는 동안 중요한 정보를 기억하고 인지적으로 유연하게 대처하는 능력도 필요하다. 그렇다면 이 아이들이 그런 능력이나 기술을 습득하도록 어떻게 도와줘야 할까?

캐나다의 심리학자 아델 다이아몬드[Adele Diamond]와 캐슬린 리[Kathleen Lee]는《사이언스》에 실린 메타 분석에서 이와 같은 질문을 던진다. 두 사람은 아이들이 자신감을 얻을 때마다 도전 과제를 늘려가도록 설계된 최고의 컴퓨터 프로그램조차 한 번에 한 가지 기술밖에 가르치지 못한다는 사실을 알게 되었다. 그렇지만 그 한 가지 기술은 또 다른 분야로 연결되지 않았다. 다시 말해 단기적으로 아이들을 훈련시키는 프로그램이 기억하는 법 등과 관련된 다른 유형의 기술에는 도움을 주지 못한다는 뜻이다. 컴퓨터 프로그램은 아이들에게 특별한 유형의 비언어적 문제 해결 방법을 연습시켜서 이런 유형의 문제를 해결하는 기술은 향상시키지만 다른 효과는 없었다. 두 심리학자가 이야기한 것처럼 "추론에 대한 이런 훈련은 속도 향상에 도움이 되지 않고 속도에 대한 훈련은 추론에 도움이 되지 않는다". 반면에 체육, 음악, 호신술 등 주의 깊게 기획된 수업을 들으며 숙련된 교사와 사회적 상호작용을 하는 과정은 아이들이 여러 가지 실행 기능을 향상시키도록 돕는다.[25] 심지어 값비싼 장비가 없어도 교사가 확실한 훈련과 지원을 제공해준다면 아이는 계획을 짜고 자기 순서를 기다리며 감정을 다스리고 문제를 해결하며 충동을 억제하는 방법을 배울 수 있다.

이런 사실을 간파한 지도자들이 있다. 미국의 버락 오바마[Barack Obama] 대통령도 그중 한 사람이다. 그는 『담대한 희망[The Audacity of Hope]』에서 "좋은 교사에 대한 필요성은 아무리 강조해도 지나치지 않다"라고 이야기했다.

"최근의 연구에 따르면 학생의 성취도를 결정하는 가장 중요한 요소는 아이의 인종이나 출신이 아니라 누가 그 아이를 가르치느냐라고 한다."[26]

오바마 대통령은 얼굴을 마주하는 상호 교류의 중요성이 좀 더 확실하게 드러나기 5년 전에 이미 이런 글을 썼으며 그의 노력은 지금도 계속되고 있다. 2011년 250만 명의 미국 학생들을 조사한 결과 평균 이상의 숙련된 교사와 1년 정도만 함께해도 다음과 같은 결과가 나왔다고 한다.

- 아이들은 대학에 더 많이 진학했다.
- 아이들은 우수한 대학에 더 많이 진학했다.
- 10대에 부모가 되는 일이 더 줄어들었다.
- 평생 동안 평균 25만 달러의 수익을 더 올린다.
- 어른이 되어 더 나은 환경에서 살게 된다.
- 노후를 더 철저히 준비하게 된다.[27]

이런 결과는 가족의 수입에 의한 영향을 제외한 것으로, 부유한 부모가 뛰어난 교사들이 있는 학교를 선택하는 문제가 아니다. 진짜 교훈은 우리가 상호 교류의 효과를 과소평가하고 있다는 점이다. 실력이 있고 뛰어난 교사는 아이들의 미래를 바꿀 수 있다.

"특별히 가정 형편이 어려운 아이들에게 이는 분명한 사실이다. 대개 이 아이들은 실력이 가장 떨어지는 교사들을 만나게 되며, 이는 우리 시대에 시민의 권리를 제대로 행사하지 못하는 부끄러운 사례로 볼 수 있다."

니콜라스 크리스토프Nicholas Kristof는 올리 닐Olly Neal의 사례를 들어가며 이런 상황을 설명하는 기사를 썼다. 올리 닐은 "가난하고 성격도 뒤틀린 아프리카계 미국인 아이"였지만 훗날 미국 항소심 법원의 판사가 된다. 닐의 인생을 바꾼 것은 바로 고등학교 시절의 선생님인 밀드레드 그래디Mildred Grady였다. 16세의 닐은 학교 도서관에 갔다가 흥미로운 표지를 발견하고 그 책을 훔쳐간다. 그래디는 그 모습을 보고 아이를 꾸짖는 대신 자신이 직접 시간과 돈을 들여 같은 책과 함께 같은 작가의 다른 책들도 사서 도서관에 갖다 둔다. 그리고 닐이 계속 책에 흥미를 가지고 읽어나가는지 조심스럽게 뒤에서 지켜본다.[28]

우리는 이 사례를 인터넷의 제왕인 마크 주커버그^{Mark Zuckerberg}나 세르게이 브린^{Sergey Brin}의 일화처럼 관심을 가지고 주목하지 않을지도 모른다. 그렇지만 꿈을 가진 교사 덕분에 반항적인 아이가 책에 관심을 갖게 되었다. 뛰어난 교사를 교실에 투입하고 그 결과 성취도가 높아진다면 최소한 우리가 컴퓨터 소프트웨어나 하드웨어에 투자하는 것만큼 교사를 훈련하는 데 투자해야 하지 않을까?

법칙 5 아이들에게 상호 교류가 왜 중요한지 일깨워줘라

대면 접촉과 계층의 분화

올리 닐의 사례를 언급한 것은 학생의 장래를 염려하는 뛰어난 교사에게 수업을 받는 일이 장차 과거의 일이 되어버릴 것 같기 때문이다. 특히 형편이 어려운 아이들은 더욱 그럴 것이다. 북아메리카와 유럽에서는 중산층 아이와 노동계층 아이 사이의 기회 불균형이 점점 커져가고 있다. 이제 경제적으로 안정된 가정의 아이들은 그렇지 않은 아이들에 비해 "부모와 함께하는 편안한 밤"(정치과학자인 로버트 퍼트넘이 이렇게 불렀다)을 더 많이 보낼 수 있다. 더 정확하게 설명하면, 대학 이상의 교육을 받은 부모는 1970년대 자신의 부모 세대와 비교해서 네 배나 많은 시간과 노력, 그리고 돈을 자녀에게 쏟아부을 수 있다. 그렇지만 고등학교 졸업장이 전부인 경제적으로 어려운 부모가 자녀에게 보여주는 관심과 투자는 지난 수십 년 동안 변한 것이 거의 없다. 이런 관심과 투자의 차이는 사실 30~40년 전만 하더라도 문제될 정도로 크지 않았다. 그렇지만 이제는 가정 형편이 넉넉한가 그렇

지 않은가에 따라 아이들의 수학 성적과 읽기 성적이 40퍼센트 이상 차이 나고 있다.[29]

물론 진짜 숙련된 교사를 배출하는 것보다는 컴퓨터 등을 이용한 교육이 더 저렴하다. 그렇지만 나는 디지털 교실의 확산이 계층의 분화를 더 심화시키지 않을까 두렵다. 괜한 기우는 아니다. 학교에서 노트북컴퓨터를 지급하고 가상의 디지털 교실을 만들며 대규모의 온라인 강의를 개설하는 일은 종종 형편이 어려운 학생들에게 훨씬 유리할 것이라고 여겨진다. 예컨대 앨라배마 주 버밍햄이나 아프리카 우간다 포트포털 같은 곳에 살고 있는 학생들에게 말이다. 또한 온라인 강의는 점점 큰 호응을 얻어가고 있으며, 이런 강의의 등록률 역시 기하급수적으로 올라가서 같은 강의를 듣는 학생이 수천수만 명에 이를 정도다. 그렇지만 이렇게 상호 교류가 없는 교육의 실체는 현실을 일깨워준다. 평균적으로 보면 온라인 강의에 등록한 학생들 중 90퍼센트는 중도에 그만둔다고 한다. 그리고 고작 3퍼센트 정도만 이런 방식에 만족감을 느낀다는 것이다. 정해진 시간표나 교실도 없고, 질문하거나 격려해주거나 개인적으로 평가해줄 교사도 없는 상황에서 대규모 온라인 강의는 이런 강의를 기획한 사람들이 목표로 삼았던 가난하고 미숙하며 시민의 권리도 제대로 누리지 못하는 학생들을 더욱 뒤처지게 만들 뿐이다.[30] 반면 부유한 부모와 학생들은 오히려 반대 방향으로 나가고 있다. 소수의 학생이 진짜 교실에서 숙련된 교사와 진정한 인간적 접촉을 만들기 위해 더 많은 비용을 지불하는 것이다. 이런 교사들은 개인별 지도와 함께 배운 것을 직접 시연해볼 기회를 제공하며 올바른 토론 방법 등을 가르치고 있다.

물론 아이들이 신분 상승의 사다리에서 떨어지지 않도록 투자하는 일은 그리 새삼스러운 것이 아니다. 정말 새로운 사실은 교실에서 마음껏 공짜로 누릴 수 있었던 인간적 교류가 이제는 값을 지불해야만 하는 것으로 바뀌었다는 사실이다. 〈허핑턴 포스트〉에 의하면 중국에서 아이들을 유치원에 보내는 부모는 이제 유치원 교사가 아이를 안아주는 대가로 매달 돈을 지불해야 한다고 한다. 신중한 부모는 교실의 첨단 기술이 아닌 실제 수업에 돈을 지불하는 쪽을 선택한다.

"예컨대 아이패드에 설치한 애플리케이션이 내 아이에게 읽기나 계산법을 더 잘 가르쳐줄 거라는 생각은 참 터무니없어 보입니다."

이베이의 최고 기술 담당 앨런 이글^{Alan Eagle}의 말이다. 이글은 첨단 기술의 상징인 실리콘밸리에서 일하고 있지만 수준 높은 교육을 받고 좋은 직장에 다니는 부모들의 공통된 생각을 지적한 것이다. 만일 우리가 수준 높은 교육을 감당할 형편이 된다면 왜 아이들의 교육을 첨단 기술에 맡기겠는가? 디지털 기술이란 이제 너무나 기본적인 것이 되어서 마치 칫솔질을 배우는 것과 같다고 이글은 말하지만 그의 아이들은 1년에 학비가 2만 달러나 들어가는 특별한 대안 학교에 다니고 있다. 교실에서 첨단 기술이 사용되지 않는 학교다.

"우리는 머리를 쓸 필요가 없을 정도로 쉬운 기술을 만들어가고 있습니다. 아이들이 나이가 들어서 아무것도 직접 해내지 못하는 것이 당연한 일이 되겠지요."[31]

이는 우리가 기대했던 디지털 혁명의 모습이 아니다. 우리가 첨단 기술에 기대했던 것은 단지 우리를 좀 더 자유롭게 만들어줄 뿐만 아니라 모두가 더 공평해지는 사회였다. 그렇지만 사회에서 소외된 계층의 아이들에게 인터넷이 연결된 컴퓨터만 나눠주었더니 부유한 아이와 그렇지 않은 아이 사이의 학력 격차만 더 벌어졌다. 미국의 경제학자인 제이컵 빅돌과 헬렌 래드는 가난한 가정의 아이 100만 명의 학습 진도를 5년 동안 살펴보았다. 이 아이들에게 인터넷이 연결된 컴퓨터가 주어지기 전과 후의 상황을 연구한 결과 두 사람은 다음과 같은 사실을 알게 되었다.

"5~8학년 아이들은 집에서 컴퓨터를 사용할 수 있게 되자 읽기 성적과 수학 성적이 계속해서 떨어지는 모습을 보였다."[32]

우리는 정확한 이유는 알지 못한다. 한 가지 가능성은 결국 집에서 부모의 지도 없이 아이들이 학교에서 지급받은 노트북컴퓨터로 무엇을 하느냐가 문제라는 것이다. 이 아이들은 컴퓨터로 게임을 하고 친구들과 잡담을 나누고 영화나 포르노를 다운로드받았다. 그들은 가난한 한 부모 가정의 아이가 대부분이라 부모는 종종 집을 비우고 오랜 시간 밖에서 일을 할 수밖에 없었던 것이다.

이제 부모의 형편이 어렵거나 교육 수준이 낮은 가정의 아이들을 진짜 교실이 아닌 가상의 교육 공간으로 밀어 넣으면 어떤 일이 벌어질지 상상해보자. 앞서 소개한 사례들은 아이들의 성적이 떨어지는 것과 더불어 첨단 기술을 이용한 가상 교육의 어두운 이면일 것이다. 교육연구가인 마크 워샤우어는 『인터넷으로 공부하기 Learning in the Cloud』에서 가상 교실에 대한 실제 자료를 배제한 채 예산이 결정되는 상황이 이미 벌어졌다고 지적한다.

플로리다에서는 가상 교육의 이점을 어느 정도 보여주었다. …… 그렇지만 그런 가상 교육의 어두운 이면 역시 이미 드러났다. 마이애미 데이드 카운티의 학생들은 이제 자신의 의지와 상관없이 교사가 없는 온라인 강의만 듣게 되었다. 학생들이 수업에 참여했다고 신고하면 '관리자'가 컴퓨터로 수업을 시작하라고 지시한다. 이런 새로운 체계는 학생들을 위해서가 아니라 예산을 절약하기 위해서 고안된 것이다. 플로리다의 경우 이런 가상 교실은 실제 교실과 달리 교실 크기에 제약을 받지 않는다. 어느 행정 담당자가 《뉴욕 타임스》와의 인터뷰에서 인정했듯이, 학생들이 공부에 곤란을 겪어도 "이런 방법이 아니면 교실 문제를 해결할 방법이 없기 때문에" 가상 교육을 강요할 수밖에 없다는 것이다. 어떤 학부모는 자신의 딸이 컴퓨터로 스페인어 수업을 받게 되었다는 사실을 알고 나서 정말이지 "입이 딱 벌어질 정도로" 놀랐다고 한다. …… 이런 교사 없는 수업을 강제로 받게 된 35~40명의 학생을 대표해 어느 여학생은 "아무도 그런 수업은 받고 싶어 하지 않아요"라고 말하기도 했다.[33]

미국에서 공공교육에 배당되는 예산이 줄어들고 교육에서 얼굴을 마주하는 상호작용의 중요성을 강조하는 과학적 증거가 속속 등장하고 있는 이때 특히 초기 교육에서 아이와 교사 사이의 상호작용을 제한하는 이런 모습은 섬뜩하지 않을 수 없다.[34]

법칙 6 혼자인 시간을 줄이고 의미 있는 접촉을 늘려가라

여성 효과

아직 늦지 않았다. 이보다 훨씬 더했던 사회적 유행도 종종 여성들의 힘에 의해 제자리로 돌아간 전력이 있다. 예를 들어 20세기에 들어

섰을 무렵에도 중국의 수도 베이징 이남에서 태어난 여성들 중 99퍼센트는 이른바 '전족纏足'이라는 것을 했다. 그렇지만 1919년 이후 이런 악습은 자취를 감추었다.

"전족에 반대하는 운동은 처음에 호응을 얻지 못했다. 그렇지만 운동이 계속되자 마침내 단 한 세대 만에 1,000년 넘게 이어져 온 악습이 완전히 자취를 감추었다."

미국의 철학자 콰메 앤터니 애피아Kwame Anthony Appiah는 저서 『예절의 법칙The Honor Code』에 그렇게 썼다.[35] 처음의 시도들이 실패했는데도 어떻게 그렇게 빨리 변화를 이끌어낼 수 있었을까?

간단히 대답하면 여성들의 사회적 유대감이 아주 중요한 역할을 했다. 1875년 영국의 어느 성직자가 중국의 항구도시 샤먼에서 여성들만의 회합을 주선하고 전족 반대 운동에 서명해달라고 부탁하자 처음에는 아홉 명만 응했다고 한다. 그러다가 아홉 명이 100여 명이 되고 결국 전족반대협회가 결성되어 그 회원 수가 1만여 명에 이르게 된다. 애피아의 말처럼 당대에 상식적인 일을 뒤바꾸려면 몇 가지 기폭제가 필요한데, 우선 서양에서 건너온 개신교 성직자들이 전족이라는 야만적인 풍습에 저항하도록 물꼬를 텄고 중국의 지식인들이 이에 동조했으며 해외에서 교육받은 1세대 중국 여성들이 귀국하면서 전족 반대 운동에 불이 붙게 된다. 그리고 어쩌면 가장 중요한 원인은 각종 여성 조직이 성장하면서 회원들은 자신의 딸들이 발을 묶는 데 반대했고 아들이 전족한 여성과 결혼하는 것을 허락하지 않았던 것이다.

여성들의 정치적인 영향력이 얼마 되지 않던 그때 그들은 무대 뒤에서 거대한 변화가 생겨나도록 도움을 주었다. 주로 사회적 접촉과 주변 사람들에 대한 압력을 통해서였다. 여성들이 주도한 금주운동도 비슷한 사례였다. 이후로도 이런 사례는 이어졌다. 인도에서는 신세대 엄마들이 서로 얼굴을 마주하고 서로를 지도함으로써 유아 사망률이 극적으로 줄어들었고 우간다에서는 HIV 감염률이 줄어들었으며 카메룬에서는 여성들이 피임기구를 사용하도록 서로를 격려했다. 혹은 나이 많은 남편이 건강하게 오래 살게 하는 등 세계 각지의 여성들은 자신의 끈끈한 사회적 연결망과 영향력을 통해 자신과 직간접적으로 연결된 사람들의 복지를 향상시키고 있다.[36]

나는 지금 '여성들이 무조건 옳다'고 주장하는 것이 아니며, 오히려 대면 접촉의 잠재력을 강조하고 있는 것이다. 지금까지 살펴본 것처럼 여성들의 사회적 교제의 범위는 남성들의 그것과 비교해 규모가 작을 수도 있지만 더 끈끈하고 친밀하다. 이 책을 시작한 동기는 바로 그것이었다. 나는 여성들의 복잡한 사회생활이 건강과 장수에 아주 중요한 영향을 미친다는 사실을 알고 나서 그 이유를 정확하게 파헤치고 싶었다. 그렇게 내가 알아낸 것은 가까운 여성들 사이의 연결망 안에서 중요한 정보가 교환되며, 그것이 바로 핵심이라는 사실이었다. 그렇지만 인간적인 접촉에 대한 열망은 그 자체만으로도 여성들과 그 정신을 살아 숨 쉬게 해주었다. 단둘이서, 아니면 작은 모임에서, 심지어 전화 통화만으로도 여성들은 귀중하고 기본적인 정보를 서로 공유한다. 또한 이런 상호 교류를 통해 여성들은 신경화학적인 활력을 얻는다. 어쩌면 가장 중요한 것은 여성들이 남성들에 비해 다양한 관계를 더 잘 유지할 수 있다는 사실인지도 모른다. 여성들의 주변에는 항상 중요한 사람들이 있다. 시간이 지나 친구와 이웃, 그리고 배우자가 떠나도 여성들은 새로운 관계로 이들을 대체할 수 있다. 지금은 디지털 시대이며 사람들의 수명도 길어졌다. 한자리에 있지 못하고 정신없이 이동하는 세상에서 혼자 고독한 삶을 사는 경우도 더 많아졌다. 그러니 시간을 들여 치유를 위한 관계를 만들고 유지하고 또다시 만드는 일은 아주 중요하다.

여성과 남성 모두는 의미 있는 접촉에 대한 욕구가 충족될 경우 더 행복하고 건강한 삶을 누릴 수 있고 질병과 절망도 더 잘 이겨낼 수 있다. 우리가 짊어진 짐이 더 가볍게 느껴질 것이고 우리가 가야 할 길도 더 평탄해 보일 것이다.[37] 진정한 사회적 상호 교류란 바로 자연의 힘이다. 우리 모두는 매일 이 힘이 필요하다. 지금까지 살펴본 것처럼 교육에 도움을 주고 수명을 늘려주는 친밀한 상호 교류의 위력은 그 실체를 파악하는 것도, 일상생활에 접목시키는 것도 그리 어렵지 않다. 우리에게 필요한 것은 우리 자신의 진정한 관계가 과연 어떤 모습인지 확인하는 것이다. 그리고 그 관계를 만들어내기 위해 노력하는 것이다.

■ **감사의 말**

이 책의 구상에 도움이 되는 생각들이 떠오른 때는 2008년이다. 당시 나는 토론토 대학교의 불 꺼진 강당에 앉아 남성이 여성만큼 오래 사는 곳들에 대한 이야기를, 그리고 디지털 인터페이스는 정말 전력을 다해 우리의 완벽한 동반자가 될 수 있도록 설계된다는 이야기를 들었다. 먼저 이런 여러 가지 생각을 하나로 모으도록 도와준 모제스 즈나이머Moses Znaimer와 그의 '아이디어 시티' 강연에 감사한다. 이를 통해 나는 사회적 유대관계의 변화하고 있는 본질에 대해 깊이 생각할 수 있었다.

고故 마비스 갈란트Mavis Gallant는 글쓰기란 "연애와 같아서 시작할 때가 제일 좋다"라고 했다. 그리고 바로 그 글쓰기의 시작 지점에서 나의 친구들과 가족들, 그리고 전혀 모르던 사람들과 그들의 가족들까지 아주 기꺼이 나의 질문과 참견을 받아주었다. 나는 클라우디아 아리스티, 주디스 버먼, 다니엘라 브라운, 케이트 브라운, 다이애나 브루노, 테레사 카비두, 조반니 코리아스, 메리 코플런, 조지프 듀익, 아덴 포드, 밥 핀, 제시 골드버그, 프레드 제너시, 실비 라 퐁텐, 케이스 리버, 벤과 카즈 마테, 존 맥콜건, 주세페 무리뉴, 지니 넬스, 클라우디아 페이퍼, 프란체스카 피타우, 그리고 매트 웨스트 등 친절하게 조사를 도와준 모든 사람에게 깊은 감사의 마음을 전한다. 사람들이 원하는 바에 따라 필명이나 성만 적기도 했고 크게 상관하지 않는 경우 실명을 정확히 밝히기도 했다. 수영 모임의 회원들과 웨스트마운트 공공도서관의 사서들은 물론 내가 속한 모든 모임의 회원들에게도 두번 세번 감사의 말을 전하고 싶다.

  내 저작 관련 에이전트인 존 브록만과 카틴카 매트슨은 이 책의 시작부터 깊은 관심을 보여주었고, 나는 두 사람의 전문적인 도움과 지식에 깊이 감사하고 있다. 랜덤하우스 캐나다의 통찰력이 뛰어난 편집자인 앤 콜린스와 함께 일하는 행운을 누린 것은 이번이 두 번째다. 그녀는 뛰어난 감각과 영민함, 그리고 끝없이 긍정적인 모습으로 책이 완성되기 전의 수많은 초고와 문제점을 확인하고 답변해주었다. 슈피겔 앤드 그라우의 전담 편집자 신디 슈피겔은 이 책에 아주 열광해서 출간과 성공을 위해 물불 가리지 않고 뛰어주었다. 영국 애틀랜틱 북스의 토비 먼디는 먼 곳에 있었지만 나에게 영감을 심어주었다. 일일이 이름을 열거할 수는 없지만 미셸 로퍼와 애니 세그닛, 그리고 그 외 사람들에게도 특별한 감사의 마음을 전한다.

  혹시 어떤 실수나 잘못이 있다면 모두 내 탓이다. 이제 소개할 전문가와 친구들은 이 책의 초고를 읽어주었고 그들의 충고는 이 책이 지향하는 정확도와 양식을 결정하는 데 도움을 주었다. 바버라 베이커, 존 카치오포, 스티브 콜, 앨리슨 고프닉, 마이클 크레이머, 조반니 페스, 로라 앤 페티토, 스티븐 핑커, 미셸 플랭, 안드레스 멜초프, 해리 레이스, 세리 터클, 린다 웨이트, 마크 워샤우어, 조엘 야노프스키. 다른 사람의 원고를 주의 깊게 읽어주는 것은 아주 귀한 재능이며, 나는 이들의 도움에 정말로 깊이 감사한다. 그 점과 관련해 스티븐과 나는 무슨 문제든 허심탄회하게 마음을 터놓고 이야기를 나눌 수 있는 세계 유일의 남매가 아닐까. 이런 관계야말로 내게는 큰 기쁨이며 도움의 원천이다.

자신의 연구 결과를 보내주고 사회적 정신의 본질에 대한 나의 질문에 참을성 있게 대답해준 과학자 동지들이 있었다. 로이 바우마이스터, 매튜 브래시어스, 존 카치오포, 수 카터, 버나드 차피스, 디미트리 크리스태키스, 스티브 콜, 엘리 핀켈, 헬렌 피셔, 제임스 파울러, 하워드 프리드먼, 파울로 프란칼라치, 데이비드 기어리, 키스 햄프턴, 줄리앤 홀트 룬스태드, 설레스트 존스턴, 재니스 키콜트 글레이저, 페리 클래스, 안드레스 멜초프, 앨런 멘델슨, 캐럴 모셀리, 나탈리 먼로, 린다 파가니, 조반니 페스, 미셸 플랭, 존 P. 로빈슨, 닐스 로젠퀴스트, 로버트 새폴스키, 알렉스 토도로프, 톰 발렌테, 제이컵 빅돌, 벤 웨이버, 배리 웰먼, 그리고 엘리자베스 월콧 등이 그들이다.

여러 가지 업무를 보조해주며 다양한 방식으로 나를 도와준 사람들에게 감사의 말을 전한다. 야닉 슈렛, 칼 부드먼, 베스 크러츨리, 테리 폭스먼, 데이먼 핸코프, 게일 호탑, 새라 린 무어, 그리고 로슬린 핑커. 가브리엘라 제이컵스와 베아트리체 토너는 인터뷰 정리를 도와주었다. 알렉스 반 덴 베르크, 조지프 헬퍼, 미셸 로퍼, 그리고 줄리아 왁스는 번역을 담당했다. 불굴의 끈기를 가진 테리 폭스먼, 야닉 슈렛, 그리고 게일 호탑 등은 오랜 세월 나와 함께해준 연구자들이다. 면역학과 영장류 동물학과 관련해서 나를 도와준 칼 부드먼과 로슬린 핀커에게 감사한다. 아, 로슬린 핀커는 뛰어난 교정 전문가이자 우리 어머니이다. 마틴 부드먼은 나의 남편으로, 이 책의 모든 세세한 부분에 대해 나의 이야기를 들어주었고 책이 끝날 때까지 함께하며 자신의 의견을 기꺼이 제시하고 용기를 북돋워주었다.

이제는 내가 지금까지 소개한 사람들의 도움이 없었다면 이 책을 끝내기는커녕 시작조차 못했을 거라는 사실을 모두들 알게 되었으리라. 또한 내 친구들과 가족들, 남자 형제들과 올케들인 스티븐과 롭 핀커, 레베카 뉴버거 골드스틴과 크리스틴 화이트헤드, 내 조카들은 나를 위한 관계와 치유의 한 부분을 감당해주었다. 내 부모님인 로슬린 핀커와 해리 핀커에게 이 책을 바친다. 두 분은 뒤에서 언제나 나를 응원해주었고 왜 대면관계가 중요한지 처음 내게 알려주었다. 내가 살아 숨 쉬는 것, 그리고 이렇게 일하고 있는 것은 모두 부모님 덕분이다. 남편 마틴과 세 아이 에바, 칼, 그리고 에릭에게 감사한다. 마틴은 내 인생의 사랑, 세 아이는 내 인생의 등불이다.

■ 주석

들어가는 글

1. 장기 기증 및 이식과 관련된 자료는 미국 보건부 산하 장기 이식 네트워크를 참고했
다(http://optn.transplant.hrsa.gov/data/). 신장이식수술을 기다리다 사망하는 미
국인들에 대한 자료는 2010년 9월 12일 국립신장재단의 대변인 E. 슐렘Schlam이 발표
한 성명서를 바탕으로 했다. 2009년 장기 이식을 기다리는 캐나다 사람들에 대한 자
료는 캐나다 신장 기증 백서에서 인용한 것이다(http://www.kidney.ca/Document.
Doc?id=102).

2. 2009년 최소 10명 이상의 영국인이 자신의 신장을 판매하겠다는 광고를 인터넷에 올
렸다. 그중 어느 간호사는 두 살 난 딸이 있었고 극심한 생활고로 고통받고 있었다. 그
래서 4만 달러와 기타 제반 비용을 지불하는 사람에게 자신의 신장을 팔겠다고 광고
를 냈던 것이다. 그는 미국에서 제안이 오기를 기다리고 있었다. 내가 이 책을 구상하
고 있을 당시 미국에서는 체외수정을 위한 정자와 난자의 판매가 합법이었고 대리부
나 대리모를 구하는 것도 합법이었다. 그렇지만 그런 미국에서도 자신의 건강한 장기
를 기증하면서 그에 따른 대가를 받는 일은 법으로 금지되어 있었다.《선데이 타임스》
에 실린 '나는 빚이 있어요. 제발 내 신장을 사주세요'라는 제목의 기사 말미에는 이런
경고도 함께 실렸다. '영국에서 사람의 장기를 판매하거나 대가를 받고 제공하는 일은
2004 인체조직안전 및 관리 등에 관한 법률(Human Tissue Act, 2004)에 의해 금지되
어 있으며, 이를 어길 시에는 3년 이상의 징역형을 선고받을 수 있다. 기증자는 가까운

친구나 친족에게만 신장을 기증할 수 있으며 그 관계를 입증해야 한다. 또한 강요에 의한 기증이 아니고 대가도 없었다는 사실도 증명해야 한다.'

3. 혈연관계가 아닌 낯선 사람에게 신장을 기증하는 일이 최근 들어 가능해졌다. matchingdonors.com과 같은 인터넷 사이트를 통해 기증자와 환자가 서로 만나는 일이 점점 늘어나고 있으며 관련 게시판을 통해 정보를 교환한다. 최근까지는 이런 일이 쉽게 이루어지지 않았다. 한 번도 만난 적이 없는 사람을 위해 자신의 장기를 기증하는 이타적 기증에 대한 기사가 언론을 장식하고 있으며 이런 일이 더 이상 낯선 일이 아니라는 인식도 점점 확산되고 있다. 그렇지만 이런 익명의 기증이 증가하고 있다 해도 아직까지는 그 사례를 찾아보기가 쉽지 않다. 영국에서는 이런 이타적 기증이 2007년에 합법화되었지만 영국 보건부 산하 인체조직관리부서Human Tissue Authority에 따르면 2009년과 2010년 사이 말기 신장병을 앓고 있는 환자가 얼굴을 전혀 모르는 사람으로부터 신장을 기증받은 경우는 전체 신장이식 중 0.02~0.006퍼센트에 불과하다고 한다. 따라서 아직도 드문 경우라는 뜻이다. 미국도 그 사정이 크게 다르지는 않다. 같은 기간 미국 장기이식 네트워크에 따르면 그 비율이 0.02퍼센트 이하로, 인터넷을 통해 알지 못하는 사람으로부터 장기를 기증받는 경우는 1만 명 중 두 명꼴이다(2009년 국립 보건 및 영양 평가 조사).

4. 2013년 2월 8일 현재 미국의 신장이식수술 대기자 명단을 기초로 했다(http://optn. transplant.hrsa.gov/data/). 정부 조사에 따르면 인구의 0.03퍼센트다(http://www. census.gov/main/www/popclock.html/). 캐나다의 경우 보건부 자료에 따르면 인구의 0.0068퍼센트, 영국의 경우 국립 통계청에 따르면 0.0098퍼센트, 독일의 경우 정부 통계에 따르면 0.0014퍼센트(http://www.statistik-portal.de/Statistik-Portal/en/en_zs01_bund.asp) 그리고 프랑스는 0.0019퍼센트다(http://www.agence-biomedecine.fr/annexes/bilan2011/donnees/organes/06-rein/synthese.htm).

5. 이것은 과장된 수치가 아니다. 1980년대 초반 상업적 이용이 가능해진 MRI 스캐너의 경우 당시 가격이 150만 달러에서 200만 달러 사이였고 가장 저렴한 개인용 제트 여객기 가격이 그 정도였다. Michael Bates, "Bill Lear's 'Baby Jet' Celebrates 20 Years in Aviation," *The Dispatch*, October 8, 1983; Martin Stuart-Harle, "Hospitals Seeking Magnetic Imagers Agonize over Choice of Costly Devices," *Globe and Mail*, October 13, 1985.

6. Bureau of Labor Statistics, "American Time Use Survey, 2011 Annual Averages" (Washington, D.C.: BLS, 2012). 해당 웹페이지의 설명은 다음과 같다. '주요 활동이란 개인의 주요 활동을 의미한다. 동시에 일어나는 다른 활동들은 포함하지 않는다.' 이런 기준에 따르면 미국인이 하루에 먹는 활동에 쓰는 시간은 표면적으로 총 23분에 불과하다. 텔레비전을 보거나 컴퓨터를 하면서 먹는 일, 혹은 차 안에서 먹는 일은 여기 포함

되지 않는다. 사회학자 존 P. 로빈슨John P. Robinson 덕분에 나는 이런 내용에 대해 이해할 수 있었고 그는 나에게 미국인의 시간 사용이 어떻게 조사되고 계산되었는지 솔직하게 알려주었다.

7. NM Incite, "The Social Media Report" (New York: Nielsen McKinsey, 2012).

8. 빌 브라이슨, 『거의 모든 것의 역사』(이덕환 역, 까치글방, 2003).

9. J. Cacioppo, L. C. Hawkley, G. J. Norman, and G. G. Berntson, "Social Isolation," *Annals of the New York Academy of Sciences* 1231 (2011): 17 – 22.

10. 관련 내용은 다음 장에서 더 자세히 설명할 것이다.

11. L. F. Berkman et al., "Social Integration and Mortality: A Prospective Study of French Employees of Electricity of France-Gas of France: The GAZEL Cohort," *American Journal of Epidemiology* 159, no. 2 (2004); L. Fratiglioni et al., "An Active and Socially Integrated Lifestyle in Late Life Might Protect Against Dementia," *Lancet Neurology* (2004); S. W. Cole et al., "Social Regulation of Gene Expression in Human Leukocytes," *Genome Biology* 8, no. 9 (2007); Candyce H. Kroenke, Laura D. Kubzansky, Eva S. Schernhammer, Michelle D. Holmes, and Ichiro Kawachi, "Social Networks, Social Support, and Survival after Breast Cancer Diagnosis," *Journal of Clinical Oncology* 24, no. 7 (2006).

12. K. Hampton, F. Lauren Sessions, and Eun Ja Her, "Core Networks, Social Isolation, and New Media," *Information, Communication and Society* 14, no. 1 (2011); J. S. House, K. R. Landis, and D. Umberson, "Social Relationships and Health," Science 241, no. 4865 (1988); Fratiglioni et al., "Active and Socially Integrated Lifestyle"; M. E. Brashears, "Small Networks and High Isolation? A Reexamination of American Discussion Networks," *Social Networks* 33 (2011); M. McPherson, L. Smith-Lovin, and M. E. Brashears, "Social Isolation in America: Changes in Core Discussion Networks over Two Decades," *American Sociological Review* 71, no. 3 (2006); Miller McPherson, L. Smith-Lovin, and M. E. Brashears, "Models and Marginals: Using Survey Evidence to Study Social Networks," *American Sociological Review* 74 (2009); American Association of Retired People, *Loneliness Among Older Adults: A National Survey of Adults 45+* (Washington, D.C.: AARP, 2010); Christina R. Victor and Kemang Yang, "The Prevalence of Loneliness Among Adults: A Case Study of the United Kingdom," *Journal of Psychology* 146, no. 1/2 (2012).

13. Jo Griffin, *The Lonely Society?* (London: Mental Health Foundation, 2010).

14. 로버트 D. 퍼트넘, 『나 홀로 볼링 : 사회적 커뮤니티의 붕괴와 소생』(정승현 역, 페이퍼

로드, 2009). Jennifer Senior, "Alone Together," *New York*, November 23, 2008.

15. Kemang Yang and Christina Victor, "Age and Loneliness in 25 European Nations," *Ageing and Society* 31 (2011).

16. Canadian Community Health Survey, "Prevalence of Positive Self-Perceived Health, Loneliness and Life Dissatisfaction, by Selected Characteristics, Household Population Aged 65 or Older, Canada Excluding Territories 2008 – 2009" (Ottawa: Statistics Canada, 2012).

17. Eric Klinenberg, *Heat Wave: A Social Autopsy of Disaster in Chicago* (Chicago: University of Chicago Press, 2002); 레베카 솔닛, 『이 폐허를 응시하라 : 대재난 속에서 피어나는 혁명적 공동체에 대한 정치사회적 탐사』(정해영 역, 펜타그램, 2012); Shankar Vedantam, *The Key to Disaster Survival? Friends and Neighbors* (National Public Radio, 2011).

18. 레프 톨스토이, 『전쟁과 평화』. William Deresiewicz, "Faux Friendship," *Chronicle of Higher Education*, December 6, 2009.

19. 앤서니 스토, 『고독의 위로』(이순영 역, 책읽는수요일, 2011); 수전 케인, 『콰이어트 : 시끄러운 세상에서 조용히 세상을 움직이는 힘』(김우열 역, 알에이치코리아, 2012).

20. Ye Luo et al., "Loneliness, Health, and Mortality in Old Age: A National Longitudinal Study," *Social Science and Medicine* 74 (2012).

21. A. Steptoe et al., "Loneliness and Neuroendocrine, Cardiovascular, and Inflammatory Stress Responses in Middle-Aged Men and Women," *Psychoneuroendocrinology* 29, no. 5 (2004); Ruth Hackett et al., "Loneliness and Stress-Related Inflammatory and Neuroendocrine Responses in Older Men and Women," *Psychoneuroendocrinology* 37, no. 1801 – 9 (2012).

22. M. Iwasaki et al., "Social Networks and Mortality Based on the Komo-Ise Cohort Study in Japan," *International Journal of Epidemiology* 31, no. 6 (2002).

23. J. Cacioppo, James Fowler and Nicholas A. Christakis, "Alone in the Crowd: The Structure and Spread of Loneliness in a Large Social Network," *Journal of Personality and Social Psychology* 97, no. 6 (2009).

24. L. C. Hawkley et al., "Loneliness in Everyday Life: Cardiovascular Activity, Psychosocial Context, and Health Behaviors," *Journal of Personality and Social Psychology* 85, no. 1 (2003); J. Cacioppo et al., "Social Isolation," *Annals of the New York Academy of Sciences* 1231 (2011); 존 카치오포, 윌리엄 패트릭, 『인간은 왜 외로움을 느끼는가 : 사회신경과학으로 본 인간 본성과 사회의 탄생』(이원기 역, 민음사, 2013).

25. Sarah Hampson, "Get Over Your Loner Phobia," *Globe and Mail*, January 18, 2013.

26. Lee Rainie and Barry Wellman, *Networked: The New Social Operating System* (Cambridge, Mass.: MIT Press, 2012).

27. 위의 책.

28. Ellen Goodman, "Friendless in America," *Boston Globe*, June 30, 2006.

29. Rainie and Wellman, *Networked*; Hampton, Sessions, and Her, "Core Networks."

30. K. Hampton, C. U. Lee, and Eun Ja Her, "How New Media Affords Network Diversity: Direct and Mediated Access to Social Capital Through Participation in Local Social Settings," *New Media and Society* 13, no. 7 (2011); K. Hampton et al., *Social Isolation and New Technology* (Washington, DC: Pew Internet and American Life Project, 2009). 키스 햄프턴은 인터넷의 사회 연결망 서비스에 과도하게 집착하는 사용자들이 있는 이유는 그들이 사회에서 잘 어울리지 못하기 때문이라고 분석했다. 이들 사용자 덕분에 이런 서비스가 더 다양하게 발전하는지도 모른다. 후속 연구는 사회적 매체의 사용과 이웃과의 단절 사이의 관계를 밝혀주지는 못했다고 한다(2013년 7월 7일 키스 햄프턴과 주고받은 이메일 내용 중에서).

31. Claude S. Fischer, *Made in America: A Social History of American Culture and Character* (Chicago: University of Chicago Press, 2010).

32. "Dinner for One: Solo Britons Send Sales of Single-Serve Cookware Soaring by 140%," *Daily Mail*, July 22, 2010; United Kingdom Office for National Statistics, *U.K. Labour Force Survey* (London: ONS, 2011).

33. P. E. Routassalo et al., "Social Contacts and Their Relationship to Loneliness Among Aged People: A Population Based Study," *Gerontology* 52 (2006); R. S. Tilvis et al., "Suffering from Loneliness Indicates Significant Mortality Risk of Older People," *Journal of Aging Research* (2011).

34. Iwasaki et al., "Social Networks and Mortality."

35. 이 책에 언급되는 대면 상호 교류가 말 그대로 얼굴을 똑바로 마주 보는 모습을 의미하는 것은 아니다. 다만 같은 방이나 공간에서 상호 교류를 한다는 의미다.

36. T. W. Valente et al., "Variations in Network Boundary and Type: A Study of Adolescent Peer Influences," *Social Networks* 35, no. 3 (2013).

1 지금 당신 곁에는 소중한 사람들이 있다

1. 담배를 피우거나 석면을 다루다가 걸린 암은 제외된다.

2. Elaine Louie, "After the Years' Ups and Downs, Beginning Again," *New York*

Times, December 4, 2011.

3. UCLA 메디컬 센터의 스티브 콜 박사는 1장의 초고를 보고 이렇게 이야기해주었다. "사회적 접촉이 면역력을 강화시켜주는 것은 사실이다. 그렇지만 건강문제는 단순히 면역력뿐만 아니라 혈관의 성장, 유전자의 활동, 두뇌 기능의 변화 등 여러 다양한 문제와 관련이 있는 것이다(2012년 12월 13일 개인적인 연락을 통해)."

4. J. S. House, K. R. Landis, and D. Umberson, "Social Relationships and Health," *Science* 241, no. 4865 (1988).

5. 무케르지의 책에 대해 이제는 고인이 된 캐나다의 의학 전문가 로버트 버크먼Robert Buckman은 이렇게 썼다. '자동차의 고장 원인은 수백 가지이고 그 처리 방법도 각각 다른 것처럼 암 역시 수백 가지 다른 원인으로 발병할 수 있다. 거기에 수많은 잘못된 생활 습관이 합쳐져 암을 만들어내는 것이다.'

6. 지금까지 보고된 유방암 발병률을 보면 서구 선진국이 월등히 높았으나 점차 개발도상국들이 따라잡고 있는 형국이다. 진단 비율이 차이가 나는 이유 중 하나는 초기 단계에서 유방암을 확인할 수 있는 건강 검진의 혜택을 골고루 받지 못하기 때문이다. 초음파와 엑스레이, 그리고 조직검사와 같은 방법을 통한 조기 발견의 혜택을 받지 못하는 여성이 많으며, 따라서 이들의 유방암은 통계에 포함되지 않곤 한다. 후진국일수록 정부의 질병 관련 부서에서 이런 보고가 누락되는 경우가 많다.

7. Sandra Levy et al., "Perceived Social Support and Tumor Estrogen/ Progesterone Receptor Status as Predictors of Natural Killer Cell Activity in Breast Cancer Patients," *Psychosomatic Medicine* 52 (1990); David Spiegel et al., "Effects of Psychosocial Treatment in Prolonging Cancer Survival May Be Mediated by Neuroimmune Pathways," *Annals of the New York Academy of Sciences* 840 (1998); K. R. Ell et al., "Social Relations, Social Support and Survival among Patients with Cancer," *Journal of Psychosomatic Research* 36, no. 6 (1992).

8. Peggy Reynolds and George Kaplan, "Social Connections and Risk for Cancer: Prospective Evidence from the Alameda County Study," *Behavioral Medicine* 16, no. 3 (1990).

9. 의사이자 《뉴요커》에 정기적으로 기고하는 아툴 가완디는 독방 감금에 대한 인상적인 설명을 남겼다. 가완디는 베트남전쟁 당시 포로수용소에서 살아 돌아온 약 150명의 해군 조종사에 대한 미군의 연구를 인용했다. 그들은 자신들이 겪은 그 어떤 고통보다도 사회적인 고립이 가장 견디기 어려웠다고 했다. 가완디에 의하면 미국 형무소에서 '구멍'이라고 불리는 독방에 수감되어 모든 사회적 접촉이 차단된 죄수들은 종종 정신병, 긴장병, 그리고 자살 충동에 시달린다고 한다. Atul Gawande, "Hellhole: The United States Holds Tens of Thousands of Inmates in Long-Term Solitary

Confinement. Is This Torture?" *New Yorker*, March 30, 2009.

10. Richard A. Gibbs, George M. Weinstock, et al., "Genome Sequence of the Brown Norway Rat Yields Insights into Mammalian Evolution," *Nature* 428 (2004).

11. G. L. Hermes et al., "Social Isolation Dysregulates Endocrine and Behavioral Stress While Increasing Malignant Burden of Spontaneous Mammary Tumors," *Proceedings of the National Academy of Sciences of the United States of America* 106, no. 52 (2009).

12. J. Bradley Williams et al., "A Model of Gene-Environment Interaction Reveals Altered Mammary Gland Gene Expression and Increased Tumor Growth Following Social Isolation," *Cancer Prevention Research* 2 (2009).

13. K. M. Stavraky et al., "The Effect of Psychosocial Factors on Lung Cancer Mortality at One Year," *Journal of Clinical Epidemiology* 41, no. 1 (1988); Sheldon Cohen, "Social Relationships and Susceptibility to the Common Cold," in *Emotion, Social Relationships, and Health*, ed. Carol D. Ryff and M. Burton (New York: Oxford University Press, 2001).

14. Kroenke et al., "Social Networks, Social Support." 또 다른 연구들은 사회적 지원과 유방암 생존율 사이의 관계를 밝혀내지는 못했다. 그렇지만 이런 연구들은 사회적 지원 문제를 병원의 치료나 지원과 관련 지어 평가했다. 유방암 치료 계획의 일부로 병원에서 받게 되는 도움을 확인한 것이다. 연구팀은 이런 인위적인 사회적 접촉이 치료 효과가 있는지 실험을 해보았다. 이 연구가 흥미로운 것은 자연스럽게 만들어진 관계와 사회적 연결망이 도움이 되는지 확인하면서 실제 생활을 흉내 냈기 때문이다.

15. Chul-joo Lee, Stacy Wang Gray, and Nehama Lewis, "Internet Use Leads Cancer Patients to Be Active Health Care Consumers," *Patient Education and Counseling* 81, no. 1 (2010).

16. Gunther Eysenbach et al., "Health Related Virtual Communities and Electronic Support Groups: A Systematic Review of the Effects of Online Peer to Peer Interactions," *British Medical Journal* 328, no. 7449 (2004).

17. Cole et al., "Social Regulation of Gene Expression"; S. W. Cole et al., "Transcript Origin Analysis Identifies Antigen Presenting Cells as Primary Targets of Socially Regulated Gene Expression in Leukocytes," *Proceedings of the National Academy of Sciences of the United States of America* 108 (2011).

18. 존 카치오포, 윌리엄 패트릭, 『인간은 왜 외로움을 느끼는가』(이원기 역, 민음사, 2013); M. A. Distel et al., "Familial Resemblance for Loneliness," *Behavior Genetics* 40, no. 4 (2010); John T. Cacioppo et al., "In the Eye of the Beholder: Individual

Differences in Perceived Social Isolation Predict Regional Brain Activation to Social Stimuli," *Journal of Cognitive Neuroscience* 21, no. 1 (2008).

19. D. E. Stewart et al., "Attributions of Cause and Recurrence in Long-Term Breast Cancer Survivors," *Psycho-Oncology* 10, no. 2 (2001).

20. K. A. Phillips et al., "Psychosocial Factors and Survival of Young Women with Breast Cancer: A Population-Based Prospective Cohort Study," *Journal of Clinical Oncology* 26, no. 28 (2008).

21. David Kissane, "Beyond the Psychotherapy and Survival Debate: The Challenge of Social Disparity, Depression and Treatment Adherence in Psychosocial Cancer Care," *Psycho-Oncology* 18, no. 1-5 (2009); D. Kissane et al., "Effect of Cognitive-Existential Group Therapy on Survival in Early-Stage Breast Cancer," *Journal of Clinical Oncology* 22, no. 21 (2004); D. Kissane, "Letting Go of the Hope That Psychotherapy Prolongs Cancer Survival," *Journal of Clinical Oncology* 25, no. 36 (2007).

22. 메모리얼 슬론 캐터링 암센터의 정신질환 전문의 데이비드 키슨은 여기에 예외가 있다고 지적한다. 일단 심각한 우울 상태에 있는 암 환자는 병원의 치료 계획을 잘 따르지 않는다. 만일 우울증을 치료해 수명이 늘어난다면 그건 암치료를 더 쉽게 받아들인 덕분이다. Kissane, "Beyond the Psychotherapy and Survival Debate." 참고.

23. Jan Hoffman, "Elizabeth Edwards, Through Many Eyes," *New York Times*, December 12, 2010.

24. Gail Sheehy, "Remembering Elizabeth Edwards," wowOwow: The Women on the Web, January 9, 2011, www.womensmedianation.com/items/view/54708; Associated Press, "Elizabeth Edwards' Cancer at a Critical Stage," http://www.npr.org/2010/12/06/131858961/elizabeth-edwards-seriously-ill-with-cancer.

25. Stewart et al., "Attributions of Cause and Recurrence."

26. 실비가 자신을 포함해 3대가 유방암에 걸린 원인을 감당할 수 없었던 스트레스 때문이라고 생각하는 것이 흥미롭다. 국립 보건원 웹사이트 http://ghr.nlm.nih.gov/condition/breast-cancer에 따르면 이런 경우 유방암의 원인이 되는 BRCA1, BRCA2 유전자나 다른 유전자를 가지고 있었을 확률이 높으며 이로 인해 유방암이 발병할 확률은 5~10퍼센트가량 된다.

27. 로버트 새폴스키, 『스트레스』(이재담 역, 사이언스북스, 2008).

28. Bert Garssen, "Psychological Factors and Cancer Development: Evidence after 30 Years of Research," *Clinical Psychological Review* 24 (2004); S. O. Dalton et al., "Mind and Cancer: Do Psychological Factors Cause Cancer?" *European Journal*

448

of Cancer 38 (2002); Felicia D. Roberts et al., "Self-Reported Stress and Risk of Breast Cancer," *Cancer* 77, no. 6 (1996).

29. 두 사건 사이에는 어떤 관계가 존재할지도 모른다. 그리고 그 관계는 우연이라 할지라도 자신을 통제할 수 있는 감정에 영향을 미친다. 어떤 일을 그만두는 것은 이미 알려진 어떤 위험으로부터 나 자신을 보호해줄 수 있을지도 모른다. 그렇지만 어떤 위험 하나를 제거한다고 해서 일어날 재난이 일어나지 않는다는 것은 아니다. 예를 들어, 우리는 음주운전이 끔찍한 교통사고를 불러올 수 있다는 사실을 알고 있지만 사람들이 운전대를 잡기 전에 술을 한 모금도 안 마신다고 해도 교통사고는 일어난다. 이와 유사하게 얼굴을 마주하는 사회적 지원, 특히 여성들의 도움이 유방암의 재발을 막는 데 도움이 된다고 해서 그 역도 반드시 성립하는 것은 아니다. 우리는 이런 질병이 적절한 지원이 없어서 재발한다고 말할 수는 없으며, 또한 엘리자베스 에드워즈의 경우도 남편의 외도와 같은 삶의 시련이 암의 전이를 불러왔다고도 말하기 힘들다.

30. M. Ewertz, "Bereavement and Breast Cancer," *British Journal of Cancer* 53 (1986).

31. 로버트 새폴스키는 스트레스와 스트레스 관련 질병을 다룬 자신의 저서『스트레스』에서 이렇게 설명하고 있다. "글루코코르티코이드의 수치가 아주 높아지면 여성의 에스트로겐과 남성의 테스토스테론 수치를 낮춘다. 그리고 이 호르몬에 영향을 받는 특정 유형의 암도 발병률이 낮아진다. 가장 두드러지는 사례는 '에스트로겐에 민감한' 유방암과 '안드로겐에 민감한' 전립선암이다. 이런 경우 스트레스는 글루코코르티코이드의 분비를 늘리며 에스트로겐이나 테스토스테론이 적게 분비되면 종양의 성장도 느려진다."

32. Naja Rod Nielsen et al., "Self-Reported Stress and Risk of Breast Cancer: Prospective Cohort Study," *British Medical Journal* 331, no. 7516 (2005).

33. C. Johansen and J. H. Olsen, "Psychological Stress, Cancer Incidence and Mortality from Non-malignant Diseases," *British Journal of Cancer* 75, no. 1 (1997). 덴마크의 이 연구에서 암으로 자녀를 잃은 1만 1,000여 명 이상의 부모들을 장기간 연구했다. 이들은 부모로서 겪을 수 있는 가장 큰 시련 중 하나로 고통을 받았지만 다른 부모들에 비해 특별히 암에 더 많이 걸리지 않았다.

34. Ewertz, "Bereavement and Breast Cancer"; P. Reynolds and G. A. Kaplan, "Social Connections and Risk for Cancer: Prospective Evidence from the Alameda County Study," *Journal of Behavioral Medicine* 16, no. 3 (1990).

35. Reynolds and Kaplan, "Social Connections and Risk for Cancer." 이 탁월한 연구에 따르면 여성들에게서 가장 흔히 발견되는 암은 호르몬과 관련이 있으며, 때 이른 사망과 관련한 가장 큰 위험 요소는 사회적인 고독감이라고 한다. 흥미로운 것은 사회적인

지원은 호르몬의 활동을 촉진시키기도 하고 동시에 호르몬에 의해 사회적 지원이 촉진되기도 한다는 사실이다.

36. Carol D. Ryff et al., "Elective Affinities and Uninvited Agonies"; D. Spiegel and Rachel Kimerling, "Group Psychotherapy"; and Harry T. Reis, "Relationship Experiences and Emotional Well-being," all in *Emotion, Social Relationships, and Health*, ed. Carol D. Ryff and Burton H. Singer (New York: Oxford University Press, 2001); Harry T. Reis, "The Interpersonal Context of Emotions: Gender Differences in Intimacy and Related Behaviors," in *Sex Differences and Similarities in Communication*, ed. D. J. Canary and K. Dindia (Mahwah, N.J.: Erlbaum, 1998).

37. T. Seeman et al., "Social Ties and Support and Neuroendocrine Function: MacArthur Studies of Successful Aging," *Annals of Behavioral Medicine* 16 (1994); Carol D. Ryff and Burton H. Singer, "Integrating Emotion into the Study of Social Relationships and Health," in *Emotion, Social Relationships, and Health*, ed. Carol D. Ryff and Burton H. Singer (New York: Oxford University Press, 2001).

38. Carsten K. W. De Dreu, Lindred L. Greer, et al., "The Neuropeptide Oxytocin Regulates Parochial Altruism in Intergroup Conflict among Humans," *Science* 328, no. 5984 (2010); Angela J. Grippo et al., "Oxytocin Protects against Negative Behavioral and Autonomic Consequences of Long-Term Social Isolation," *Psychoendocrinology* 34 (2009).

39. Mark Granovetter, "The Strength of Weak Ties," *American Journal of Sociology* 78 (1973).

40. Abraham Verghese, *My Own Country: A Doctor's Story* (New York: Vintage, 1994).

41. 《글로브 앤드 메일Globe and Mail》의 건강 전문 기자와 몬트리올 지국 안드레 피카르에게 진심 어린 감사의 마음을 전한다.

42. Mark Granovetter, "The Strength of Weak Ties: A Network Theory Revisited," *Sociological Theory* 1 (1983).

43. R. F. Baumeister, *Is There Anything Good about Men?* (New York: Oxford University Press, 2010); Joyce Benenson and Anna Heath, "Boys Withdraw More in One-on-One Interactions, Whereas Girls Withdraw More in Groups," *Developmental Psychology* 42, no. 2 (2006); R. F. Baumeister and Kristin Sommer, "What Do Men Want? Gender Differences and Two Spheres of Belongingness,"

Psychological Bulletin 122, no. 1 (1997); Shira Gabriel and Wendi Gardner, "Are There 'His' and 'Hers' Types of Interdependence? The Implications of Gender Differences in Collective Versus Relational Interdependence for Affect, Behavior, and Cognition," *Journal of Personality and Social Psychology* 77, no. 3 (1999).

44. Baumeister, *Is There Anything Good About Men?*

45. 같은 시간 같은 공간 안에 있는 사람들의 실시간 상호 교류는 비디오 자료를 통해 분석되었다. 두 사람을 한 스캐너로 확인할 수는 없기 때문이다. Elizabeth Redcay et al., "Live face to face Interaction during fMRI: A New Tool for Social Cognitive Neuroscience," *NeuroImage* 50 (2010).

46. Joshua Fogel et al., "Internet Use and Social Support in Women with Breast Cancer," *Health Psychology* 21, no. 4 (2002).

47. R. Kraut et al., "Internet Paradox: A Social Technology That Reduces Social Involvement and Psychological Well-being?" *American Psychologist* 53, no. 9 (1998); R. Kraut et al., "Internet Paradox Revisited," *Journal of Social Issues* 58, no. 1 (2002).

48. Paula Klemm and Thomas Hardie, "Depression in Internet and face to face Cancer Support Groups," *Oncology Nursing Forum* 29, no. 4 (2002); Gunther Eysenbach, "The Impact of the Internet on Cancer Outcomes," *Cancer Journal for Clinicians* 53, no. 6 (2003).

49. Norman Nie, D. Sunshine Hillygus, and Lutz Erbring, "Internet Use, Interpersonal Relations, and Sociability: A Time Diary Study," in *The Internet in Everyday Life*, ed. B. Wellman and C. Haythornthwaite (Malden, Mass: Blackwell, 2002).

2 그 마을에서는 주말마다 함께 빵을 굽는다

1. 사회학자 클라우드 피셔는 장소의 세 가지 유형에 대해 이렇게 설명했다. 먼저 개인적인 장소가 있는데 보통 자신의 집이며 오직 정말 가까운 사람들과 공유한다. 그다음은 공공장소다. 번화가나 백화점, 광장 등이 여기 속한다. 그리고 마지막으로 절반 정도 공공장소의 성격을 가지고 있는 곳이 있는데 이런 곳은 암묵적으로 특정 집단의 회원들이 사용할 수 있다. 예컨대 모든 사람이 서로에 대해 잘 알고 있는 특별한 술집이나 어느 정도 나이 든 사람만 이용할 수 있는 공원의 의자 등이 그것이다. 피셔는 이렇게 기록했다. '작은 공동체 안에서 개인적인 곳이 아닌 장소는 이런 특정한 장소가 될 수 있다. 한편, 작은 공동체라면 번화가 같은 곳에서조차 지역 사람들이 낯선 사람들

451

을 몰래 응시하고 있다.' 나는 '공공'장소를 방문하고 있다고 생각했지만 빌라그란데 에서는 다른 사람의 시선을 느끼지 않을 수 없었고 결국 내가 오직 이 지역 사람들만이 서로 알고 출입할 수 있는 '절반만' 공적인 장소에 들어섰음을 깨닫게 되었다. Claude S. Fischer, *Made in America: A Social History of American Culture and Charac-ter* (Chicago: University of Chicago Press, 2010).

2. 남녀의 평균수명이 차이가 나는 것은 인간에게는 그리 특별한 일이 아니다. 아이오와 주립대학교의 앤 브로니코프스키 연구팀은 전 세계 영장류의 평균수명을 조사한 결과 거의 모든 영장류의 암컷이 수컷보다 오래 산다는 사실을 알게 되었으며, 물론 인간도 예외는 아니었다. 인간이 아닌 영장류 중에 이런 법칙을 비껴간 것이 바로 브라질의 양 털거미원숭이였다. "다른 영장류와는 달리 이 원숭이의 수컷은 암컷을 차지하기 위해 서로 경쟁하지 않는다. 대신 서로 협력한다." 이 연구팀의 공동 저자인 위스콘신 대학교 의 인류학자 캐런 스트리어Karen Strier의 설명이다. 사르데냐 중앙부의 남성들이 다른 모 든 문화권의 남성들과 마찬가지로 자신이 가장 원하는 여성을 얻기 위해 경쟁을 한다 는 점을 생각해보면 수명에 대한 남녀 차이를 거스르는 이곳의 모습은 사르데냐의 특징 인 끈끈한 사회적 집단 안의 협동이라는 장수의 요인에 대한 또 다른 질문을 던지고 있 는 셈이다. 사르데냐에서는 특별한 사회적·지리적 환경 안에서 수천 년이 넘는 세월 동 안 그런 협동의 모습을 지켜왔다. 영장류의 수명에 대한 더 자세한 내용은 다음을 참고 하라. Anne M. Bronikowski et al., "Aging in the Natural World: Comparative Data Reveal Similar Mortality Patterns Across Pri-mates," *Science* 331, no. 6022 (2011).

3. 최근에 유럽, 특히 프랑스에서 남성의 수명이 늘어나면서 남녀에 따른 차이가 줄어들 기 시작했다. France Meslé, "Recent Improvements in Life Expectancy in France: Men Are Starting to Catch Up," *Population Bulletin* 61 (2006); Dr. Giovanni Pes, personal communi-cation, January 2013.

4. Bradley J. Willcox, D. Craig Willcox, and Luigi Ferrucci, "Secrets of Healthy Aging and Longevity from Exceptional Survivors Around the Globe: Lessons from Octogenarians to Supercentenarians," *Journal of Gerontoloy* 63A, no. 11 (2008). 사사리 대학교의 조반니 페스 박사에게 감사의 마음을 전한다. 박사는 빌라그란데 지 역 주민들의 현재 성별에 따른 평균수명을 확인하는 데 큰 도움을 주었다.

5. M. Poulain et al., "Identification of a Geographic Area Characterized by Extreme Longevity in the Sardinia Island: The AKEA Study," *Experimental Gerontology* 39 (2004).

6. Robert Andrews, *The Rough Guide to Sardinia* (New York: Rough Guides, 2007); Philip Carl Salzman, *The Anthropology of Real Life: Events in Human Experience* (Prospect Heights, Ill.: Waveland Press, 1999).

7. 2010년 11월 인간 행동 생물학에 대한 강연에서 스탠퍼드 대학교의 뛰어난 생물학자인 로버트 새폴스키는 혈연 선택과 이타주의 사이의 관계에 대해 이렇게 설명했다. "어떤 이유로 인해 인구 중 일부가 고립되면 그 고립된 소규모 집단은 서로 피가 섞이게 된다. 그리고 서로 더 많이 가까워지기 때문에 더 많은 혈연 선택이 일어난다. 모두가 다 연결되어 있기 때문에 더 협조적일 수가 있으며 이런 상황은 점점 더 고착화되어간다. 그리고 이런 협동의 모습은 바깥쪽으로 더 퍼져가는 것이다. 혈연 선택이 상호 호혜적인 이타주의로 바뀌어가는 과정이 바로 이런 식이다. 개인에게 이런 모습이 넘쳐날수록 집단에게는 큰 도움이 된다." Robert M. Sapolsky, "Molecular Genetics II," *Human Behavioral Biology* (iTunes University, 2010). 혈연 선택과 상호 이타주의에 대한 더 자세한 내용은 다음을 참고하라. Jerome H. Barkow, Leda Cosmides, and John Tooby, *The Adapted Mind: Evolutionary Psychology and the Generation of Culture* (New York: Oxford University Press, 1992).

8. Robert Koenig, "Sardinia's Mysterious Male Methuselahs," *Science* 291, no. 5511 (2001); Giuseppe Passarino et al., "Y Chromosome Binary Markers to Study the High Prevalence of Males in Sardinia Centenarians and the Genetic Structure of the Sardinia Population," *Human Heredity* 52 (2001). 빌라그란데 마을의 경우 마을의 시조가 되는 어머니가 둘뿐이지만 다른 장수 지역은 그 숫자가 더 많다(Giovanni Pes, personal communication, dated January 28, 2013).

9. Anne Marie Herskind et al., "The Heritability of Human Longevity: A Population-Based Study of 2872 Danish Twin Pairs Born 1870–1900," *Human Genetics* 97, no. 3 (1996).

10. 지아 테레사 카비두는 2013년 101세를 일기로 세상을 떠났다. 그녀는 아쉽게도 자신의 이름과 이야기가 책에 실리는 것을 보지 못했다.

11. Luisa Salaris, "Sardinian Centenarians: A Lesson from the Past?" paper presented at the International Symposium on Global Longevity, Sunchang, South Korea, 2008.

12. 인간 수명 분야에서 탁월한 능력을 발휘한 과학자 오브리 드 그레이에 따르면, 동물들을 조사한 결과 분명 영양 부족이 세포 손상을 줄여주며, 따라서 수명에도 영향을 미친다고 한다. "설치류에게 원하는 것보다 더 적게 먹이를 주면 원하는 만큼 먹이를 먹을 때보다 더 오래 살 수 있다. 이건 단순히 과식이 비만으로 이어지기 때문이 아니다. 먹이를 주의해서 먹고 평생 적절한 몸무게를 유지하는 동물들도 적게 먹는 동물들보다는 수명이 더 짧다." Aubrey de Grey and Michael Rae, *Ending Aging: The Rejuvenation Breakthroughs that Could Reverse Human Aging in Our Lifetime* (New York: St. Martin's Press, 2007), 24. See also J. F. Trepanowski et al., "Impact of Caloric and

Dietary Restriction Regimens on Markers of Health and Longevity in Humans and Animals: A Summary of Available Findings," *Nutrition Journal* 10 (2011). 내가 이 문제에 대해 문의하자 조반니 페스 박사는 이런 답을 보내주었다. "기본적인 전제는 금식이나 제한의 효과가 과도한 영양분을 섭취하는 사람들에게만 있다는 사실일 겁니다. 일반적인 식생활을 하는 사람이라면 영양분을 제대로 섭취하지 못할 때 문제가 생길 수 있습니다."

13. Lisa Barnes et al., "Effects of Early-Life Adversity on Cognitive Decline in Older African Americans and Whites," *Neurology* 79 (2012).

14. 에바는 정말 1년이 지나지 않아 벨기에 루뱅 가톨릭 대학교 대학원 과정에 등록하고 1만 킬로미터나 되는 먼 길을 떠났다.

15. T. E. Seeman and L. F. Berkman, "Structural Characteristics of Social Networks and Their Relationship with Social Support in the Elderly: Who Provides Support," *Social Science and Medicine* 26, no. 7 (1988).

16. S. V. Subramanian, F. Elwert, and N. A. Christakis, "Widowhood and Mortality Among the Elderly: The Modifying Role of Neighborhood Concentration of Widowed Individuals," *Social Science and Medicine* 66, no. 4 (2008). 자신의 책 『나 홀로 볼링』에서 미국의 사회적 자본의 쇠락에 대해 썼던 하버드 대학교의 사회학자 로버트 퍼트넘은 단기적으로 볼 때 신뢰와 상호관계는 이웃의 개념이 다양하게 변하면서 사라지고 있다고 주장했다. "모든 인종이 다 소원해지고 있다. 신뢰는 바닥으로 추락했으며 이타주의와 협동정신도 찾아보기 힘들다. 이제는 친구도 거의 없다." 퍼트넘은 장기적으로 볼 때 다양한 공동체가 좀 더 굳건한 국가의 정체성을 만들어낸다고 했지만 장수와 관련이 있는 공동체의 협력과 다양성 사이에는 이제 일종의 교환 현상이 일어나고 있다. Robert D. Putnam, "E Pluribus Unum—Diversity and Community in the 21st Century: The 2006 Johan Skytte Prize Lecture," *Scandinavian Political Studies* 30, no. 2 (2007).

17. N. Frasure-Smith et al., "Randomized Trial of Home-Based Psychosocial Nursing: Intervention for Patients Recovering from Myocardial Infarction," *Lancet* 350 (1997); Sheldon Cohen and Denise Janicki-Deverts, "Can We Improve Our Physical Health by Altering Our Social Networks?" *Perspectives on Psychological Science* 4, no. 4 (2009).

18. 『나는 몇 살까지 살까』의 저자 하워드 S. 프리드먼과 레슬리 R. 마틴에게 감사한다. 두 사람은 일반적인 '질병과 치료' 모형과 좀 더 최근의 접근 방식인 건강 증진과 예방, 그리고 '행복'에 초점을 맞춘 모형 사이의 차이점을 구분해주었다. '건강'과 '행복'이라는 단어를 좀 더 현대적으로 해석한 것은 분명 탁월한 성과였다. 이 책에서 나는 뉴에이지라는

표현을 한 번 사용해봤는데, '행복'을 증진시키는 특정한 습관이나 행동을 가리킨다. 물론 이런 행동은 사실 우리 인간의 진화와 생태학에 깊이 뿌리를 내리고 있다.

19. Peter Crome, "Forever Young: A Cultural History of Longevity," *British Medical Journal* 328, no. 7454 (2004).

20. B. Jeune and J. Vaupel, eds., *Validation of Exceptional Longevity*, Odense Monographs on Population Aging, vol. 6 (Odense: Odense University Press, 1999); Poulain et al., "Identification of a Geographic Area"; Willcox, Willcox, and Ferrucci, "Secrets of Healthy Aging and Longevity."

21. Mark Mackinnon, "Sad New Reality: Many Elderly Living and Dying Alone," *Globe and Mail*, October 7, 2010.

22. 레스베라트롤은 이스트균, 애벌레, 초파리, 그리고 물고기의 평균수명을 2개월가량 늘려주었다. 그렇지만 쥐나 인간 같은 포유류에 영향을 미치는지는 아직 밝혀지지 않았다. 평균적인 자료를 바탕으로 했을 경우 특정 지역의 장수 문제에 아주 미미하게 영향을 미치는 것으로 보인다. 이에 대해서는 다음을 참고하라. Giovanni Mario Pes et al., "Lifestyle and Nutrition Related to Male Longevity in Sardinia: An Ecological Study," *Nutrition, Metabolism, and Cardiovascular Diseases* 23, no. 3 (2013).

23. 댄 뷰트너, 『세계 장수 마을 블루존』(신승미 역, 살림LIFE, 2009).

24. David Snowdon, *Aging with Grace: What the Nun Study Teaches Us about Leading Longer, Healthier and More Meaningful Lives* (New York: Bantam 2001).

25. K. Lochner, "Social Capital and Neighborhood Mortality Rates in Chicago," *Social Science and Medicine* 56, no. 8 (2003).

26. Salzman, *Anthropology of Real Life*.

27. 사르데냐의 누오루 지역의 갈등에 대해서는 다음을 참고하라. "Events on a Mediterranean Island," in Salzman, *Anthropology of Real Life*; Keith Gessen, "The Orange and the Blue: After the Revolution, the Politics of Disenchantment," *New Yorker*, March 1, 2010.

28. 조너선 사프란 포어, 『모든 것이 밝혀졌다』(송은주 역, 민음사, 2009).

29. 존 카치오포, 윌리엄 패트릭, 『인간은 왜 외로움을 느끼는가: 사회신경과학으로 본 인간 본성과 사회의 탄생』(이원기 역, 민음사, 2013); U.S. Census Bureau Current Population Reports, *U.S. Persons Living Alone, by Sex and Age* (Washington, D.C.: U.S. Census Bureau, 2010); Pew Research Center, *Growing Old in America: Expectations vs. Reality* (Washington, D.C.: PRC, 2009).

30. U.K. Office for National Statistics, *Population Trends 123* (London: Pal grave Macmillan, 2006), http://www.statistics.gov.uk/cci/article.

asp?ID=2665;Statistics Canada, http://www41.statcan.gc.ca/2009/40000/cybac40000_000-eng.htm.

31. Fischer, *Made in America*.

32. 옥스퍼드 대학교의 인지심리학자인 로빈 던바와 몬트리올 대학교의 생물인류학자 버나드 차피스는 다른 사람들과 의사소통을 하고 가까운 거리에서 행동을 관찰함으로써 의도를 읽고자 하는 필요와 열망을 관장하는 인간 두뇌의 신피질을 강조한 유일한 진화학자들이다.

33. Neenah Ellis, "The Centenarians Show," Third Coast International Audio Festival, 2011, http://thirdcoastfestival.org/library/981-re-sound-143-the-centenarians-show.

34. 또한 1910년생인 다른 미국인들에 비해서도 100세까지 살아남은 터먼의 아이들은 거의 없었다. 미국 사회보장국에 따르면 1910년에 태어난 미국인들 중 0.817퍼센트, 그러니까 대략 1퍼센트가 100세까지 살아남은 반면 터먼의 아이들은 약 0.3퍼센트만 100세까지 생존했다.

35. Joel N. Shurkin, *Terman's Kids: The Groundbreaking Study of How the Gifted Grow Up* (New York: Little, Brown, 1992).

36. 하워드 프리드먼과 동료인 레슬리 마틴이 함께 쓴 책 『나는 몇 살까지 살까』는 이에 대한 많은 정보를 제공해주고 있다. 책에는 없는 다른 내용들에 대해서는 2011년 5월에서 2012년 12월 사이 프리드먼과 직접 주고받은 이메일을 통해 제공받은 것이며 이에 대한 감사의 마음을 전한다. 1910년에 태어난 미국인들의 평균수명 통계는 2011년 4월에 공개된 사회보장국 자료를 인용했다.

37. 유니버시티 칼리지 오브 런던의 질병 전문가 미카 키비마키 교수와 동료들이 수행한 연구에 따르면 일을 열심히 한다고 사망하지는 않지만 극단적으로 오랜 시간 일을 하면 중년의 나이에 심장마비를 일으킬 수 있다. 여기서 중년이란 39세에서 62세까지를 뜻한다. 하루에 열한 시간 이상 일하는 사람들은 심장마비에 걸릴 확률이 66퍼센트나 더 높으며 이들 중 일부는 아주 심각한 상황까지 진전된다고 한다. 흥미롭게도 하루에 열 시간 이하로 일을 하는 사람들은 그보다 훨씬 더 적게 일을 하는 사람들과 비교해 건강이 그리 크게 나빠지지는 않는다. Mika Kivimaki et al., "Using Additional Information on Working Hours to Predict Coronary Heart Disease," *Annals of Internal Medicine* 154, no. 7 (2011).

38. 흥미롭게도 이 연구에 참여하지 않은 앨러미다 카운티 인구의 14퍼센트는 대부분 나이 든 백인 남성이었다. L. F. Berkman and S. L. Syme, "Social Networks, Host Resistance, and Mortality: A Nine-Year Follow-up Study of Alameda County Residents," *American Journal of Epidemiology* 109, no. 2 (1979).

456

39. J. Holt-Lunstad, T. Smith, and J. B. Layton, "Social Relationships and Mortality Risk: A Meta-analytic Review," *PLOS Medicine* 7, no. 7 (2010).

3 보이지 않는 끈이 사람을 끌어당긴다

1. Michael Inzlicht, Alexa Tullett, and Marie Good, "The Need to Believe: A Neuroscience Account of Religion as a Motivated Process," *Religion, Brain and Behavior* 1, no. 3 (2011); M. McCullough et al., "Does Devoutness Delay Death? Psychological Investment in Religion and Its Association with Longevity in the Terman Sample," *Journal of Personality and Social Psychology* 97, no. 5 (2009); D. E. Hall, "Religious Attendance: More Cost-Effective than Lipitor?" *Journal of the American Board of Family Medicine* 19 (2006); L. H. Powell, L. Shahabi, and C. E. Thoresen, "Religion and Spirituality: Linkages to Physical Health," *American Psychologist* 58 (2003); Arthur Brooks, *Gross National Happiness* (New York: Basic Books, 2008).

2. Elizabeth Corsentino et al., "Religious Attendance Reduces Cognitive Decline Among Older Women with High Levels of Depressive Symptoms," *Journal of Gerontology* 64A, no. 12 (2009).

3. Zev Chafets, "Is There a Right Way to Pray?" *New York Times Magazine*, September 20, 2009.

4. Arlie Russell Hochschild, *The Outsourced Self: Intimate Life in Market Times* (New York: Metropolitan Books, 2012).

5. Brooks, *Gross National Happiness*; Paul Bloom, "Does Religion Make You Nice? Does Atheism Make You Mean?" *Slate*, November 7, 2008, http://www.slate.com/articles/life/faithbased/2008/11/does_religion_make_you_nice.html.

6. Azim Shariff and Ara Norenzayan, "God Is Watching You: Priming God Concepts Increases Prosocial Behavior in an Anonymous Economic Game," *Psychological Science* 18, no. 9 (2007); Ara Norenzayan and Azim Shariff, "The Origin and Evolution of Religious Prosociality," *Science* 322 (2008).

7. Melissa Bateson, Daniel Nettle, and Gilbert Roberts, "Cues of Being Watched Enhance Cooperation in a Real-World Setting," *Biology Letters* 2 (2006); Terence C. Burnham and Brian Hare, "Engineering Human Cooperation," *Human Nature* 18, no. 2 (2007).

8. Jingzhi Tan and Brian Hare, "Bonobos Share with Strangers," *PLos One* 8, no. 1 (2013).

9. Norenzayan and Shariff, "Origin and Evolution of Religious Prosociality."

10. 라이오넬 타이거, 마이클 맥과이어, 『신의 뇌 : 신은 뇌의 창조물. 뇌과학이 밝혀내는 '믿는 뇌'의 메커니즘』(김상우 역, 와이즈북, 2012).

11. Robert E. Miller, "Role of Facial Expression in 'Cooperative Avoidance Conditioning' in Monkeys," *Journal of Abnormal and Social Psychology* 67, no. 1 (1963); Frans de Waal, *The Age of Empathy* (New York: Three Rivers Press, 2009), 76.

12. Nicholas Wade, "Scientist at Work—Edward O. Wilson: From Ants to Ethics: A Biologist Dreams of Unity of Knowledge," *New York Times*, May 12, 1998; Bert Hölldobler and E. O. Wilson, *The Superorganism: The Beauty, Elegance, and Strangeness of Insect Societies* (New York: Norton, 2009).

   자동차가 스스로 움직이는 문제를 생각하다 보니 아버지의 일이 생각난다. 우리 가족은 낡은 스테이션왜건을 타고 고속도로를 따라 여름 여행을 가고 있었다. 그때 아버지는 한 손에는 담배를, 그리고 다른 한 손에는 전기면도기를 들고는 팔로 운전대를 지탱하며 그렇게 차를 몰고 있었다. 어머니가 보온병에서 뜨거운 커피를 한 잔 따라 아버지에게 건네주니 이번에는 담배를 쥐고 있던 손으로 커피잔을 받아 허벅지 사이에 올려 놓는 것이었다. 물론 커피는 한 방울도 흘리지 않았다. 아버지는 커피를 마시고 면도를 하며 담배를 피우고 차를 운전했다. 그 모든 일이 아주 자연스러워 보였다.

13. 이 연구에서 원숭이의 두뇌는 우리 인간보다 작았지만 그 반응이나 행동은 인간과 유사했다. 동물권리 보호론자들이라면 반대했겠지만 어쨌든 이런 전극은 종종 인간에게도 삽입되어 간질이나 파킨슨병 치료에 이용되기도 한다. 이런 기본적인 연구에 대한 또 다른 치료적 적용이 있을 수 있는데, 여기에는 손발 절단 수술을 받은 사람이나 혹은 척추 손상을 입은 사람들을 움직이게 하는 일 등이 포함된다.

14. 마르코 야코보니, 『미러링 피플 : 세상 모든 관계를 지배하는 뇌의 비밀』(김미선 역, 갤리온, 2009).

15. 위의 책.

16. 『공감의 시대』에서 프랜스 드 왈은 이렇게 지적하고 있다. 놀랍게도 자폐 증상이 있는 아이들은 다른 아이들의 하품에 전염되지 않는다고 하는데, 이것은 이 아이들이 '신경전형인neurotypicals'처럼 사회적 신호를 제대로 인지하지 못한다는 하나의 증거가 된다는 것이다.

17. 마르코 야코보니, 『미러링 피플』 Seymour M. Berger and Suzanne W. Hadley, "Some Effects of a Model's Performance on an Observer's Electromyographic

Activity," *American Journal of Psychology* 88, no. 2 (1975).

18. Jared Curhan and Alex Pentland, "Thin Slices of Negotiation: Predicting Outcomes from Conversational Dynamics Within the First Five Minutes," *Journal of Applied Psychology* 92, no. 3 (2007); 알렉스 펜트랜드 『어니스트 시그널 : 협상에서 우위를 점하는 네트워크 과학』(김송호 역, 비즈니스맵, 2009).

19. 샹커 베단텀, 『히든브레인 : 우리의 행동을 지배하는 놀라운 무의식의 세계』(임종기역, 초록물고기, 2010).

20. 나는 《필라델피아 인콰이어러Philadelphia Inquirer》의 칼럼니스트이자 조류 전문가인 스콧 위덴셜에게 많은 신세를 졌다. 그는 '조용한 경고 신호'의 의미를 일깨워주었고, 그의 책을 나에게 추천한 열아홉 살의 아들 에릭은 여러 가지 도요새에 대해 나보다도 더 많은 것을 알고 있었다. Scott Weidensaul, *Living on the Wind: Across the Hemisphere with Migratory Birds* (New York: North Point Press, 1999), 7.

21. Michael Kesterton, "A Choir of Whales," *Globe and Mail*, August 12, 2010; Michael D. Hoffman, Newell Garfield, and Roger W. Bland, "Frequency Synchronization of Blue Whale Calls near Pioneer Seamount," *Journal of the Acoustical Society of America* 128, no. 1 (2010).

22. John Cassidy, "Rational Irrationality: The Real Reason that Capitalism Is So Crash-Prone," *New Yorker*, October 5, 2009.

23. Jamaica Kincaid, *Annie John* (New York: Farrar Strauss Giroux, 1983).

24. Leonard Weller and Aron Weller, "Human Menstrual Synchrony: A Critical Assessment," *Neuroscience and Biobehavioral Reviews* 17 (1993); Deborah Blum, "The Scent of Your Thoughts," *Scientific American*, October 2011; Martha K. McClintock, "Menstrual Synchrony and Suppression," *Nature* 229 (1971).

25. Geoffrey Miller, Joshua M. Tybur, and Brent D. Jordan, "Ovulatory Cycle Effects on Tip Earnings by Lap Dancers: Economic Evidence for Human Estrus," *Evolution and Human Behavior* 28 (2007).

26. 대니얼 S. 해머메시, 『미인경제학 : 아름다운 사람이 더 성공하는 이유』(안규남 역, 동녘사이언스, 2012); Daniel S. Hamermesh and Jeff Biddle, "Beauty and the Labor Market," NBER Working Paper 4518 (Cambridge, Mass.: National Bureau of Economic Research, 1993); 수전 핀커, 『성의 패러독스 : 극단적인 남자들, 재능 있는 여자들 그리고 진정한 성 차이』(하정희 역, 숲속여우비, 2011); John Marshall Townsend, *What Women Want—What Men Want* (New York: Oxford University Press, 1998).

27. Ilyana Kuziemko, "Is Having Babies Contagious? Estimating Fertility Peer Effects

between Siblings," Harvard University, 2006.

28. Margaret Talbot, "Red Sex, Blue Sex: Why Do So Many Evangelical Teen-agers Become Pregnant?" *New Yorker*, November 3, 2008.

29. 위의 책; Mark Regnerus and Jeremy Uecker, *Premarital Sex in America: How Young Americans Meet, Mate, and Think about Marrying* (New York: Oxford University Press, 2011).

30. Mark Regnerus, *Forbidden Fruit: Sex and Religion in the Lives of American Teenagers* (New York: Oxford University Press, 2007); Peter Bearman and Hannah Bruckner, "The Relationship Between Virginity Pledges in Adolescence and STD Acquisition in Young Adulthood," paper presented at the National STD Conference, Philadelphia, March 8-11, 2004.

31. Talbot, "Red Sex, Blue Sex"; Regnerus, *Forbidden Fruit*.

32. 니컬러스 크리스태키스, 제임스 파울러, 『행복은 전염된다 : 하버드대가 의학과 과학으로 증명해낸 인간관계의 비밀』(이충호 역, 김영사, 2010).

33. Robert E. Bartholomew, "Ethnocentricity and the Social Construction of 'Mass Hysteria,' " *Culture, Medicine and Psychiatry* 14, no. 4 (1990); Halley Faust and Lawrence Brilliant, "Is the Diagnosis of 'Mass Hysteria' an Excuse for Incomplete Investigation of Low-Level Environmental Contamination?" *Journal of Occupational Medicine* 23, no. 1 (1981).

4 오늘 저녁 식사에 누구를 초대할까

1. N. A. A. Christakis and J. H. Fowler, "The Spread of Obesity in a Large Social Network Over 32 Years," *New England Journal of Medicine* 357, no. 4 (2007); 니컬러스 크리스태키스, 제임스 파울러, 『행복은 전염된다』.

2. 파울러는 이런 방송효과에 대한 글도 남겼다. James H. Fowler, "The Colbert Bump in Campaign Donations: More Truthful than Truthy," *Political Science and Politics* 41, no. 3 (2008); Food Research and Action Center, "Overweight and Obesity in the U.S.," 2012, http://frac.org/initiatives/hunger-and-obesity/obesity-in-the-us/.

3. James H. Fowler, Jaime E. Settle, and Nicholas A. Christakis, "Correlated Genotypes in Friendship Networks," *Proceedings of the National Academy of Sciences of the United States of America* 108, no. 5 (2011).

4. 니컬러스 크리스태키스, 제임스 파울러, 『행복은 전염된다』.

5. Justin G. Trogdon, James Nonnemaker, and Joanne Pais, "Peer Effects in Adolescent Overweight," *Journal of Health Economics* 27 (2008); Ethan Cohen-Cole and Jason M. Fletcher, "Is Obesity Contagious? Social Networks vs. Environmental Factors in the Obesity Epidemic," *Journal of Health Economics* 27 (2008); Russell Lyons, "The Spread of Evidence-Poor Medicine via Flawed Social Network Analysis," *Statistics, Politics and Policy* 2, no. 1 (2011).

6. S. J. Salvy et al., "Effects of Social Influence on Eating in Couples, Friends and Strangers," *Appetite* 49, no. 1 (2007); S. J. Salvy et al., "The Presence of Friends Increases Food Intake in Youth," *American Journal of Clinical Nutrition* 90, no. 2 (2009).

7. Natalie Munro and Leore Grosman, "Early Evidence (ca. 12,000 B.P.) for Feasting at a Burial Cave in Israel," *Proceedings of the National Academy of Sciences of the United States of America* 107, no. 35 (2010).

8. 위의 책; Heather Pringle, "Ancient Sorcerer's 'Wake' Was First Feast for the Dead?" *National Geographic Daily News*, August 30, 2010, http://news .nationalgeographic.com/news/2010/08/100830-first-feast-science-pro ceedings-israel-shaman-sorcerer-tortoise/.

9. Carol Vogel, "Stuff that Defines Us: The British Museum Chooses 100 Objects to Distill the History of the World," *New York Times*, October 30, 2011; Neil MacGregor, *A History of the World in 100 Objects* (London: Allen Lane, 2010).

10. 존 카치오포, 윌리엄 패트릭, 『인간은 왜 외로움을 느끼는가 : 사회신경과학으로 본 인간 본성과 사회의 탄생』(이원기 역, 민음사, 2013).

11. Volkhard Knigge, Rikola-Gunnar Lüttgenau, and Jens-Christian Wagner, eds., "Forced Labor: The Germans, the Forced Laborers and the War," companion volume to traveling exhibition, Jewish Museum of Berlin (Weimar: Buchenwald and Mittelbau-Dora Memorials Foundation, 2010).

12. 2008년 이후 경제 위기 시절에 미국과 영국에서는 이민자들에 대한 반감이 높아지면서 같은 현상이 벌어졌다. 사람들이 직장과 연금을 잃을까봐 두려움에 떨기 시작하면서 그 적대감이 미국에서는 멕시코 사람들에게, 그리고 북유럽에서는 터키와 북아프리카 사람들에게 향했던 것이다. 끔찍한 일이지만 미국의 유대인 인권 단체인 사이먼 비젠탈 연구소에 의하면 반유대인 감정도 함께 늘어났다고 한다.

13. 재레드 다이아몬드, 『어제까지의 세계 : 전통사회에서 우리는 무엇을 배울 수 있는가』(강주헌 역, 김영사, 2013).

14. Isabel Wilkerson, *The Warmth of Other Suns: The Epic Story of America's Great Migration* (New York: Random House, 2010).

15. Louise Hawkley, Kipling D. Williams, and J. Cacioppo, "Responses to Ostracism across Adulthood," *Scan* 6 (2011); Tyler F. Stillman et al., "Alone and Without Purpose: Life Loses Meaning Following Social Exclusion," *Journal of Experimental Social Psychology* 45 (2009).

16. 1980년대 이후 3분의 1 이상 떨어졌다고는 하지만 남자아이들의 자살률은 여자아이들의 두 배이며, 같은 기간 캐나다 여자아이들의 자살률은 그만큼 높아졌다. 2000년대 미국과 영국에서는 남녀 아이들 모두의 자살률이 올라갔다. Robin Skinner and Steven McFaull, "Suicide among Children and Adolescents in Canada: Trends and Sex Differences, 1980-2008," *Canadian Medical Association Journal* (2012); Ingrid Peritz and Karen Howlett, "High School Taunts Push Another Teenager to Suicide," *Globe and Mail*, December 1, 2011.

17. N. I. Eisenberger, M. D. Lieberman, and K. D. Williams, "Does Rejection Hurt? An fMRI Study of Social Exclusion," *Science* 302 (2003); N. I. Eisenberger and M. D. Lieberman, "Why Rejection Hurts: A Common Neural Alarm System for Physical and Social Pain," *Trends in Cognitive Science* 8, no. 7 (2004); N. I. Eisenberger, "The Pain of Social Disconnection: Examining the Shared Neural Underpinnings of Physical and Social Pain," *Nature Reviews Neuroscience* (2012); Carrie L. Masten et al., "Neural Correlates of Social Exclusion During Adolescence: Understanding the Distress of Peer Rejection," *Scan* 4 (2009); George Slavich et al., "Neural Sensitivity to Social Rejection Is Associated with Inflammatory Responses to Social Stress," *Proceedings of the National Academy of Sciences of the United States of America* 107, no. 33 (2010).

18. Atul Gawande, "Hellhole: The United States Holds Tens of Thousands of Inmates in Long-Term Solitary Confinement. Is This Torture?" *New Yorker*, March 30, 2009.

19. Lisa Harnack et al., "Guess Who's Cooking: The Role of Men in Meal Planning, Shopping, and Preparation in US Families," *Journal of the American Dietetic Association* 98, no. 9 (1998). 리처드 랭엄Richard Wrangham은 또 다른 설명을 하고 있는데, 그는 대략 100만 년 전 요리의 개념이 생겨난 이후 음식에 대한 성별 구분이 시작되었다고 주장한다. 이 점을 지적해준 오빠 스티븐에게 감사의 말을 전한다. 리처드 랭엄, 『요리 본능 : 불, 요리, 그리고 진화』(조현욱 역, 사이언스북스, 2011).

20. Bernard Chapais, *Primeval Kinship: How Pair-Bonding Gave Birth to Human*

462

Society (Cambridge, Mass.: Harvard University Press, 2008); Patrick Bélisle and Bernard Chapais, "Tolerated Co-feeding in Relation to Degree of Kinship in Japanese Macaques," *Behavior* 138 (2001). 이 연구의 자세한 내용은 2011년 11월 11일 개인적인 연락을 통해 버나드 차피스로부터 들은 것이다. 함께 음식을 나누는 문제에 대해서는 '해밀턴의 법칙Hamilton's rule'을 적용하는 것이 적절할 것이다. 1964년 윌리엄 해밀턴William D. Hamilton은 현대 사회생물학의 시작이라고 할 수 있는 이론을 발표한다. 수학적 공식을 사용하여 인간을 포함한 동물들이 친밀함의 정도에 따라 먹을거리나 다른 중요한 것들을 어떻게 동료들과 나누는지 예측할 수 있다는 것이다. 따라서 이타적인 모습이 베푸는 쪽의 생존이나 번식의 확률을 떨어뜨린다고 해도 받는 쪽의 생존 확률을 높일 수 있다면 왜 이런 모습이 부모에게서 자녀 세대로 이어지는지 이유를 알 수 있다. 부모 세대의 번식력은 과거의 것이지만 자녀나 손자 세대의 번식력은 바로 현재의 것이다. 가장 가깝게 연결된 친족 사이에서 더 많은 이타적인 모습이 나타나는 것은 결국 자신의 유전자가 더 많이 이어지고 살아남게 하려는 본능에 따른 것이다. 해밀턴의 법칙에 대해 더 자세한 내용은 다음을 참고하라. David M. Buss, ed., *The Handbook of Evolutionary Psychology* (Hoboken, N.J.: Wiley, 2005).

21. Sue C. Carter and Stephen W. Porges, "Social Bonding and Attachment," in *Encyclopedia of Behavioural Neuroscience*, vol. 3 (New York: Elsevier, 2010); S. E. Taylor, "Tend and Befriend: Biobehavioral Bases of Affiliation under Stress," *Current Directions in Psychological Science* 15, no. 6 (2006).

22. 여성의 경우 이런 사회적 행동으로 활성화되는 두뇌의 영역에는 측좌핵, 미상핵, 복내측 안와 전두피질, 그리고 구강 전방의 대상피질 등이 있다. James Rilling et al., "A Neural Basis for Social Cooperation," *Neuron* 35 (2002).

23. Eisenberger, Lieberman, and Williams, "Does Rejection Hurt?"

24. Manos Tsakiris, "Looking for Myself: Current Multisensory Input Alters Self-Face Recognition," *PLOS One* 3, no. 12 (2008).

25. 여성이 특히 다른 여성의 모습에 민감하다는 사실은 다음을 참고한다. Geoffry Hall et al., "Sex Differences in Functional Activation Patterns Revealed by Increased Emotion Processing Demands," *Neuroreport* 15, no. 2 (2004); Turhan Canli et al., "Sex Differences in the Neural Basis of Emotional Memories," *Proceedings of the National Academy of Sciences of the United States of America* 99, no. 16 (2002); R. J. Erwin et al., "Facial Emotion Discrimination," *Psychiatry Research* 42, no. 3 (1992); David C. Geary, *Male, Female: The Evolution of Human Sex Differences* (Washington, D.C.: American Psychological Association, 2010); M. L. Hoffman, "Sex Differences in Empathy and Related Behaviors," *Psychological Bulletin* 84,

no. 712-22 (1977); M. R. Gunnar and M. Donahue, "Sex Differences in Social Responsiveness between Six and Twelve Months," *Child Development* 51 (1980); 수전 핀커, 『성의 패러독스』.

26. Salvy et al., "Effects of Social Influence"; Salvy et al., "The Presence of Friends."

27. Trogdon, Nonnemaker, and Pais, "Peer Effects in Adolescent Overweight." 흥미롭게도 10대 아이들은 체중이 많이 나가는 친구가 먹는 양을 제한하기도 한다. 샐비는 체중이 많이 나가는 아이들이 정상 체중의 친구들과 어울릴 때는 더 적게 먹는 반면 자신보다 체중이 더 나가는 친구와 어울릴 때나 혼자 있을 때는 더 많이 먹는다는 사실을 확인하고 이렇게 주장했다. S. J. Salvy, E. Kieffer, and L. H. Epstein, "Effects of Social Context on Overweight and Normal-Weight Children's Food Selection," *Eating Behaviors* 9, no. 2 (2008).

28. A. Christakis and Fowler, "The Spread of Obesity." 아내의 허리둘레가 남편의 허리둘레에 영향을 미치는 방식은 장을 보고 요리를 하거나 혹은 임신한 아내의 고통을 함께 느끼기 위해 비슷하게 행동하는 것과는 또 다르다. 아내가 임신 중일 경우 20~80퍼센트의 남편이 체중 증가를 경험한다고 한다. 이에 대한 한 가지 가설은 남편이 아내에게 감정이입을 더 많이 할수록 체중이 더 많이 증가한다는 것이다.

29. Marla E. Eisenberg et al., "Correlations Between Family Meals and Psychosocial Well-being Among Adolescents," *Archives of Pediatric Adolescent Medicine* 158 (2004); M. E. Eisenberg et al., "Family Meals and Substance Use: Is There a Long-Term Protective Association?" *Journal of Adolescent Health* 43, no. 2 (2008); Susan K. Hamilton and Jane Hamilton Wilson, "Family Mealtimes: Worth the Effort?" *Infant, Child and Adolescent Nutrition* 1 (2009); C. Snow and D. Beals, "Mealtime Talk that Supports Literacy Development," *New Directions in Child and Adolescent Development* 111 (2006); Debra Franko et al., "What Mediates the Relationship Between Family Meals and Adolescent Health Issues," *Health Psychology* 27, no. 2 (2008); D. Neumark-Sztainer et al., "Family Meals and Disordered Eating in Adolescents: Longitudinal Findings from Project EAT," *Archives of Pediatrics and Adolescent Medicine* 162, no. 1 (2008).

30. Guang Guo, Michael Roettger, and Tianji Cai, "The Integration of Genetic Propensities into Social-Control Models of Delinquency and Violence Among Male Youths," *American Sociological Review* 73 (2008); Maggie Fox, "Good Parenting Overrides Bad Behavior Genes," *Globe and Mail*, July 16, 2008.

31. Stephanie Coontz, "Why Gender Equality Stalled," *New York Times*, February 17, 2013.

32. Barbara Fiese et al., "A Review of 50 Years of Research on Naturally Occurring Family Routines and Rituals," *Journal of Family Psycholoyg* 16, no. 4 (2002).

33. Snow and Beals, "Mealtime Talk."

34. Zehava Oz Weizman and Catherine E. Snow, "Lexical Output as Related to Children's Vocabulary Acquisition: Effects of Sophisticated Exposure and Support for Meaning," *Developmental Psychology* 37, no. 2 (2001).

35. Deb Roy, "New Horizons in the Study of Child Language Acquisition," paper presented at the International Speech Communication Association Proceedings of Interspeech conference, Brighton, UK, 2009; Susan Pinker, "Someone to Watch over Me," *Globe and Mail*, December 13, 2008; Brandon Roy, research scientist and doctoral student in the MIT media lab, email received November 21, 2011.

36. Weizman and Snow, "Lexical Output."

37. Roy, "New Horizons"; Janellen Huttenlocher et al., "Early Vocabulary Growth: Relation to Language Input and Gender," *Developmental Psychology* 27 (1991).

38. 앨리슨 고프닉, 『우리 아이의 머릿속 : 세계적인 심리학자 엄마가 밝혀낸 아이 마음의 비밀』(김아영 역, 랜덤하우스코리아, 2011).

39. 2007년 워싱턴 대학교의 발달심리학자 프레드릭 지머맨과 앤드류 N. 멜초프, 그리고 의사인 디미트리 크리스태키스가 《소아학 저널Journal of Pediatrics》에 논문을 발표하자 논쟁이 격화되었다. 세 사람은 2세 이하 아기들이 이른바 교육적인 목적으로 제작된 비디오나 DVD를 봤을 때 오히려 언어적 능력이 평균보다 떨어진다고 주장한 것이다. 영상 매체를 한 시간 보면 6~8개의 단어를 잊어버린다는 것인데, 이는 대단한 영향이 아닐 수 없었다. "매일 책을 읽어주면 아기들을 위한 표준 언어 시험에서 7점 정도 점수 가 향상되었지만 하루에 한 시간씩 비디오를 보면 17점이나 점수가 하락했다." 세 사람 은 관련 비디오나 DVD 제작 업체들이 자신들의 제품으로 아기들의 인지능력이 향상 된다고 주장하고 있지만 정확한 근거가 없으며 연구 결과와 위배된다고 역설했다. 이 렇게 되자 관련 비디오를 제작하는 월트 디즈니는 광고 내용을 바꾸고 제품에 만족하 지 않는 고객에게는 환불해주었다. F. J. Zimmerman, D. A. Christakis, and Andrew Melttzoff, "Associations Between Media Viewing and Language Development in Children Under Age 2 Years," *Journal of Pediatrics* (2007).

40. 사회적·감정적 발달이 인정을 받으려면 '지성'이라는 단어와 반드시 연결되어야 한다.

41. Eisenberg et al., "Family Meals and Substance Use."

42. Neumark-Sztainer et al., "Family Meals and Disordered Eating."

43. Eisenberg et al., "Family Meals and Substance Use."

44. Eisenberg et al., "Correlations between Family Meals."

45. 어린 시절 경험하는 가족 간의 저녁 식사는 나중에 아이가 이루는 학문적 성취와 연결되며, 따라서 긍정적 상관관계의 좋은 사례가 된다. 한마디로 한 가지 요소가 다른 요소와 연결된다는 것이다. 반면에 부정적인 상관관계는 한 가지 요소로 인해 다른 요소가 없어지는 것으로, 예컨대 일곱 살에 가족과 식사를 많이 했을 경우 열일곱 살이 되었을 때 흡연을 더 적게 한다는 것이다.

46. 동네 사람들과의 잔치와 '저녁 내기'는 사회적 유대관계를 형성하며 사람들을 돕던 교회와 친지의 역할뿐 아니라 자원해서 다른 집의 일을 돌봐주던 관습도 대신하게 되었다. 여기서 저녁 내기란 이웃들이 번갈아 서로를 초대해 전채요리에서 후식으로 이어지는 정찬을 대접하는 것으로 이웃끼리 서로 얼굴을 익히고 친해지는 것이 목적이다. Marcus Gee, "Toronto Woman Breaks Bread with Strangers and Finds a Community," *Globe and Mail*, November 17, 2009. 참조.

47. Kelly Musick and Ann Meier, "Assessing Causality and Persistence in Associations Between Family Dinners and Adolescent Well-being," *Journal of Marriage and Family* 74, no. 3 (2012); Ann Meier and Kelly Musick, "Variation in Associations Between Family Dinners and Adolescent Well-being," *Journal of Marriage and Family* 76, no. 1 (2014).

48. Franko et al., "What Mediates the Relationship."

49. Snow and Beals, "Mealtime Talk"; Vibeke Aukrust and C. Snow, "Narratives and Explanations During Mealtime Conversations in Norway and the U.S.," *Language in Society* 27, no. 2 (1998)

50. Adam Gilden Tsai and Thomas A. Wadden, "Systematic Review: An Evaluation of Major Commercial Weight Loss Programs in the United States," *Annals of Internal Medicine* 142, no. 1 (2005); Stanley Heshka et al., "Weight Loss with Self-Help Compared with a Structured Commercial Program: A Randomized Trial," *Journal of the American Medical Association* 289, no. 14 (2003).

51. Linda Mercandante, *Victims and Sinners* (Westminster: John Knox Press, 1996).

52. Chris Norris, "Hitting Bottom," *New York Times Magazine*, January 3, 2010.

53. Salvy et al., "The Presence of Friends"; Thomas J. Dishion, D. W. Andrew, and L. Crosby, "Antisocial Boys and Their Friends in Early Adolescence: Relationship Characteristics, Quality, and Interactional Process," *Child Development* 66 (1995); N. A. Christakis and J. H. Fowler, "The Collective Dynamics of Smoking in a Large Social Network," *New England Journal of Medicine* 358, no. 21 (2008).

54. J. Niels Rosenquist et al., "The Spread of Alcohol Consumption Behavior in a

Large Social Network," *Annals of Internal Medicine* 152, no. 7 (2010).

55. Bryan Curtis, "Man-Cave Masculinity," *Slate*, October 3, 2011, http://www.slate. com/articles/life/the_middlebrow/2011/10/man_cave_mascu linity_men_ crave_their_own_spaces_.single.html.

56. Daniel Okrent, *Last Call: The Rise and Fall of Prohibition* (New York: Scribner, 2010). 340-41.

5 아기는 엄마를 보면서 자신을 본다

1. 신경과학자인 수 카터는 연구를 통해 들쥐의 유대관계에서 옥시토신 같은 신경 펩타이드의 강력한 영향을 밝혀낸 바 있다. 카터는 옥시토신이 포유류 사이에서 출산과 수유, 신뢰와 유대감을 촉진할 뿐만 아니라 동시에 침착성도 키워준다는 사실을 알아냈다. 이는 서로 보완적인 기능으로 옥시토신의 분비를 촉진하는 동시에 옥시토신을 필요로 한다. 옥시토신을 인공적으로 주입하면 '움직이지 않는 능력'이 강화된다. C. Sue Carter et al., "Consequences of Early Experiences and Exposure to Oxytocin and Vasopressin Are Sexually Dimorphic," *Developmental Neuroscience* 31 (2009).

2. Cria Perrine, "Breastfeeding Report Card—United States 2011," Centers for Disease Control and Prevention, 2011, http://www.cdc.gov/breastfeeding/ pdf/2011breastfeedingreportcard.pdf.

3. Hanna Rosin, "The Case Against Breast-Feeding," *The Atlantic*, April 2009.

4. Sarah Bosely, "Six Months of Breastmilk Alone Is Too Long and Could Harm Babies, Scientists Now Say," *The Guardian*, January 14, 2011; Mary Fewtrell et al., "When to Wean? How Good Is the Evidence for Six Months of Exclusive Breastfeeding?" *British Medical Journal* 342 (2011).

5. Rosin, "The Case Against Breast-Feeding."

6. 캐나다 산모의 51퍼센트는 생후 3개월까지 반드시 모유를 먹이며, 그중 절반 정도는 6개월까지 모유를 먹인다고 한다. 영국의 경우 신생아가 6개월이 되었을 때 모유를 먹는 비율은 21퍼센트로 미국과 비슷하다. Beverley Chalmers and Catherine Royale, eds., *What Mothers Say: The Canadian Maternity Experiences Survey* (Ottawa: Public Health Agency of Canada, 2009).

7. 또 모유 수유를 하면 비만, 천식, 당뇨, 습진, 심장질환, 그리고 암을 막아주는 효과가 있다고 한다. 그렇지만 그에 대한 확실한 증거가 있는지는 아직 논쟁의 여지가 있다.

그리고 모유 수유와 지능 발달의 관계에서 영양과 관련 없는 다른 요소가 영향을 미칠지도 모른다. 요즘 고등교육을 받은 산모들은 모유 수유를 선호하는데, 모유 수유와 관련한 인지적 장점은 어쩌면 모유라는 생화학적 성분보다 산모의 유전적·사회경제적·교육적 배경과 더 깊은 연관성이 있을지도 모른다. 물론 아기를 향한 시간과 관심도 중요하다. Geoff Der, G. David Batty, and Ian J. Deary, "Effect of Breast Feeding on Intelligence in Children: Prospective Study, Sibling Pairs Analysis and Meta-analysis," *British Medical Journal* (2006); A. Sacker et al., "Breast Feeding and Intergenerational Social Mobility: What Are the Mechanisms?" *Archives of Disease in Childhood* 98 (2013); K. Heikkila et al., "Breast Feeding and Child Behaviour in the Millennium Cohort Study," *Archives of Disease in Childhood* 96 (2011).

8. Jill Lepore, "Baby Food: If Breast Is Best, Why Are Women Bottling Their Milk?" *New Yorker*, January 19, 2009.

9. Michael S. Kramer et al., "Breastfeeding and Child Cognitive Development: New Evidence from a Large Randomized Trial," *Archives of General Psychiatry* 65, no. 5 (2008); Michael S. Kramer et al., "Promotion of Breastfeeding Intervention Trial (PROBIT): A Randomized Trial in the Republic of Belarus," *Journal of the American Medical Association* 285, no. 4 (2001).

흥미로운 일이지만 심리학자인 캐스피와 그의 동료들이 지난 2007년 발표한 논문에 의하면 모유 수유가 특정한 유전적 변형체를 가지고 있는 아이의 경우에만 지능 발달에 도움을 준다고 한다. 모유 수유와 같은 환경적 영향은 특정한 유전자를 '일깨우는' 역할을 하며 그런 유전자가 없는 경우는 거의 아무런 영향도 못 미친다는 것이다. Avshalom Caspi et al., "Moderation of Breastfeeding Effects on the IQ by Genetic Variation in Fatty Acid Metabolism," *PNAS Proceedings of the National Academy of Sciences of the United States of America* 104, no. 47 (2007).

10. 크레이머 박사는 한 가지 예외적인 상황에 대해 언급했다. 인간의 모유에 인지능력을 향상시키는 성분이 있다는 적절한 증거가 하나도 없다는 것이었다. 1990년대 초반 앨런 루커스와 그의 동료들이 런던 대학에서 수행한 미숙아에 대한 연구에 따르면 보관해둔 모유를 위와 연결된 관을 통해 공급받은 미숙아들은 일반적인 방식으로 치료받은 미숙아들에 비해 7~8세가 되었을 때 인지능력이 향상되었다고 한다. 연구자들은 그 이유가 특별한 상황에 있는 미숙아들이 그렇지 않은 미숙아보다 '초기 영양 공급에 특별히 더 민감하기 때문'이라고 지적했다. 미숙아가 아닌 경우는 상대적으로 태어났을 무렵부터 신경이 성숙되어 있다. Alan Lucas et al., "Breast Milk and Subsequent Intelligence Quotient in Children Born Preterm," *Lancet* 339 (1992).

11. Melvin Konner, *The Evolution of Childhood: Relationships, Emotion, Mind* (Cambridge, Mass.: Belknap Press, 2010); A. N. Meltzoff and M. K Moore, "Imitation of Facial and Manual Gestures by Human Neonates," *Science* 198 (1997).

12. 사회적 상호 교류는 인간의 성장 발달에 아주 중요하다. 예컨대 요람에 혼자 있는 시간이 많은 고아원 같은 곳에서 자라난 아이는 적절한 음식 등 필요한 조치를 제공받았음에도 성장이 더딘 경우가 있다. 역사적으로 보면 특히 20세기 들어서 아이들은 인간의 성장과 생존에 필수 불가결한 사회적 접촉을 많이 하지 못한 것에 대한 비싼 대가를 치렀다.

13. 인간의 영장류 선조들도 이런 사실을 잘 알고 있었다. 부부 영장류 동물학자인 도로시 체니와 로버트 세이파스는 각기 다른 어린 원숭이의 비명 소리를 녹음해 들려주었을 때 어미들이 자기 새끼의 소리를 정확히 구분해낸다는 사실을 알게 되었다. 암컷들은 스피커에서 자기 새끼의 소리가 들려오자 그쪽으로 움직이기 시작했다. 이 암컷들은 자기 새끼의 다급한 부르짖음을 알아차렸을 뿐더러 역시 새끼의 소리를 알아들은 다른 어미들의 모습도 주의 깊게 관찰했다. Dorothy L. Cheney and Robert M. Seyfarth, *Baboon Metaphysics: The Evolution of a Social Mind* (Chicago: University of Chicago Press, 2007).

14. Maude Beauchemin et al., "Mother and Stranger: An Electrophysiological Study of Voice Processing in Newborns," *Cerebral Cortex* 21, no. 8 (2011); Anne McIlroy, "Infants Give Mother Tongue New Meaning," *Globe and Mail*, December 17, 2010; William Raillant-Clark, "Mom's Voice Plays Special Role in Activating Newborn's Brain," *Forum* [University of Montreal], December 16, 2010.

15. Patricia Kuhl, "Is Speech Learning 'Gated' by the Social Brain?" *Developmental Science* 10, no. 1 (2007); Michael H. Goldstein, Andrew P. King, and Meredith J. West, "Social Interaction Shapes Babbling," *Proceedings of the National Academy of Sciences of the United States of America* 100, no. 13 (2003).

16. 아기들이 모어에 존재하지 않는 소리를 구분하는 능력을 상실했을 때를 가정한 놀라운 실험이 있었다. 예컨대 스페인어 사용자는 *p/b*를 구분하지만 성인 영어 사용자는 그러지 못한다는 점에 착안한 실험이었다. 퍼트리샤 쿨은 9개월 된 영어권 아기에게 중국어를 들려주었다. 페리 클래스는 《뉴욕 타임스》 칼럼에서 이렇게 이야기하고 있다. "미국 시애틀에 살고 있는 영어권 가정의 아기를 중국어를 하는 사람들에게 맡겨두면 중국어 소리를 구분하는 능력을 키울 수 있다. 그렇지만 같은 분량의 중국어를 텔레비전이나 카세트를 통해 들려주면 아기는 아무것도 배우지 못했다." Perri Klass, "Hearing Bilingual: How Babies Sort Out Language," *New York Times*, October

11, 2011. Patricia Kuhl, Feng-Ming Tsao, and Huei-Mei Liu, "Foreign-Language Experience in Infancy: Effects of Short-term Exposure and Social Interaction on Phonetic Learning," *PNAS Proceedings of the National Academy of Sciences of the United States of America* 100, no. 15 (2003).

17. Joni N. Saby, Andrew N. Meltzoff, and Peter J. Marshall, "Infants' Somatotopic Neural Responses to Seeing Human Actions: I've Got You Under My Skin," PLOS One 8, no. 10 (2013); Joni N. Saby, Peter J. Marshall, and Andrew Meltzoff, "Neural Correlates of Being Imitated: An EEG Study in Preverbal Infants," *Social Neuroscience* 7, no. 6 (2012). 일부러 시간을 내서 자신의 최근 연구를 설명하고 그 내용을 보내준 앤드류 N. 멜초프에게 감사의 인사를 전한다.

18. 데버러 블룸, 『사랑의 발견 : 사랑의 비밀을 밝혀 낸 최초의 과학자 해리 할로』(임지원 역, 사이언스북스, 2005).

19. 위의 책; Luther Emmett Holt, *The Care and Feeding of Children: A Catechism for the Use of Mothers and Children's Nurses* (New York: D. Appleton, 1907).

20. Nicholas D. Kristof, "A Poverty Solution that Starts with a Hug," *New York Times*, January 7, 2012.

21. Holt, *The Care and Feeding of Children*.

22. C. Celeste Johnston, Marsha Campbell-Yeo, and Francoise Filion, "Paternal vs Maternal Kangaroo Care for Procedural Pain in Preterm Neonates: A Randomized Crossover Trial," *Archives of Pediatric Adolescent Medicine* 165, no. 9 (2011).

23. 설레스트 존스턴은 내가 처음 언급했던 수영 모임의 회원이자 친구로 실비의 사회적 연결망에서 핵심적인 역할을 했다. 다른 여성 사회과학자들과 마찬가지로 존스턴도 자기 자신의 개인적인 유대관계에 신경을 쓰면서 사회적 유대관계에 대해 학문적으로 깊은 관심을 유지하고 있다.

24. Kerstin Erlandsson et al., "Skin-to-Skin Care with the Father After Cesarean Birth and Its Effect on Newborn Crying and Prefeeding Behavior," *Birth: Issues in Perinatal Care* 34, no. 2 (2007).

25. Monica Krayneck, Mona Patterson, and Christina Westbrook, "Baby Cuddlers Make a Difference," *Journal of Obstetric, Gynecologic and Neonatal Nursing* 41, no. 1 (2012); Harvard Medical School Beth Israel Deaconess Medical Center, "NICU Programs Benefit Premature Babies and Their Parents," July 2010, http://www.bidmc.org/YourHealth/HealthNotes/ObstetricsandGynecology/HighRiskOB/NICUProgramsBenefitPrematureBabiesandTheirParents.aspx.

26. 수전 핀커, 『성의 패러독스』; Ruth Feldman et al., "Comparison of Skin-to-Skin (Kangaroo) and Traditional Care: Parenting Outcomes and Preterm Infant Development," *Pediatrics* 110, no. 1 (2002).

27. 나는 앨리슨 고프닉에게 많은 신세를 졌다. 고프닉은 친밀한 사회적 접촉이 성장하고 있는 두뇌에 미치는 효과를 설명하면서 나에게 '동종 부모 역할alloparenting'의 중요성 을 일깨워주었다. Sarah Blaffer Hrdy, *Mothers and Others: The Evolutionary Origins of Mutual Understanding* (Cambridge, Mass.: Bellknap Press, 2009); Sarah Blaffer Hrdy, "Comes the Child Before Man: Development's Role in Producing Selectable Variation," *Evolutionary Anthropology* 21 (2012); Kristen Hawkes, "What Makes Us Human? Grandmothers and Their Consequences," *Evolutionary Anthropology* 21 (2012).

28. Evalotte Morelius, Elvar Theodorsson, and Nina Nelson, "Salivary Cortisol and Mood and Pain Profiles During Skin-to-Skin Care for an Unselected Group of Mothers and Infants in Neonatal Intensive Care," *Pediatrics* 116, no. 5 (2005); N. M. Hurst et al., "Skin-to-Skin Holding in the Neonatal Intensive Care Unit Influences Maternal Milk Volume," *Journal of Perinatology* 17, no. 3 (1997).

29. 이스라엘에서는 73명의 미숙아 중 캥거루식 보살핌을 받은 쪽과 그렇지 않은 쪽을 비 교하는 연구가 있었다. 심리학자인 루스 펠드먼과 그녀의 동료들은 출산 직후에 이 루어진 캥거루식 아기 돌보기가 6개월 후 아기의 인지능력 발달로 이어졌다는 사실 을 알게 되었다. Feldman et al., "Comparison of Skin-to-Skin (Kangaroo) and Traditional Care."

30. Craig Howard Kinsley and Elizabeth Meyer, "Maternal Mentality: Pregnancy and Childbirth Shape a Woman's Mental Makeover," *Scientific American Mind*, July/ August 2011; C. H. Kinsley et al., "Motherhood Induces and Maintains Behavioral and Neural Plasticity across the Lifespan in the Rat," *Archives of Sexual Behavior* 37 (2008); A. S. Fleming and M. Korsmit, "Plasticity in the Maternal Circuit: Effects of Maternal Experience on Fos-Lir in Hypothalamic, Limbic and Cortical Structures in the Postpartum Rat," *Behavioral Neuroscience* 110 (1996).

31. Pilyoung Kim et al., "The Plasticity of the Human Maternal Brain: Longitudinal Changes in Brain Anatomy during the Early Postpartum Period," *Behavioral Neuroscience* 124, no. 5 (2010).

32. Kinsley and Meyer, "Maternal Mentality"; Kim et al., "The Plasticity of the Human Maternal Brain."

33. Gloria K. Mak and Samuel Weiss, "Paternal Recognition of Adult Offspring

Mediated by Newly Generated CNS Neurons," *Nature Neuroscience* 13 (2010).

34. 스티븐 제이 굴드, 『판다의 엄지』(김동광 역, 세종서적 1998), "미키 마우스에 대한 생물학적 오마주".

35. Gary Sherman, Jonathan Haidt, and J. A. Coan, "Viewing Cute Images Increases Behavioral Carefulness," *Emotion* 9, no. 2 (2009); Hiroshi Nittono et al., "The Power of Kawaii: Viewing Cute Images Promotes a Careful Behavior and Narrows Attentional Focus," *PLOS One* 7, no. 9 (2012); Gary Sherman et al., "Individual Differences in the Physical Embodiment of Care: Prosocially Oriented Women Respond to Cuteness by Becoming More Physically Careful," *Emotion* 13, no. 1 (2013).

36. S. Henkel, M. Heistermann, and J. Fischer, "Infants as Costly Social Tools in Male Barbary Macaque Networks," *Animal Behaviour* 79, no. 6 (2010); Michael Kesterton, "Sensitive, Huggy Guys," *Globe and Mail*, April 23, 2010; Brian Mossop, "The Brains of Our Fathers: Does Parenting Rewire Dads?" *Scientific American Mind*, July/August, 2011.

37. Konner, *The Evolution of Childhood*, 432.

38. Joan B. Silk et al., "The Benefits of Social Capital: Close Social Bonds among Female Baboons Enhance Offspring Survival," *Proceedings of the Royal Society Biological Sciences* 2009, no. 276 (2009); J. B. Silk, D. S. Alberts, and J. Altmann, "Social Bonds of Female Baboons Enhance Infant Survival," Science 302 (2003); Cheney and Seyfarth, *Baboon Metaphysics*.

39. Leslie A. Pray, "Epigenetics: Genome, Meet Your Environment," *The Scientist*, Juy 4, 2004.

40. L. H. Lumey, "Decreased Birthweights in Infants after Maternal in Utero Exposure to the Dutch Famine of 1944-1945," *Paediatric and Perinatal Epidemiology* 6, no. 2 (1992); Bastiaan Heijmans et al., "Persistent Epigenetic Differences Associated with Prenatal Exposure to Famine in Humans," *Proceedings of the National Academy of Sciences of the United States of America* 105, no. 44 (2008).

41. G. Kaati, L. O. Bygren, and S. Edvinsson, "Cardiovascular and Diabetes Mortality Determined by Nutrition during Parents' and Grandparents' Slow Growth Period," *European Journal of Human Genetics* 10, no. 11 (2002); Marcus Pembrey et al., "Sex-Specific, Male-Line Transgenerational Responses in Humans," *European Journal of Human Genetics* 14 (2006).

42. Ian C. G. Weaver et al., "Epigenetic Programming by Maternal Behavior," *Nature Neuroscience* 7, no. 8 (2004); Michael J. Meaney, "Maternal Care, Gene Expression, and the Transmission of Individual Differences in Stress Reactivity across Generations," *Annual Review of Neuroscience* 24 (2001).

43. 데버러 블룸, 『사랑의 발견』, 177.

44. Francesca Cirulli et al., "Early Life Stress as a Risk Factor for Mental Health: Role of Neurotrophins from Rodents to Non-human Primates," *Neuroscience and Biobehavioral Reviews* 33 (2009).

45. Claudia Fahlke et al., "Rearing Experiences and Stress-Induced Plasma Cortisol as Early Risk Factors for Excessive Alcohol Consumption in Nonhuman Primates," *Alcoholism: Clinical and Experimental Research* 24, no. 5 (2000).

6 디지털 세상이 마음의 울타리를 만든다

1. Ruth Hubbell McKey et al., "The Impact of Head Start on Children, Families and Communities: Final Report of the Head Start Evaluation, Synthesis and Utilization Project," in *Head Start Evaluation Synthesis Utilization Project* (Washington, D.C.: U.S. Government Printing Office, 1985); Valerie E. Lee et al., "Are Head Start Effects Sustained? A Longitudinal Follow-up Comparison of Disadvantaged Children Attending Head Start, No Preschool, and Other Preschool Programs," *Child Development* 61, no. 2 (1990). 리의 연구는 일반적인 유아 교육의 경험에 대한 장기간의 영향을 보여주고 있지만 '헤드 스타트Head Start' 교육에 참여한 아이들의 경우 다른 유아 교육을 받은 아이들에 비해 장기적으로는 아무런 장점도 보여주지 못했다.

2. Alan Mendelsohn et al., "The Impact of a Clinic-Based Literacy Intervention on Language Development in Inner-City Preschool Children," *Pediatrics* 107, no. 1 (2001); P. E. Klass, R. Needlman, and Barry Zuckerman, "The Developing Brain and Early Learning," *Archives of Disease in Childhood* 88 (2003); N. Golova et al., "Literacy Promotion for Hispanic Families in a Primary Care Setting: A Randomized Controlled Trial," *Pediatrics* 103 (1998); Barry Zuckerman, "Promoting Early Literacy in Pediatric Practice: Twenty Years of Reach Out and Read," *Pediatrics* 124, no. 6 (2009).

3. C. E. Huebner and A. N. Meltzoff, "Intervention to Change Parent-Child Reading

Style: A Comparison of Instructional Methods," *Journal of Applied Developmental Psychology* 26, no. 3 (2005).

4. V. J. Rideout, Ulla G. Foehr, and Donald F. Roberts, *Generation M2: Media in the Lives of 8-to 18-Year-Olds*, (Menlo Park, Calif.: Henry J. Kaiser Family Foundation, 2010); Matt Richtel, "Wasting Time Is the New Divide in the Digital Era," *New York Times*, May 29, 2012.

5. 이 시카고의 외곽 지역에서는 초등학생의 16퍼센트만이 아동낙오 방지법No Child Left Behind 기준에 적합한 생활을 하고 있다. Dan Hurley, "Can You Build a Better Brain? A New Working Memory Game Has Revived the Tantalizing Notion that People Can Make Themselves Smarter," *New York Times Magazine*, April 22, 2012.

6. Zuckerman, "Promoting Early Literacy."

7. B. E. Hamilton, J. A. Martin, and S. J. Ventura, "Births: Preliminary Data for 2010," *National Vital Statistics Reports* 60, no. 2 (2011).

8. B. E. Hamilton, J. A. Martin, and S. J. Ventura, "Births: Preliminary Data for 2009," *National Vital Statistics Reports* 60, no. 1 (2010): 4, table 3.

9. United Nations Department of Economic and Social Affairs, Population Division, "Age Specific Fertility Rates by Major Area, Region and Country (Births per 1000 Women): Estimates 1995-2010," *World Population Prospects: The 2010 Revision* (2011).

10. Marco Francesconi, *Adult Outcomes for Children of Teenage Mothers* (Bonn: Institute for the Study of Labor, 2007); United Nations, "Age Specific Fertility Rates."

11. Lisa Belkin, "So, Like, You Want Your Kids to Speak, Like, Properly?" *Huffington Post*, http://www.huffingtonpost.com/lisa-belkin/teen-speech-patterns_ b_1307114.html?view=print&comm_ref=false.

12. Rideout, Foehr, and Roberts, "Generation M2"; Lydia Plowman, J. McPake, and C. Stephen, "The Technologisation of Childhood? Young Children and Technology in the Home," *Children and Society* 24, no. 1 (2010); E. De Decker et al., "Influencing Factors of Screen Time in Preschool Children: An Exploration of Parents' Perceptions Through Focus Groups in Six European Countries," *Obesity Reviews* 13, no. 1 (2012); Aric Sigman, "Time for a View on Screen Time," *Archives of Disease in Childhood* 97, no. 11 (2012).

13. V. J. Rideout, Donald F. Roberts, and Ulla G. Foehr, *Generation M: Media in the Lives of 8- to 18-Year-Olds* (Menlo Park, Calif.: Henry J. Kaiser Family Foundation,

474

2005).

14. Suzy Tomopoulous et al., "Infant Media Exposure and Toddler Development," *Archives of Pediatric Adolescent Medicine* 164, no. 12 (2010); Alan Mendelsohn et al., "Infant Television and Video Exposure Associated with Limited Parent-Child Verbal Interactions in Low Socioeconomic Status Households," *Archives of Pediatric Adolescent Medicine* 162, no. 5 (2008).

15. 아네트 라루, 『불평등한 어린 시절 : 부모의 사회적 지위와 불평등의 대물림』(박상은 역, 에코리브르, 2012).

16. Elizabeth Vandewater, David Bickham, and June Lee, "Time Well Spent? Relating Television Use to Children's Free-Time Activities," *Pediatrics* 117, no. 2 (2006); Mendelsohn et al., "Infant Television and Video Exposure"; Tomopoulous et al., "Infant Media Exposure."

17. Kevin Hartnett, "The Perils of Parenting Style," *Pennsylvania Gazette*, September/October 2011; 데이비드 브룩스, 『소셜 애니멀 : 사랑과 성공, 성격을 결정짓는 관계의 비밀』(이경식 역, 흐름출판, 2011).

18. 데이비드 브룩스, 『소셜 애니멀』.

19. Hartnett, "The Perils of Parenting Style"; Lareau, *Unequal Childhoods*.

20. De Decker et al., "Influencing Factors of Screen Time."

21. B. Hart and T. R. Risley, *Meaningful Differences in the Everyday Experiences of Young American Children* (Baltimore: Brookes, 1995); 아네트 라루, 『불평등한 어린 시절』; 데이비드 브룩스, 『소셜 애니멀』.

22. Hilary Stout, "Hi, Grandma! (Pocket Zoo on Hold)," *New York Times*, October 17, 2010.

23. Carly Shuler, "Kids and Apps: The Pass-Back Effect Marches Forward" [blog], Joan Ganz Cooney Center, April 2010, http://www.joanganzcooneycenter.org/2010/06/02/kids-apps-the-pass-back-effect-marches-forward/; Aaron Smith, "Smartphone Ownership 2013 Update," Pew Internet and American Life Project, June 5, 2013; Joanna Brenner, "Pew Internet: Mobile," Pew Internet and American Life Project, September 18, 2013, http://www.pewinternet.org/Commentary/2012/February/Pew-Internet-Mobile.aspx.

24. F. J. Zimmerman, D. A. Christakis, and A. N. Meltzoff, "Television and DVD/Video Viewing in Children Younger than 2 Years," *Archives of Pediatric Adolescent Medicine* 161 (2007); De Decker et al., "Influencing factors of screen time"; Plowman, McPake, and Stephen, "The Technologisation of Childhood?"; Lydia

Plowman, J. McPake, and C. Stephen, "Just Picking It Up? Young Children Learning with Technology at Home," *Cambridge Journal of Education* 38, no. 3 (2008).

25. Carly Shuler, "iLearn II: An Analysis of the Education Category on Apple's App Store." (New York: Joan Ganz Cooney Center, 2012).

26. A. N. Meltzoff et al., "Foundations for a New Science of Learning," *Science* 325 (2009).

27. Ari Brown, "Media Use by Children Younger than 2 Years," *Pediatrics* 128, no. 5 (2011); D. A. Christakis, "The Effects of Infant Media Usage: What Do We Know and What Should We Learn?" *Acta Paediatrica* 98 (2009); Zimmerman, A. Christakis, and Meltzoff, "Television and DVD/Video Viewing"; V. J. Rideout and E. Hamel, *The Media Family: Electronic Media in the Lives of Infants, Toddlers, Preschoolers, and Their Parents* (Menlo Park, Calif.: Henry J. Kaiser Family Foundation, 2006); Pooja S. Tandon et al., "Preschoolers' Total Daily Screen Time at Home and by Type of Child Care," *Pediatrics* 124, no. 6 (2009); Susan Lamontagne, Rakesh Singh, and Craig Palosky, "Daily Media Use Among Children and Teens Up Dramatically from Five Years Ago," Henry J. Kaiser Family Foundation (website), January 2010.

28. Kamila B. Mistry et al., "Children's Television Exposure and Behavioral and Social Outcomes at 5.5 Years: Does Timing of Exposure Matter?" *Pediatrics* 120, no. 4 (2007).

29. 연구팀이 통제하지 못한 유일한 요인은 바로 유전자였다. 대규모로 정교하게 진행된 두 연구에 따르면 흥미롭게도 부모가 출근한 뒤 아이들을 돌봐주는 탁아소에서도 텔레비전과 비디오를 많이 보여주었다. 이것은 특별히 좋지 않은 사실이었다. 대부분의 부모는 자신들이 출근한 사이 아이들이 또래 친구들과 나이에 맞는 놀이를 하는 줄 알았기 때문이다. 물론 이런 모습이 일반적인 것은 아니다. 다만 외부에서 운영하는 탁아소의 경우 영상 매체를 사용하는 시간이 3.2시간으로 가정에서 부모와 있을 때의 4.4시간보다는 적었다. 반면 베이비시터가 집에 찾아가서 아이를 돌봐주거나 가정집에서 아이를 봐주는 경우는 텔레비전이나 비디오를 보는 시간이 5.5시간으로 가장 길었다. Tandon et al., "Preschoolers' Total Daily Screen Time'"; D. A. Christakis, F. J. Zimmerman, and M. Garrison, "Television Viewing in Child Care Programs: A National Survey," *Community Report* 19 (2006).

30. L. S. Pagani et al., "Prospective Associations Between Early Childhood Television Exposure and Academic, Psychosocial, and Physical Well-being by

Middle Childhood," *Archives of Pediatrics and Adolescent Medicine* 164, no. 5 (2010); Sylvain-Jacques Desjardins, "Toddlers and Televisios: Early Exposure Has Negative and Long Term Impact," *Forum* (University of Montreal), May 3, 2010.

31. David Biello, "Fact or Fiction: Archimedes Coined the Term 'Eureka' in the Bath," *Scientific American*, December 8, 2006.

32. 스티븐 핑커, 『언어본능』(김한영 역, 동녘사이언스, 2008).

33. D. A. Christakis et al., "Audible Television and Decreased Adult Words, Infant Vocalizations, and Conversational Turns: A Population-Based Study," *Archives of Pediatric Adolescent Medicine* 163, no. 6 (2009).

34. F. J. Zimmerman and D. A. Christakis, "Children's Television Viewing and Cognitive Outcomes," *Archives of Pediatrics and Adolescent Medicine* 159, no. 7 (2005): Tomopoulous et al., "Infant Media Exposure"; D. L. Linebarger and D. Walker, "Infants' and Toddlers' Television Viewing and Language Outcomes," *American Behavioral Scientist* 48, no. 5 (2005); Mendelsohn et al., "Infant Television and Video Exposure."

35. P. Greenfield et al., "The Program-Length Commercial: A Study of the Effects of Television/Toy Tie-Ins on Imaginative Play," *Psychology and Marketing* 7, no. 4 (1990); J. T. Piotrowski, N. Jennings, and D. L. Linebarger, "Extending the Lessons of Educational Television with Young American Children," *Journal of Children and Media* 7, no. 2 (2013).

36. Dina L. G. Borzekowski and J. E. Macha, "The Role of Kilimani Sesame in the Healthy Development of Tanzanian Preschool Children," *Journal of Applied Developmental Psychology* 31, no. 4 (2010); D. L. Linebarger and K. McMenamin, *Evaluation of the Between the Lions Mississippi Literacy Initiative, 2008-2009* (Philadelphia: Annenberg School of Communication, University of Pennsylvania, 2010); Piotrowski, Jennings, and Linebarger, "Extending the Lessons of Educational Television"; M. B. Robb, R. A. Richert, and E. Wartella, "Just a Talking Book? Word Learning from Watching Baby Videos," *British Journal of Developmental Psychology* 27 (2009).

37. D. L. Linebarger and Sarah E. Vaala, "Screen Media and Language Development in Infants and Toddlers: An Ecological Perspective," *Developmental Review* 30 (2010); D. R. Anderson and T. A. Pempek, "Television and Very Young Children," *American Behavioral Scientist* 48, no. 5 (2005); Robb, Richert, and

Wartella, "Just a Talking Book?"; A. Christakis, "The Effects of Infant Media Usage"; Brown, "Media Use by Children"; Katherine Nelson, "Structure and Strategy in Learning to Talk," *Monographs in Social Research in Child Development* 38, no. 1/2 (1973).

38. Tamar Lewin, "No Einstein in Your Crib? Get a Refund," *New York Times*, October 23, 2009; Josh Golin, "These Apps Will Not Educate Your Baby," *Huffington Post*, August 13, 2013; Federal Trade Commission v. Your Baby Can LLC, et al., 3:12 CV 02114 DMS BGS, United States District Court, Southern District of California (2013).

39. Plowman, McPake, and Stephen, "The Technologisation of Childhood?"; Rideout and Hamel, "The Media Family."

40. Christakis, "The Effects of Infant Media Usage."

41. D. A. Christakis et al., "Early Television Exposure and Subsequent Attentional Problems in Children," *Pediatrics* 113, no. 4 (2004). 이 연구는 국립 청소년 장기 연구The National Longitudinal Survey of Youth의 일환으로 유아에서 7세까지 1,300명에 대해 실시한 대규모 연구다. 그렇지만 실험이 아닌 관찰 연구로 우리는 유아기에 텔레비전을 많이 본 아이들이 나중에 주의력에 문제가 생기는지 아니면 아이들은 이미 집중에 어려움을 느끼며 빠르게 변하는 영상 앞에서만 조용히 앉아 있을 수 있는지에 대해서 정확하게 이야기할 수는 없다. 나는 두 가지가 서로 섞여 있는 것이 아닌가 생각한다. 어쩌면 거기에 ADHD가 유전적으로 물려받는 것이라는 사실까지 복합적으로 연결되지 않는지 의심스럽다. ADHD가 있는 부모는 그렇지 않은 부모보다 아이를 제대로 통제하지 못한다. Sigman, "Time for a View on Screen Time."

42. Angeline Lillard and Jennifer Peterson, "The Immediate Impact of Different Types of Television on Young Children's Executive Function," *Pediatrics* 128, no. 4 (2011).

43. C. Fitzpatrick, L. S. Pagani, and T. A. Barnett, "Early Exposure to Media Violence and Later Child Adjustment," *Journal of Developmental and Behavioral Pediatrics* 33, no. 4 (2012); Kimberly Schonert-Reichl et al., *Middle Childhood Inside and Out: The Psychological and Social World of Children 9-12* (Vancouver: University of British Columbia and United Way of the Lower Mainland, 2007).

44. Adam Gorlick, "Media Multitaskers Pay Mental Price," *Stanford University News*, August 24, 2009; Eyal Ophir, Clifford Nass, and Anthony D. Wagner, "Cognitive Control in Media Multitaskers," *Proceedings of the National Academy of Sciences of the United States of America* 106, no. 37 (2009).

45. Roy Pea et al., "Media Use, Face to Face Communication, Media Multitasking and Social Well-being Among 8-to 12-Year-Old Girls," *Developmental Psychology* 48, no. 2 (2012); Rideout, Foehr, and Roberts, *Generation M2*.

46. Sam Anderson, "The Hyperaddictive, Time-Sucking, Relationship-Busting, Mind-Crushing Power and Allure of Silly Digital Games," *New York Times Magazine*, April 8, 2012.

47. 더 충격적인 사건도 있었다. 술에 취한 여학생들을 같은 고등학교 남학생들이 강간하고 인터넷에 '정복' 기념으로 사진을 올린 것이다. 여학생들은 너무 술에 취해 자신들이 강간당한 것도 제대로 알지 못했다고 한다. Dennis Cauchon, William Cummings, and John Bacon, "Ohio High School Football Team Players Guilty in Rape Case," *USA Today*, March 17, 2013.

48. N. I. Eisenberger, M. D. Lieberman, and K. D. Williams, "Does Rejection Hurt? An fMRI Study of Social Exclusion," *Science* 302 (2003); N. I. Eisenberger and M. D. Lieberman, "Why Rejection Hurts: A Common Neural Alarm System for Physical and Social Pain," *Trends in Cognitive Science* 8, no. 7 (2004); David C. Geary, *The Origin of Mind: Evolution of Brain, Cognition and General Intelligence* (Washington, DC: American Psychological Association, 2005).

49. Carrie L. Masten et al., "Neural Correlates of Social Exclusion during Adolescence: Understanding the Distress of Peer Rejection," *Scan* 4 (2009).

50. Michael Tomasello, *Origins of Human Communication* (Cambridge, Mass.: MIT Press, 2008); Alex Pentland, "To Signal Is Human: Real-Time Data Mining Unmasks the Power of Imitation, Kith and Charisma in Our Face to Face Social Networks," *American Scientist* 98 (2010).

51. Pentland, "To Signal Is Human"; 알렉스 펜트랜드, 『어니스트 시그널 : 협상에서 우위를 점하는 네트워크 과학』(김송호 역, 비즈니스맵, 2009).

52. Leslie Seltzer, Toni Ziegler, and Seth Pollak, "Social Vocalizations Can Release Oxytocin in Humans," *Proceedings of the Royal Society B* 277 (2010); Sue C. Carter and Stephen W. Porges, "Social Bonding and Attachment," in *Encyclopedia of Behavioural Neuroscience*, vol. 3 (New York: Elsevier, 2010).

53. Leslie Seltzer et al., "Instant Messages vs. Speech: Hormones and Why We Still Need to Hear Each Other," *Evolution and Human Behavior* 33 (2012). 퓨 센터의 어맨다 렌하트는 10대의 의사소통은 다른 매체보다도 특히 휴대전화의 문자를 통해 더 많이 이루어지며 거기에는 개인적인 사회화의 과정이 포함된다는 사실을 밝혀냈다. 따라서 문자메시지가 언제나 효과가 없다고 생각하지 않는 것이 중요하다.

Amanda Lenhart, *Teens, Smartphones & Texting* (Washington, D.C.: Pew Internet and American Life Project, 2012).

54. Ted Ruffman et al., "What Mothers Say and What They Do: The Relation Between Parenting, Theory of Mind, Language and Conflict/Cooperation," *British Journal of Developmental Psychology* 24 (2006).

55. Barbara Schneider and L. J. Waite, eds., *Being Together, Working Apart* (Cambridge: Cambridge University Press, 2005).

56. B. Campos et al., "Opportunity for Interaction? A Naturalistic Observation Study of Dual-Earner Families after Work and School," *Journal of Family Psychology* 23, no. 6 (2009).

7 문자를 보내면서 어떤 미래를 꿈꿀 수 있을까

1. Matt Richtel, "Growing Up Digital, Wired for Distraction," *New York Times*, November 21, 2010.

2. Amanda Lenhart, *Teens, Smartphones & Texting* (Washington, D.C.: Pew Internet and American Life Project, 2012); Nielsen Company, "U.S. Teen Mobile Report Calling Yesterday, Texting Today, Using Apps Tomorrow," Nielsen Newswire, October 14, 2010, http://blog.nielsen.com/nielsenwire/online_mobile/u-s-teen-mobile-report-calling-yesterday-texting-today-using-apps-tomorrow/.

3. Jack P. Shonkoff and Deborah A. Phillips, eds., *From Neurons to Neighborhoods: The Science of Early Childhood Development* (Washington, D.C.: National Academy of Sciences, 2000).

4. Lee Rainie and Barry Wellman, *Networked: The New Social Operating System* (Cambridge, Mass.: MIT Press, 2012); 클레이 셔키, 『끌리고 쏠리고 들끓다 : 새로운 사회와 대중의 탄생』(송연석 역, 갤리온, 2008).

5. Elizabeth K. Englander, "Research Findings: MARC 2011 Survey Grades 3-12," *MARC Research Reports* 2 (2011); Amanda Lenhart, "Teens, Stranger Contact and Cyberbullying," Pew Internet and American Life Project, April 30, 2008, http://cyber.law.harvard.edu/sites/cyber.law.harvard.edu/files/Pew%20Internet%20teens.pdf.

6. Sameer Hinduja and Justin Patchin, "Bullying, Cyberbullying, and Suicide,"

Archives of Suicide Research 14, no. 3 (2010).

7. Lenhart, *Teens, Smartphones and Texting.*

8. Sindy R. Sumter et al., "Developmental Trajectories of Peer Victimization: Off-Line and Online Experiences During Adolescence," *Journal of Adolescent Health* 50, no. 6 (2012).

9. Dan Hruschka, *Friendship: Development, Ecology, and Evolution of a Relationship* (Berkeley: University of California Press, 2010).

10. Sameer Hinduja and Justin Patchin, "Cyberbullying: An Exploratory Analysis of Factors Related to Offending and Victimization," *Deviant Behavior* 29 (2008).

11. Shari Kessel Schneider et al., "Cyberbullying, School Bullying, and Psychological Distress: A Regional Census of High School Students," *American Journal of Public Health* 102, no. 1 (2012); Jing Wang, Ronald J. Iannotti, and Tonja Nansel, "School Bullying Among Adolescents in the United States: Physical, Verbal, Relational, and Cyber," *Journal of Adolescent Health* 45, no. 4 (2009).

12. David C. Geary, Benjamin Winegard, and Bo Winegard, "Reflections on the Evolution of Human Sex Differences: Social Selection and the Evolution of Competition Among Women," in *Evolutionary Perspectives on Human Sexual Psychology and Behavior*, ed. V. A. Weekes-Shackelford and T. K. Shackelford (New York: Springer, 2014).

13. Wang, Iannotti, and Nansel, "School Bullying"; Joyce Benenson et al., "Under Threat of Exclusion, Females Exclude More than Males," *Psychological Science* 22, no. 4 (2011); Geary, Winegard, and Winegard, "Reflections on the Evolution of Human Sex Differences"; David C. Geary, *Male, Female: The Evolution of Human Sex Differences* (Washington, D.C.: American Psychological Association, 2010); Eleanor Maccoby and Carol Jacklin, *The Psychology of Sex Differences* (Stanford, Calif.: Stanford University Press, 1974); 수전 핀커, 『성의 패러독스』; Joyce Benenson et al., "Human Sexual Differences in the Use of Social Ostracism as a Competitive Tactic," *International Journal of Primatology* 29 (2008)

14. Catherine Sebastian et al., "Social Brain Development and the Affective Consequences of Ostracism in Adolescence," *Brain and Cognition* 72 (2010).

15. Dorothy L. Cheney and Robert M. Seyfarth, *Baboon Metaphysics: The Evolution of a Social Mind* (Chicago: University of Chicago Press, 2007).

16. Linda Mealey, *Sex Differences: Developmental and Evolutionary Strategies* (San

Diego, Calif.: Academic Press, 2000); 수전 핀커, 『성의 패러독스』.

17. Cheney and Seyfarth, *Baboon Metaphysics*. 페이스북의 글과 실제 위협 사이의 흥미로운 유사점을 지적해준 내 아들 칼에게 감사의 마음을 전한다.

18. Jaana Juvonen and Elisheva Gross, "Extending the School Grounds? Bullying Experiences in Cyberspace," *Journal of School Health* 78, no. 9 (2008).

19. Jing Wang, Tonja Nansel, and Ronald J. Iannotti, "Cyber and Traditional Bullying: Differential Association with Depression," *Journal of Adolescent Health* 48, no. 4 (2011).

20. 두 연구자인 사미르 힌두자Sameer Hinduja와 저스틴 패친Justin Patchin에 따르면 온라인 상에서 가장 흔한 따돌림과 공격은 "그 사람의 우스꽝스러운 모습을 인터넷에 올리는 것"이며 피해자가 겪는 가장 흔한 모욕이나 고통은 "자신이 알고 있는 사람으로부터 모욕적인 이메일을 받는 것"이라고 한다. 이런 현상은 아주 흔하면서도 견뎌낼 만한 온라인상의 경험이겠지만, 충격적인 사실은 이런 일을 경험하는 10대 아이들의 20퍼센트는 자살을 생각하기 시작한다는 것이다. Hinduja and Patchin, "Bullying, Cyberbullying, and Suicide."

21. Frank Bruni, "Of Love and Fungus," *New York Times*, July 21, 2013.

22. R. Kraut et al., "Internet Paradox: A Social Technology that Reduces Social Involvement and Psychological Well-being?" *American Psychologist* 53, no. 9 (1998).

23. Patti M. Valkenburg and Jochen Peter, "Online Communication and Adolescent Well-being: Testing the Stimulation Versus the Displacement Hypothesis," *Journal of Computer Mediated Communication* 12 (2007); "Preadolescents' and Adolescents' Online Communication and Their Closeness to Friends," *Developmental Psychology* 43, no. 2 (2007); "Social Consequences of the Internet for Adolescents: A Decade of Research," *Current Directions in Psychological Science* 18, no. 1 (2009); R. Kraut et al., "Internet Paradox Revisited," *Journal of Social Issues* 58, no. 1 (2002).

24. Valkenburg and Peter, "Social Consequences of the Internet"; "Preadolescents' and Adolescents' Online Communication."

25. 로맨틱하고 서사적인 긴장감을 만들어내는 장치인 장벽은 고대 그리스 신화뿐만 아니라 셰익스피어의 「한여름 밤의 꿈」과 「로미오와 줄리엣」, 조너선 사프란 포어의 『모든 것은 밝혀졌다』(송은주 역, 민음사, 2009), 그리고 닉 혼비의 『줄리엣, 네이키드Juliet Naked』에도 등장한다. 그중에서도 닉 혼비는 온라인상에서 오가는 로맨틱한 연애편지가 만들어낸 거짓된 친밀감을 표현하기 위해 이메일을 사용한 최초의 소설가 중 한 명이다.

26. A. Sharabi and M. Margalit, "The Mediating Role of Internet Connection, Virtual Friends, and Mood in Predicting Loneliness Among Students With and Without Learning Disabilities in Different Educational Environments," *Journal of Learning Disabilities* 44, no. 3 (2010); M. Hu, "Will Online Chat Help Alleviate Mood Loneliness?" *CyberPsychology & Behavior* 12 (2009); Kraut et al., "Internet Paradox"; Kraut et al., "Internet Paradox Revisited"; Elisheva Gross, Jaana Juvonen, and Shelly Gable, "Internet Use and Well-being in Adolescence," *Journal of Social Issues* 58, no. 1 (2002).

27. Regina van den Eijnden et al., "Online Communication, Compulsive Internet Use, and Psychosocial Well-being Among Adolescents: A Longitudinal Study," *Developmental Psychology* 44, no. 3 (2008); E. B. Weiser, "The Functions of Internet Use and Their Social and Psychological Consequences," *CyberPsychology & Behavior* 4 (2001); M. L. Ybarra, C. Alexander, and K. J. Mitchell, "Depressive Symptomatology, Youth Internet Use, and Online Interactions: A National Survey," *Journal of Adolescent Health* 36, no. 1 (2005).

28. Sharabi and Margalit, "The Mediating Role of Internet Connection"; Junghyun Kim, Robert LaRose, and Wei Peng, "Loneliness as the Cause and the Effect of Problematic Internet Use: The Relationship Between Internet Use and Psychological Well- being," *CyberPsychology & Behavior* 12, no. 4 (2009); P. E. Klass, "Fixated by Screens, but Seemingly Nothing Else," *New York Times*, May 9, 2011.

29. Klass, "Fixated by Screens."

30. M. De Choudhury et al., "Predicting Depression via Social Media," paper presented at the 7th International AAAI Conference on Weblogs and Social Media, Boston, Mass., July 2013.

31. M. A. Moreno et al., "Feeling Bad on Facebook: Depression Disclosures by College Students on a Social Networking Site," *Depression and Anxiety* 28, no. 6 (2011); De Choudhury et al., "Predicting Depression"; M. A. Moreno et al., "A Pilot Evaluation of Associations Between Displayed Depression References on Facebook and Self- Reported Depression Using a Clinical Scale," *Journal of Behavioral Health Services and Research* 39, no. 3 (2011).

32. Sherry Turkle, "The Flight from Conversation," *New York Times*, April 22, 2012; 셰리 터클, 『외로워지는 사람들』(이은주 역, 청림출판, 2012).

33. Arthur Levine and Diane R. Dean, *Generation on a Tightrope: A Portrait of Today's*

College Student (San Francisco: Jossey Bass, 2012).

34. Carlo Rotella, "No Child Left Untableted," *New York Times Magazine*, September 15, 2013.

35. Mark Warschauer and Morgan Ames, "Can One Laptop Per Child Save the World's Poor?," *Journal of International Affairs* 64, no. 1 (2010).

36. 위의 책; Nicholas Negroponte, "No Lap Un-topped: The Bottom Up Revolution that Could Re-define Global IT Culture," NetEvents Global Press Summit, Hong Kong, 2006; Seymour Papert, "Digital Development: How the $100 Laptop Could Change Education," USINFO Webchat, http://www.olpctalk.com/seymour_papert/seymour_papert_usinfo.html.

37. Warschauer and Ames, "Can One Lap top Per Child Save the World's Poor?"; Mark Warschauer and Tina Matuchniak, "New Technology and Digital Worlds: Analyzing Evidence of Equity in Access, Use, and Out-comes," *Review of Research in Education* 34, no. 1 (2010).

38. Jeff Patzer, "Are Laptops the Most Important Thing?" [blog], 2010.

39. All figures from the OLPC website.

40. J. Hourcade et al., "Early OLPC Experiences in a Rural Uruguayan School," in *Mobile Technology for Children: Designing for Interaction and Learning*, ed. A. Druin (Boston: Morgan Kaufmann, 2009); Pierre Varly, "Evaluations in One Laptop Per Child: What For? What Has Been Done, What Could Be Done?" in *Varlyproject: A Blog on Education in Developing Countries*, October 16, 2010.

41. U.S. Department of Labor, Bureau of International Labor Affairs, *U.S. Department of Labor's 2010 Findings on the Worst Forms of Child Labor* (Washington, D.C.: ILAB, 2011); Varly, "Evaluations in One Laptop Per Child."

42. Varly, "Evaluations in One Laptop Per Child."

43. Philip Elliott, "Study: US Education Spending Tops Global List," *Huffington Post*, June 25, 2013.

44. Geoffrey York, "Congo's Malaria Surge Confounds Medical World," *Globe and Mail*, May 18, 2012.

45. Daniel T. Willingham, When Can You Trust the Experts? How to Tell Good Science from Bad in Education (San Francisco: Jossey-Bass, 2012).

46. F. A. Inan et al., "Pattern of Classroom Activities during Students' Use of Computers: Relations between Instructional Strategies and Computer Applications," *Teaching and Teacher Education* 26 (2010); C. V. Baussell,

"Tracking U.S. Trends," *Education Week* 27, no. 30 (2008); Matt Richtel, "In Classroom of Future, Stagnant Scores," *The New York Times*, September 3, 2011; Rotella, "No Child Left Untableted."

47. Willingham, *When Can You Trust the Experts?*; Tad Simons, "England's Experience with Whiteboards Is Instructive for the Rest of Us," *Training*, January 11, 2005.

48. Luke Hopewell, "Budget 2012: OLPC Gets Cash, Praises Govt," *ZD Net*, May 9, 2012.

49. Tom Vanderbilt, "The Call of the Future," *Wilson Quarterly*, Spring 2012, http://www.wilsonquarterly.com/essays/call-future.

50. Jacob L. Vigdor and Helen F. Ladd, "Scaling the Digital Divide: Home Computer Technology and Student Achievement," NBER Working Paper 16078 (Cambridge, Mass.: National Bureau of Economic Research, 2010).

51. Bryan Goodwin, "One-to-One Laptop Programs Are No Silver Bullet," *Educational Leadership* 68, no. 5 (2011); Larissa Campuzano et al., *Effectiveness of Reading and Mathematics Software Products: Findings from Two Student Cohorts* (Washington, D.C.: National Center for Education Evaluation and Regional Assistance, 2009); Richtel, "In Classroom of Future"; D. L. Lowther et al., *Freedom to Learn Program: Michigan 2005-2006 Evaluation Report* (Memphis, Tenn.: Center for Research in Educational Policy, 2007); K. Shapley et al., *Evaluation of the Texas Technology Immersion Pilot: Final Outcomes for a Four-Year Study (2004-2008)* (Austin: Texas Center for Educational Research, 2009).

52. Julia Gillen et al., "A 'Learning Revolution?' Investigating Pedagogic Practice Around Interactive Whiteboards in British Primary Classrooms," *Learning, Media, and Technology* 32, no. 3 (2007).

53. S. Higgins, G. Beauchamp, and D. Miller, "Reviewing the Literature on Interactive Whiteboards," *Learning, Media, and Technology* 32, no. 3 (2007).

54. Goodwin, "One-to-One Laptop Programs"; Lowther et al., *Freedom to Learn Program*.

55. 노트북컴퓨터를 사용한 학생들이 수학에서 조금 나은 성적을 올렸지만 쓰기 실력은 더 나빠졌고 읽기 실력도 노트북컴퓨터가 없는 학생과 별 차이가 없었다. Shapley et al., *Evaluation of the Texas Technology Immersion Pilot*.

56. 1만 명의 미국 초등학생들에게 실시한 읽기와 수학 시험에서만 한 번 통계적으로 유의미하게 긍정적인 효과가 나왔다. 해당 프로그램은 리프 트랙Leap Track으로, 4학년 학생

들을 대상으로 하는 읽기 프로그램이었다. 국립 교육 평가 기관이 실시한 이 대규모 연구에서 열 개의 소프트웨어 제품을 대상으로 2년 동안 학생들의 학력 신장에 도움을 주었는지 비교했다. 132개 학교에서 자원한 428명의 교사들이 무작위로 첨단 기술이 적용된 반과 그렇지 않은 반에 배치되었다. 연구에 참여한 학생들은 학기 초와 학기 말에 각각 시험을 치렀다. 1년 동안 세 차례에 걸친 중간 확인이 있었으며 아이들의 원래 성적과 교사들에 대한 설문 등이 평가의 보조 자료가 되어주었다. 간단히 정리하면 처음 1년 동안 읽기와 수학 소프트웨어가 효과적이었다는 증거 자료를 많이 확보할 수 있었다. 그렇지만 1년이 지난 후에는 노트북컴퓨터를 사용한 학급이나 사용하지 않은 학급이나 학생들의 학력에는 아무런 차이가 없었다. 한편 2년째가 되자 교사들은 소프트웨어에 대해 더 많은 경험을 갖게 되었다. 그렇다면 교사들은 학생들이 더 많이 배울 수 있도록 도울 수 있었을까? 유감스럽게도 실제로는 그렇지 못했다. 이 연구에 따르면 일반적인 학급에서 공부한 10대 아이들과 비교해서 읽기 성적에는 아무런 차이가 없었으며, 수학 성적의 경우 오히려 교육용 소프트웨어를 사용한 아이들이 더 좋지 않은 결과를 보였다. 이런 연구 결과는 특히 관련 소프트웨어 제조 회사들 사이에서 논쟁거리가 되었다. 이 연구에 사용된 열 개 소프트웨어 제품 중 단 한 개만 읽기와 수학에서 긍정적이며 통계적으로 의미 있는 결과를 보여주었다. 나머지 아홉 개의 소프트웨어 중 다섯 개는 학업에 부정적인 영향을 미쳤으며 네 개는 긍정적이기는 했지만 통계적으로 인정하기 힘들 정도로 그 영향이 미미했다. Campuzano et al., *Effectiveness of Reading and Mathematics Software Products.*

57. Shapley et al., *Evaluation of the Texas Technology Immersion Pilot*; Wesley A. Austin and Michael W. Totaro, "Gender Differences in the Effects of Internet Usage on High School Absenteeism," *Journal of Socio-Economics* 40 (2011).

58. Inan et al., "Pattern of Classroom Activities"; S. M. Ross et al., "Using Classroom Observations as a Research and Formative Evaluation Tool in Educational Reform: The School Observation Measure," in *Observational Research in U.S. Classrooms: New Approaches for Understanding Cultural and Linguistic Diversity*, ed. H. C. Waxman (Cape Town: Cambridge University Press, 2004).

59. David L. Silvernail et al., *A Middle School One-to-One Laptop Program: The Maine Experience* (Gorham, Me.: Maine Education Policy Research Institute, 2011).

60. Higgins, Beauchamp, and Miller, "Reviewing the Literature"; Tim Rudd, "Interactive Whiteboards in the Classroom" (Bristol, U.K.: Futurelab, 2007).

61. Raj Chetty, John N. Friedman, and Jonah Rockoff, "The Long-Term Impacts of Teachers: Teacher Value-Added and Student Outcomes in Adulthood," NBER Working Paper 17699 (Cambridge, Mass.: National Bureau of Economic

Research, 2012).

62. William L. Sanders and Sandra P. Horn, "Research Findings from the Tennessee Value-Added Assessment System (TVAAS) Database: Implications for Educational Evaluation and Research," *Journal of Personnel Evaluation in Education* 12, no. 3 (1998); William L. Sanders and June C. Rivers, "Cumulative and Residual Effects of Teachers on Future Student Academic Achievement" (Knoxville: University of Tennessee Value-Added Research and Assessment Center, 1996); Steven G. Rivkin, Eric A. Hanushek, and John F. Kain, "Teachers, Schools, and Academic Achievement," *Econometrica* 73, no. 2 (2005); Elizabeth Green, "Can Good Teaching Be Learned?" *New York Times Magazine*, March 7, 2010; M. Brendgen et al., "Gene-Environment Processes Linking Aggression, Peer Victimization, and the Teacher-Child Relationship," *Child Development* 82, no. 6 (2011); Doug Lemov, *Teach Like a Champion: 49 Techniques that Put Students on the Path to College* (San Francisco: Jossey-Bass, 2010).

63. Randy Yerrick, "How Notebook Computers, Digital Media and Probeware Can Transform Science Learning in the Classroom," *Contemporary Issues in Technology and Science Teacher Education* 9, no. 3 (2009).

64. Shapley et al., *Evaluation of the Texas Technology Immersion Pilot*; Silvernail et al., *A Middle School One-to-One Laptop Program*; Rudd, "Interactive Whiteboards"; B. Somekh and H. Haldane, "How Can Interactive Whiteboards Contribute to Pedagogic Change?," paper presented at Imagining the Future for ICT and Education, Alesund, Norway, 2006.

65. Shapley et al., *Evaluation of the Texas Technology Immersion Pilot*; Silvernail et al., *A Middle School One-to-One Laptop Program*. 노트북컴퓨터로 인해 자긍심은 올라갔지만 그 외에는 특별한 장점이 없다는 사실이 로이 바우마이스터의 포괄적이면서 충격적인 분석 논문에 나타나 있다. R. F. Baumeister et al., "Does High Self-Esteem Cause Better Performance, Interpersonal Success, Happiness, or Healthier Lifestyles?" *Psychological Science in the Public Interest* 4, no. 1 (2003).

66. Dawn Walton, "Drug-Free Distractions for Kids with Cancer," *Globe and Mail*, June 7, 2012.

67. Edward Swing et al., "Television and Video Game Exposure and the Development of Attention Problems," *Pediatrics* 126, no. 2 (2010); Markus Dworak et al., "Impact of Singular Excessive Computer Game and Television Exposure on Sleep Patterns and Memory Performance of School-aged

Children," *Pediatrics* 120, no. 5 (2007).

68. Yan Zhou et al., "Gray Matter Abnormalities in Internet Addiction: A Voxel-Based Morphometry Study," *European Journal of Radiology* 79, no. 1 (2011); Fuchun Lin et al., "Abnormal White Matter Integrity in Adolescents with Internet Addiction Disorder: A Tract-Based Spatial Statistics Study," *PLOS One* 7, no. 1 (2012).

69. Jeremy Laurance, "Addicted: Scientists Show How Internet Dependency Alters the Human Brain," *The Independent*, January 12, 2012; Michael Kesterton, "Gamer Lives in Cafe," *Globe and Mail*, April 5, 2013.

70. ADHD를 앓는 아이들을 통제 집단과 비교한 한 연구에서는 ADHD를 앓지 않는 아이들이 영상 매체를 보는 시간에 더 부정적인 영향을 받는다는 사실이 밝혀졌다. 텔레비전이나 기타 영상 매체에 너무 과도하게 시간을 쓰게 되면 건강한 아이들은 인지 과정과 주의력에 영향을 받는 반면에 ADHD를 앓는 아이들이 받는 영향은 미미했던 것이다. Ignacio David Acevedo-Polakovich et al., "Disentagling the Relation between Television Viewing and Cognitive Processes in Children with Attention-Deficit-Hyperactivity Disorder and Comparison Children," *Archives of Pediatric Adolescent Medicine* 160 (2006).

8 우리의 이웃과 연인은 가까이 있다

1. 미국인 중 93퍼센트는 행복한 결혼이 인생 최대의 관심사라고 대답했다. 반면에 고등학교 졸업생들이 가장 신경 쓰는 문제는 "행복한 결혼과 가정생활"이라고 한다. Linda J. Waite and Maggie Gallagher, *The Case for Marriage* (New York: Broadway Books, 2000).

2. 건강 및 사회생활에 대한 설문 조사에서 무작위로 선정된 미국 성인 3,432명의 사랑과 성생활을 살펴보면 결혼한 남녀의 약 68퍼센트는 아는 사람의 소개로 배우자를 만났고 60퍼센트는 학교나 교회, 혹은 사교 모임 등과 같은 대면적인 사회적 환경 안에서 배우자를 만났다고 한다. 좀 더 최근에 있었던 2005 퓨 인터넷 조사 결과를 보면 결혼을 했거나 현재 동거 중인 남녀의 72퍼센트는 직장이나 학교, 혹은 가족이나 친구들과 같은 '실제 세상'에서 짝을 만났다. 온라인을 통해 짝을 만난 경우는 3퍼센트에 불과했다. 물론 이 수치는 이 조사 이후 조금씩 상승하기는 했을 것이다. 니컬러스 크리스태키스, 제임스 파울러, 『행복은 전염된다』; E. O. Laumann, *The Social Organization of Sexuality: Sexual Practices in the United States* (Chicago: University of Chicago

Press, 1994); Eli J. Finkel et al., "Online Dating: A Critical Analysis from the Perspective of Psychological Science," *Psychological Science* 13, no. 1 (2012); M. Madden and Amanda Lenhart, Online Dating (Washington, D.C.: Pew Internet and American Life Project, 2006).

3. Chris M. Wilson and Andrew J. Oswald, *How Does Marriage Affect Physical and Psychological Health? A Survey of the Longitudinal Evidence* (Bonn: Institute for the Study of Labor, 2005).

4. Steven Stack and Ross Eshleman, "Marital Status and Happiness: A 17-Nation Study," *Journal of Marriage and Family*, 60, no. 2 (May 1998).

5. 두 급진적인 영국 경제학자인 크리스 윌슨Chris Wilson과 앤드류 오스왈드Andrew Oswald 는 2000년대 중반 결혼에 대한 장기간의 모든 연구를 확인한 끝에 이런 대담한 결론을 내렸다. "흥미롭게도 결혼과 달리 일반적인 동거는 사람들에게 별 다른 도움이 되지 못 했다." Wilson and Oswald, *How Does Marriage Affect Physical and Psychological Health?*

6. Wendy D. Manning and Jessica Cohen, "Premarital Cohabitation and Marital Dissolution: An Examination of Recent Marriages," *Journal of Marriage and Family* 74, no. 2 (2012).

7. Robin Marantz Henig and Samantha Henig, *Twentysomething: Why Do Young Adults Seem Stuck?* (New York: Hudson Street Press, 2012).

8. Beatrice Gottlieb, *The Family in the Western World from the Black Death to the Industrial Age* (New York: Oxford University Press, 1993), 스테파니 쿤츠, 『진화하 는 결혼』(김승욱 역, 작가정신, 2009)에서 인용; Gottlieb, *The Family in the Western World*, chapter 9, "From Yoke Mates to Soul Mates."

9. Matt Ridley, *The Rational Optimist: How Prosperity Evolves* (New York: Harper, 2010); Şevket Pamuk and Jan-Luiten van Zanden, "Standards of Living," in *The Cambridge Economic History of Modern Europe*, ed. Stephen Broadberry and Kevin H. O'Rourke, vol. 1, *1700-1870* (Cambridge: Cambridge University Press, 2010).

10. 니컬러스 크리스태키스, 제임스 파울러, 『행복은 전염된다』; Tara Parker-Pope, "Is Marriage Good for Your Health?" *New York Times*, April, 14, 2010; Waite and Gallagher, *The Case for Marriage*; Tara Parker-Pope, *For Better: The Science of a Good Marriage* (New York: Dutton, 2010). 19세기 초까지 병원의 통계를 통해 알 려진 바로는 대부분의 입원 환자들이 독신이었다고 한다. (George Weisz, McGill Faculty of Medicine medical historian, personal communication, July 6, 2012).

11. 니컬러스 크리스태키스, 제임스 파울러, 『행복은 전염된다』; Frans Van Poppel and Inez Joung, "Long-Term Trends in Marital Status Mortality Differences in the Netherlands, 1850-1970," *Journal of Biosocial Sciences* 33 (2001); Mark Regnerus, "Say Yes. What Are You Waiting For?" *New York Times*, April 26, 2009; L. J. Waite, Y. Luo, and A. C. Lewin, "Marital Happiness and Marital Stability: Consequences for Psychological Well-being," *Social Science Research* 38, no. 1 (2009); Waite and Gallagher, *The Case for Marriage*; Parker-Pope, For Better; J. K. Kiecolt-Glaser et al., "Marital Quality, Marital Disruption, and Immune Function," *Psychosomatic Medicine* 49, no. 1 (1987); Stack and Eshleman, "Marital Status and Happiness."

12. Ami Sedghi and Simon Rogers, "Divorce Rates Data, 1858 to Now: How Has It Changed?," *The Guardian Datablog*, February 6, 2014, http://www.theguardian.com/news/datablog/2010/jan/28/divorce-rates-marriage-ons; Institute of Marriage and Family Canada, "Canadian Divorce," November 15, 2010, http://imfcanada.org/fact-sheet/canadian-divorce; United States Census Bureau, "Number, Timing, and Duration of Marriages and Divorces: 2009," May 2011, http://www.census.gov/prod/2011pubs/p70-125.pdf.

13. 스테파니 쿤츠, 『진화하는 결혼』.

14. Kay S. Hymowitz, "American Caste: Family Breakdown Is Limiting Mobility and Increasing Inequality," *City Journal* 22, no. 2 (2012).

15. Catherine E. Ross, John Mirowsky, and Karen Goldsteen, "The Impact of the Family on Health: The Decade in Review," *Journal of Marriage and Family* 52 (1990).

16. Viruses: Sheldon Cohen, "Social Relationships and Health," *American Psychologist* (2004). Chronic illness: L. F. Berkman, "The Role of Social Relations in Health Promotion," *Psychosomatic Medicine* 57, no. 3 (1995). Cancer, heart attacks, and surgery: J. K. Kiecolt-Glaser and Tamara L. Newton, "Marriage and Health: His and Hers," *Psychological Bulletin* 127, no. 4 (2001); Kathleen King and Harry T. Reis, "Marriage and Long-Term Survival after Coronary Artery Bypass Grafting," *Health Psychology* 31, no. 1 (2012). Dying after cancer surgery: James Goodwin et al., "The Effect of Marital Status on Stage, Treatment, and Survival of Cancer Patients," *Journal of the American Medical Association* 258 (1987). Cancer and suicide: Waite and Gallagher, *The Case for Marriage*; V. L. Ernster et al., "Cancer Incidence by Marital Status," *Journal of the National*

Cancer Institute 63 (1979); J. S. House, K. R. Landis, and D. Umberson, "Social Relationships and Health," Science 241, no. 4865 (1988); J. K. Kiecolt-Glaser and R. Glaser, "Psychological Influences on Immunity," *Psychosomatics* 27, no. 9 (1986); Jack C. Smith, James A. Mercy, and Judith M. Conn, "Marital Status and the Risk of Suicide," *American Journal of Public Health* 78 (1988); Emile Durkheim, *Suicide: A Study in Sociology* (New York: Free Press, 1951). Crime and jail: R. J. Sampson, J. H. Laub, and C. Wimer, "Does Marriage Reduce Crime? A Counterfactual Approach to Within-Individual Causal Effects," *Criminology* 44, no. 3 (2006).

17. Yin Bun Cheung, "Marital Status and Mortality in British Women: A Longitudinal Study," *International Journal of Epidemiology* 29 (2000); Lamberto Manzoli et al., "Marital Status and Mortality in the Elderly: A Systematic Review and Meta-analysis," *Social Science and Medicine* 64 (2007); P. Hajdu, M. Mckee, and F. Bojan, "Changes in Premature Mortality Differentials by Marital Status in Hungary and England," *European Journal of Public Health* 5, no. 4 (1995).

18. Waite and Gallagher, *The Case for Marriage*; World Health Organization, "Maternity Mortality Ratio (per 100,000 Live Births)," http://www.who.int/healthinfo/statistics/indmaternalmortality/en/index.html; Yuanreng Hu and Noreen Goldman, "Mortality Differentials by Marital Status: An International Comparison," *Demography* 27, no. 2 (1990). The Canadian statistics are also from census data.

19. Julianne Holt-Lunstad, W. Birmingham, and Brandon Jones, "Is There Something Unique about Marriage? The Relative Impact of Marital Status, Relationship Quality and Network Social Support on Ambulatory Blood Pressure and Mental Health," *Annals of Behavioral Medicine* 35 (2008).

20. W. Troxel et al., "Marital Happiness and Sleep Disturbances in a Multi-ethnic Sample of Middle Aged Women," *Behavioral Sleep Medicine* 7, no. 1 (2009); W. Troxel et al., "Attachment Anxiety, Relationship Context, and Sleep in Women with Recurrent Major Depression," *Psychosomatic Medicine* 69 (2007).

21. Kiecolt-Glaser and Newton, "Marriage and Health"; Berkman, "The Role of Social Relations."

22. Robert A. Carels, A. Sherwood, and J. Blumenthal, "Psychosocial Influences on Blood Pressure during Daily Life," *International Journal of Psychophysiology* 28 (1998).

23. 위의 책; Holt-Lunstad, Birmingham, and Jones, "Is There Something Unique about Marriage?"; J. Holt-Lunstad, Brandon Jones, and W. Birmingham, "The Influence of Close Relationships on Nocturnal Blood Pressure Dipping," *International Journal of Psychophysiology* 71 (2008).

24. K. Appelberg et al., "Interpersonal Conflict as a Predictor of Work Disability: A Follow-up Study of 15,348 Finnish Employees," *Journal of Psychosomatic Research* 40 (1996); K. Orth-Gomer et al., "Marital Stress Worsens Prognosis in Women with Coronary Heart Disease: The Stockholm Female Coronary Risk Study," *Journal of the American Medical Association* 284, no. 23 (2000).

25. Vicki Helgeson, "The Effects of Masculinity and Social Support on Recovery from Myocardial Infarction," *Psychosomatic Medicine* 53 (1991).

26. 위의 책; J. H. Hibbard and C. R. Pope, "The Quality of Social Roles as Predictors of Morbidity and Mortality," *Social Science and Medicine* 36, no. 3 (1993).

27. J. K. Kiecolt-Glaser et al., "Marital Stress: Immunologic, Neuroendocrine, and Autonomic Correlates," *Annals of the New York Academy of Sciences* 840 (2006).

28. 2008년 미국 정신 건강 학회에서 전화로 설문 조사를 실시한 결과 남성들은 여성들에 비해 배우자에게 감정적인 도움을 더 많이 원한다고 한다. 반면에 여성들은 배우자를 제외한 다른 가족들에게서 그런 도움을 바란다고 한다. Mental Health America, *Social Connectedness and Health*, May 2008.

29. J. B. Silk et al., "Strong and Consistent Social Bonds Enhance the Longevity of Female Baboons," *Current Biology* 20 (2010); J. B. Silk, D. S. Alberts, and J. Altmann, "Social Bonds of Female Baboons Enhance Infant Survival," Science 302 (2003); Dorothy L. Cheney and Robert M. Seyfarth, *Baboon Metaphysics: The Evolution of a Social Mind* (Chicago: University of Chicago Press, 2007); Joan B. Silk et al., "The Benefits of Social Capital: Close Social Bonds Among Female Baboons Enhance Offspring Survival," *Proceedings of the Royal Society of Biological Sciences* 2009, no. 276 (2009); Robert M. Seyfarth and Dorothy L. Cheney, "The Evolutionary Origins of Friendship," *Annual Review of Psychology* 63 (2012).

30. Silk et al., "Strong and Consistent Social Bonds"; Natalie Angier, "The Spirit of Sisterhood Is in the Air and on the Air," *New York Times*, April 23, 2012.

31. Angier, "The Spirit of Sisterhood."

32. J. Lehmann, K. Andrews, and R.I.M. Dunbar, "Social Networks and Social Complexity in Female-Bonded Primates," in *Social Brain, Distributed Mind*, ed. R.I.M. Dunbar, C. Gamble, and J. A. Gowlett (Oxford: Oxford University Press,

2010); R. M. Wittig et al., "Focused Grooming Networks and Stress Alleviation in Wild Female Baboons," *Hormones and Behaviour* 54 (2008).

33. 내가 재니스 키콜트 글레이저 박사에게 사람들이 이렇게 시간이 많이 걸리고 어려운 실험에 참여한 동기가 무엇이냐고 묻자 박사는 병원에 이틀 머무르고 이후에도 매일 병원을 찾아와 호르몬 분석을 위한 혈액 검사와 물집 검사를 하는 대가로 각각의 남녀 에게 1,000달러를 지불했다고 대답했다. 그리고 그들은 전적으로 자원해서 실험에 참 가한 것이라고 덧붙였다(2012년 8월 5일 개인적인 연락을 통해).

34. S. Carrère and J. M. Gottman, "Predicting Divorce Among Newlyweds from the First Three Minutes of a Marital Conflict Discussion," *Family Process* 38, no. 3 (1999); Parker-Pope, *For Better*.

35. J. K. Kiecolt-Glaser et al., "Hostile Marital Interactions, Proinflammatory Cytokine Production, and Wound Healing," *Archives of General Psychiatry* 62, no. 12 (2005).

36. 위의 책; Lisa M. Christian et al., "Psychological Influences on Neuroendocrine and Immune Outcomes," in *Handbook of Neuroscience for the Behavioral Sciences*, ed. Gary G. Berntson and J. Cacioppo (Hoboken, N.J.: Wiley, 2009).

37. W. Marcenes and A. Sheiham, "The Relationship between Marital Quality and Oral Health Status," *Psychology and Health* 11 (1996); Kiecolt-Glaser and Newton, "Marriage and Health"; A. J. Zautra et al., "An Examination of Individual Differences in the Relationship Between Interpersonal Stress and Disease Activity Among Women with Rheumatoid Arthritis," *Arthritis Care and Research* 11 (1998); S. M. Greene and W. A. Griffin, "Effects of Marital Quality on Signs of Parkinson's Disease During Patient-Spouse Interaction," *Psychiatry* 61, no. 35 – 45 (1998).

38. Sarah L. Master et al., "A Picture's Worth: Partner Photographs Reduce Experimentally Induced Pain," *Psychological Science* 20, no. 11 (2009); Simo Saarijarvi, Ulla Rytokoski, and Sirkka-Liisa Karppi, "Marital Satisfaction and Distress in Chronic Low-Back Pain Patients and Their Spouses," *Clinical Journal of Pain* 6, no. 2 (1990).

39. J. K. Kiecolt-Glaser, Jean-Philippe Gouin, and Liisa Hantsoo, "Close Relationships, Inflammation, and Health," *Neuroscience and Biobehavioral Reviews* 35 (2010).

40. O. Manor and Z. Eisenbach, "Mortality After Spousal Loss: Are There Socio-demographic Differences?," *Social Science and Medicine* 56, no. 2 (2003); J.

R. Moon et al., "Widowhood and Mortality: A Meta-analysis," *PLOS One* 6, no. 8 (2011); F. Elwert and N. A. Christakis, "Wives and Ex-wives: A New Test for Homogamy Bias in the Widowhood Effect," *Demography* 45, no. 4 (2008).

41. 놀라운 일이지만, 어떤 연구에서는 결혼한 사람들이 사별한 사람들보다 더 수준이 높은 병원을 이용한다는 사실이 밝혀졌다. 이들은 대학병원을 더 자주 드나들었으며, 환자로서의 입원 기간은 더 짧았다. 왜냐하면 각자의 배우자가 단순한 간병인과는 다른 보호자이자 결정권자 역할을 해주었기 때문이다. T. J. Iwashyna and N. A. Christakis, "Marriage, Widowhood, and Health-Care Use," *Social Science & Medicine* 57, no. 11 (2003).

42. Moon et al., "Widowhood and Mortality."

43. F. Elwert and N. A. Christakis, "The Effect of Widowhood on Mortality by the Causes of Death of Both Spouses," *American Journal of Public Health* 98, no. 11 (2008); Manor and Eisenbach, "Mortality after Spousal Loss."

44. 심장혈관 기능에 대한 스트레스와 근심 걱정의 영향은 이미 잘 알려져 있다. 그렇지만 로버트 카렐스가 진행한 한 연구에는 특별히 내 시아버지의 경험이 잘 정리되어 있다. 즉 감정적인 상처가 시아버지의 심장박동에 영향을 미쳤다는 것이다. Robert A. Carels, Holly Cacciapaglia, et al., "The Association Between Emotional Upset and Cardiac Arrhythmia During Daily Life," *Journal of Consulting and Clinical Psychology* 71, no. 3 (2003).

45. 내 시아버지인 찰리가 진정으로 회복되기 시작된 것은 시어머니가 세상을 떠난 후 1년이 지나 YMHA의 남성 전용 수영 과정에 참여했을 때부터다. 이 과정을 통해 그날 할 일이 생겼으며 새로운 친구들도 만나게 되었다. 이렇게 만난 친구들과 운동을 마치고 식사도 함께하면서 점차 아내의 죽음과 함께 잃어버렸던 사회적 유대관계를 다시 구축할 수 있었던 것이다. 물론 운동 자체도 심장에 도움이 되었다.

46. House, Landis, and Umberson, "Social Relationships and Health"; L. F. Berkman and S. L. Syme, "Social Networks, Host Resistance, and Mortality: A Nine-Year Follow-up Study of Alameda County Residents," *American Journal of Epidemiology* 109, no. 2 (1979)"; L. F. Berkman, "Social Epidemiology: Social Determinants of Health in the United States: Are We Losing Ground?," *Annual Review of Public Health* 30 (2009); K. Orth-Gomer, A. Rosengren, and L. Wilhelmsen, "Lack of Social Support and Incidence of Coronary Heart Disease in Middle-Aged Swedish Men," *Psychosomatic Medicine* 55, no. 1 (1993).

47. 알랭 드 보통, 『무신론자를 위한 종교』(박중서 역, 청미래, 2011).

48. Bert Hölldobler and E. O. Wilson, *The Superorganism: The Beauty, Elegance, and*

Strangeness of Insect Societies (New York: Norton, 2009).

49. Nicholas Wade, *The Faith Instinct* (New York: Penguin, 2009); 데이비드 슬론 윌슨, 『종교는 진화한다』(이철우 역, 아카넷, 2004); David Eagleman, "The Moral of the Story: Make-Believe Is More than Fun and Games," *New York Times Book Review*, August 5, 2012. The wonderful phrase "the smartest, boldest, best guys that ever were" is Jonathan Gottschall's, excerpted from the book that David Eagleman was reviewing: Jonathan Gottschall, *The Storytelling Animal: Why Stories Make Us Human* (New York: Houghton Mifflin, 2012). 왜 인간이 종교적 믿음과 의식을 따르도록 진화했는지 더 알고 싶다면 다음을 참고하라. 데이비드 슬론 윌슨, 『종교는 진화한다』; *The Faith Instinct*, by Nicholas Wade.

50. Andrew Newberg and Mark Robert Waldman, *How God Changes Your Brain: Breakthrough Findings from a Leading Neuroscientist* (New York: Ballantine Books, 2010).

51. Michael Inzlicht et al., "Neural Markers of Religious Conviction," *Psychological Science* 29, no. 3 (2009).

52. N. I. Eisenberger, M. D. Lieberman, and K. D. Williams, "Does Rejection Hurt? An fMRI Study of Social Exclusion," Science 302 (2003); N. I. Eisenberger and M. D. Lieberman, "Why Rejection Hurts: A Common Neural Alarm System for Physical and Social Pain," *Trends in Cognitive Science* 8, no. 7 (2004); Inzlicht et al., "Neural markers"; Andreas Bartels and Semir Zeki, "The Neural Correlates of Maternal and Romantic Love," *Neuroimage* 21 (2004).

53. R. F. Baumeister and M. R. Leary, "The Need to Belong: Desire for Interpersonal Attachments as a Fundamental Human Motivation," *Psychological Bulletin* 117 (1995); R. F. Baumeister and Michael McKenzie, "Believing, Belonging, Meaning, and Religious Coping," *Religion, Brain and Behavior* 1, no. 3 (2011); 조너선 하이트, 『바른 마음 : 나의 옳음과 그들의 옳음은 왜 다른가』(왕수민 역, 웅진지식하우스, 2014).

54. Michael Inzlicht, Alexa Tullett, and Marie Good, "The Need to Believe: A Neuroscience Account of Religion as a Motivated Process," *Religion, Brain and Behavior* 1, no. 3 (2011); D. E. Hall, "Religious Attendance: More Cost-Effective than Lipitor?" *Journal of the American Board of Family Medicine* 19 (2006).

55. 데이비드 슬론 윌슨, 『종교는 진화한다』.

56. 조너선 하이트, 『바른 마음』.

57. Steven Morris, "Second Life Affair Leads to Real Life Divorce," *The Guardian*,

495

November 13, 2008; Sarah Boesveld, "No Online Sex Please, We're British," *Globe and Mail*, November 15, 2008.

58. Michael Winerip, "His 50 First Dates," *New York Times*, July 5, 2009.

59. Finkel et al., "Online Dating"; C. L. Toma, J. T. Hancock, and N. B. Ellison, "Separating Fact from Fiction: An Examination of Deceptive Self-Presentation on Online Dating Profiles," *Personality and Social Psychology Bulletin* 34 (2008).

60. 이 포도주에 대한 비유는 댄 애리얼리가 했던 인터뷰 내용에서 인용한 것이다. "온라인 데이트를 주선하는 인터넷 사이트는 사람들의 특징을 쉽게 설명할 수 있다고 생각합니다. 마치 무슨 물건이라도 되는 것처럼 키나 몸무게, 그리고 정치적인 성향 등을 남에게 쉽게 설명할 수 있다고 보는 거지요. 그렇지만 사람들은 실제로 포도주와 같습니다. 다시 말해 우리는 포도주의 맛을 보고 그 맛을 설명할 수는 있지만 그 설명이 아주 잘 이해되는 것은 아닙니다. 그래도 우리는 포도주가 좋은지 싫은지 정도는 알 수 있지요. 그리고 우리가 어떤 사람을 좋아하는지 아니면 싫어하는지 이야기해주는 것은 경험의 완성도와 복잡성입니다. 그리고 이런 것들은 그리 자세한 정보를 제공해주지 못한다는 사실을 금방 알게 되지요." Dan Hirschman, interview with Dan Ariely, "Big Think's Guide to 21st Century Dating," 2010, http://www.bigthink.com.

61. Paul W. Eastwick, Eli J. Finkel, and Alice H. Eagly, "When and Why Do Ideal Partner Preferences Affect the Process of Initiating and Maintaining Romantic Relationships?" *Journal of Personality and Social Psychology* 101, no. 5 (2011); Paul W. Eastwick and Eli J. Finkel, "Sex Differences in Mate Preferences Revisited: Do People Know What They Initially Desire in a Romantic Partner?" *Journal of Personality and Social Psychology* 94 (2008).

62. 무엇이 우리를 행복하게 만들어줄지 정확하게 예측하지 못하는 이유에 대해서는 하버드 대학교 대니얼 길버트의 저서를 참고하라. 대니얼 길버트, 『행복에 걸려 비틀거리다』(서은국, 최인철, 김미정 역, 김영사, 2006).

63. Finkel et al., "Online Dating: A Critical Analysis from the Perspective of Psychological Science."

64. 313개 연구의 메타 분석에 따르면 개인적 특성을 이어주는 것만으로는 관계가 얼마나 지속될지 예측할 수 없다고 한다. R. Matthew Montoya, Robert S. Horton, and Jeffrey Kirchner, "Is Actual Similarity Necessary for Attraction? A Meta-analysis of Actual and Perceived Similarity," *Journal of Social and Personal Relationships* 25, no. 6 (2008).

65. 2012년 8월 이하모니의 웹사이트에는 다음과 같은 주장이 실렸다. "우리의 적합성 중매 프로그램은 35년 동안의 임상실험을 토대로 작성된 것으로 가장 성공적인 관계를

지속적으로 유지해온 부부의 특징에 대한 정밀한 연구도 함께 반영되어 있습니다." 그렇지만 이들이 소유권을 주장하고 있는 이하모니 고유의 중매 시스템은 사회과학자들에게 공개된 적도, 또 적절한 실험을 거친 적도 없으며 이런 주장을 뒷받침할 만한 명확한 증거 역시 전혀 없다.

66. Bradley M. Okdie et al., "Getting to Know You: Face to Face Versus Online Interactions," *Computers in Human Behavior* 27, no. 1 (2011); Harry T. Reis et al., "Familiarity Does Indeed Promote Attraction in Live Interaction," *Journal of Personality and Social Psychology* 101, no. 3 (2011).

67. 어디서 어떻게 사람을 만나느냐도 물론 문제가 된다. 서로 알고 있는 사람들이나 공동체 활동을 통해 만난 사람들은 사회적 지원을 받는 느낌이 더 강하게 들며 이런 느낌이 관계의 지속에 영향을 줄 수 있다. 인터넷이나 익명의 다른 기회를 통해 만난 남녀는 자신들의 관계에 대한 사회적 지원을 덜 느끼게 된다. 여기서 이른바 사회계층의 차이가 드러나게 되는데, 강력한 대면적 연결관계를 통한 만남은 보통 중산층에서 많이 이루어지고 익명의 인터넷 공간이나 술집 같은 곳에서 이루어지는 만남은 노동자 계층에서 더 흔하게 볼 수 있다. Sharon Sassler and Amanda Jayne Miller, "The Ecology of Relationships: Meeting Locations and Cohabitors' Relationship Perceptions. *Journal of Social and Personal Relationships* 31, no. 2 (2014).

68. 온라인 데이트에 대해 더 알고 싶다면 http://eee.nerve.com/love-sez/true-stories/true-stories-getting-offline에서 팀 크라이더의 「실화 : 오프라인으로 나가라True Stories: Getting Offline」를 읽어보기 바란다. 이 매력적이고 자기 고백적인 수필은 핀켈의 '온라인 데이트'에도 인용되었다.

69. Michael Kesterton, "His and Hers Faces," *Globe and Mail*, April 24, 2012.

70. Montoya, Horton, and Kirchner, "Is Actual Similarity Necessary for Attraction?"; Marian Morry, M. Kito, and I. Ortiz, "The Attraction-Similarity Model and Dating Couples: Projection, Perceived Similarity, and Psychological Benefits," *Personal Relationships* 18 (2011).

71. Xun (Irene) Huang, et al., "Going My Way? The Benefits of Travelling in the Same Direction," *Journal of Experimental Social Psychology* 48 (2012).

9 돈으로 맺어진 관계가 얼마나 행복할까

1. Anne Sutherland, "Bad Luck Brought the Victims of Earl Jones Together, and Together They Have Effected Change on How White-Collar Criminals Are Dealt

With," *West Island Gazette,* July 7, 2010.

2. Martin Patriquin, "'We Trusted Him,'" *Macleans,* July 29, 2009.

3. 얼 존스는 이 책이 출간되기 전인 2014년 3월 4년간의 수감 생활을 마치고 풀려났다.

4. Paul Delean, "Did West Islander Pull a Madoff?," *Montreal Gazette,* July 11, 2009.

5. Tu Thanh Ha and Les Perreaux, "How Earl Jones Found His Clients," *Globe and Mail,* July 27, 2009.

6. Nicole E. Ruedy et al., "The Cheater's High: The Unexpected Affective Benefits of Unethical Behavior," paper presented at annual meeting of the Academy of Management, Boston, 2012.

7. Drake Bennett, "Confidence Game: How Imposters Like Clark Rockefeller Capture Our Trust Instantly," *Boston Globe,* August 17, 2008.

8. Edward O. Wilson, "Kin Selection as the Key to Altruism: Its Rise and Fall," *Social Research* 72, no. 1 (2005); 스티븐 핑커, 『우리 본성의 선한 천사 : 인간은 폭력성과 어떻게 싸워 왔는가』(김명남 역, 사이언스북스, 2014).

9. Jerome H. Barkow, Leda Cosmides, and John Tooby, *The Adapted Mind: Evolutionary Psychology and the Generation of Culture* (New York: Oxford University Press, 1992); Frans de Waal, *The Age of Empathy* (New York: Three Rivers Press, 2009); M. J. O'Riain and J.U.M. Jarvis, "Colony Member Recognition and Xenophobia in the Naked Mole-Rat," *Animal Behaviour* 53 (1997).

10. Bernard Chapais, *Primeval Kinship: How Pair-Bonding Gave Birth to Human Society* (Cambridge, Mass.: Harvard University Press, 2008); Patrick Bélisle and Bernard Chapais, "Tolerated Co-feeding in Relation to Degree of Kinship in Japanese Macaques," *Behavior* 138 (2001).

11. Dorothy L. Cheney and Robert M. Seyfarth, *Baboon Metaphysics: The Evolution of a Social Mind* (Chicago: University of Chicago Press, 2007).

12. David C. Geary, *The Origin of Mind: Evolution of Brain, Cognition and General Intelligence* (Washington, D.C.: American Psychological Association, 2005); D. E. Brown, *Human Universals* (Philadelphia: Temple University Press, 1991).

13. Iris Bohnet et al., "Betrayal Aversion: Evidence from Brazil, China, Oman, Switzerland, Turkey and the United States," *American Economic Review* 98, no. 1 (2008).

14. William P. Barrett, "An Affinity for Fraud," *Forbes,* June 1, 2007.

15. Jen Cutts, "Hezbollah Embarrassed by Fraudster," *Maclean's,* October 5, 2009.

16. J. Willis and Alexander Todorov, "First Impressions: Making Up Your Mind After

a 100-ms Exposure to a Face," *Psychological Science* 17 (2006).

17. Alexander Todorov et al., "Inferences of Competence from Faces Predict Election Outcomes," *Science* 308 (2005).

18. 대니얼 카너먼, 『생각에 관한 생각 : 우리의 행동을 지배하는 생각의 반란』(이진원 역, 김영사, 2012).

19. Alexander Todorov, "Evaluating Faces on Trustworthiness," *Annals of the New York Academy of Sciences* 1124 (2008); Andrew Engell, James Haxby, and Alexander Todorov, "Implicit Trustworthiness Decisions: Automatic Coding of Face Properties in the Human Amygdala," *Journal of Cognitive Neuroscience* 19, no. 9 (2007).

20. Willis and Todorov, "First Impressions"; Allan Mazur, Julie Mazur, and Caroline Keating, "Military Rank Attainment of a West Point Class: Effects of Cadets' Physical Features," *American Journal of Sociology* 90, no. 1 (1984).

21. Daniel S. Hamermesh and Jeff Biddle, "Beauty and the Labor Market," NBER Working Paper 4518 (Cambridge, Mass.: National Bureau of Economic Research, 1993); Barry Harper, "Beauty, Stature and the Labour Market: A British Cohort Study," *Oxford Bulletin of Economics and Statistics* 62 (2008); Todorov, "Evaluating Faces"; Todorov et al., "Inferences of Competence."

22. Nikolaas Oosterhof and Alexander Todorov, "The Functional Basis of Face Evaluation," *Proceedings of the National Academy of Sciences of the United States of America* 105, no. 32 (2008).

23. R. Adolphs, D. Tranel, and A. R. Damasio, "The Human Amygdala in Social Judgment," *Nature* 393 (1998); Todorov, "Evaluating Faces."

24. Todorov, "Evaluating Faces"; C. F. Bond and M. Robinson, "The Evolution of Deception," *Journal of Nonverbal Behavior* 12 (1988).

25. Nalini Ambady and Robert Rosenthal, "Thin Slices of Expressive Behavior as Predictors of Interpersonal Consequences," *Psychological Bulletin* 111, no. 2 (1992).

26. 로버트 E. 치알디니, 『설득의 심리학 : 사람의 마음을 사로잡는 6가지 불변의 원칙』(황혜숙 역, 21세기북스, 2013).

27. 댄 애리얼리, 『거짓말하는 착한 사람들 : 우리는 왜 부정행위에 끌리는가』(이경식 역, 청림출판, 2012).

28. 위의 책; Francesca Gino, Shahar Ayal, and Dan Ariely, "Contagion and Differentiation in Unethical Behavior: The Effect of One Bad Apple on the

Barrel," *Psychological Science* (2009).

29. Rebecca Nash, Martin Bouchard, and Aili Malm, "ERON Mortgage Corporation: Diffusion of Fraud Through Social Networks," paper presented at Third Annual Illicit Networks Workshop, Montreal, 2011.

30. R. F. Baumeister, *Is There Anything Good About Men?* (New York: Oxford University Press, 2010); 루안 브리젠딘, 『여자의 뇌 여자의 발견 : 여자와 남자의 99% 차이를 만드는 1%의 비밀』(임옥희 역, 리더스북, 2007); S. E. Taylor, "Tend and Befriend: Biobehavioral Bases of Affiliation under Stress," *Current Directions in Psychological Science* 15, no. 6 (2006); David C. Geary, *Male, Female: The Evolution of Human Sex Differences* (Washington, D.C.: American Psychological Association, 2010); D. C. Geary et al., "Evolution and Development of Boys' Social Behavior," *Developmental Review* 23 (2003); 수전 핀커, 『성의 패러독스』; Eleanor Maccoby, "Gender and Relationships: A Developmental Account," *American Psychologist* 45 (1990); Jeffrey Zaslow, *The Girls from Ames* (New York: Gotham Books, 2009).

31. 데보라 태넌, 『남자를 토라지게 하는 말, 여자를 화나게 하는 말』(정명진 역, 한언출판사, 2001).

32. Vasyl Palchykov et al., "Sex Differences in Intimate Relationships," *Scientific Reports* 2 (2012).

33. David Geary, private communication, Heidelberg, 2010.

34. Geary, *Male, Female*; 조너선 하이트, 『바른 마음』.

35. 로빈 던바, 『발칙한 진화론 : 인간 행동에 숨겨진 도발적 진화 코드』(김정희 역, 21세기북스, 2011)의 책에서 인용한 자료; Canadian Armed Forces statistics courtesy of Ethan Kraus; co-working sites: Diane Jermyn, "200 Office-Mates, One Copier: It's All about Sharing," *Globe and Mail*, November 3, 2010; Susan Pinker, "Social Links Essential for Good Work," *Globe and Mail*, November 15, 2010; Masters swim team size: Jennifer Levett, personal communication, April 24, 2013.

36. 캐나다의 사회학자이며 선구적인 네트워크 과학자인 배리 웰먼은 관계에 대한 자신의 연구에서 "오로지 인터넷을 통해서만 유지되는 가까운 관계는 있을 수 없다. 최소한 정기적으로 만남이 있어야 한다"는 사실을 보여주었다. 반면에 웰먼은 인터넷 시대에 개인이 유지할 수 있는 관계의 규모가 생물학적으로 제한된다는 의견에는 동의하지 않는 것으로 보이며, 이는 던바의 생각과는 매우 다른 것이다. 던바는 2011년 옥스퍼드 대학교에서 있었던 한 강연에서 "우리가 한 번도 만나보지 못한 사람들은 우리의 친밀한 사회적 관계 안에 포함될 수 없다"고 말하기도 했다. 반면에 웰먼은 "거의 알

지 못하는 많은 수의 '친구'들을 관리하는 일은 별로 노력이 필요하지는 않다. 그런데 이 친구들은 당시에는 소원한 관계라도 필요한 경우 도움이 될 가능성이 있다"고 주장했다. Lee Rainie and Barry Wellman, *Networked: The New Social Operating System* (Cambridge, Mass.: MIT Press, 2012). 나는 이런 소원한 관계도 어쩌면 이메일을 주고받고 적당한 식당 정도는 알려줄 수 있는 사이라고 생각한다. 그렇지만 정말 필요할 때, 그러니까 내가 아플 때 나를 병원에 정기적으로 데려다주거나 집까지 음식을 가져다줄 수 있을까? 아마 그러기는 어려울 것이다.

37. Sam G. B. Roberts and R.I.M. Dunbar, "The Costs of Family and Friends: An 18-Month Longitudinal Study of Relationship Maintenance and Decay," *Evolution and Human Behavior* 32 (2011).

38. R.I.M. Dunbar, "You've Got to Have (150) Friends," *New York Times*, December 25, 2010.

39. R.I.M. Dunbar, "Neocortex Size as a Constraint on Group Size in Primates," *Journal of Human Evolution* 20 (1992).

40. 로빈 던바, 『발칙한 진화론』.

41. Thomas Pollet, Sam G. B. Roberts, and R.I.M. Dunbar, "Use of Social Network Sites and Instant Messaging Does Not Lead to Increased Offline Social Network Size, or to Emotionally Closer Relationships with Offline Network Members," *CyberPsychology, Behavior and Social Networking* 14, no. 4 (2011).

42. Roberts and Dunbar, "The Costs of Family and Friends"; Gerald Mollenhorst, "Networks in Context: How Meeting Opportunities Affect Personal Relationships," unpublished paper, University of Utrecht, 2009); Gerald Mollenhorst, Beate Volker, and Henk Flap, "Social Contexts and Personal Relationships: The Effect of Meeting Opportunities on Similarity for Relationships of Different Strength," *Social Networks* 30, no. 1 (2008).

43. William Taylor, "Your Call Should Be Important to Us, But It's Not," *New York Times*, February 26, 2006.

44. Daniel Kahneman et al., "A Survey Method for Characterizing Daily Life Experience: The Day Reconstruction Method," *Science* 306, no. 5702 (2004).

45. 대니얼 카너먼, 『생각에 관한 생각』.

46. 토니 셰이, 『딜리버링 해피니스』(송연수 역, 북하우스, 2010).

47. Alexandra Jacobs, "Happy Feet," *New Yorker*, September 14, 2009.

48. Zeynep Ton, "Why 'Good Jobs' Are Good for Retailers," *Harvard Business Review* 90, no. 1/2 (2012).

49. James Surowiecki, "The More the Merrier," *New Yorker*, March 26, 2012.

50. Charles Duhigg, "What Does Your Credit-Card Company Know about You?" *New York Times Magazine*, May 17, 2009.

51. Alex Pentland, "To Signal Is Human: Real-Time Data Mining Unmasks the Power of Imitation, Kith and Charisma in Our Face to face Social Networks," *American Scientist* 98 (2010).

52. Sinan Aral, Erik Brynjolfsson, and M. Van Alstyne, "Productivity Effects of Information Diffusion in Networks," *Proceedings of the 28th Annual International Conference on Information Systems*, Montreal, 2007; Sinan Aral and M. Van Alstyne, "Networks, Information and Social Capital," paper presented at the International Conference on Network Science, New York, 2007.

53. Lynn Wu et al., "Mining Face to face Interaction Networks Using Sociometric Badges: Predicting Productivity in an IT Configuration Task," *Proceedings of the 29th International Conference on Information Systems, Paris, 2008* (ICIS: 2009); Mark Granovetter, "The Strength of Weak Ties: A Network Theory Revisited," *Sociological Theory* 1 (1983).

54. Daniel Olguín Olguín, Peter A. Gloor, and Alex Pentland, "Capturing Individual and Group Behavior with Wearable Sensors," paper presented at the Association for the Advancement of Artificial Intelligence Spring Symposium, Palo Alto, Calif., March 2009; Pentland, "To Signal Is Human"; 알렉스 펜트랜드, 『어니스트 시그널 : 협상에서 우위를 점하는 네트워크 과학』(김송호 역, 비즈니스맵, 2009).

55. Alex Pentland, "The New Science of Building Teams," *Harvard Business Review* 90, no. 4 (2012).

56. Michael Kosfeld et al., "Oxytocin Increases Trust in Humans," *Nature* 435, no. 2 (2005).

57. Gert-Jan Pepping and Erik Timmermans, "Oxytocin and the Biopsychology of Performance," *Scientific World Journal* (2012); M. W. Kraus, C. Huang, and D. Keltner, "Tactile Communication, Cooperation, and Performance: An Ethological Study of the NBA," *Emotion* 10, no. 5 (2010).

58. Susan Pinker, "The Chemical that Fosters Team Loyalty," *Globe and Mail*, January 24, 2011; Carsten K. W. De Dreu, Lindred L. Greer, and et al., "The Neuropeptide Oxytocin Regulates Parochial Altruism in Intergroup Conflict among Humans," *Science* 328, no. 5984 (2010).

10 건강하고 행복한 삶을 위한 관계의 법칙

1. ⟨메이베리 R. F. D⟩는 1970년대에 방송된 미국 텔레비전 드라마로 이상화된 가상의 공동체가 그 배경이다. 여기서 R. F. D는 '지방 무료 우편배달Rural Free Delivery'이라는 뜻으로 20세기 초부터 중반까지 이어졌던 미국 지방 자체단체의 특별한 우편배달 체계를 의미한다.

2. 공동주택 거주자들은 각자 집이나 콘도를 소유하고 있으며 수입을 함께 합쳐서 사용하지 않는다.

3. Diane Margolis and David Entin, "Report on Survey of Cohousing Communities 2011," Cohousing Association of the United States, 2011, http://www.cohousing.org/.

4. Matt Ridley, "Human Evolution Isn't What It Used to Be," *Wall Street Journal*, May 26, 2012.

5. 크리스토퍼 래시, 『진보의 착각 : 당신이 진보라 부르는 것들에 관한 오해와 논쟁의 역사』(이희재 역, 휴머니스트, 2014).

6. D. G. Blanchflower and Andrew J. Oswald, "Well-being over Time in Britain and the USA," *Journal of Public Economics* 88 (2004); Betsey Stevenson and Justin Wolfers, "The Paradox of Declining Female Happiness," *American Economic Journal: Economic Policy* 1, no. 2 (2009); Cari Nierenberg, "Happiness Declining among Twitter Users: A Review of Billions of Tweets Shows a Drop in Global Happiness," WebMD, 2011, http://www.webmd.com/balance/news/20111222/study-happiness-has-declined-among-twitter-users-recent-years.

7. Michael Argyle, "Causes and Correlates of Happiness," in *Well-being: The Foundations of Hedonic Psychology*, ed. Daniel Kahneman, Ed Diener, and Norbert Schwarz (New York: Russell Sage Foundation, 2003); R. F. Baumeister and M.R. Leary, "The Need to Belong: Desire for Interpersonal Attachments as a Fundamental Human Motivation," *Psychological Bulletin* 117 (1995); David G. Myers, "Close Relationships and Quality of Life," in *Well-being*, ed. Kahneman, Diener, and Schwarz.

8. "제3의 공간"의 특징에 대해 더 알고 싶으면 다음을 참고하라. Ray Oldenburg, *The Great Good Place: Cafes, Coffee Shops, Community Centers, Beauty Parlors, General Stores, Bars, Hangouts, and How They Get You Through the Day* (New York: Paragon, 1989); Ray Oldenburg, *Celebrating the Third Place: Inspiring Stories about the "Great Good Places" at the Heart of Our Communities* (New York:

Marlowe, 2000). 메타공간metaspace이라는 용어를 내게 처음 소개해준 스티븐에게 감사의 마음을 전한다.

9. Kyungjoon Lee et al., "Does Collocation Inform the Impact of Collaboration?" *PLOS One* 5, no. 12 (2010); Jonah Lehrer, "Groupthink: The Brainstorming Myth," *New Yorker*, January 30, 2012; Greg Lindsay, "Engineering Serendipity," *New York Times*, April 7, 2013; Michelle Young, "Googleplex, Mountain View: Designing Interior Spaces at an Urban Scale," Untapped Cities, January 2, 2012, http://untappedcities.com/2012/01/02/googleplex-mountainview-designing-interior-spaces-at-an-urban-scale/; Paul Goldberger, "Exclusive Preview: Google's New Built from Scratch Googleplex," *Vanity Fair*, February 22, 2013. 물리적인 거리를 새로운 발상과 경제 성장의 촉매제로 보는 설득력 있는 주장을 펼친 또 다른 사회과학자인 에드워드 글레이저는 이렇게 썼다. "가장 중요한 의사소통은 여전히 사람이 직접 전달하는 것이며 전자 장치는 지식 운동의 지리학적 중심에서 대체자의 역할을 할 수 없다." 에드워드 글레이저, 『도시의 승리 : 도시는 어떻게 인간을 더 풍요롭고 더 행복하게 만들었나』(이진원 역, 해냄출판사, 2011).

10. Sheldon Cohen, "Social Relationships and Susceptibility to the Common Cold," in *Emotion, Social Relationships, and Health*, ed. Carol D. Ryff and M. Burton (New York: Oxford University Press, 2001); Sheldon Cohen and Denise Janicki-Deverts, "Can We Improve Our Physical Health by Altering Our Social Networks?" *Perspectives on Psychological Science* 4, no. 4 (2009).

11. Cohen and Janicki-Deverts, "Can We Improve Our Physical Health"; L. F. Berkman, "Tracking Social and Biological Experiences: The Social Etiology of Cardiovascular Disease," *Circulation* 111, no. 23 (2005); L. F. Berkman et al., "From Social Integration to Health: Durkheim in the New Millennium," *Social Science and Medicine* 51, no. 6 (2000); T. E. Seeman, "Social Ties and Health: The Benefits of Social Integration," *Annals of Epidemiology* 6, no. 5 (1996); T. Seeman, "How Do Others Get Under Our Skin? Social Relationships and Health," in *Emotion, Social Relationships and Health*, ed. Carol D. Ryff and Burton H. Singer (New York: Oxford University Press, 2001).

12. R. J. Sampson, "When Disaster Strikes, It's Survival of the Sociable," *New Scientist*, May 17, 2013; Eric Klinenberg, *Heat Wave: A Social Autopsy of Disaster in Chicago* (Chicago: University of Chicago Press, 2002); Daniel P. Aldrich, "The Power of People: Social Capital's Role in Recovery from the 1995 Kobe Earthquake," *Natural Hazards* 56 (2011).

13. K. M. Stavraky et al., "The Effect of Psychosocial Factors on Lung Cancer Mortality at One Year," *Journal of Clinical Epidemiology* 41, no. 1 (1988); Cohen, "Social Relationships and Susceptibility to the Common Cold."

14. V.P. Goby, "Personality and Online/Offline Choices," *CyberPsychology and Behavior* 9 (2006); Q. Tian, "Social Anxiety, Motivation, Self-Disclosure, and Computer-Mediated Friendship," *Communication Research* 40, no. 2 (2013).

15. Micah O. Mazurek, "Social Media Use among Adults with Autism Spectrum Disorders," *Computers in Human Behavior* 29 (2013).

16. Human Resources and Skills Development Canada, "Indicators of Well-being in Canada: School Drop-Outs," Employment and Social Development Canada, 2013, http://www4.hrsdc.gc.ca/.3ndic.1t.4r@-eng.jsp?iid=32; Patrice de Broucker, *Without a Paddle: What to Do About Canada's Young Dropouts* (Ottawa: Canadian Policy Research Networks, 2005).

17. Sarah-Maude Lefebvre, "Quebec Hides Dropout Numbers," Canoe.ca, 2012, http://cnews.canoe.ca/CNEWS/Canada/2012/02/20/19402596.html.

18. Kate Hammer, "Winning Back Dropouts with a Simple Call," *Globe and Mail*, May 31, 2012.

19. UNICEF, "Basic Education and Gender Equality: The Big Picture," February 6, 2014, http://www.unicef.org/education/index_bigpicture.html.

20. Dana Burde and Leigh Linden, "The Effect of Village-Based Schools: Evidence from a Randomized Controlled Trial in Afghanistan," NBER Working Paper 18039 (Cambridge, MA: National Bureau of Economic Research, 2012); Dana Burde and Leigh Linden, "Bringing Education to Afghan Girls: A Randomized Controlled Trial of Village-Based Schools," *Applied Economics* 5, no. 3 (2013).

21. 6장과 7장에서 더 자세한 내용들을 확인했지만 메타 분석 결과 독서는 0.36~0.72, 노트북컴퓨터 사용은 0.17~0.28 정도 학습 성취도에 영향을 미치는 것으로 밝혀졌다. Suzanne Mol, Adriana G. Bus, and Maria T. de Jong, "Interactive Book Reading in Early Education: A Tool to Stimulate Print Knowledge as Well as Oral Language," *Review of Educational Research* 79, no. 2 (2009); Binbin Zheng and Mark Warschauer, "Teaching and Learning in One-to-One Laptop Environments: A Research Synthesis," paper presented at annual meeting of the American Educational Research Association, San Francisco, 2013.
부모와 교사의 훈련이 가져다주는 유익함에 대한 또 다른 증거들은 다음을 참고하

라. Alan Mendelsohn et al., "The Impact of a Clinic-Based Literacy Intervention on Language Development in Inner-City Preschool Children," Pediatrics 107, no. 1 (2001); Alan Mendelsohn et al., "Do Verbal Interactions with Infants during Electronic Media Exposure Mitigate Adverse Impacts on Their Language Development as Toddlers?" Infant and Child Development 19 (2010); Alan Mendelsohn et al., "Primary Care Strategies for Promoting Parent-Child Interactions and School Readiness in At-Risk Families," *Archives of Pediatric Adolescent Medicine* 165, no. 1 (2011).

22. Raj Chetty, John N. Friedman, and Jonah Rockoff, "The Long Term Impacts of Teachers: Teacher Value-Added and Student Outcomes in Adulthood," NBER Working Paper 17699 (Cambridge, Mass.: National Bureau of Economic Research, 2012).

23. 물론 몇 가지 예외가 있다. 콜로라도 주에서는 쓰기 실력의 향상을 기대하며 1,000명의 5학년 학생들에게 노트북컴퓨터를 지급했지만 전체적으로는 아무런 차이도 만들어내지 못했다. 숙련된 교사들이 일대일로 1년 동안 노트북컴퓨터를 사용해 가르쳤지만 결과는 디지털 기술을 사용하지 않았을 때와 별반 차이가 없었다. 그러나 아프리카계 아이들과 히스패닉계 아이들을 분리한 결과 연구자들은 약간의 달라진 모습을 확인할 수 있었다. Zheng and Warschauer, "Teaching and Learning in One-to-One Laptop Environments."

24. 위의 논문; Mark Warschauer, *Learning in the Cloud* (New York: Teacher's College Press, 2011).

25. Adele Diamond and Kathleen Lee, "Interventions Shown to Aid Executive Function Development in Children 4 to 12 Years Old," *Science* 333 (2011).

26. 버락 오바마, 『담대한 희망』(홍수원 역, 랜덤하우스코리아, 2007).

27. Chetty, Friedman, and Rockoff, "The Long-Term Impacts of Teachers."

28. Nicholas D. Kristof, "How Mrs. Grady Transformed Olly Neal," *New York Times*, January 22, 2012.

29. Robert D. Putnam, "Requiem for the American Dream? Unequal Opportunity in America," lecture presented at the Aspen Ideas Festival, Aspen, CO, June 29, 2012; David Brooks, "The Opportunity Gap," *New York Times*, July 9, 2012; Margaret Wente, "The Long Climb from Inequality," *Globe and Mail*, July 14, 2012; Sean F. Reardon, "No Rich Child Left Behind," *New York Times*, April 28, 2013; Sean F. Riordan, "The Widening Academic Achievement Gap between the Rich and the Poor: New Evidence and Possible Explanations," in *Whither*

Opportunity? Rising Inequality and the Uncertain Life Chances of Low-Income Children, ed. R. Murnane and G. Duncan (New York: Russell Sage Foundation, 2011).

30. Rachelle DeJong, "Why Do Students Drop Out of MOOCs?" Minding the Campus, November 10, 2013, http://www.mindingthecampus.com/originals/2013/11/why_do_students_drop_out_of_mo.html; Ezekiel J. Emanuel, "Online Education: MOOCs Taken by Educated Few," Nature 503, no. 342 (2013).

31. Matt Richtel, "A Silicon Valley School that Doesn't Compute," *New York Times*, October 22, 2011.

32. Jacob L. Vigdor and Helen F. Ladd, "Scaling the Digital Divide: Home Computer Technology and Student Achievement," NBER Working Paper 16078 (Cambridge, Mass.: National Bureau of Economic Research, 2010).

33. Warschauer, *Learning in the Cloud*, 96–97.

34. United States Census Bureau. "State and County Quick Facts: Miami-Dade County, Florida," 2012, http://quickfacts.census.gov/qfd/states/12/12086.html (accessed June 1, 2013).

35. Kwame Anthony Appiah, "The Art of Social Change," *New York Times*, October 22, 2010; Kwame Anthony Appiah, *The Honor Code: How Moral Revolutions Happen* (New York: Norton, 2010).

36. 10년간 계속된 현장 실험에서 인도의 낙후된 지역의 여성들과 접촉함으로써 영아 사망률은 다른 곳과 비교해서 70퍼센트까지 줄어들었다. Abhay T. Bang et al., "Neonatal and Infant Mortality in the Ten Years (1993 to 2003) of the Gadchiroli Field Trial: Effect of Home-Based Neonatal Care," *Journal of Perinatology* 25, no. S1 (2005): S92-S107. 아프리카 카메룬의 수도 야운데에서는 여성들이 일종의 사회적 연결망이자 자발적 사회조직인 '톤티tontines'에 참여함으로써, 피임기구를 더 적극적으로 사용하고 주변에도 권하는 운동을 하고 있다. T. W. Valente et al., "Social Network Associations with Contraceptive Use among Cameroonian Women in Voluntary Associations," *Social Science and Medicine* 45, no. 5 (1997); Ann Swidler, "Responding to AIDS in Sub-Saharan Africa," in *Successful Societies: How Institutions and Culture Affect Health*, ed. Peter Hall and Michèle Lamont (New York: Cambridge University Press, 2009).

37. 규모는 작지만 뛰어난 결과를 보여준 한 연구에 따르면 혼자 있을 때보다 친구와 함께 있을 때 산 정상까지의 거리를 더 짧게 본다고 한다. S. Schnall et al., "Social Support

and the Perception of Geographical Slant," *Journal of Experimental Social Psychology* 44, no. 5 (2008); Catherine T. Shea, Erin K. Davisson, and Grainne Fitzsimons, "Riding Other People's Coattails: Individuals with Low Self-Control Value Self-Control in Other People," *Psychological Science* 24, no. 5 (2013).

33쪽 저자의 소시오그램, 야닉 슈렛Yanick Charette 제공.

50쪽 사회적으로 고립된 쥐와 그렇지 않은 쥐. 마사 K. 매클린톡, 수잰 D. 콘젠, 세라 갤러트 등 "유방암과 사회적 상호 교류 : 일생에 걸쳐 유전자 발현에 영향을 미치는 다양한 환경적 조건 연구"〈노년학 저널 시리즈 B, 60B〉(2005), p. 36. 세라 갤러트의 허가를 받아 게재.

70쪽 실비 라 퐁텐의 소시오그램, 야닉 슈렛 제공.

70쪽 존 맥콜건의 소시오그램, 야닉 슈렛 제공.

80쪽 브론제티 : 지팡이를 든 여행자. 겉옷을 두른 여인. 뉴욕 스칼라/화이트 이미지/아트 리소스의 허가를 받아 게재. 원뿔형 모자를 쓴 사제. 아트 리소스의 허가를 받아 게재.

105쪽 줄리앤 홀트 룬스태드, 티모시 스미스, 그리고 J. 브레들리 레이튼, "사회적 관계와 사망의 위험 : 메타 분석적 조사"〈PLOS 메디슨 7, no. 7〉(2010), p. 14. 줄리앤 홀트 룬스태드의 허가를 받아 게재.

107쪽 조반니 페스 제공.

144쪽 존 맥콜건의 2단계 소시오그램, 야닉 슈렛 제공.

154쪽 '1주일의 생활,' 1943년 4월 18일 나치 독일의 제3제국 공식 포스터. 오스트리아 빈 대학교 도서관. 볼카드 크니거, 『강제 노동 : 독일인들과 수용소에서 강제로 동원된 노동자들, 그리고 제2차 세계대전Forced Labor: The Germans, The Forced Laborers, and the War』(Weimar, 2010). 베를린 유대인 박물관의 허가를 받아 게재.

198쪽 "신생아의 얼굴 표정과 몸짓." A. N. 멜초프, M. K. 무어, 《사이언스》(1977). 앤드류 멜초프와 미국과학진보협회의 허가를 받아 게재.

245쪽 만화 "저걸 터치스크린이라고 생각하나 보네". 에밀리 플레이크 그림. 뉴요커 컬렉션/카툰 뱅크의 허가를 받아 게재.

338쪽 에이미 테일러와 데이비드 폴러드, 그리고 두 사람의 아바타 사진. SWNS의 허가를 받아 게재.

367쪽 '얼굴에 대한 사회적 인식의 정리.' 알렉산더 토도로프와 니콜라스 N. 오스터프, 〈IEEE 시그널 프로세싱 매거진〉(2011), p. 121. 알렉산더 토도로프의 허가를 받아 게재.

368쪽 얼 존스의 사진은 지니 넬스, 살라 에제딘의 사진은 유럽 사진 통신사the European Pressphoto Agency에서 각각 제공받아 게재.

510

프랑스의 철학자 장 폴 사르트르는 "타인은 곧 지옥이다"라는 말을 남겼다고 한다. 한편 19세기 영국의 한 목사는 "인간은 혼자서는 살 수 없다. 수많은 인연의 끈이 우리와 다른 사람들을 이어주고 있다"라고 말하기도 했다.

이 책의 저자인 발달심리학자 수전 핀커는 바로 이런 인간관계에 주목한다. 이미 전작 『성의 패러독스』를 통해 남녀의 차이를 살펴보고, 각각의 성이 진정으로 추구하는 방향과 목표를 규명했다면, 이번에는 남녀를 통틀어 인간 모두가 추구하는 관계란 어떤 것인지 확인해보려 한 것이다.

우리 대부분은 인간관계에 대해 대략적이고 상식적인 내용을 이미 어느 정도는 잘 알고 있다고 생각한다. 예컨대 따뜻하고 인간적인 관계가 일상생활에 도움이 된다든지, 혹은 사이버 공간에서 맺어진 관계에 대한 지나친 의존 등이 때로는 심각한 문제를 일으킬 수 있다는 것인데, 저자는 이러한 막연한 생각들에 대한 구체적이고도 자세한 사례와 연구를 살펴보고 정답이 아닌 최선의 결론을 이끌어내려고 노력한다. 이를 통해 현대를 살아가는 우리에게 진정으로 도움이 되는 관계란 무엇인가를 알아보려 한 것이다.

때로 저자는 우리가 일반적으로 생각하는 상식과 반대되는 이야기를 풀어놓기도 한다. 여러 가지 분야, 특히 교육에서 첨단 기술이 많은 도움을 줄 것이라고 기대하지만, 저자가 확인한 바에 따르면 인터넷과 노트북컴퓨터, 그리고 스마트 전자 칠판 등 첨단 기기를 동원한 학교 교육이 늘 좋은 결과만 가져오지 않는다는 것이다. 사회적·경제적으로 낙후된 지역의 아이들에게 공평한 교육의 기회를 주기 위해 일반인과 기업의 후원을 받아 노트북컴퓨터를 공급했지만 제대로 된 인프라의 지원이 없을 때 컴퓨터는 값비싼 장난감이나 처치 곤란한 기계에 지나지 않는다.

미국과 영국 같은 선진국에서조차 전통적인 읽기와 쓰기, 간단한 계산에 대한 교육을 전자 기기에 의존했더니 오히려 학생들의 학습 능력이 퇴보했다는 연구 결과도 있었다. 기술이 교사와 학생이라는 전통적인 관계를 대신하지 못한 것이다. 또한 요즘처럼 스마트폰과 태블릿 PC 등이 일상화된 세상에서 젖먹이나 유아기의 아이들조차 이런 기술의 영향력에서 벗어나기 힘든데, 저자는 기업의 장삿속에 아이들이 배워야 할 진정한 관계를 잃어가고 있다고 우려한다.

그런가 하면 이 책은 우리가 익히 알고 있던 내용을 다시 확인해준다. 인간의 수명은 최신 의학 기술이나 풍족한 영양이 아닌 따뜻한 인간관계를 통해 연장되기도 하며, 아울러 질병도 극복할 수 있다. 특정 지역의 특별한 기후나 음식이 아닌 관계만으로도 사람은 평온한 삶을 누릴 수 있다. 심지어 관계는 열악한 환경 조건까지 극복해내는 위력을 지니고 있다는 사실을 저자가 직접 방문한 이탈리아 사르데냐 섬의 장수 마을에서 확인할 수 있다. 사르데냐의 100세 노인들은 거친 지리적 환경과 전쟁으로 가난과 궁핍을 겪었고 영양도 비교적 부족했지만 이웃집의 숟가락 개수까지 알 정도로 가족과 이웃 사이의 끈끈한 유대감을 통해 장수를 넘어 진정으로 건강하고 행복한 삶을 누리고 있다.

그렇지만 인간이 맺는 이런 관계는 새로운 독으로 작용하기도 한다. 인간은 사회적 동물로, 삶의 여러 가지 선택에 있어 때로는 논리나 이성보다 관계에 의존한다. 그리고 세상에는 그런 인간적인 약점을 파고드는 '친절한 사기꾼'들이 있는데, 관계의 끈을 통해 접근해서 우리 사이로 파고든다. 그리고 그 관계가 어느 정도 무르익었다고 판단될 때, 바로 자신들의 사업 이야기를 펼치고, 우리는 특별한 의심 없이 거기에 넘어가 큰 손해를 보기도 하는 것이다.

이런 다양한 연구 및 조사의 결과로 밝혀진 인간관계의 장단점 속에서 결국 저자가 가장 강조하고 싶어 하는 것은 바로 관계를 통한 치유이다. 앞서 관계를 이용해 벌이는 사기 행각에 대한 이야기를 했지만, 이런 상처조차 바로 관계를 통해 진정으로 치유될 수 있다. 한국은 식민지 시대와 내전을 겪었고 그 후 역사상 유례없는 물질적·경제적 고도성장의 시기를 경험했다. 그리고 뒤이어 찾아온 빠른 변화의 IT시대는 여러 가지 면에서 우리가 맺고 있는 관계에 대한 새로운 정의를 요구하고 있는지도 모른다.

이런 관계에 대한 새로운 정의야말로 지금 우리가 마주하고 있는 고독과 자살, 상실감 등 여러 사회적·정신적 문제를 해결할 수 있는 근본적인 열쇠가 될 수 있을 것이다. 이 책을 통해 자기 자신을 한 번 더 돌아보고 자신이 맺고 있는 관계에 대한 근원적인 질문을 던져볼 수 있다면, 그것만으로도 옮긴이로서 큰 보람이 되지 않을까 생각한다.

KI신서 5977

빌리지 이펙트

초판 1쇄 인쇄 2015년 8월 21일
초판 1쇄 발행 2015년 8월 27일

지은이 수전 핀커 **옮긴이** 우진하
펴낸이 김영곤 **펴낸곳** (주)북이십일 21세기북스
해외개발팀 김상수 조문채 **해외기획팀** 박진희 김영희
디자인 표지 씨디자인 **본문** 디자인포름
출판영업마케팅팀장 안형태
출판영업마케팅팀 이경희 민안기 김홍선 정병철 임규화 백세희
출판등록 2000년 5월 6일 제10-1965호
주소 (우 413-120) 경기도 파주시 회동길 201 (문발동)
대표전화 031-955-2100 **팩스** 031-955-2151 **이메일** book21@book21.co.kr
홈페이지 www.book21.com **블로그** b.book21.com
트위터 @21cbook **페이스북** facebook.com/21cbook

ISBN 978-89-509-5924-1 03180
책값은 뒤표지에 있습니다.